Johann Auer / Joseph Ratzinger

Kleine Katholische Dogmatik

KLEINE KATHOLISCHE DOGMATIK

von

Johann Auer und Joseph Ratzinger

Band V

Das Evangelium der Gnade

VERLAG FRIEDRICH PUSTET REGENSBURG

Johann Auer

Das Evangelium der Gnade

Die neue Heilsordnung
durch die Gnade Christi
in seiner Kirche

VERLAG FRIEDRICH PUSTET REGENSBURG

ISBN 3 7917 0191 6 (Gesamtausgabe)
ISBN 3 7917 0192 4 (Band 5)
Mit kirchlicher Druckerlaubnis

Gesamtherstellung: Brönner & Daentler KG Eichstätt
Umschlag Manfred Sayer Stuttgart
Printed in Germany 1970

Meinen Hörern

Freising 1947—1950

Bonn 1950—1968

Regensburg

INHALTSVERZEICHNIS

Abkürzungen 11

Vorwort 13

Einleitung 15

1. Kapitel: Zugänge zur Gnadenlehre 18

§ 1 Die geistige Situation des Menschen in unserer Zeit und die Lehre von der Gnade Gottes . . . 18

§ 2 Kurze Geschichte der Gnadenlehre 21

§ 3 Grundsätzliches über Sache und Methode der Gnadenlehre. Einige Hinweise auf die wichtigsten Gnadenschemata 35

1. *Abschnitt:* Der allgemeine Heilswille Gottes und die Prädestination 41

2. Kapitel: Der allgemeine Heilswille Gottes 42

§ 4 Die Allgemeinheit des göttlichen Heilswillens . 42

§ 5 Der ordentliche und die außerordentlichen Heilswege Gottes 49

3. Kapitel: Prädestination und Reprobation 53

§ 6 Verschiedenheit der Gnadengaben und des Gnadenmaßes der Menschen 54

§ 7 Die Prädestination als freie, heilsschöpferische, einmalige und endgültige Liebe Gottes . . . 56

§ 8 Die Reprobation als freie und endgültige Gerechtigkeit Gottes 61

§ 9 Die Gnade der Beharrlichkeit als Zeichen der Prädestination 65

§ 10 Die Prädestination als aufgegebenes „Leben mit der Kirche" 67

2. *Abschnitt:* Der Weg zur Rechtfertigung 71

4. Kapitel: Die absolute Unverdienbarkeit (Gratuität) der Gnade 71

§ 11 Die absolute Gratuität der Gnade 71

5. Kapitel: Vorbereitung auf die rechtfertigende Gnade . . 77

§ 12 Notwendigkeit einer Vorbereitung des Menschen auf die Gnade 77

§ 13 Arten und Stufen der Vorbereitung auf die Rechtfertigung 81

§ 14 Norm der Gnadenmitteilung 88

3. Abschnitt: Rechtfertigung und Heiligung (Die Lehre von der heiligmachenden Gnade) 91

6. Kapitel: Wirkungen der rechtfertigenden Gnade . . . 92

§ 15 Rechtfertigung als Sündenvergebung und Heiligung 93

§ 16 Rechtfertigung als Christusgemeinschaft (Gotteskindschaft) 104

§ 17 Rechtfertigung als Einwohnung des Hl. Geistes (Gottesbrautschaft) 108

§ 18 Rechtfertigung als Teilhabe am dreifaltigen Leben Gottes (Gottesfreundschaft) 115

§ 19 Die drei göttlichen Tugenden: Glaube, Hoffnung und Liebe und die übernatürlich-sittlichen Tugenden als Wirkung und Gestalt der Rechtfertigungsgnade 119

§ 20 Die Gaben des Hl. Geistes als Frucht der Rechtfertigung und Gestalt der Gnade 132

§ 21 Rechtfertigungsgnade und wahre christliche Existenz (Anthropologischer Aspekt der Gnade) . . 137

§ 22 Gnade und Glorie (Eschatologischer Aspekt der Gnade) 140

7. Kapitel: Erkennbarkeit der Gnade 141

§ 23 Die Erkennbarkeit der Gnade an sich 142

§ 24 Die Erkennbarkeit des Gnadenstandes 144

8. Kapitel: Das Wesen der heiligmachenden Gnade . . . 148

§ 25 Gnade ist nicht nur Gottes Huld in Gott selbst (sondern auch eine geschöpfliche Wirklichkeit) . 149

§ 26 Gnade ist nicht nur menschliche Tugend (sondern ein übernatürliches Konstitutiv der neuen „christlichen Tugend“) 152

§ 27 Gnade ist nicht der uns einwohnende Hl. Geist (sondern vielmehr die mit dieser personalen Begegnung geschenkte Wirkung in uns) 155

§ 28 Gnade als „Leben“ in Jesus Christus durch seinen Geist 160

§ 29 Versuche einer „metaphysischen Bestimmung“ der Gnade 166

§ 30 Subjekt der Gnade im Menschen und Einheit der Gnade (Gnade oder Gnaden?) 169

9. Kapitel: Werden und Vergehen, Vermehrung und Verminderung der Gnade 174

§ 31 Das Werden der Gnade 175

§ 32 Der Verlust der Gnade 177

§ 33 Die Vermehrung der Gnade 179

§ 34 Die Minderung der Gnade 182

10. Kapitel: Die Natur und das Übernatürliche 184

§ 35 Bestimmung des Übernatürlichen 185

§ 36 Das Verhältnis von Natur und Übernatürlichem zueinander in Sein und Wirken 189

4. *Abschnitt:* Das Wirken in der Gnade (Die Lehre von der Tatgnade: aktuellen Gnade) 195

11. Kapitel: Irrlehren und die katholische Erwiderung . . . 195

§ 37 Der Pelagianismus 195

§ 38 Der Semipelagianismus 198

§ 39 Lehren der Reformation 200

12. Kapitel: Das Wesen der Tatgnade (aktuellen Gnade) . . 203

§ 40 Geschichte der Lehre von der Tatgnade . . . 204

§ 41 Die Notwendigkeit der Gnade (Vor der Sünde, nach der Sünde und in der Gnade) 209

13. Kapitel: Die Leistungen der menschlichen Natur ohne die Gnade und mit der Gnade (Das Verdienst) . . 215

§ 42 Was vermag die menschliche Natur nach dem Sündenfall aus sich noch zu leisten? 216

§ 43 Zu welchen Leistungen der menschlichen Natur ist Gnade notwendig? 222

§ 44 Möglichkeit, Arten und Gegenstände des Verdienstes: Von Gottes gnädiger Vergeltung 226

§ 45 Wesen und Sinn der „guten Werke" 235

14. Kapitel: Gnade und Freiheit 239

§ 46 Hinreichende und wirksame Gnade (gratia sufficiens – gratia efficax) 240

§ 47 Der Gnadenstreit des 16. Jahrhunderts und die Gnadensysteme in der katholischen Theologie . 249

Nachwort 255

Personenverzeichnis 257

ABKÜRZUNGEN

Die Bücher des Alten und Neuen Testamentes sowie die Zeitschriften haben hier die im Lexikon für Theologie und Kirche (LThK), 2. Auflage, verwendeten Abkürzungen.

Auer	Johann Auer, Die Entwicklung der Gnadenlehre in der Hochscholastik. I: Das Wesen der Gnade, Freiburg i. Br. 1942; II: Das Wirken der Gnade, Freiburg i. Br. 1951
BL	Bibel-Lexikon (Haag), Einsiedeln ^{2}1968
BThW	Bibeltheologisches Wörterbuch (Bauer), Graz ^{3}1967
D	H. Denzinger, Enchiridion Symbolorum, Definitionum et Declarationum de rebus fidei et morum, Freiburg i. Br. ^{31}1957
DAp	Dictionnaire Apologétique de la foi catholique (D' Alés), Paris 1925–1931
DBS	Dictionnaire de la Bible, Supplément, 6 Bde., Paris 1928–1960
DS	H. Denzinger – A. Schönmetzer, Enchiridion Symbolorum, Definitionum et Declarationum de rebus fidei et morum, Freiburg i. Br. ^{32}1964, ^{33}1965, ^{34}1967
DSAM	Dictionnaire de Spiritualité, Ascétique et Mystique, Paris 1937–1967, Bd. I–VI, wird fortgesetzt
DThC	Dictionnaire de Théologie Catholique, 15 Bde., Paris 1930–1950
EC	Enciclopedia cattolica, Città del Vaticano 1949–1961, Bd. I–XII
EKL	Evangelisches Kirchenlexikon, 4 Bde., Göttingen 1955 bis 1961
HThG	Handbuch theologischer Grundbegriffe, 2 Bde., München ^{3}1962
Jedin	Hubert Jedin, Geschichte des Konzils von Trient, Freiburg i. Br. I ^{2}1951, II 1957
KKD	J. Auer – J. Ratzinger, Kleine Katholische Dogmatik. Bd. 1–8, Regensburg 1970 ff
Landgraf	A. M. Landgraf, Dogmengeschichte der Frühscholastik, 8 Bde. in 4 Teilen, Regensburg 1952–1956
Lange	Hermannus Lange, De gratia. Tractatus dogmaticus, Freiburg i. Br. 1929

LThK	Lexikon für Theologie und Kirche, 10 Bde., Freiburg i. Br. ²1957–1967
NCE	New Catholic Encyclopedia, 15 Bde., New York 1967
NR	Neuner-Roos, Der Glaube der Kirche in den Urkunden der Lehrverkündigung. Hrsg. von Karl Rahner u. Karl-Heinz Weger, Regensburg ⁸1970
Pesch V	Ch. Pesch, Praelectiones dogmaticae Bd. V. De gratia, De lege divina positiva, Freiburg i. Br. 1897
Pesch TRLTh	Otto Hermann Pesch, Die Theologie der Rechtfertigung bei Martin Luther und Thomas von Aquin, Mainz 1967
RGG	Die Religion in Geschichte und Gegenwart, 7 Bde., Tübingen ³1957–1965
SacrM	Sacramentum Mundi, 5 Bde., Freiburg i. Br. 1966 ff
Scheeben	M. J. Scheeben, Handbuch der katholischen Dogmatik VI (Ges. Schriften VII), Freiburg i. Br. ³1957
StL	Staatslexikon. Recht – Wirtschaft – Gesellschaft, 7 Bde., Freiburg i. Br. ⁶1957–1963
ThW	Theologisches Wörterbuch zum NT (Kittel), 8 Bde., Stuttgart 1933 ff
WA	Martin Luther, Werke. Kritische Gesamtausgabe („Weimarer Ausgabe") 1883 ff
RNT	Regensburger Neues Testament. Hrsg. von A. Wikenhauser u. O. Kuss, 10 Bde., Regensburg 1938 ff.
WbB	Wörterbuch zur biblischen Botschaft (Dufour), Freiburg i. Br. 1964

VORWORT

Die Kleine Katholische Dogmatik (KKD), deren erstes Bändchen hier vorgelegt wird, ist als kurzgefaßtes Lehrbuch für Theologen gedacht. Es erscheint in Taschenbuchformat, um ein Begleiter des Studierenden auch auf besinnlichen Wegen sein zu können. Wer den ganzen sechssemestrigen Kursus der Dogmatik allein bestreiten muß, weiß, daß es nicht möglich ist, für jeden Traktat das Wissen eines Handbuches, das von vielen Mitarbeitern erstellt wird, wie etwa das neue Mysterium Salutis, zu erarbeiten. Dafür mag ein solches kurzgefaßtes Lehrbuch durch seine Auswahl und seine innere Systematik manches deutlich machen, was in einem Sammelwerk mit vielen Mitarbeitern vielleicht nicht so zum Ausdruck kommt.

Wir haben uns zur Herausgabe dieses kleinen Lehrbuches entschlossen, weil wir glauben, daß es geeignet ist, eine noch vorhandene Lücke auszufüllen: Es soll eine Grundlage bieten für das, was in den Vorlesungen weiter zu entfalten und zu vertiefen ist, und vor allem auch für das theologische Gespräch, das in der Dogmatik nur sinnvoll ist, wenn es eine gewisse Kenntnis des Stoffes voraussetzen kann.

Dieses kleine Lehrbuch möchte besonders auf drei Momente achten, die heute für die Dogmatik bedeutsam erscheinen:

1. auf die biblische Grundlegung der Lehren, weshalb Bibeltexte vielfach wörtlich aufgenommen wurden. Sie sollen nicht nur die Lehrwahrheiten, sondern auch den Geist dieser Lehrwahrheiten vermitteln;

2. auf die Geschichte einzelner Lehren, weil in dieser Geschichte die Vielseitigkeit des Problems ebenso wie die Mannigfaltigkeit der möglichen menschlichen Antworten am leichtesten sichtbar zu machen ist;

3. auf die innere Systematik der Lehre, weil dogmatische Aussagen immer Aussagen über einen Teil eines Ganzen sind, das als Ganzes mehr als die Summe der Teile darstellt, und weil in dieser Darlegung der einzelnen Teile darum auch das Ganze gewahrt sein und in Erscheinung treten soll. Die Hauptnot der Dogmatik besteht ja darin, daß sie in einer Vielheit von Aussagen und wenigstens durch sechs Semester hindurch eine Wirklichkeit und eine Wahrheit zu entfalten hat, die im Grunde ein einziges Ganzes darstellt, das in seiner Größe und Tiefe erst und nur soweit aufscheinen kann, als wir es auf einmal und mit einem einzigen Blick erfassen können.

Im übrigen hoffen wir, daß dieses Lehrbuch den, der es nicht nur als Lehrbuch, sondern auch als Sammlung von Unterlagen für sein theologisches Nachdenken, für seine theologische Besinnung und Betrachtung nimmt, zu dem anregt, was echtes Theologisieren verlangt: Offenheit für die Einmaligkeit des theologischen Gegenstandes; Sinn für die verschiedenen hier notwendigen Methoden und Bereitschaft zu ihrer Einübung; Verständnis dafür, daß zum Wissen das Glauben und aus diesem Glaubenswissen das Existieren und Handeln kommen muß; Aufgeschlossenheit dafür, daß das theologische Bemühen des Einzelnen durch die Arbeit derer, die das für uns schon geleistet haben oder neben uns heute leisten, notwendig ergänzt und in die große Geschichte der Theologie in unserer Kirche eingeordnet und in ihr aufgehoben sein muß; endlich ein Wissen darum, daß alle Theologie als Reflexion auf die „Lehre der Kirche" an der „Geschichtlichkeit" eben dieser Kirche wie jedes einzelnen Theologen teilhat. Damit behält Theologie immer eine gläubige wie eine kritische, eine personale wie eine kirchliche Seite.

Möge dieses Lehrbuch, das den Evangelien gemäß Nova et Vetera (Mt 13,52) bietet, der Theologie und den Theologen eine kleine Hilfe sein in unserer Zeit großer Umbrüche.

Regensburg, am Fest des hl. Albertus Magnus 1969

Johann Auer / Joseph Ratzinger

Ich kann dieses erste Bändchen nicht der Öffentlichkeit übergeben, ohne meinen Assistenten, Frau Dr. Margot Schmidt und H. P. Hermann Josef May CSsR, Herrn Konservator Dr. Heribert Roßmann sowie meiner Sekretärin, Frau Ruth Hapke, für ihre Hilfe bei Erstellung des Manuskriptes und Herrn Gerhard Kukofka für seine Mühe als Verlagslektor zu danken. Es bietet das Gerippe meiner Vorlesungen, wie sie sich in den zwanzig Jahren meiner Lehrtätigkeit gestaltet haben.

Johann Auer

EINLEITUNG

I. Theologie ist das immer neue menschliche Bemühen um das Urgeheimnis menschlichen Selbst- und Weltverständnisses, um Gott, den Urgrund und das Sinnziel des Alls und besonders des Menschen. Bei diesem Bemühen steht das hier behandelte Thema irgendwie in der Mitte, weil der Mensch und seine Welt in ihrem innersten Wesen gefordert und gefährdet, gefragt und überfragt sind und die Rede vom „Heil aus Gott" die einzige Verheißung in dieser Situation darstellt. Das Heil aus Gott aber ist Frucht dessen, was in der Sprache der Offenbarung und der Theologie mit dem Wort „Gnade" wiedergegeben wird. Die Botschaft von der Gnade ist die große Botschaft der Offenbarung. So beginnt der Königspsalm (89,2 ff): „Von den Hulderweisen des Herrn will ich ewig singen von Geschlecht zu Geschlecht, deine Treue künden aus vollem Mund. Ja, ich erkläre: Für ewig ist Huld errichtet, am Himmel steht fest deine Treue, Herr". Ebenso kann Paulus in der großen Stunde seines Abschiedes von Kleinasien, da er in die Gefangenschaft nach Rom zieht, angesichts seiner möglichen Verurteilung und als Abschluß seines apostolischen Wirkens zu den Ältesten von Ephesus in Milet sagen: „Ich achte mein Leben nicht der Rede wert, wenn ich nur meinen Lauf vollende und meinen Dienst erfülle, den ich vom Herrn empfangen habe: Zeugnis abzulegen immerdar für die frohe Botschaft von der Gnade Gottes" (διαμαρτύρασθαι τὸ εὐαγγέλιον τῆς χάριτος τοῦ θεοῦ) (Apg 20,24).

In der Person Christi, seiner Botschaft und seinem Erlösungswerk wird diese Rede von der „Huld und Treue Gottes" noch vertieft und verdeutlicht, da hier vor allem „die Sünde", die eigentlich erst durch das Kreuz Christi als übernatürliches Mysterium der Heilsgeschichte sichtbar geworden ist, deutlich hervortritt. So kann Paulus in seinem Traktat über die Gnade und Rechtfertigung, im Römerbrief, an der klassischen Stelle für die Gnadenlehre, schreiben: „Alle sind der Sünde verfallen und entbehren der Herrlichkeit Gottes. Durch seine (Gottes) Gnade werden sie aber ohne Verdienst dank der Erlösung in Christus Jesus gerechtfertigt. Ihn hat Gott in seinem Blut als Sühnopfer durch den Glauben hingestellt, um seine Gerechtigkeit zu erweisen ... So wollte er selbst gerecht sein und den gerecht machen, der an Jesus Christus glaubt" (Röm 3,23–26). Alle Termini der „Erlösungslehre" haben hier ihren Platz und finden ihren vollen Sinn in der „Gnadenlehre".

In der Botschaft und noch mehr in den Verheißungen Christi

hat also die Gnadenlehre ihre Erfüllung gefunden, da hier die großen „eschatologischen" Wirkungen der Gnade zu Wort kommen und so deren inneren Sinn zur Sprache bringen: vor allem bei Lukas, dem Schüler des hl. Paulus (in den Gleichnissen von der großen Barmherzigkeit Gottes [Lk 5,11 ff: Der Vater des verlorenen Sohnes]) wie in den Reden des hl. Johannes über die Gotteskindschaft, Gottesfreundschaft und Gottesbrautschaft. Die Worte vom „neuen Sein in Christus" (2 Kor 5,17), überhaupt die Botschaft von der „Neuheit" (καινός ist der eigentlich eschatologische Terminus im Neuen Testament) des Menschen – in der Rede vom neuen ewigen Leben (Jo) bis hin zu den Reden der Apokalypse über das Neue Lied und das Neue Jerusalem und den Neuen Himmel und die Neue Erde – künden den heilsgeschichtlichen Sinn der Gnade Gottes in dieser Welt.

II. Diese allgemeine Hinführung macht verständlich, daß Gnadenlehre die Traktate über Gott und Trinität, Schöpfung und Sünde, Christus und sein Erlösungswerk voraussetzt und sich in den folgenden Traktaten über Kirche und Sakramente und Eschatologie entfalten wird. Zugleich wird aber auch deutlich, wie sehr Gnadenlehre das Innerste des Menschen in Frage stellt und fordert, weil die genannten Wirklichkeiten Gott, Christus und Welt als Schöpfung in ihrer Eigenständigkeit nicht erfaßt werden können, wenn sie nicht zugleich im Bezug auf uns selbst erfaßt werden, wenn wir nicht uns selbst in ihnen und durch sie in Frage gestellt sehen: Die personale Existenz des Menschen wird in Frage gestellt vor der Wirklichkeit des Heilswillens und der Prädestination durch Gott. Das menschliche Sein als geschöpfliches Sein wird in Frage gestellt vor der Wirklichkeit der Gnade als einer unserer Natur zugeordneten übernatürlichen Wirklichkeit. Selbstverwirklichung und Handeln des Menschen werden in Frage gestellt vor der Wirklichkeit der Gnade als dem Medium, in dem wir das Heilswerk Christi zur Auswirkung bringen müssen und können.

III. Vor diesen allgemeinen Hinweisen können wir das Grundschema unserer Gnadenlehre skizzieren, das folgende größere Abschnitte umfassen muß:

1. Abschnitt: Die Grundfragen nach dem allgemeinen Heilswillen Gottes und die damit zusammenhängenden Fragen nach Prädestination und Reprobation.

2. Abschnitt: Die Fragen nach dem Zusammenhang von Sünde

und Gnade, die ihren besonderen Ausdruck in der Lehre von der Rechtfertigung finden.

3. Abschnitt: Das Geheimnis der Gnade, insofern sie wegen ihrer Zuordnung zum Wesen des Menschen heiligmachende oder rechtfertigende Gnade genannt wird. Die Offenbarungsaussagen über die Wirkungen der Gnade wie die Frage nach dem Verhältnis von Natur und Gnade zueinander haben hier ihren Platz.

4. Abschnitt: Wesen und Wirken der Gnade, die gewöhnlich helfende und aktuelle Gnade genannt wird. Hier sind auch die großen Fragen nach der Möglichkeit des menschlichen Verdienstes und der sogenannten guten Werke wie nach dem Verhältnis von Gnade und Freiheit zu besprechen.

Dieses Einteilungsschema entspricht am besten der Heilsgeschichte der Menschheit, wie sie sich in der Offenbarung des Alten und Neuen Bundes erschließt.

Vor diesen größeren Abschnitten sei in dem folgenden Einleitungskapitel die Frage nach dem möglichen Zugang zur Gnadenlehre in unserer Zeit behandelt.

1. *Kapitel*

ZUGÄNGE ZUR GNADENLEHRE

Drei kurze Überlegungen mögen uns die hier erfragten Zugänge zur Gnadenlehre erschließen. In § 1 wollen wir das Besondere der Gnadenlehre und die Situation unserer Zeit konfrontieren, um daraus uns selbst als Menschen unserer Zeit den Weg in die Gnadenlehre zu erleichtern. In § 2 soll eine kurze Geschichte dieses Traktates die verschiedenen Sachbereiche und Termini der Gnadenlehre in ihrem geschichtlichen Werden vorführen und so die materielle Seite dieses Traktates sichtbar machen. § 3 muß die Sache und Methoden der Gnadenlehre und die damit zusammenhängenden Gnadenschemata klären und so die formelle Seite dieses Traktates erhellen.

§ 1 *Die geistige Situation des Menschen in unserer Zeit und die Lehre von der Gnade Gottes*

I. Kant, Beantwortung der Frage: Was ist Aufklärung? (1784), Akad.-Ausg. VIII, 33–42. — K. Jaspers, Die geistige Situation der Zeit, Berlin [5]1949. — J. Liener, Die Zukunft der Religion, Bd. 1: Psychologie des Unglaubens, Innsbruck [3]1937, Bd. 2: Der neue Christ, Innsbruck [2]1937. — H. Freyer, Theorie des gegenwärtigen Zeitalters, Stuttgart 1958. — G. Anders, Die Antiquiertheit des Menschen, München 1961. — Cl. E. Benda, Der Mensch im Zeitalter der Lieblosigkeit, Stuttgart 1956. — Fr. Dessauer, Prometheus und die Weltübel, Frankfurt 1959. — Fr. Valjavec, Weltgeschichte der Gegenwart, 2 Bde., München–Bern 1962/63.

Alles Christliche, wo immer es richtig verstanden werden soll, steht unter dem Geheimnis des Kreuzes Christi, das den Juden, d. h. den Frommen, die aus sich fromm sein möchten, ein Ärgernis ist, den Griechen, d. h. den Gelehrten, denen es um ein menschliches Selbstverständnis und eine menschliche Selbstbegründung geht, eine Torheit ist und bleibt. „Die Juden fordern Wunderzeichen, die Griechen suchen Weisheit; wir aber predigen Christus den Gekreuzigten: für die Juden ein Ärgernis, für die Heiden eine Torheit!" (1 Kor 1,22 ff).

1. Wie sieht die geistige Situation des Menschen in unserer Zeit vor dem Hintergrund der Gnadenlehre aus? Der Mensch in seiner

Gottferne, Weltverlorenheit und Selbstherrlichkeit ist zu allen Zeiten und ganz besonders in dem *aufgeklärten und technischen Zeitalter,* in dem wir leben, dazu geneigt, sich selbst zum Ausgangspunkt und zur Mitte und zum Ziel seines Strebens und Suchens zu machen. Er will autonom und mündig sich und sein Leben selbst gestalten. Was er wird und was aus seiner Welt wird, will er selbst leisten, nicht einem anderen verdanken. Zumal der Mensch des technischen Zeitalters ist davon überzeugt, daß er immer mehr sich und sein Leben selbst ganz gestalten kann und gestalten muß. Dabei erscheint ihm alles, bis hinein in die eigenen Tiefen, manipulierbar: Nichts ist an sich, alles ist ihm zuhanden und für ihn da. Sein Denken geht von der erfahrbaren Welt aus und beschränkt sich auf erfahrbare und kontrollierbare Wirklichkeiten. Was frühere Zeiten, Antike und Mittelalter zumal, aus einem gläubigen Weltverständnis „metaphysisch" genannt haben, ist seit der Renaissance als „okkulte Qualität" verdächtig und erscheint dem modernen Menschen als Phantasiegebilde. Ihm ist die „Innerlichkeit" nicht mehr eigen, in der erst die personale Begegnung mit dem „Absoluten" möglich ist. Die ihn umgebende Welt und das sie bewältigende sachliche, kritische Denken (die ratio, die Kant „Vernunft" genannt hat) sind so sehr Grundlage seines Verstehens und Handelns, daß das Verständnis für das Metaphysisch-Personale sowie das echte transzendierende Denken (mit Hilfe des „verstehenden" Intellektes) ihm immer mehr fremd wird. Irgendwie ist der Mensch sich selbst zum Absoluten geworden, „homo secundus deus". Er will nicht einen anderen „Herrn" über sich haben, nicht heteronom werden, was den Sinn und die innere Größe des Menschen vernichten müßte, er will wie „Prometheus" selbst Schöpfer sein. Was Kant im Aufsatz „Was ist Aufklärung?" noch als Weisung zu einem weltoffenen Aufbruch des menschlichen Denkens dargestellt hat, ist seitdem als Weltanschauung Ersatz für Religion geworden.

2. Diesen Grundhaltungen gegenüber geht die Gnadenlehre gerade von dem gegenteiligen Welt- und Selbstverständnis aus. Wir könnten dies in dem kurzen Satz des hl. Paulus ausgedrückt sehen, wo er schreibt (1 Kor 4,7): „Was hast du, das du nicht empfangen hättest? Wenn du es aber empfangen hast, was rühmst du dich, als ob du es nicht empfangen hättest." Immer wieder bringt Paulus diese menschliche Grundhaltung der Abhängigkeit in seinem Wort vom „Sich rühmen" (καυχᾶσθαι) zum Ausdruck. Alles Sich-rühmen über Dinge, die man schon besitzt und die man sich und seiner Lei-

stung verdankt, nennt Paulus ein „Sich rühmen des Fleisches" (1 Kor 1,29), „Sich rühmen unter Menschen" (1 Kor 3,21), „Sich rühmen in der Welt des Augenscheines" (2 Kor 5,12). – Für den Christen gibt es nur ein Sich-rühmen „in Gott", „in Christus" (Röm 5,2; 1 Kor 1,31). Für ihn gibt es nur ein Sich-rühmen dessen, was man empfangen hat oder von Gott erhofft oder erwarten darf als eschatologisches Geschenk, als Vollendung, die Gott gibt (Röm 5,2: Wir rühmen uns der Hoffnung auf die ewige Herrlichkeit). – Noch tiefer bringt Paulus dieses Sich-rühmen über Gottes Geschenk zum Ausdruck, wenn er dem Menschen ein „Sich-rühmen seiner Schwächen und seiner Armut" (2 Kor 11,30; 12,5 ff) zuspricht, damit die Gnade Gottes dadurch um so mehr aufscheine: „Am liebsten will ich mich darum meiner Schwachheit rühmen, damit auf mich herabkomme (in mir wohne) die Macht Gottes" (2 Kor 12,9).

3. Die Besonderheit der christlichen Gnade wird bei Paulus vor allem deutlich, wenn er von den „christlichen Grundhaltungen", den christlichen „Tugenden" spricht. Er faßt diese seine Rede einmal zusammen in dem Worte von der „Frucht des Hl. Geistes" (Gal 5,22): „Die Frucht des Geistes aber ist Liebe, Freude, Friede, Langmut, Milde, Edelmut, Treue, fromme Sanftmut, Enthaltsamkeit." Dazu sind zu nennen die Tugenden der Dankbarkeit (εὐχαριστία: 1 Thess 5,18), der Geduld (ὑπομονή: Röm 15,4 f), der Demut (ταπεινοφροσύνη: Kol 3,12; Eph 4,2), aber auch des rechten Selbstvertrauens und der rechten Selbstachtung aus dem Vertrauen in die Gnade: „Ich vermag alles in dem, der mich stärkt" (Phil 4,13). In der *Bergpredigt Jesu* erscheinen diese „Grundhaltungen" angesprochen in den Seligpreisungen: „Selig die Armen im Geiste – die Trauernden – die Sanftmütigen – die hungern und dürsten nach der Gerechtigkeit – die Barmherzigen – die Friedensstifter – die Verfolgung leiden um der Gerechtigkeit willen" (Mt 5,3–10; Lk 6, 20–26). Von den ersten Christen schreibt Lukas: „Die ersten Christen verweilten einmütig im Tempel, brachen in den Häusern ihr Brot und genossen ihre Speisen im Frohsinn und in der Schlichtheit des Herzens" (Apg 2,46). In diesen Grundhaltungen werden menschliche Verhaltensweisen offenbar, die nur als Frucht der Gnade Gottes vollziehbar sind.

Diese Verschiedenheit im Welt- und Selbstverständnis hebt das rein irdische Denken vom christlichen Denken ab, und wir müssen dies im Auge behalten, wenn wir die christliche Lehre von der Gnade recht verstehen wollen.

§ 2 *Kurze Geschichte der Gnadenlehre*

H. Rondet SJ, Gratia Christi, Paris 1958. – T. E. Torrance, The Doctrine of Grace in the Apostolic Fathers, London 1948. – J. Gross, La divination du chrétien d'après les pères grecs, Paris 1938. – Landgraf T. 1, I u. II. – Auer I u. II. – F. Stegmüller, Francisco de Vitoria y la doctrina de la gracia, Barcelona 1934. – Ders., Zur Gnadenlehre des jungen Suárez, 1933. – W. Dettloff, Die Entwicklung der Akzeptations- und Verdienstlehre von Duns Skotus bis Luther, Münster 1963. – Pesch, TRLTh. – Jedin II 139–164, 201–268. – H. Rito, Recentiores theologiae quaedam tendentiae ad conceptum ontologico–personalem gratiae, Rom 1963. – H. de Lubac, Augustinisme et Théologie moderne, Paris 1965. – Ders., Le mystère du Surnaturel, Paris 1965. – A. Mandouze, S. Augustin. L'aventure de la raison et de la grâce, Paris 1968. – J. H. Nikolas OP, Les Profondeurs de la grâce, Paris 1969. – LThK 4 (1960) 977–984: Gnade im AT u. NT (Lit.).

Wenn die Ostkirche keine eigene Gnadenlehre kennt, ist dies kein Hinweis darauf, daß die Gnadenlehre etwa erst mit Augustinus in der Westkirche beginne, wie Harnack sagt. Wenn im Neuen Testament die wichtigsten Aussagen der Gnadenlehre bei Paulus stehen, ist dies kein Hinweis darauf, daß erst Paulus die Gnadenlehre geschaffen habe. Vielmehr ist darauf zu achten, daß eine Geschichte der Gnadenlehre von Anfang an nicht von den Begriffen, sondern von der gemeinten Wirklichkeit auszugehen hat. Dann wird sich zeigen, daß das, was wir Gnade nennen, Mittelbegriff der ganzen Offenbarung nicht nur im Neuen Testament, sondern schon im Alten Testament ist.

1. Wenn wir im Alten Testament die wichtigsten Gesichtspunkte der Gnadenlehre zusammenschauen wollen, sind vier Gebiete zu nennen: 1. die heilsgeschichtliche Ordnung, 2. die Frage nach der Schöpfung, 3. die Frage nach Sünde und Heiligkeit und 4. die Frage nach der eschatologischen Erfüllung.

a) Heilsgeschichte

Der grundlegende Begriff und die grundlegende Vorstellung für die Gnadenlehre im Alten Testament ist die *Auserwählung* durch Gott, die zunächst den Einzelnen trifft, der aber gesehen ist als Glied oder Haupt einer Familie oder einer Sippe. Hier steht am Anfang das große Ereignis der Berufung Abrahams. Er wird in seinen Nachkommen der Stammvater Israels, des auserwählten Volkes, zu dem Gott später spricht: Du sollst mir mein Volk sein, und ich will dein Gott sein (Dt 26,17 f; Jr 7,23). – Dieser Gedanke der

Auserwählung findet seine Erfüllung vor allem in Moses und dem *Gottesbund*. War von Abraham her und in seinen Nachkommen zunächst der Einzelne von Gott angerufen und erfaßt, auch wenn er als Glied der Sippe gesehen wurde, so wird mit dem Mosesbund vom Berge Sinai das israelitische Volk als Volk erfaßt. Darum ist hier der Auserwählungsgedanke verbunden mit der Organisation des ganzen jüdischen Volkes: Zum auserwählten Volk gehört nun der Gottesbund mit Kult und Gesetz, mit Priestertum und politischer, ökonomischer und sozialer Ordnung. Das ganze kommende Staatswesen Israels ist als Theokratie von Gott her bestimmt.

Diese Idee des Gottesbundes findet eine neue Ausgestaltung in der Königszeit, zumal durch den großen König David. Die Führung durch Gott, die bisher dem Stammvater verheißen war, wird nunmehr dem König und seinen Nachkommen zugesprochen. Auf dieser Königsidee baut, vor allem seit dem babylonischen Exil die neue Idee des *Messias* auf, in dem die Auserwählung des Volkes und die Erlösung des Volkes gewährleistet wird. Wie einst Moses den ersten Exodus, die Befreiung und die Erlösung aus der Gefangenschaft in Ägypten im Auftrag Gottes als Gnadengeschenk Gottes seinem Volk gebracht und ihm damit die Konstituierung seiner irdischen Wirklichkeit als Volk Gottes gegeben hat, so wird nunmehr die neue Erlösung des Volkes an den Messias geknüpft. In dieser heilsgeschichtlichen Idee der Auserwählung und Huld Gottes erscheint das, was wir Gnade nennen, vor allem unter dem Begriff der *chesed* (= χάρις = Huld Gottes). Chesed ist die Liebe Gottes und die Huld, die er als Bundesgott seinem Bundesvolk schenkt und mit der wesenhaft verbunden ist seine innere große Treue, die erhalten bleibt, auch wenn das Volk selbst untreu geworden ist (Ps 136; vgl. „Gnade und Wahrheit" im Neuen Bund: Jo 1,14; 1 Tim 2,7). Der Gedanke, daß Gottes Auserwählung nicht nur dem Abraham und seinen Nachkommen gelte, sondern auch den anderen Völkern der Heiden, den gojim, offenstehe, ein Gedanke, der zuerst wohl bei den exilischen Propheten in seiner Bedeutung gesehen wird, dieser Gedanke erscheint vorgebildet in dem Noe-Bund (deuteronomistische Tradition), der ebenfalls gedacht ist als ein Bund zwischen Gott und der ganzen Menschheit.

b) Schöpfung

Die *Schöpfungsidee* ist jüngeren Ursprungs. In ihr kommt jedoch in einer neuen Weise das Geheimnis der Gnade zum Ausdruck, insofern damit gesagt ist, daß der Mensch die ganze Welt und alles Gott verdankt. In der Offenbarung des Alten Bundes spielt diese Schöpfungsidee zunächst eine geringe Rolle, bis sie im hellenistischen Zeitalter, wohl aus der hellenistischen Philosophie heraus, von größerer Bedeutung auch für die Aussagen von der Gnade Gottes wird. Vielleicht darf man mit dieser Idee vor allem jenen Begriff der Gnade im Alten Testament verknüpfen, in dem Gnade als das „Sich Herabneigen Gottes" zum Ausdruck kommt: den Begriff *chen* (von chanan = sich neigen = χάρις = gratia = Huld Gottes). Gemeint ist damit vor allem, daß Gott jedem Einzelnen in seiner Gnade und Huld sich zeigt. Viele Namen im Alten Testament hängen mit diesem Begriff der Gnade zusammen: Johannes = Gott ist gnädig; Anna = die Begnadete.

c) Sünde und Heiligkeit

Noch tiefer wird der Einblick in das Geheimnis des gnädigen Gottes und in das Geheimnis seiner Huld, wenn diese nicht nur den Menschen ohne sein Verdienst, sondern den *Menschen in seiner Unwürdigkeit* und Sündhaftigkeit trifft. Wenn Gott anstelle seines Strafgerichtes „nach seinem großen Erbarmen" (Ps 51,3; Is 54,7) dem Menschen seine Huld schenkt, spricht die Hl. Schrift von dem „Erbarmen Gottes" (*rachamim* = οἰκτιρμός = misericordia). Wo die Hl. Schrift berichtet, daß Gott dem Moses zum zweitenmal die Tafeln des Gesetzes überreicht, heißt es (Ex 34,6 ff): „Da zog der Herr an ihm vorüber und rief: Der Herr, der Herr, ein barmherziger und gütiger Gott, langmütig, reich an Huld und Treue! Huld bewahrt er den Tausenden (der Geschlechter)! Schuld, Frevel und Sünde vergibt er. Er läßt sie aber nicht ungestraft, indem er die Schuld der Väter an den Kindern und Kindeskindern bis ins dritte und vierte Geschlecht nachprüft." Die Tiefe des Gottvertrauens und die Ehrlichkeit des Schuldbekenntnisses, wie sie sich in den großen Bußpsalmen (Ps 6; 32; 38; 51; 102; 130; 143) finden, zeigen, wie tief der Glaube des einzelnen Frommen im Alten Testament an diese persönlichste und innerste Liebe in Gott ist.

d) Eschatologische Erfüllung

Die allumfassende Bedeutung der Huld Gottes wird endlich deutlich, wenn schon in den *protologischen Darstellungen* des Paradieseszustandes der Mensch gezeichnet wird, so wie er aus Gottes Hand frei von aller Fehl und Sünde hervorgegangen ist, und wenn endlich, vor allem seit den Exilspropheten (Ezechiel, Jeremias und Deutero-Isaias), immer mehr auf die *eschatologische Erneuerung* des Menschen und der ganzen Welt durch Jahweh hingewiesen wird. Diese Gedanken sind um so bedeutsamer, als sie sich zeigen, lange bevor in der hellenistischen Zeit eine echte Jenseitsvorstellung in der israelitischen Frömmigkeit zu finden ist. „Fürwahr, Tage kommen – Spruch des Herrn – da schließe ich mit dem Haus Israel und dem Haus Juda einen neuen Bund ... ich lege mein Gesetz in ihr Inneres und schreibe es ihnen ins Herz. Ich will ihr Gott sein, und sie sollen mein Volk sein. Ich verzeihe ihre Schuld, und ihrer Sünde gedenke ich nicht mehr" (Jr 31,31–34). „Dann sprenge ich über euch reines Wasser, damit ihr gereinigt werdet von all euren Unreinheiten, und von all euren Götzen will ich euch reinigen. Ich gebe euch ein neues Herz und lege neuen Geist in eure Brust; ich entferne das Herz aus Stein aus eurem Leib und gebe euch ein Herz aus Fleisch. Meinen Geist leg' ich in eure Brust und bewirke, daß ihr nach meinen Satzungen wandelt, meine Gesetze beobachtet und erfüllt. Ihr werdet mein Volk sein, und ich werde euer Gott sein. Ich mache euch frei von all euren Unreinheiten" (Ez 36,25–28).

Bei all dem ist zu beachten, daß im Gegensatz zur neutestamentlichen oder christlichen Gnadenlehre im Alten Bund noch in keiner Weise die *gnädige Gesinnung* in Gott und das *Gnadengeschenk*, das er aus dieser Gesinnung mitteilt, unterschieden werden. Ebensowenig ist im Menschen zwischen einer *natürlichen* und einer sogenannten *übernatürlichen* Gabe, ja nicht einmal hinreichend zwischen einer *geistigen* und einer *materiellen* Gabe zu unterscheiden: Alles, was dem lebendigen Menschen in dieser Welt zukommt, ist Gnadengeschenk der Huld Gottes.

2. Die Botschaft von der Gnade Gottes im Neuen Testament knüpft an die Lehre im Alten Testament an. Dabei werden die einzelnen Gedanken in besonderer Weise vertieft. Anstelle des Bundesgedankens tritt nunmehr der Gedanke vom *Reich Gottes* in den Vordergrund, wie ihn die Propheten und vor allem dann die Apokryphen entwickelt haben. Hiermit wird nicht nur die Universalität der Gnadenhuld Gottes deutlich, hier kommt vor allem auch zum Ausdruck, daß diejenigen, die von Gott in dieses Reich Gottes gerufen sind, nicht diejenigen sind, die dessen am würdigsten wären, sondern vielmehr diejenigen, die dessen am meisten bedürfen: die Sünder und die Armen. Besonders in den Gleichnissen Jesu kommen dieses grundlose Erbarmen Gottes (Mt 20,1–15: Der Herr des Weinberges) wie seine Vatergüte (Lk 15,11–32: Der verlorene Sohn) zum Ausdruck. Im Verhalten Christi zu den „Zöll-

nern und Sündern" (vgl. Mk 2,1–12; 2,13–17; Lk 7,36–50) wird die Huld und Gnade Gottes, seines Vaters, offenbar.

In der Theologie des hl. PAULUS ist die Gnadenlehre des Neuen Testamentes wie in einem Brennspiegel eingefangen. Wie der Christus der Evangelien seine Lehren vor allem gegenüber den Pharisäern und Schriftgelehrten entfaltet, so entwickelt auch Paulus, besonders in seinem Römerbrief, die neutestamentliche Gnadenlehre gegenüber der pharisäischen Selbstgerechtigkeit und Werkheiligkeit. Er geht davon aus, daß alle Menschen, Heiden wie Juden, unter der Sünde stehen. Kein Mensch kann sich die Vergebung der Sünde verdienen, jedem Menschen muß sie frei von der Huld Gottes geschenkt werden. So steht das Gnadenverständnis des hl. Paulus zunächst dem Gesetzeswerk des Pharisäers gegenüber. Christentum soll nicht Ethik, sondern Religion sein. Die Gnadenlehre wird so zum Mittelpunkt des christlichen Selbstverständnisses. So wie in Adam alle Sünder geworden sind, so müssen alle in Christus Jesus erlöste Menschen werden. „Alle haben gesündigt und ermangeln der Herrlichkeit Gottes; sie sind geschenkweise (δωρεάν – gratis) durch die Gnade, vermöge der Erlösung durch Jesus Christus, gerechtfertigt" (Röm 3,23 f). Gott allein ist gerecht, und Gott allein macht gerecht den Menschen, der als Adamskind Sünder ist. Weg zu dieser Gerechtigkeit ist Jesus Christus. „Laßt uns Frieden haben mit Gott durch unseren Herrn Jesus Christus, durch den wir ja im Glauben Zutritt haben zu dieser Gnade, in der wir stehen" (Röm 5,1 f). „Jetzt aber ist ohne Zutun des Gesetzes die Gerechtigkeit Gottes offenbar geworden ... Gerechtigkeit Gottes durch den Glauben an Jesus Christus für alle, die an ihn glauben" (Röm 3, 21 ff). Wie Abraham nicht durch Gesetzeswerke, sondern durch seinen Glaubensgehorsam gegen Gott gerechtfertigt wurde (Gn 15,6), so muß auch der Christ durch seinen Glauben an Gott und Christus Rechtfertigung erlangen (Röm 4,24 ff). Wie wir durch Adam den Tod geerbt haben, so erben wir durch Christus das Leben: dieses ewige Leben, das ist die Gnade. Sie wird uns verliehen im Geheimnis der Taufe, das uns den Tod und die Auferstehung Christi zeigt und sie an uns vollzieht (Röm 6,2–12). Wie Adam und Christus, so stehen sich Fleisch und Geist in der Verkündigung des hl. Paulus gegenüber (Röm 8,1–17; Gal 5,16 ff). Im Geiste Gottes sind wir Söhne Gottes und erfahren, daß wir es sind (Röm 8,14.16). Im Geiste Christi rufen wir Gott in echter Weise als unseren Vater (Röm 8,15; Gal 4,6). Der Mensch, der nach dem Bilde Gottes geschaffen ist (Gn 1,26), muß nunmehr nach dem Bilde Christi neu gestaltet werden (Röm 8,29 f). Der verklärte Herr ist ja der „lebenspendende Geist" (1 Kor 15,45; 2 Kor 3,17). Wir müssen daher mit Christus mitbegraben sein, um mit ihm auferweckt und mit ihm in den Himmel versetzt zu sein (Phil 3,8–11; Kol 2,11–13). Was in der Botschaft des Alten Bundes als eschatologische Wirklichkeit verheißen war, tritt hier in der Verkündigung des hl. Paulus im *Sein in Christus* bereits als irdische Wirklichkeit auf. So zeigt sich dann vor allem in den Gefangenschaftsbriefen des hl. Paulus dieses christliche Leben als christliches Existential in der Gnade Christi und aus dem Geiste Christi in vollendeter Weise.

Was uns hier bei Paulus begegnet ist, findet einen letzten Ausdruck in der Verkündigung des hl. Johannes. In Christus besitzen wir Wahrheit, Licht und Leben. Vor allem das Wort vom *Leben* (ζωή) ist das Kernwort bei Johannes, wenn er von der Gnade Christi sprechen will. Neben der Taufe (Jo 3,5) tritt hier die heilige Eucharistie als Quelle des Lebens hervor (Jo 6), und in den Abschiedsreden (14–16) wird die Bedeutung des Pneuma für das christliche Sein und für die christliche Gemeinde in neuer Weise deutlich. Bei Johannes erscheint auch zum erstenmal die Gnade als „Teilhabe am Leben Gottes", vor allem im Hohenpriesterlichen Gebet Jesu (Jo 17) und im Vergleich mit dem Weinstock (15). Wie der Johannesprolog „Licht und Leben", „Gnade und Wahrheit (= Treue)" miteinander verbindet, so wünscht Paulus in seinen Briefen seinen Adressaten immer wieder „Gnade und Friede" (χάρις καὶ εἰρήνη). Vielleicht will diese Verbindung des griechischen (χάρις) und des jüdischen (schalom = εἰρήνη) Begriffes die Fülle der Gnade zum Ausdruck bringen. Im Hebräerbrief wie im ersten Petrusbrief, wie auch in manchen Teilen der Apokalypse, d. h. in den großen Trostschreiben der frühen Kirche, kommt dazu noch zum Ausdruck, daß Gnade oft mit Leid und Not, d. h. mit dem Kreuze Christi in dieser Welt verbunden ist. „Dabei wollen wir aufblicken zu Jesus, dem Begründer und Vollender des Glaubens, der angesichts der vor ihm liegenden Freude das Kreuz erduldete, ohne der Schmach zu achten, und zur Rechten des Thrones Gottes sich gesetzt hat" (Hebr 12,2). „Freuet euch der Gemeinschaft mit den Leiden Christi, damit ihr auch beim Offenbarwerden seiner Herrlichkeit jubelnde Freude erlebt. Seid selig, wenn ihr im Namen Christi geschmäht werdet, denn der Geist der Herrlichkeit, der Geist Gottes, ruht auf euch" (1 Petr 4,13 f).

3. Die neue Wirklichkeit, die Christus durch seine Menschwerdung, Erlösung und Geistsendung seiner Kirche geschenkt hatte, sowie das Verständnis dieser Wirklichkeit, das sich aus Leben, Lehre und Auftrag Christi ergab, mußten gegenüber der religiösen Tradition des Judentums wie gegenüber den Entstellungen des religiösen Lebens in der heidnischen Welt sich durchsetzen, sich klären und weiterwachsen. Diesen Prozeß haben zuerst die APOSTOLISCHEN VÄTER in der ersten Hälfte des 2. Jh. in Gang gebracht. Vor allem die aus dem neuen Sein in der Gnade sich ergebenden ethischen Forderungen werden betont. In neuer Weise wird die Bekehrung selbst eine Gnade genannt (χάρις μετανοίας: 1 Klem 7,4–8,5), worauf wohl später die kirchliche Einrichtung des Bußinstitutes aufbaut. Die Christen werden „Berufene, Geheiligte und im Erbarmen Gottes stehende Menschen" (1 Klem, Einleitung) genannt.

4. Eine neue Vertiefung erfährt die Gnadenlehre im *Kampf gegen den Gnostizismus.* Dabei hebt IRENÄUS gegenüber dem Irrtum der Selbsterlösungslehre in der Gnosis vor allem die heilsgeschichtlichen Momente der Gnadenlehre hervor. Er unterscheidet zum erstenmal die beiden Ausdrücke Gn 1,26, indem er mit imago die natürliche und mit similitudo die übernatürliche Ähnlichkeit mit Gott aus dem Geist in der Taufe kennzeichnet. Bei TERTULLIAN, der gegenüber der manichäischen Irrlehre der Gnosis vor allem die Freiheit des Christen aus dem Geiste Christi hervorhebt, begegnet dieselbe Unterscheidung mit den Termini natura und gratia (De an. 21; De bapt. 5). KLEMENS VON ALEXANDRIEN deutet das Sein des Christen durch die Gnade im Anschluß an 2 Petr 1,4 und an Platon (Theaith. 176 AB) als christlich verstandene „Gottesverwandtschaft des Menschen" (Paid. I 2, VII 1), und er deutet das stoische „überirdisch" (ὑπερκόσμιον) im Sinne des späteren Terminus „übernatürlich" (Strom. 4,26). Der begnadete Mensch wird als „christlicher Gnostiker" (Klemens v. Alexandrien) bzw. als „Pneumatiker" (ORIGENES) verstanden.

5. Die östliche (griechische) Gnadenlehre fand ihre größte Entfaltung in den *Kämpfen des 4. Jh.* um die Lehre von Christus und vom Dreifaltigen Gott. In der Lehre von der „Vergottung des Menschen" (θείωσις) fand ATHANASIUS das Hauptargument für seine Christologie. „Christus ist für uns Mensch geworden, damit wir Gott werden" (Adv. Arianos IV 2,59; Ep. de syn. 51). Hatte Athanasius vor allem mit Jo 1,12 ff; Gal 4,6; 1 Kor 3,16 argumen-

tiert, so bringt Gregor von Nazianz dieselbe Lehre mit Phil 2,7; 2 Kor 8,9 in Zusammenhang. Didymus der Blinde und Basilius deuten die Vergottungslehre mit dem Wirken des Hl. Geistes. In den Kämpfen des 5. Jh. gegen Nestorius und Eutyches wurde die Unterscheidung zwischen dem „Eingeborenen" (Jo 1,14) und dem „Erstgeborenen unter vielen Brüdern" (Röm 8,29) angeführt, um die Gleichsetzung und Unterscheidung zwischen Christus und den Christen darzustellen (vgl. Johannes von Damaskus, De fide orth. IV 8). Was Christus von Natur (φύσει) besitzt, das besitzen die Christen durch Gnade (χάριτι). Kyrill von Alexandrien bringt die Gnadenlehre mit der „Einwohnung des dreifaltigen Gottes" (De trin. III) in Zusammenhang. Neben diesen theologischen Lehren läuft gleichzeitig die große Mönchsbewegung im Osten an, die neben den Theorien über die Gnade das Leben und Wirken aus der Gnade betont.

6. Eine letzte Frucht dieser großen Zeit der östlichen Theologie ist die *Mystik*, die von den ersten Anfängen bei Origenes und Evagrius Pontikus zu Gregor von Nyssa aus einer mehr biblischen Gestalt zu einer theologischen Lehre sich entwickelt, um unter dem Einfluß des Neuplatonismus, vor allem eines Proklos, in den „Pseudodionysischen Schriften" um 520 ein Gepräge zu erlangen, das für alle folgenden Zeiten von Bedeutung bleiben sollte. Erscheint diese Richtung bei Pseudodionysios zunächst noch mehr intellektualistisch, so wird, vor allem durch den großen Kommentator Maximus Confessor, dieses intellektuelle Element (200 capita gnostica) durch das Moment der Gottesliebe (400 capita de caritate) ergänzt. Hier erscheinen auch zuerst die drei Stufen des geistlichen Lebens, die Stufe der Reinigung, der Erleuchtung und der Einigung (De eccl. hier. 5,3). Diese Lehre hat nichts zu tun mit der seit etwa 350 in Asien verbreiteten Irrlehre der *Messalianer*, die die Möglichkeit einer Gottschau in dieser Welt durch Gebetstechnik ohne Sakramente und ohne Kirche in Aussicht stellen. Diadochos von Photike hat diese Irrlehre erfolgreich bekämpft. Pseudodionysios gebraucht den Begriff ὑπερφυής, den Scotus Eriugena mit „supernaturalis" = übernatürlich übersetzt. Im Mittelalter wurde dieser Begriff durch seine Deutung aus der aristotelischen Philosophie zum tragenden Begriff der Gnadenlehre (vgl. § 35). Eine Erneuerung und Vertiefung dieser Lehren brachte der „Hesychasmus" des Gregorius Palamas, der auf der Provinzialsynode von Tessalonike 1351 bestätigt wurde. In seinem Dialog „Theophanes" (PG 150, 909–960) hat

Gregorius, wie die Hochscholastik der Westkirche 50 Jahre vorher, die Frage gestellt, ob Gnade, die den Menschen zum Kinde Gottes macht und Teilhabe an der göttlichen Natur bedeutet, etwas Geschaffenes oder der ungeschaffene Gott selbst sei. Er suchte die Antwort durch die Unterscheidung zwischen dem unmitteilbaren Wesen (οὐσία) Gottes und seinen mitteilbaren Eigenschaften (ἐνέργειαι) zu erreichen, welch letztere nicht geschaffen und doch auch nicht das ungeschaffene Wesen Gottes seien. Gnade bedeutet also Teilnahme an diesen ungeschaffenen, aber mitteilbaren Eigenschaften Gottes.

7. War so im *Osten* die Gnadenlehre als „Teil der großen *Heilslehre*" entfaltet worden, so wird sie im *lateinischen Westen* gegenüber der Irrlehre des „Pelagianismus" mehr als ein Teil der christlichen *Anthropologie* entwickelt. Ihre besondere Ausgestaltung fand diese westliche Gnadenlehre durch Augustinus († 430). In seiner Jugend war er selbst Anhänger der Irrlehre des *Manichäismus* (Mani, ein Perser, 216–276), der alles Übel in der Welt aus der Vermischung von zwei extremen Prinzipien, einem guten und einem bösen, erklärte und alle Erlösung in der Enthaltsamkeit von geschlechtlicher Liebe, Fleischgenuß und Landarbeit sah, wodurch der Mensch erst zur reinen Erkenntnis des Guten wieder geführt werden sollte. Nachdem er Christ und Bischof geworden war, begegnete ihm seit 410 nun die entgegengesetzte Irrlehre des *Pelagianismus,* die behauptete, alles Gute in der Welt liege einzig in der freien Tat des Menschen: das Böse im Menschen sei nur Nachahmung schlechten Beispieles von den Stammeltern her, und Gnade sei nichts anderes als eine äußere Hilfe (Gesetz und Offenbarung) durch Gott. Augustinus, der von der Frömmigkeit der Psalmen und der Theologie des hl. Paulus geformt worden war, kämpfte seit 412 gegen diese Irrlehre (Sermo 293, 296; Ad Marcellianum; De peccatorum meritis; De spiritu et littera; Ep. 140). Gegen Pelagius hob er die innere Verderbtheit der menschlichen Natur (vielleicht noch in Erinnerung an seine manichäische Jugend) durch die Sünde und die Notwendigkeit einer inneren Gnade Christi als Heilung und zum Heile des Menschen hervor. In seinen großen Werken (De natura et gratia, De perfectione iustitiae hominis, De gratia Christi et peccato originali) erarbeitete er und machte publik, daß die Lehren des Pelagius häretisch seien, was 418 zur Verurteilung des Pelagius durch Papst Zosimus (vgl. D 109a – DS 231; D 134 ff – DS 243 ff) und zum Reskript des Kaisers Honorius führte und was auf der Synode von Karthago in neun Sätzen de-

kretiert wurde (D 101–108 – DS 222–230). Als Pelagius, der aus England gekommen war, Rom wieder verlassen hatte, zwang der Widerstand von 18 italienischen Bischöfen unter der Führung des Bischofs JULIAN VON ECLANUM Augustinus zu einer neuen Klärung seiner Gnadenlehre in De nuptiis et concupiscentiis und in den sechs Büchern gegen Julian von Eclanum. Gegen den Vorwurf der Mönche von Hadrumetum in Nordafrika, Augustinus werte in De gratia et libero arbitrio Gebet und Askese der Mönche unbillig ab, verteidigte sich Augustinus in dem Werk De correptione et gratia. Die semipelagianischen Bedenken der Mönchsgemeinschaften von Marseille suchte er in seinen letzten Werken, De praedestinatione sanctorum und De dono perseverantiae, zu zerstreuen. Seine Gnadenlehre fand zunächst eine gewisse Zusammenfassung im Hypognostikon (PL 45, 1611–1664), wo zum erstenmal der für Luther später so bedeutsame Vergleich der Gnade im Menschen mit dem Reiter auf seinem Pferde erscheint (III 11,20), wie im sog. Indiculus Coelestini (D 129–142 – DS 238–249).

8. Die Tatsache, daß Augustinus selbst nach 422 die Lehre vom allgemeinen Heilswillen (1 Tim 2,4) fast nicht mehr erwähnte und die Reprobation als Zurücklassung in der „massa damnationis" ohne besondere Begründung auf seiten Gottes bestimmte, nahm ein gallischer Presbyter LUCIDUS zum Anlaß, von einer „Reprobatio ad peccatum" (nicht bloß ad interitum) zu sprechen. Diese Irrlehre des *Prädestinatianismus* (vgl. Praedestinatus II 16) wurde von den Synoden in Arles und Lyon 475 verurteilt (D 160a – DS 339). Ankläger und Berichterstatter auf dieser Synode war FAUSTUS VON REJI, der selbst der anderen Irrlehre der Zeit, dem sog. *Semipelagianismus* huldigte, wie auch teilweise GENNADIUS mit seinem Liber de ecclesiasticis dogmatibus, der vielleicht 480 in Lyon vorgelegen hatte. Ihre irrige Ansicht über das „initium fidei" durch den Menschen sowie über die Beharrlichkeit wurde endgültig verurteilt auf dem 2. Konzil von Orange 529 (D 178–200 – DS 375 bis 397), das von Papst Bonifaz II. bestätigt wurde (D 200a – DS 398) und im wesentlichen die Gnadenlehre des Augustinus ohne seine Sonderlehren in der Prädestinationsfrage für die Zukunft kirchlich dekretierte.

9. In den folgenden Jahrhunderten fand die augustinische Gnadenlehre eine mehr ethische Weiterausgestaltung durch das benediktinische Mönchtum. GREGOR D. GR., ISIDOR VON SEVILLA und

SAMUEL TAJUS wurden maßgeblich hierfür. Das führte zu dem großen *Prädestinationsstreit* in der karolingischen Theologie, in der die Auseinandersetzung zwischen der weiten, dem Geheimnis zugewandten augustinischen und der engeren mönchischen Auffassung von Gnade ihren Austrag fand. Anlaß hierzu wurde die Auslegung des Terminus *gemina praedestinatio* (zweifache Prädestination) aus den Sentenzen des Isidor von Sevilla durch den unglücklichen Mönch GOTTSCHALK VON ORBAIS. Ausdrücklich lehnte er eine Prädestination zur Sünde ab, hielt jedoch an der spätaugustinischen Behauptung fest, daß die Reprobierten praktisch nicht unter die Erlösung durch Christus fallen. Nachdem er gegen seinen Abt Rhabanus Maurus vergeblich diese Lehre verteidigt hatte, verwies die Synode von Mainz 848 Gottschalk mit seinem Rechtsstreit an den Bischof Hinkmar von Reims. Hinkmar selbst schrieb im Verlauf dieses Streites drei Schriften über die Prädestination, zahlreiche Theologen und Bischöfe verteidigten in eigenen Werken Gottschalk. Synoden nahmen für und gegen Gottschalk Stellung. Schließlich stellte die Synode von *Toucy 860* (PL 126, 122) einfach die Gegensätze noch einmal unvermittelt gegenüber. Gottschalk wie die Synode von *Valence 855* nahmen eine reprobatio oder praedestinatio ad interitum an, während Hinkmar und die Synode von *Quierzy* nur von einer praescientia periturorum und einer praedestinatio poenae aeternae sprachen. Die Prädestinationslehre wurde in diesem Streit immer mehr aus den dunklen Tiefen augustinischen Denkens in die Theologie rationaler Erhellung hineingeführt, wo sie im Mittelalter ihre weitere Ausgestaltung fand. In den großen Werken über die *Willensfreiheit* (ANSELM VON CANTERBURY, BERNHARD VON CLAIRVAUX, ALGER VON CLUNY u. a.) fand dieser Streit im 11. Jh. noch seinen großen Niederschlag. Die Sentenzen- und Quästionensammlungen und Summen von 1100 bis 1250 behandelten die Gnadenlehre in ihren Traktaten über fides und caritas. Die *Abailard-Schule* sprach von Gnade im Sakramententraktat, wogegen die *Viktoriner* sie meist noch in der Christologie behandelten.

10. Eine neue Ausgestaltung fand der anthropologische Ansatzpunkt der abendländischen Gnadenlehre des Augustinus in der *Hochscholastik* durch die Rezeption der aristotelischen Metaphysik und Psychologie, vor allem seit etwa 1240. Johannes von Rochelle nannte in der Summe Alexanders von Hales die Gnade bereits forma animae, und die Auseinandersetzung mit der Gleichstellung der Gnade mit dem einwohnenden Hl. Geist bei Petrus Lombardus

(Sentenzen I dist. 17) führte zur Bestimmung der Gnade als einer geschaffenen, akzidentellen Realität im Menschen. Die *Bonaventura-Schule* verstand sie mehr neuplatonisch als eingestrahltes Licht und als caritas, die *Thomas-Schule* mehr aristotelisch als einen vom Tugendhabitus verschiedenen habitus supernaturalis der Seele als ganzer (vor allem im Anschluß an 2 Petr 1,4: „der göttlichen Natur teilhaftig"). Aus dem Geist der Kreuzzüge und des hl. Franziskus entstand bei Bonaventura eine neue „Christus-Mystik". Die franziskanische Gnadenlehre fand ihre Behandlung vor allem in der Gotteslehre (Sent. Com. I, 17), die thomasische in der Schöpfungslehre (Sent. Com. II 26–29) oder später in den Kommentaren zur S. Th. I p 110–114. Gnadenlehre erscheint in dieser Zeit als *Lehre von der Heiligung des Menschen.*

11. Seit Beginn des 14. Jh., in der *Spätscholastik,* wo die franziskanische Schule hervorragte, wurde die Gnadenlehre vor allem als Lehre von der caritas (Sent. Com. I 17) und von der Prädestination (I 39–41) behandelt. Das franziskanische Verlangen nach Erfahrbarkeit der Gnade im Gnadenstand ließ in der erkenntniskritischen *Schule von Oxford* (Wilhelm von Ware, Johannes Duns Scotus) das Übernatürliche immer mehr als Gegenstand des bloßen Glaubens (ohne Erfahrungsindizien wie im 13. Jh.) erscheinen, was dem Glauben selbst (Robert Holcot, später Luther) ein bisher unbekanntes Eigengewicht verleihen mußte. Das führte auch dazu, daß die Lehre vom Verdienst (meritum) immer mehr zu einer Lehre von der bloßen Annahme durch Gott (mera acceptatio) wurde, wobei im *Scotismus* die Bedeutung der Gnade für die freie Akzeptation durch Gott gesichert blieb, während im Nominalismus die absolute Freiheit Gottes auch gegen die Gnade betont wurde. Wilhelm von Rubio, Petrus de Palude, Johannes Bassolis und andere lehrten darum, Gott könne „potentia absoluta" auch den Menschen, der im Gnadenstand ist, verdammen. In der *Prädestinationslehre* wurde die Auseinandersetzung zwischen der Lehre des J. D. Scotus, wonach die praeordinatio oder praedeterminatio voluntatis divinae (Ox. I d 39 und d 41 [X 612–653; 696]) Grund für die Sicherheit des Eintretens der Vorherbestimmung sei, und der Lehre des W. von Ockham, daß das göttliche Vorherwissen die futura contingentia im Menschen keineswegs zu notwendigen Geschehnissen mache (Tractatus de praedestinatione... Böhner 50–58), durch lange Zeit ausgetragen. Im Streit um die Prädestination der futura contingentia in der Universität Löwen 1465–75 lebte sie neu auf.

12. Die Zuspitzung der Gnadentheologie im späten Mittelalter, verbunden mit einer wachsenden Veräußerlichung in der Volksfrömmigkeit, und die Hinwendung des Humanismus zur Schrifttheologie führten zur neuen Lehre der *Reformatoren* im 16. Jh., für welche die Gnadenlehre im wesentlichen *Lehre von der „Rechtfertigung des Menschen"* war, die entweder in der absoluten Prädestination durch Gott (CALVIN) oder in der bloßen Anrechnung der Verdienste Christi für den immer in der Sünde bleibenden Menschen (peccator simul et iustus) aufgrund seines Glaubens (MARTIN LUTHER) gesehen wurde. Der Sinn für die Realität der Gnade ebenso wie der Sakramente als „Gnadenmittel" wie für die nur in einem geschichtlichen Prozeß sich zeitigende (oder verfallende) Kreatur war abhanden gekommen, und es bedurfte einer großen, vor allem aus der spanischen Theologie der Zeit (ANDREAS DE VEGA, FRANZ VON VITORIA, GIROLAMO SERIPANDO) stammenden Arbeit, um auf dem *Konzil von Trient 1547* (D 792a–843 – DS 1520–1583) in dem Dekret De iustificatione die katholische Tradition wahrend, den Neuerern antworten zu können. Bei klarem Festhalten an der absoluten Gratuität der ersten Gnade wie der Gnade der Beharrlichkeit wurden in den Darlegungen über die Möglichkeit und Notwendigkeit einer von der Gnade getragenen *Vorbereitung auf die Rechtfertigung* wie in der Lehre vom *Verdienst* Notwendigkeit und Arten des menschlichen Wirkens mit der Gnade und aus der Gnade sowie die Notwendigkeit von Gottesfurcht, Hoffnung und Liebe und Sakrament neben dem recht verstandenen Glauben hervorgehoben.

13. Wie in der Auseinandersetzung zwischen Augustinismus und Aristotelismus im 13. Jh. die Unterscheidung zwischen habitueller und aktueller Gnade erarbeitet wurde (RICHARD VON MEDIAVILLA, MATTHÄUS VON AQUASPARTA), so wurden in dem *Gnadenstreit* zwischen dem durch DOMINIKUS BANES begründeten *Thomismus* und dem durch LUDWIG MOLINA inaugurierten *Molinismus* die Vorstellungen von einer *gratia sufficiens* und einer *gratia efficax* (ausgehend von der Prädestinationslehre) ausgebildet. Im Streit dieser Schulen von 1582 bis 1607 entwickelten sich verschiedene *Gnadensysteme,* die das Geheimnis des Zusammenwirkens von Gnade Gottes und Freiheit des Menschen zu erhellen suchten. Da nach einer längeren Periode der gegenseitigen Verurteilung auch die Beratungen einer eigenen, vom Papst berufenen Congregatio de auxiliis, die von 1602 bis 1607 tagte, zu keinem Resultat führten,

wurde diese Kongregation am 28. 8. 1607 aufgelöst, und der Papst betonte in seiner Schlußrede, daß die Dominikaner nicht Calviner und die Jesuiten nicht Pelagianer seien, und verbot beiden Parteien, gegenseitig ihre Lehren zu zensurieren, bis die Kirche selbst eine Entscheidung gebe. Die Entscheidung ist bis heute nicht erfolgt (D 1090 – DS 1997).

14. Eine besondere Klärung brachte die Auseinandersetzung mit den Reformatoren für die Vorstellung vom *Übernatürlichen* durch die Einführung des theologischen Begriffes *natura pura,* vor allem durch Thomas Cajetan. Der Begriff wurde im Streit gegen die Irrlehren von Michael Bajus (D 1001–1080 – DS 1901–1980), Cornelius Jansenius (D 1092–1096 – DS 2001–2005; D 1295–1303 – DS 2305–2313) und Pasqual Quesnel (D 1351–1390 – DS 2401–2440), die alle drei die menschliche Natur und ihre Wirkungsmöglichkeit im Sinne der Reformatoren abgewertet hatten, von großer Bedeutung. Gegenüber diesen Irrlehren wurde auch die Innerlichkeit der Gnade vor allem durch Untersuchungen über das *desiderium supernaturale* sowie über die *potentia oboedientialis* der menschlichen Natur gegenüber der Gnade entscheidend erarbeitet. Im Spanien der Gegenreformation entstand zur selben Zeit im Karmelitenorden eine neue (mehr psychologische) Richtung der *Mystik* durch Teresa von Avila und Johannes vom Kreuz, indes sich in Frankreich im „Jahrhundert der Heiligen" (17. Jh.) eine mehr psychologisierende Gestalt der Gnadenlehre entwickelte (École française, Franz von Sales usw.).

15. Nach dem Absinken in einen oberflächlichen Moralismus in der *Aufklärung* des 18. Jh. setzte aus dem Geist der *Romantik* um die Mitte des 19. Jh. eine Neubesinnung auf die große Gnadenlehre der Kirche, vor allem des Mittelalters, ein. Schon im Streit um den *Glauben* zwischen J. Kuhn und C. Schätzler war dies offenbar geworden. Ganz besonders wurde die neue Gnadenlehre durch M. Scheeben begründet, der den Begriff der *Übernatur* im Anschluß an Petavius und die griechischen Väter in der Gnadenlehre verbreitete und im Streit gegen Th. Granderath SJ die Notwendigkeit der Einwohnung des Hl. Geistes als Lehre des Tridentinums für die *Rechtfertigung* vertrat (ZKTh 5–8 [1881–1884]). Gleichzeitig lebte die Kontroverse zwischen Molinismus und Thomismus in der Prädestinationslehre wieder auf (G. Schneemann SJ; A. M. Dummermuth OP; Th. de Régnon SJ; M. del Prado OP;

R. Garrigou-Lagrange OP; J. Stufler SJ). Seit dem 1. Weltkrieg war durch die *Mysterientheologie* und durch die *liturgische Bewegung* die Frage nach dem Wesen der Gnade erneut gestellt worden und von dem Begriffspaar natürlich – übernatürlich (H. de Lubac; H. Rondet) oder vom Christusmysterium her (E. Berbuir; H. Volk) sowie in der neuen Auseinandersetzung mit Karl Barth (H. U. v. Balthasar; H. Küng) oder mehr personalistisch vom Gottesverständnis her (R. Guardini; K. Rahner) beantwortet worden. Es wird Aufgabe unserer Zeit sein, die verschiedenen Gnadenvorstellungen, wie sie in den verschiedenen Schulen der verschiedenen Zeiten entwickelt wurden, zusammenzuschauen.

§ 3 Grundsätzliches über Sache und Methode der Gnadenlehre Einige Hinweise auf die wichtigsten Gnadenschemata

LThK 4 (1960) 1010–1014: Gnadentheologie (K. Rahner). – Aristoteles, Rhet. B VII, 1385 a 16–21. – J. Auer, Um den Begriff der Gnade, ZKTh 70 (1948) 341–368. – G. Philips, De ratione instituendi tractatum de gratia nostrae sanctificationis, EThL 29 (1953) 355 bis 373. – J. Alfaro, Trascendencia e immanencia de lo sobrenatural, Gr. 38 (1957) 5–55. – P. Fransen, Pour une psychologie de la grâce divine, LumVitae 12 (1957) 209–240.

I. Die gesuchte und gemeinte *Sache* wird zum *Gegenstand* einer Wissenschaft, indem die inneren Formen des menschlichen Denkens und Vorstellens, die Bilder, Modelle, Denkschemata und Begriffe auf die gesuchte und gemeinte *Sache* angewendet werden und mit Hilfe der menschlichen Denkgesetze und Vorstellungsassoziationen der gesuchte und gemeinte „Gegenstand" in einem ständigen geistigen Prozeß (Methode) gestaltet wird.

Diese methodische Erfassung des Gegenstandes durch den einzelnen Denker muß wenigstens bei den Gegenständen der geistig-menschlichen Kultur immer ergänzt werden durch Sammlung und Systematisierung der über diese Gegenstände in der Geistesgeschichte der Menschen bisher vorgelegten Erkenntnisse.

1. Ehe diese Wege hier beschritten werden, wird es notwendig sein, die gesuchte und gemeinte *Sache* selbst zu benennen und zu charakterisieren. Wie oben (§ 1) bereits angegeben wurde, werden für das rechte Verständnis der Gnadenlehre vier Bereiche zusammengeschaut werden müssen:

a) An erster Stelle steht der Bereich, in dem Gnade als die sich neigende Huld (genada) des gnädigen Gottes selbst primär erscheint. Alles, was aus dem biblischen Bild von Gott über seine schöpferische Güte und personale Liebe, die den Menschen erschaffen und zum Kinde Gottes gemacht haben, abzulesen ist, hat hier seinen Platz: die Fragen nach dem allgemeinen Heilswillen Gottes, nach der Erwählung und Vorherbestimmung der Einzelnen, bis hin zur „Menschwerdung Gottes" in Christus als der Mitte der Heilsgeschichte.

b) Der zweite Bereich der Gnaden Gottes wird offenbar, wo der Mensch als Sünder, seine Geschöpflichkeit verleugnend und seine Gotteskindschaft vergessend, von Gottes verzeihender Liebe und neuschaffender Güte angerufen und aufgenommen wird. Die Fragen nach dem „Weg zur Rechtfertigung des Sünders" sind hier zu erörtern.

c) Der dritte Bereich der Gnade kommt in Sicht, wenn von der Gabe die Rede ist, die, von der Güte Gottes kommend, den damit beschenkten Menschen innerlich neu ordnet, neu schafft, Gott wohlgefällig macht (gratia bonae voluntatis dei [εὐδοκία: Lk 2,14], donum gratum faciens habentem [Thomas v. Aquin], habitus totius vitae universaliter ordinativus [Augustinus]). Die Fragen um die seit dem Tridentinum so genannte „heiligmachende Gnade" und das Übernatürliche im Menschen sind hier zu erörtern.

d) Der vierte Bereich der Gnade wird angesprochen, wenn vom Werk des Menschen in der Gnade und von der Wirksamkeit der Gnade im Werk des Menschen die Rede ist (gratia opus gratificati gratum faciens deo). Die Fragen um die sog. aktuelle Gnade in ihren verschiedenen Gestalten sowie das Problem über das Zueinander von „Gnade und Freiheit des Menschen" und um das menschliche Verdienst vor der immer frei schenkenden Gnade Gottes sind hier zu erörtern.

e) Man könnte das bisher über die Gnade Gesagte vielleicht im Anschluß an die Worte des Engels und der Elisabeth an Maria erläutern, worauf Jean Daujat hinweist (Teilnahme am Leben Gottes, Aschaffenburg 1960 [Der Christ in der Welt VIII 1, S. 16]): Der Gruß „Sei gegrüßt, *Begnadigte*" (Lk 1,28) entspricht dem, was wir im zweiten Bereich vorgestellt haben: Maria wird als die Erstgerechtfertigte (Immaculata) begrüßt: In ihr ist als absoluter Ausnahme von Anfang an (zu schweigen von der Unsündlichkeit des Gottmenschen Christus) der von Gott gerechtfertigte Mensch, d. h. der aus der Masse der Sünder durch heilsgeschichtliches Privileg herausgehobene Mensch da. – Was diese „Begnadigte" inhaltlich bedeutet, entfalten die drei folgenden Aussagen des Engels und der Elisabeth. *„Der Herr ist mit dir"*: Darin bringt der Engel Gottes das zum Ausdruck, was wir im ersten Bereich vorgestellt haben: So, wie Christus, der Sohn Mariens, „Immanuel", d. h. „Gott mit uns" ist, so hat die Begnadigung in Maria die höchste Gestalt der personalen Begegnung des Dreifaltigen Gottes mit dem Menschen gefunden (Tochter des Vaters, Mutter des Sohnes, Braut des Hl. Geistes): Darum das Wort des Engels an sie: Der Herr ist mit dir (vgl. den liturgischen Gruß der Kirche: Dominus vobiscum). – Im ersten Grußwort Elisabeths (Lk 1,42) „Du *Gesegnete unter den Frauen"* kommt zur Sprache, was im dritten Bereich besprochen wird: Maria erscheint der Elisabeth als eine Frau, die von Gott in einer Weise beschenkt wurde, daß sie über alle Frauen hinausragte. „Nicht, wer sich selbst empfiehlt, sondern wen Gott empfiehlt, der ist etwas" (2 Kor 10,18.) – Das zweite Grußwort der Elisabeth berührt den vierten Bereich: Weil Maria so begnadigt ist, darum ist auch *die Frucht ihres Leibes* so *gebenedeit.* So läßt es sich wenigstens menschlich verstehen, auch wenn aitiologisch umgekehrt der Grund für die Begnadigung Mariens eben die Frucht ihres Leibes ist, insofern sie nicht bloß ihr menschliches Kind, sondern Gottes Sohn ist.

2. Zu dieser sachlich bedingten Vielschichtigkeit der Gnade kommt eine *methodisch* bedingte *Vielschichtigkeit:*

a) Die sachliche Vielschichtigkeit ist der Grund dafür, daß sich verschiedene „Gnadensysteme" in der Theologie herausgebildet haben, die, ausgehend von einem maßgeblichen Gesichtspunkt, das Ganze von daher durchdenken und andere Systeme von diesem Ausgangspunkt her beurteilen. Will man dieser für den Einzelnen wertvollen, für die Sache einseitigen Methode nicht folgen, so ergibt sich eine größere Anzahl von „geschichtlichen Systemen", die alle irgendwie ein von einem bestimmten Gesichtspunkt ausgehendes, in sich geschlossenes Lehrgebäude darstellen (*Historizistisches Differential:* d^{a-z}), die auch als „Summe" der Einheit und Ganzheit der „Gnadenwirklichkeit" nicht gerecht werden können.

b) Um diese Einheit und Ganzheit der Gnade wieder in den Blick zu bekommen, ist es notwendig, die einzelnen Gnadensysteme auf ihre Voraussetzungen und Ursprünge, Denkschemata und Zielsetzungen hin abzuhorchen und durch die hierdurch erfaßten

„inneren Relationen der einzelnen Systeme" das Gemeinsame der Systeme und damit der Gnade selbst wieder aufzusuchen *(Philosophisches Integral)*.

c) Von einer theologischen Weltbetrachtung her, die einen idealistisch-transzendentalistischen Theopanismus ebenso vermeidet wie einen immanentistisch-materialistischen Pantheismus (Aufgabe der echten analogia fidei: E. Przywara), läßt sich ein, wenn auch nie voll erreichbares, so doch immer im Blickfeld der wissenschaftlichen Intention stehendes theologisches Bild von Gnade in einer Art theologischer Phänomenologie erfassen, die das Ganze der Gnade im Auge behält *(Theologisches Essential)*.

d) Insofern das innerste Geheimnis der Gnade im personalen Bereich sowohl Gottes wie auch des Menschen den letzten Existenzgrund hat, das personale Sein aber gerade nicht in der Gegebenheit statischer Vorfindlichkeit, sondern vielmehr im Vollzug je immer möglicher Verwirklichung „geschichtlich" lebt, ist das letzte Geheimnis der Gnade immer wieder in den mannigfaltigen Formen der inneren Begegnung des heilsgeschichtlichen Gottes mit dem geschichtlichen Menschen zu sehen, da in dieser Begegnung sich das Heil ereignet *(Heilsgeschichtliches Existential)*.

II. Von diesen methodischen Voraussetzungen einer lebendigen und umfassenden Gnadenlehre her sind die folgenden *Gnadenschemata* zu sehen und zu deuten:

a) *Geschaffene und ungeschaffene Gnade:* Gott selbst als „ungeschaffene Gnade" muß mitbedacht werden, wenn das geschaffene Gnadengeschenk im Menschen richtig gesehen werden soll, ebenso wie dieses innermenschliche, geschöpfliche Ereignis der Gnade nicht fehlen kann, wenn von der Einwohnung oder Selbstmitteilung Gottes als Gnade mit theologischem Recht geredet werden soll.

b) *Gnade des Schöpfers und Gnade des Erlösers (und Gnade des Pfingstgeistes):* Wie der Schöpfungsbericht einen Paradieseszustand und eine Zeit nach dem Sündenfall unterscheidet, so hat die Theologie die Gnade als erste Morgengabe Gottes (gratia Dei) an den Menschen als Gotteskind und die Gnade, die dem Sünder zu seiner Rechtfertigung durch die Erlösungstat Jesu Christi (gratia Christi) gegeben wird, unterschieden. Man dürfte daneben wohl noch eigens die „Gnade des Pfingstgeistes" nennen, der geschenkweise (ohne Verdienst des Menschen) vollendet, was Christus verdient und der Vater geschenkt hat. Diese anthropologisch und heilsgeschichtlich sinnvolle und notwendige Unterscheidung der Gnade verweist auf die theologische Einheit in eben dieser Gnade aus der Wirklichkeit der göttlichen Dreieinigkeit.

c) *Äußere und innere Gnade:* Diese Unterscheidung selbst begegnet uns in verschiedenen Schichten: War im jüdischen Denken des Alten Testamentes das dem Menschen Äußere (Leibliche, seine Welt und sein Besitz) ebenso Gnade Gottes wie das Innere (seine seelischen Haltungen, Gesinnungen, Gefühle), – so treten schon im Neuen Testament (unter dem Einfluß des griechischen Geistes) diese beiden Bereiche mehr auseinander, und im großen Gnadenstreit des Augustinus mit Pelagius wird eben die anthropologische Innerlichkeit der Gnade im paulinischen Verständnis gegenüber der weltgeschichtlichen Äußerlichkeit des Gnadenverständnisses bei Pelagius (Gnade ist nur äußere Anregung, Gesetz, Offenbarung und Beispiel) maßgeblich für die Gnadenlehre der Kirche. – In den Gnadenstreitigkeiten des 17. Jh. wird von der Freiheit des Menschen her gegenüber dem „Extrinsezismus" der Gnade im mehr intellektuellen System des Thomismus der „Intrinsezismus" der Gnade im mehr personalistischen System des Molinismus betont.

d) *Amtsgnade und Heiligungsgnade:* Schon in der Schrift werden deutlich Charismata (Amtsgnaden: Röm 12; 1 Kor 12), die nicht zugunsten des Empfängers selbst, sondern vielmehr zugunsten anderer verliehen werden, von der Heiligungsgnade, die zugunsten des Empfängers selbst geschenkt wird, unterschieden. Der Grund für diese Unterscheidung ist die Offenbarungswahrheit, daß der Einzelne nicht nur für sich, sondern auch für seine Mitmenschen vor Gott verantwortlich ist und darum auch für diesen Dienst an anderen Gnaden empfangen kann, die in seiner eigenen Verantwortung bleiben, auch wenn sie nur zugunsten anderer gegeben sind.

e) *Heilende und heiligende Gnade:* Die Klärung des Rechtfertigungsvorganges selbst führte zu dieser Unterscheidung zwischen der die Folgen der Sünde heilenden und den Menschen neu heiligenden Gnade (gratia sanans [Augustinus] – elevans [Philipp d. Kanzler] – gratum faciens [Alexander-Summe] – sanctificans [Tridentinum]). Beide Momente zusammen begründen erst den Vorgang der „Rechtfertigung".

f) *Habituelle und aktuelle Gnade:* Was bei Augustinus noch als innere Ordnungsmacht im Menschen (habitus ordinativus) und helfende Gnade (gratia adiuvans) unterschieden wurde, erscheint in der aristotelischen Sprechweise der scholastischen Theologie, vor allem seit Trient, als habituelle Gnade (gratia gratum faciens oder habitus sanctificans) und aktuelle Gnade (gratia actualis). Beides ist eine übernatürliche, innerliche Wirklichkeit im Menschen, seiner Zuständlichkeit oder seinem Wirken jeweils zugeordnet.

g) *Zuvorkommende und nachfolgende Gnade: wirkende und mitwirkende Gnade:* Diese Unterscheidungen stammen von Augustinus und betrachten die Gnade gegenüber dem freien Tun des Menschen (praeveniens – subsequens; operans – cooperans). Auch sie meinen die eine Gnade, die vom Menschen und seiner Geschichtlichkeit und Selbstverwirklichungsaufgabe her jedoch zu unterscheiden ist.

h) *Hinreichende und wirksame Gnade (sufficiens – efficax):* In den Gnadenstreitigkeiten des 17. Jh. hat diese Unterscheidung der Gnade eine große Rolle gespielt. Die Frage war, wodurch die für das Heilswerk des Menschen objektiv hinreichende Gnade im Menschen subjektiv auch wirklich wirksam werde und wie es komme, daß der „allgemeine Heilswille" Gottes nicht schon eine allumfassende „Prädestination aller Einzelnen" bedeute.

i) *Natürliche und übernatürliche Gnade:* Wie schon in der Auseinandersetzung mit Bajus und Jansenius tritt gerade vor der neuen Wertung der Weltwirklichkeit heute die Frage auf, ob das Natürliche im Menschen und in der Welt als Gnade betrachtet werden könne, so wie etwa J. v. Ripalda gegenüber Bajus von einem „ens supernaturale" gesprochen und Scheeben den Terminus „Übernatur" gebraucht hat, oder ob diese beiden verabsolutierenden Aussagen irreführende Begriffe in sich seien. In welchem Sinne können „natürliche Gaben" „Gnaden" sein? Wie läßt sich das Gnadenverständnis des AT, des jüdischen Denkens, im christlichen Denken, das stark von der griechischen (platonischen) Unterscheidung von Geist und Leib bestimmt ist, wieder einbringen?

Diese vorläufigen Hinweise auf die verschiedenen Gnadenschemata zeigen die Problematik im Gnadenverständnis und in der Gnadenlehre, die wir im folgenden kurz darzustellen versuchen.

1. ABSCHNITT

DER ALLGEMEINE HEILSWILLE GOTTES UND DIE PRÄDESTINATION

1. Wie die ganze Welt als Schöpfung von Gott her und auf Gott hin verstanden werden muß, wie der Mensch in seinem Selbstverständnis auf einen absoluten Grund und ein absolutes Ziel hin verwiesen ist, so muß die Gnadenlehre, die ein Kernstück christlichen Selbstverständnisses und Weltverständnisses darstellt, ebenfalls bei Gott beginnen. Dieser „Gott", bei dem hier der „Einstieg" in die Gnadenlehre gesucht wird, ist nicht der „Gott der Philosophie", für die Gott eine höchste Idee oder die Idee des Absoluten und des höchsten Gutes ist, sondern der geschichtliche Gott, vor dem der Mensch allein auch als geschichtliches Wesen in seiner geschichtlichen Entscheidung für seine geschichtliche Ewigkeit existiert: in der Sprache der Offenbarung gesprochen „der Gott Abrahams, Isaaks und Jakobs" (Ex 3,15 f; vgl. Bl. Pascal: Memorial), der als personaler Gott durch seine freie Willenstat nach seinem ewigen Ratschluß die Welt „vertatsächlicht", d. h. durch seine *Tat* zur *sachlichen Wirklichkeit* gemacht hat. In dieser Freiheit des Wollens und Handelns steht Gott vor uns, wenn wir von „Gnade" sprechen, in der das Heil der Welt und des einzelnen Menschen aufgehoben ist. Die Absolutheit Gottes, seine absolute Freiheit, seine Ewigkeit wie seine Offenbarung in der Geschichte müssen von Anfang an ins Gespräch gebracht werden, wenn die Fragen nach der Gnade des Menschen in seiner Geschöpflichkeit und Freiheit und Geschichtlichkeit behandelt werden sollen. Der deus absconditus und der deus revelatus sind nicht zwei verschiedene, wie Glauben und Wissen einander nicht widersprechen, sondern zusammenwirken müssen, auch wenn dem Glauben die Führung gehört. So steht am Anfang die Frage nach dem *allgemeinen Heilswillen Gottes*, der die ganze Welt und jeden einzelnen Menschen vom Anfang (der Schöpfung) und vom Ende der Zeit (Endgericht) her so umfaßt, daß die zeitliche Geschichtlichkeit vor dem ewigen Gott und die menschliche Freiheit vor dem göttlichen und unwandelbaren Wollen und die göttliche Heiligkeit vor dem menschlichen Versagen gerettet bleiben, wie es etwa in der Offenbarung des AT ausgesprochen erscheint (2. Kap.). – Dazu ist der spezielle Heilswille Gottes als *Prädestination* zu betrachten, wie er sich in der Erfüllung der Heilsgeschichte in Christus Jesus im NT, besonders in der Theologie des hl.

Paulus, zeigt und in jedem konkreten menschlichen Lebensweg „in Christus zum Vater" seinen Ausdruck finden sollte (3. Kap.). Das Geheimnis Christi als des „Sohnes des Vaters" und des „Erstgeborenen unter vielen Brüdern" steht so am Eingangstor der Gnadenlehre, wie es immer wieder den paradigmatischen Grund für die großen Gnadenprobleme abgeben wird.

2. Wie oben angezeigt, entspricht dieser Einstieg in die Gnadenlehre nicht nur der *Heilsgeschichte* selbst, sondern auch dem *heilsgeschichtlichen Verständnis der Gnade.* – Die *thomistischen* Lehrbücher und Traktate beginnen in der Regel die Gnadenlehre mit der Lehre von der „heiligmachenden Gnade" und lassen die aktuelle Gnade folgen, entsprechend dem thomistischen Grundsatz: Agere sequitur esse. Hier liegt das mittelalterliche Verständnis des „Seins" als „Geschöpfes" zugrunde. – Die *molinistischen* Lehrbücher suchen den Einstieg in die Gnadenlehre bei der Lehre von der „aktuellen Gnade", insofern damit die göttliche Vorbereitung des Rechtfertigungsvorganges im Menschen angesprochen wird und in der neuzeitlichen antireformatorischen Lehre eben der Mensch und seine Rechtfertigung in der Mitte der Betrachtung steht. Neuere molinistische Theologie faßt Gnadenlehre als „Anthropologie".

2. Kapitel

DER ALLGEMEINE HEILSWILLE GOTTES

Hier gilt es, zunächst gegenüber den verschiedenen Irrlehren den allgemeinen Heilswillen Gottes als Offenbarung und Glaubenswahrheit darzustellen (§ 4) und dann die wichtigsten Wege zur Verwirklichung dieses allgemeinen Heilswillens zu betrachten (§ 5).

§ 4 Die Allgemeinheit des göttlichen Heilswillens

DThC VII (1922) 1726–1930: Salut des infidèles. – LThK 5 (1960) 165–168 (Lit.). – N. Karbach, Der allgemeine Heilswille Gottes und seine Stellung im Prädestinationsproblem, Simpelveld 1937. – J. Auer, Die Kontroverse um Joachim Lange's Lehre von der allgemeinen Gnade 1731–1738, Reformata Ref. II (Münster 1965) 414–430. – *Erwählung:* BL 425–427. – WbB 37–42. – BThW 140–146. – ThW III (1938) 488–502: καλεῖν.

Wie das Gottesbild selbst, so wächst auch das Wissen von diesem allgemeinen Heilswillen Gottes in der Offenbarung der Schrift von kleinen Anfängen bis zur Erfüllung in der „Fülle der Zeit", in Jesus Christus. Am Anfang steht noch das dem jüdischen Volk zunächst eigene Bewußtsein von der „Erwählung des Volkes Israel" in Abraham und unter Moses, und zur nationalen Höhe geführt durch König David. Doch schon in der Zeit der Buchpropheten (Isaias) wird die Frage nach dem „Heil der Heiden" und nach der Einholung der Heiden in das „auserwählte Volk" aktuell, und wenigstens seit dem babylonischen Exil entsteht die Überzeugung: Alle Menschen können, wenigstens auf dem Weg über Israel, das Heil Gottes erlangen. Darauf baut später die Aktion des „Proselytismus" auf.

Zwei Wahrheiten werden in dieser kurzen Geschichte der Lehre vom allgemeinen Heilswillen Gottes deutlich:

a) Eine Antwort auf die Frage nach dem allgemeinen Heilswillen Gottes ist nicht durch logische Deduktion aus dem philosophischen Gottesbild zu finden, sie ist nur möglich als Antwort auf eine geschichtliche Frage des Menschen an den *geschichtlichen Gott* der Offenbarung, auch wenn dieser Gott in der Abfolge der verschiedenen Erscheinungsformen der Offenbarung nicht ohne ein im Denken aus dieser Offenbarung je immer neu erhobenes Gottesbild zu fassen ist.

b) Die Geschichtlichkeit des Heilswillens wird vor allem deutlich in der Erkenntnis, daß es sich um einen *freien Heilswillen* in Gott handelt und nicht um eine Allursächlichkeit, die in Gott als absolutem Sein und höchstem Gut und letztem Ziel etwa begründet wäre. Von dieser Einsicht her kann man sagen, daß biblisch gesprochen im *Erwählungsgedanken* unsere Frage nach dem allgemeinen Heilswillen Gottes ihren Ansatzpunkt hat.

I

a) Wo die Offenbarung von der „Erwählung durch Gott" spricht, kommt wenigstens seit Jeremias immer wieder zum Ausdruck, daß diese Erwählung vom ewigen Gott her selbst *vor aller Zeit* geschieht. So sagt Gott zu Jeremias (Jr 1,5): „Ehe ich dich gebildet im Mutterleib, habe ich dich schon erwählt; ehe du geboren wurdest, habe ich dich geheiligt." „Von Anfang an" (2 Thess 2,13), „vor Grundlegung der Welt" (Eph 1,4) hat Gott die Christen erwählt, daß sie in Christus Kinder Gottes seien, hat er sie „vorherbestimmt"

(Röm 8,29), „dem Bilde seines Sohnes gleichgestaltet" und so selbst Söhne, Töchter Gottes zu werden.

b) Durch die Menschwerdung Gottes in Christus ist die *Universalität dieser ewigen Erwählung* gegenüber allem, was Menschenantlitz trägt, offenbar und Geschichte geworden. Besonders der Heidenapostel Paulus bringt dies in seinen Briefen zum Ausdruck. So fordert er seinen Schüler Timotheus auf, „Fürbitten und Danksagungen verrichten zu lassen für alle Menschen ... das ist gut und wohlgefällig vor Gott, unserem Heiland: er will, daß alle Menschen gerettet werden und zur Erkenntnis der Wahrheit gelangen. Es gibt ja nur einen Gott und nur einen Mittler zwischen Gott und den Menschen, den Menschen Christus Jesus, der sich zum Lösepreis für alle dahingegeben hat. Das wurde zur rechten Zeit kundgemacht" (1 Tim 2,1–6). „Es ist ein wahres Wort und wert, daß alle es annehmen: Christus Jesus ist in die Welt gekommen, um alle die Sünder zu retten" (ebd. 1,15). Immer wieder wird die *Universalität des Erlösungswerkes Christi* betont: „Einer ist für alle gestorben ... damit die Lebenden nicht mehr sich leben, sondern dem, der für sie gestorben und auferstanden ist" (2 Kor 5,15). Er ist für Juden und Heiden gestorben (Eph 2,11 ff). „Er ist die Sühne für unsere Sünden und nicht allein für die unseren, sondern auch für die der ganzen Welt" (1 Jo 2,2). Der Heilsuniversalismus ist das Geheimnis Gottes und seines Willens, „das von Urzeit her in Gott, dem Schöpfer aller Dinge", verborgen war (Eph 3,9; vgl. Kol 1,26) und jetzt in Christus offenbar und Wirklichkeit geworden ist. Ziel der ganzen Heilsgeschichte ist es, „in Christus alles wieder zusammenzufassen, was im Himmel und was auf Erden sich findet" (Eph 1,9 ff), in Christus, in dem „alle Verheißungen Gottes ihr Ja gefunden haben" (2 Kor 1,20; vgl. Gal 3,16). Der *Universalität der Sündhaftigkeit der Menschen* entspricht die *Universalität des Heilswillens Gottes*, die offenbar ist in der Universalität der Erlösungstat Christi (Röm 3,23–26). Die Gegenüberstellung von *Adam und Christus* als den Häuptern der Menschheit bringt diesen Heilsuniversalismus besonders zum Ausdruck: „Wie in Adam alle gestorben, so werden in Christus alle das Leben erhalten" (vgl. Röm 5,12–21), und dieses theologische Modell in der paulinischen Erlösungslehre führt zu der eschatologischen Aussage: „Wenn ihm (Christus) einmal alles unterworfen ist, dann wird sich auch der Sohn selbst dem unterwerfen, der ihm alles untergeordnet hat (dem Vater), damit Gott alles in allem sei" (1 Kor 15,22–28).

c) Der Universalismus sollte wohl auch darin zum Ausdruck

kommen, daß *die Erwählung* schon im AT nicht etwa ein Lohn für Verdienste oder natürliche Vorzüge war, sondern gerade *das Ohnmächtige suchte, um die Mächtigen zu beschämen.* So wird Moses erwählt, der schwerfällig ist im Reden (Ex 4,10), und Jeremias, der sich für zu jung und unberedt erklärt (Jr 1,6), und Paulus betont: „Was der Welt töricht erscheint, hat Gott auserwählt, um die Weisen zu beschämen; was der Welt schwach erscheint, hat Gott auserwählt, um die Starken zu beschämen; was der Welt niedrig und verächtlich erscheint, ja, was ihr nichts gilt, hat Gott auserwählt, um das, was etwas gilt, zunichte zu machen" (1 Kor 1,27 f). In der Botschaft Jesu heißt es ausdrücklich, daß er gekommen sei, die Zöllner und Sünder zu berufen, zu suchen und zu retten, was verloren schien (Mt 18,11 und Par.; Jo 3,17).

d) Diese deutlichen Hinweise auf den allgemeinen Heilswillen Gottes fordern jedoch keinen „Theopanismus" und keinen „Christomonismus", der Gott zur Alleinursache auch der menschlichen Weltgeschichte und Christus zum gnostischen Urmenschen macht, in dem das All erfaßt und erlöst ist (K. Barth?). Ausdrücklich steht dem entgegen die andere Rede Christi vom Endgericht, bei dem es Gute und Böse geben wird, *Gesegnete* des Vaters, denen von Anbeginn der Welt an das Reich bei Gott bereitet ist, *und Verdammte,* die an den Ort kommen, der dem Teufel und seinem Anhang (nicht von Anfang an) bereitet ist (Mt 25,34.41). Allgemeiner Heilswille und Verdammnis Einzelner, Vergeltungsgedanke und Heilsgedanke bilden keine Antinomie zwischen christlichem Heilsdenken und jüdischem Rechtsdenken (Pfleiderer), sie stellen auch keinen Dualismus (H. Feine, Theologie des NT [8]1951, S. 235 ff) und keine Dialektik (Rietschl) dar, sondern sind Ausdruck einfach für die Tatsache, daß vom lebendigen personalen Gott des Glaubens hier geredet wird und nicht von einer philosophischen Idee, vom absoluten Geist und von der Alleinursache des Seins.

e) Der allgemeine Heilswille Gottes bedeutet eben nicht eine Allursächlichkeit, sondern ein *allgemeines Angebot,* noch mehr das *Verlangen Gottes* des Vaters, alle Menschen heimzuholen in sein Vaterhaus (Jo 14,2 f): Doch das Angebot muß angenommen werden, und das liebende Verlangen Gottes muß liebende Antwort finden beim Menschen. Paulus und Johannes sehen diese Antwort vor allem im „Glauben" (Jo 8,46; 1 Jo 5,4; Röm 4,3–6; Gal 3,6–10) und im Ja zum „Kreuze Christi", Paulus mehr im „Kreuztragen mit Christus", Johannes mehr in der „Abkehr von der Welt", weil die Welt der Herrschaftsbereich des Satans ist (Jo 12,31; 14,30; 16,

11) und alles, was in der Welt ist, Augenlust, Fleischeslust und Hoffart des Lebens bedeutet (Genußsucht, Weltverlorenheit, Selbstherrlichkeit: 1 Jo 2,16). Der letzte Grund für den allgemeinen Heilswillen Gottes ist eben, daß *Gott die Liebe* ist (1 Jo 4,8.16), Liebe, die Ehrfurcht hat vor jeder Person und auch den bösen Menschen noch achtet, wenn er sich vor Gottes Liebe für immer verschließt.

II

Die Theologie hat seit ihren Anfängen bemerkt, daß es einige Schriftstellen gibt, die scheinbar der Lehre vom allgemeinen Heilswillen widersprechen; es sind dies vor allem vier Stellen, die vielleicht dasselbe meinen:

a) Mt 12,31 f; Mk 3,29; Lk 12,10: die *Sünde wider den Hl. Geist:* „Jede Sünde wird dem Menschen vergeben werden; aber die Lästerung wider den Geist wird nicht vergeben werden. Wer ein Wort wider den Menschensohn redet, dem wird vergeben werden. Wer aber wider den Hl. Geist redet, dem wird nicht vergeben werden, weder in dieser noch in der kommenden Welt." – Christus hatte Teufel ausgetrieben, und die Pharisäer sagten dagegen: Durch Beelzebub, den obersten der bösen Geister, treibt er die bösen Geister aus. Dieses Verhalten kann offenbar eine Lästerung des Sohnes sein, könnte aber auch eine Sünde wider den Hl. Geist sein.

b) Hebr 6,4–6: „Die bereits einmal erleuchtet waren (getauft), die Himmelsgabe gekostet haben (Eucharistie) und den Hl. Geist empfangen (Handauflegung) und das herrliche Gotteswort und die Kräfte der künftigen Welt empfunden haben (γευσαμένους) (im gemeinsamen Gottesdienst) und dennoch dann abgefallen sind, die kann man unmöglich wieder zur Umkehr bringen" (vgl. V. 6 u. 8): „Sie kreuzigen den Sohn Gottes aufs neue ... sind dem Fluche nahe und werden ausgebrannt." Wegen dieser Stelle wurde der Hebräerbrief im Westen lange Zeit nicht in den Kanon aufgenommen.

c) Hebr 10,26–31: „Wenn wir bei voller Erkenntnis der Wahrheit vorsätzlich sündigen, so gibt es kein Opfer mehr für unsere Sünden. Vielmehr wartet unser ein schreckliches Gericht und die Glut des Feuers, das die Widersacher vertilgen wird ... die den Sohn Gottes mit Füßen treten, das Blut des Bundes, durch das sie geheiligt waren, für gemein erachteten und den Geist der Gnade schmähten ... Schrecklich ist es, in die Hände des lebendigen Gottes zu fallen."

d) 1 Jo 5,16: „Sieht einer, daß sein Bruder eine Sünde begeht, die nicht zum Tode führt, so bete er und verhelfe ihm dadurch zum Leben, woferne er nicht zum Tode gesündigt hat. Es gibt nämlich auch eine Sünde zum Tode: bei der sage ich nicht, daß er beten soll."

Den vier Stellen ist folgendes gemeinsam: 1. Es handelt sich *nicht um den allgemeinen Heilswillen, sondern* vielmehr *um Gottes Gericht*, das sich an denen vollzieht, in denen Gottes Heilswille und Heilstat in Christus und die konkrete Heilserfahrung in der Christwerdung des Menschen bewußt vereitelt werden. 2. Die Sünde, die hier als unvergebbar hingestellt wird, erscheint irgendwie als *existentielle Stellungnahme* des Menschen *gegen* die unmittelbar selbst *erfahrene Gnade* der Liebe Gottes. Man müßte an eine aktuelle Frustration der erfahrbaren Gnade Gottes als „Geist Gottes" im Menschen denken. 3. Vielleicht haben diese Sätze in der palästinensischen Urkirche ihren Sitz im Leben, wo um die Gewinnung der Juden im ganzen ersten Jahrhundert immer gerungen wurde: Daß sie den Messias (Menschen) verkennen, ist verzeihlich; unverzeihlich wäre, wenn sie dem *inneren Geist der Gnade* widersprächen und wenn sie, schon Christen geworden, wieder zum Judentum abfielen (vgl. Gal 1,6–9; 3,1–5).

III

Die Offenbarungswahrheit vom allgemeinen Heilswillen Gottes hat immer wieder dort ihre Gegner gefunden, wo das Böse in dieser Welt manichäisch verselbständigt wurde und wo Gott nicht als personale Liebe, nicht als Schöpfer, sondern als notwendige Alleinursache oder als bloßer Partner des Menschen gesehen wurde. Dies war vor allem in den verschiedenen Formen des *Prädestinatianismus* der Fall. Deutlich ist dies zu sehen schon bei dem Presbyter Lucidus (nach 450), noch mehr bei dem unglücklichen Mönch Gottschalk von Orbais (805–869), besonders aber bei H. Zwingli (in seiner Marburger Rede über die Prädestination), der vor allem von einem nur philosophischen Gottesbilde ausging, sowie endlich bei Calvin, der eben auch das Gericht in den alleinigen Willen Gottes und dessen absolute Allmacht und Ehre hineinnahm und so zu der Lehre kam, daß es eine kleine Zahl von Erwählten und eine große, festgelegte Zahl von Verdammten gebe, die von Ewigkeit nicht nur im Wissen, sondern schon im ewigen und unveränderlichen Willen Gottes festgelegt sei. Aufbauend auf

Augustins Lehre von der „massa damnationis" der Menschen nach dem Sündenfall, haben schließlich im 16. Jh. Bajus, Jansenius und Quesnel ähnliche Lehren vertreten. Im Hintergrund steht das mittelalterliche Theologoumenon, daß mehr Menschen verlorengehen als gerettet werden (vgl. S. Harent, Salut des Infidèles, DThC VII [1922] 1726–1930).

IV

Die Kirche hat diesen Irrlehren gegenüber immer wieder die Grundgedanken aus Augustinus ep. 190, 3, 9; De dono perseverantiae 14,35 hervorgehoben: „Der allmächtige Gott will, daß alle Menschen selig werden (1 Tim 2,4), auch wenn de facto nicht alle gerettet werden. Daß einige gerettet werden, ist Geschenk des rettenden Gottes; daß viele verlorengehen, ist Schuld der Verlorenen" (Synode von Quierzy 853: D 316 – DS 621; Synode von Valence 855: D 321 – DS 626: vor allem in Anschluß an Florus Diaconus, Sermo de praed.: „Wir halten fest ... die Guten werden einzig und allein durch Gottes Gnade gut sein und durch eben diese Gnade den ewigen Lohn empfangen. Die Schlechten werden einzig durch ihre eigene Schlechtigkeit schlecht sein und durch Gottes Gerechtigkeit mit ewiger Vergeltung verdammt werden" (PL 119,97 AB; 99 D). Die Vergeltung erfolgt eben nach den Werken des Menschen (Ps 62,13; Röm 2,6 f; 2 Thess 1,7 f; 2 Kor 5,10). Das Konzil von Trient (D 816 – DS 1556) lehrt: „Wenn einer sagt, es liege nicht in der Macht des Menschen, wenn er schlechte Wege geht, sondern seine bösen Werke ebenso wie seine guten Werke wirke Gott nicht nur durch Zulassung, sondern eigentlich und durch sich, so daß Gottes eigenes Werk nicht weniger der Verrat des Judas wie die Berufung des Saulus sei, der sei im Banne" (vgl. D 827 – DS 1527). Ähnlich gegen Jansenius und Quesnel (D 1096 – DS 2005; D 1380–1382 – DS 2430–2432). Im evangelischen Bereich wirkte sich diese Frage im Streit des hallensischen Pietismus gegen die Calviner aus (vgl. die Calvinischen Dortrechter Artikel: „Quosdam non electos sive in aeterna dei electione praeteritos, quos scl. deus ex liberrimo, iustissimo ... irreprehensibili et immutabili beneplacito decrevit in communi miseria, in quam se sua culpa praecipitarunt, relinquere" [J. T. Müller, Die Bekenntnisschriften der Reformierten Kirche, 845]).

V

Die Kirche hat diesen Allgemeinen Heilswillen in ihren Aussagen immer verteidigt: 1. *Gott schenkt allen Erwachsenen aller Zeiten,* auch den Heiden und Ungläubigen, *die zu ihrem Heile genügende* Gnade. Schon Prosper v. Aquitanien hat in seiner Schrift De vocatione gentium (PL 51, 647–722) diese Lehre eingehend vertreten, und wider gegenteilige Äußerungen des Jansenius hat sie die Kirche verteidigt (D 1295 – DS 2305). 2. „*Gott schenkt auch den sündigen Christen hinreichend Gnade zur Bekehrung;* auch den faktisch verstockten und verblendeten Sündern versagt Gott nicht die Bekehrungsgnade, auch wenn sie in ihnen nicht mehr wirksam wird" (D 807 – DS 1542: Trient). Ausdrücklich hat die Kirche von Anfang an das *Fürbittgebet für alle,* auch für Ungläubige und Sünder, geübt (vgl. Allgemeine Fürbitten, besonders am Karfreitag), hat selbst im 2. Jh. das *Bußinstitut* entwickelt und im Mittelalter zur Privatbuße weiterentfaltet und durch kirchenrechtliche Verordnungen dafür gesorgt, daß ohne alle weltlichen und äußeren Formen, soweit möglich, in foro interno der Weg zur Bekehrung jedem offenstehe. Dazu kommt in neuester Zeit das Fürbittgebet „für alle jene, die der Barmherzigkeit Gottes am meisten bedürfen" (Fatima-Gebet).

Die Lehre vom Allgemeinen Heilswillen Gottes sagt jedem Menschen, daß er nie Anlaß oder gar ein Recht habe, an seinem Heile zu verzweifeln. Sie sagt aber auch jedem Erzieher und Seelsorger, daß er in seinem Eifer in der Sorge für andere nie nachlassen und sich durch kein Geheimnis des Bösen entmutigen lassen dürfe.

§ 5 *Der ordentliche und die außerordentlichen Heilswege Gottes*

F. Schmid, Die außerordentlichen Heilswege für die gefallene Menschheit, Brixen 1899. – HThG I (1962) 622–680: Bläser – Darlapp. – Myst. Sal. I (1966) 3–156: Darlap, Heilsgeschichte. – J. Auer, Kleine Theologie des Kreuzes (Strukturen christl. Exist.), Würzburg 1968, 161–174. – S. Harent, Salut des Infidèles, DThC VII (1922) 1726–1930.

Das rechte christliche Selbst- und Weltverständnis sagt uns, daß unsere Menschenwege nicht allein und nicht primär unsere Wege sind, sondern „Gottes Wege mit uns". Wie der Mensch immer wieder versuchen muß, auf Gottes Wegen zu gehen, so kann Gott auch auf den krummen Zeilen unserer menschlichen Wege gerade schreiben (Paul Claudel).

1. Das Geheimnis, das uns schon in der Schöpfungslehre bei Behandlung der Fragen nach der *Vorsehung* (providentia) Gottes für diese Welt begegnet ist, dasselbe Geheimnis zeigt sich noch größer und tiefer in der Welt der *Gnade*. Wie es in allen menschlich-sozialen Gebilden schöpferische Gestalter, mitgetragene und mitverantwortete Mitläufer und asoziale Störenfriede (und deshalb Opfer der Ordnung) gibt, so ist auch das Verhalten und das Schicksal der Menschen in der sittlich-religiösen Gemeinschaftsordnung, die Gott in Christus uns gegeben hat, recht verschieden. Die Verschiedenheit hat nicht nur im Menschen, sondern auch in Gott ihren Grund, wenigstens deshalb, weil die Erwählung durch Gott und die Sendung durch Gott an die einzelnen Menschen immer für eine bestimmte Aufgabe, für einen umgrenzten Dienst (nicht bloß für die erwählte Person) im Gottesreich gelten (Dt 18,5 wird der Stamm Levi für den Tempeldienst erwählt. Lk 6,13 wählt Christus die Zwölf als seine Apostel. Jo 15,16 sagt Christus zu seinen Jüngern: „Nicht ihr habt mich erwählt, sondern ich habe euch erwählt und euch dazu bestellt, daß ihr hingeht und Frucht bringt und daß eure Frucht von Dauer sei").

2. Wir unterscheiden den ordentlichen und die außerordentlichen Heilswege Gottes. *Der ordentliche Heilsweg Gottes* ist uns in der *Heilsgeschichte* vorgestellt, wie er in der Offenbarung des AT und NT uns vorgeführt wird. Er ist das eigentliche „Geheimnis (mysterium) Gottes": das Geheimnis seiner schöpferischen Liebe, die etwas außer sich erschafft, ohne es zu brauchen; die den freien Menschen als Ebenbild und „Partner" erschafft, obwohl der Mensch sich gegen Gott auflehnt, den Dienst verweigert, so daß der Hagiograph in menschlicher Weise von Gott sagen kann: „Es reute ihn, den Menschen gemacht zu haben auf Erden, und er bekam Kummer in seinem Herzen" (Gn 6,6). Doch Noe fand Gnade vor Gott, und durch die ganze Heilsgeschichte erstreckt sich dieses Gesetz der Treue Gottes und der Treulosigkeit des Menschen, der Liebe Gottes und der Rebellion des Menschen: *Erwählung und Sünde, Strafe und Gnade:* Die Patriarchengeschichte und die Geschichte des Volkes Israel, die Geschichte der großen Einzelnen (David, Job usw.) bis hin zum absoluten Geheimnis der Erlösung durch Menschwerdung und Kreuzestod des Gottessohnes und Men-

schen Jesus von Nazareth. In Kreuz und Auferstehung Christi hat der ordentliche Heilsweg durch Gott seinen höchsten und geheimnisvollsten Ausdruck im Rahmen der Weltgeschichte gefunden. Paulus wendet dieses Geheimnis wiederum auf das Schicksal Israels, auch nach seiner Verwerfung durch Gott, an (Röm 9–11), und das letzte Geheimnis dieses ordentlichen Heilsweges Gottes lautet: „Gottes Gnadengaben und Berufungen sind unwiderruflich" (Röm 11,29). „Denn Gott hat alle zusammen (Juden wie Heiden) dem Ungehorsam überantwortet, um sich aller zu erbarmen" (ebd. 9, 32). – Für die irdische Geschichte ist das Zeichen des göttlichen Heilsgeheimnisses „das Kreuz Christi", ohne das es keine Lösung der tieferen Fragen der Menschheitsgeschichte gibt, in dem aber auch alle Fragen der Menschen in dieser Welt christlich zu lösen sind, insofern es das Zeichen des „Opfers für die anderen" ist (vgl. 2 Kor 5,15), das alle sozialen Fragen umfaßt und Teilhabe am Opfer Christi und damit an seiner Auferstehung bedeutet, was jede persönliche Frage des Menschen, Schuld und Schicksal als Grundgeheimnis des menschlichen Lebens, erhellt. – Von *außerordentlichen Heilswegen* dürfen wir sprechen, wenn Menschen im Auftrag und in der Gnade und Sendung Gottes das Opfer für andere bringen und das Kreuz für andere tragen: Alle die Gestalten der Heilsgeschichte, die wir wegen ihres besonderen Dienstes am lebendigen Reiche Gottes in dieser Welt als „Heilige" verehren, d. h. als solche, die in tätiger Nachfolge Christi in seinem Erlösungswerk für andere mitwirken, gehören hierher. „Ich freue mich der Leiden, die ich für euch erdulde: ich leiste so für den Leib Christi, die Kirche (nicht nur für jene, die schon zur sichtbaren Kirche gehören, sondern auch für jene, die erst zu ihr kommen sollen: Kol 2,1), in meinem Fleische, was von den Leiden Christi noch aussteht. Ich wurde ihr Diener kraft des Amtes, das mir von Gott zu eurem Heile verliehen worden ist ... dafür mühe ich mich ab und kämpfe in seiner Kraft, die mit Macht in mir wirkt" (Kol 1,24–29).

3. Wie wir in der göttlichen *Vorsehung* aus unserem menschlich analogen Denken von Gott verschiedene Stufen des göttlichen Wirkens unterschieden haben, eine Erhaltung der Welt (conservatio), eine Leitung und Führung der Geschehnisse in dieser Welt, vor allem im Dienste des Menschen (gubernatio), und endlich das geheimnisvolle Mitwirken Gottes mit dem Wirken des Menschen (concursus), ebenso dürfen und müssen wir im *Gnadenleben* der Menschen Stufen des Wirkens Gottes unterscheiden: Im ordentlichen

Gnadenweg Gottes mit uns Menschen ist es wohl primär dem Mitwirken des Menschen, der Offenheit des Menschen für Gott, seiner Fähigkeit und Bereitschaft zu hören und zu gehorchen zuzuschreiben, daß wir, soweit wir als Menschen überhaupt über das Innere des Menschen urteilen können und dürfen, sagen müssen: Es gibt auch hier große Unterschiede. Ja, jedes Menschenleben ist einmalig, unnachahmlich und unvertretbar. Im ganzen können wir wohl wiederum drei Gruppen unterscheiden:

a) die große Gruppe der *Alltagschristen*, die in der jeweiligen Zeit nicht durch außerordentliche Taten im Guten wie im Bösen nach außen hin auffallen und die vielleicht auch in ihrem eigenen Inneren das „Mittelmaß" immer wieder bewahren, nicht durch Müdigkeit und nicht durch Übereifer, nicht durch Übereifer für das Gute und nicht durch Übereifer für das Böse diesen mittleren Weg verlieren. – Wieweit der Einzelne dem speziellen Ruf Gottes dabei gefolgt ist, bleibt uns Menschen verborgen.

b) Daneben ist wohl auch eine kleine Gruppe von Menschen, und meist Christen, zu finden, deren Leben in besonderer Weise Rätsel und Geheimnis bleibt: Ihr Lebensweg hat sie zu Feinden Gottes gemacht, ihre Taten sind bewußt nicht nur gegen eine religiöse Ideologie, sondern gegen den lebendigen Gott und sein Reich (die Kirche) gerichtet und gegen die Menschen, die diesem lebendigen Gott in der Welt zu dienen scheinen. Manche zerstören in blindem Haß oder aus blinder Leidenschaft im Menschen, was das eigentliche Humanum und Fundament der bewußten religiösen Offenheit des Menschen zu Gott hin ist. Das *Geheimnis der Apostaten und* der großen *Verbrecher* läßt sich aus diesem ordentlichen Heilsweg Gottes nicht ausklammern, auch wenn wir es nicht durchschauen und lösen können.

c) Daneben steht eine wohl ebenfalls kleine Gruppe von außerordentlich Begnadeten, die für das Gottesreich eine besondere Bedeutung haben, die Gruppe der *Heiligen*. Wir glauben sie leichter zu begreifen, weil wir sie gerne in die außerordentlichen Heilswege Gottes einordnen, obwohl uns verschlossen bleibt, in welchem Maße gerade bei ihnen auch eigene Offenheit, Hingabe und Gehorsam zu Gott mitgewirkt haben. – Schon für diese ordentlichen Heilswege gilt das Wort des Propheten: „Meine Gedanken sind nicht eure Gedanken, eure Wege sind nicht meine Wege – Spruch des Herrn –. Nein, so hoch der Himmel über der Erde steht, so hoch sind meine Wege über euren Wegen und meine Gedanken über euren Gedanken" (Is 55,8 f). Selbst zu Petrus spricht Christus in der großen Stunde seines Bekenntnisses und der Verheißung an ihn gemäß Bericht des Evangelisten: „Hinweg von mir, Satan! Ein Ärgernis (Skandalon) bist du mir! Denn du denkst nicht das, was Gottes ist, sondern was der Menschen ist!" (Mt 16,23).

d) Am Ende ist es für das Verständnis der wirklichen Geschichte der Welt und des einzelnen Menschen notwendig, das innere Geheimnis der menschlichen Seele und Person zu bedenken, in dem das Gute nie ganz auszurotten ist (vgl. Gogol, Das Haus der toten Seelen: Noch im schlimmsten Verbrecher glimmt der Funke des ‚Menschlichen', des Staunens, des Mitleides, der Liebe) und in dem Gott und seine Gnade am Werk sind, wo keine äußere Beobachtung es zu erfassen vermag.

3. Kapitel

PRÄDESTINATION UND REPROBATION

Der allgemeine Heilswille Gottes hat für unsere Weltgeschichte eine völlig neue Seinsgestalt erhalten, ist in einem neuen Sinn als „Mysterium", aber auch in einem neuen Sinn als „Realität" offenbar geworden durch die „Menschwerdung Gottes"; denn „vor der Grundlegung der Welt hat uns Gott in ihm (in Christus) auserwählt, auf daß wir heilig und untadelhaft vor ihm seien" (Eph 1,4). *Die ewige Erwählung ist „in Jesus Christus und durch ihn" zu einer „Vorherbestimmung" (Prädestination) geworden,* in der die Ewigkeit Gottes in einmaliger Weise in unsere Zeitlichkeit real und wirksam eingebrochen ist und unsere Lebenszeit in neuer Weise zu einer Entscheidungszeit gemacht hat. „Zeitliches Geschehen als Entscheidungszeit gibt es nur, wenn die Ewigkeit selbst in die Zeit eingegangen ist, wenn der in die Geschichte eingehende, der menschgewordene Logos, dem in der Zeit verlorenen Menschen seinen Ursprung offenbart und sein ewiges Ziel zum Gegenstand der Glaubensentscheidung macht. Nur durch diese Offenbarung der Ewigkeit (in Christus) gewinnt unsere Geschichte selbst an der Ewigkeit Anteil" (Emil Brunner, Dogmatik I 309). Wir versuchen, dieses Geheimnis der Prädestination uns etwas zu erschließen, indem wir folgende fünf Überlegungen anstellen:

§ 6 Verschiedenheit der Gnadengaben und des Gnadenmaßes der Menschen

§ 7 Die Prädestination als freie, heilsschöpferische, einmalige und endgültige Liebe Gottes

§ 8 Die Reprobation als freie und endgültige Gerechtigkeit Gottes
§ 9 Die Gnade der Beharrlichkeit als Zeichen der Prädestination
§ 10 Die Prädestination als aufgegebenes „Leben mit der Kirche"

§ 6 Verschiedenheit der Gnadengaben und des Gnadenmaßes der Menschen

E. von Severus, Das Bild des christlichen Menschen in der Liturgie. Liturg. Leben 4 (1937) 27 ff. – Gaben des Heiles (Charismen) DBS I (1928) 1233–1243. – H. U. von Balthasar, Besondere Gnadengaben und die zwei Wege menschlichen Lebens. Deutsche Thomas-Ausg. 23, Heidelberg 1954, 252–431 (Lit.). – Vgl. § 20.

Vor einem philosophischen Gottesbild (etwa dem neuplatonischen Bild von Gott als dem „Einen und Allen" und als der Allursächlichkeit) müßte die Gnade als Huld und Geschenk Gottes für alle dieselbe sein. Vom biblischen Bild von dem lebendigen, personalen Gott her allein ist verständlich, wenn die Schrift selbst von einer Verschiedenheit des Gnadenmaßes im Menschen spricht.

1. Die Gnade ist als *Gnadenhuld* Gottes wesenhaft gleich. Schon als *Gnadengeschenk* jedoch muß sie, entsprechend dem Empfänger (secundum modum recipientis: neuplatonisches Prinzip), verschieden sein: im Gleichnis von den Talenten gibt der Hausvater dem einen Knecht fünf, dem anderen zwei, dem letzten ein Talent, „einem jeden nach seiner Tüchtigkeit (δύναμις)" (Mt 25,15). Ähnlich spricht Christus von der Sünderin: „Ihr werden viele Sünden vergeben, weil sie eine so große Liebe hat; wem aber wenig vergeben wird, der hat auch nur geringe Liebe" (Lk 7,47).

2. Da aber auch *Lohn selbst Gnade* sein kann und irgendwie immer Gnade ist (da auch das Mitwirken des Menschen mit der Gnade und in der Gnade noch eine besondere aktuelle Gnade voraussetzt und einschließt), entspricht gerade hier die Gnade nicht mehr dem Verdienst, sondern ist immer mehr, wie das Gleichnis von den Arbeitern im Weinberg zeigt, wenn der letzte denselben Lohn erhalten hat wie der erste, der die zwölffache Leistung des letzten vollbracht hat: „Ich will dem letzten geben soviel wie dir (dem ersten)! Darf ich mit dem Meinigen nicht machen, was ich will? Ist dein Auge neidisch, weil ich gut bin?" (Mt 20,14 f).

3. Es ist ein Gesetz der Gnade und der Mystik, daß es im geistlichen Leben keinen Stillstand gibt, nur entweder *Fortschritt oder Rückschritt,* Wachstum oder Verkümmerung. Diese Veränderungen sind jedoch bei aller Berücksichtigung des menschlichen Mitwirkens mit der Gnade und des menschlichen Gebetes um Gnade nicht nur Frucht und Verdienst des menschlichen Tuns, sondern vielmehr immer wieder neue Gnade, die nicht verdient, sondern nur als Geschenk empfangen werden kann. Die Verschiedenheit des Gnadenzustandes ein und desselben Menschen zu verschiedenen Zeiten ist gewiß nicht an der Erlebbarkeit ablesbar (auch die Nacht der Seele selbst kann eine besondere Gnade sein, ebenso wie Gnade nicht nur als Wohltat, sondern ebenso als Leid und Versuchung und Not erlebt werden kann), aber die Verschiedenheit ist prinzipiell festzuhalten um der Aufforderung der Schrift willen, wir sollen von Tag zu Tag erneuert (2 Kor 4,16), von Tugend zu Tugend fortschreitend (Ps 83,8) heranwachsen zur Vollreife des Mannesalters Jesu Christi (Eph 4,13), wachsend in der Erkenntnis Gottes (Kol 1,10) und in der Gnade (2 Petr 3,18), hineinwachsen in Jesus Christus, der das Haupt ist (der Kirche) (Eph 4,15). Die Orationen der Meßtexte in der Kirche sprechen sehr häufig diese *Bitte um Wachstum in der Gnade* aus.

4. Über Mehrung und Minderung, Werden und Vergehen der Gnade haben wir unten (Kap. 9) zu sprechen. Entscheidend bleibt das Verständnis für die *Verschiedenheit des Gnadenmaßes* auf Erden, so wie die Seligkeit der Seligen eine verschiedene ist, je nach ihren Fähigkeiten, Verdiensten und Gnaden, auch wenn alle in und bei Gott selig sind. Schon Augustinus sagt hierzu: „Warum ist denn aber die Gnade verschieden, wo die Natur die gleiche ist? Es gibt doch bei Gott kein Ansehen der Person (Kol 3,25)?" Und er antwortet: „Wer bist du, o Mensch, daß du mit Gott rechtest? (Röm 9,20)" (Augustinus, De praedest.: PL 44, 981–992 I Kap. 15–20). – Ein anderes ist die *Unterscheidung der Gnadengaben hinsichtlich ihrer Qualität* (Gnade des Erkennens, des Wollens, des persönlichen Einsatzes, der Freude, der Geduld, der Liebe, usw.). Mit dieser Unterscheidung hängt eng zusammen die Unterscheidung der *Charismen* (1 Kor 12,4–11; Röm 12,3–8), d. h. jener Gnadengaben und Amtsgnaden, die wir ausschließlich für andere und im Dienste des Reiches Gottes, nicht für uns, empfangen.

5. Die Lehre von der Erkennbarkeit der Gnade und von der Gnadenerfahrung, von der wir weiter unten (Kap. 8) sprechen müssen, werden uns zeigen, wie gerade das Leben in der Gnade uns auch eine gewisse Erfahrung von dieser Verschiedenheit der Gnadengaben schenkt, die *nicht* zu *Unzufriedenheit* und Murren führt, da einzig das Geschenk von Gott her, und nicht das Maß im Vergleich mit anderen, Gegenstand und Thema dieser Lebenserfahrung ist: sie führt *vielmehr* zu *je immer größerem Dank* und Vertrauen aus Liebe zu Gott. „Kraft der Gnade, die mir verliehen wurde, sage ich einem jeden von euch, er soll nicht höher von sich denken, als recht ist, sondern bescheiden von sich denken, so wie Gott einem jeden das Maß des Glaubens zugeteilt hat" (ἐμέρισεν μέτρον πίστεως) (Röm 12,3). So berichtet Paulus von seiner großen Bedrängnis in Asien, die ihn getroffen hat, „über die Kraft hinaus, so daß wir unser Leben schon verloren gaben ... Wir sollten eben lernen, unser Vertrauen nicht auf uns selbst zu setzen, sondern auf Gott, der die Toten erweckt ... Dabei könnt ihr mithelfen durch euer Gebet für uns, damit für die Gnadengabe, die uns zuteil geworden ist, in unserem Namen aus vieler Munde Gott ein vielfaches Dankgebet dargebracht werde" (2 Kor 1,8–11). Das Geheimnis des Christlichen ist eben immer das *für andere,* nicht nur im Leiden für andere (vgl. Kol 1,24 f), sondern auch in der Freude über die Gnade anderer.

§ 7 *Die Prädestination als freie, heilsschöpferische, einmalige und endgültige Liebe Gottes*

DThC XII (1935) 2809–3022. – ThW (1954) 457: προορίζω. – LThK 8 (1963) 661–672 (Lit.). – RGG V (1961) 479–489. – C. H. Ratschow, Das Heilshandeln und das Welthandeln Gottes (NZST I [1959] 25–28). – J. Chené, La théologie de S. Augustin. Grâce et prédestination, Lyon 1961. – J. Auer, Heilsuniversalismus und Praedestinationspartikularismus im Mittelalter, Misc. Med. V (Berlin 1968) 1–19.

Das Wort *Vorherbestimmen* (προορίζειν – praedestinare) kommt nur bei Paulus, und hier sechsmal vor. Es bedeutet: Der ewige Gott hat vor Grundlegung der Welt (Eph 1,4; 1 Petr 1,20; Mt 25,34), vor aller Zeit (1 Kor 2,7) die entscheidenden Ereignisse der Heilsgeschichte bestimmt. Paulus hat dieses Grundgeheimnis der Heilsgeschichte dahin mehrfach ausgeführt, daß die Heilsgeschichte ihren geheimnisvollen Grund im ewigen Ratschluß (πρόθεσις) oder Verlangen (θέλημα) und Willen (βουλή) Gottes hat. Was in dieser Heilsgeschichte geschieht, hat er von Ewigkeit vorhergewußt (προέγνω) und vorherbestimmt (προώρισεν); Ziel ist die „Gotteskindschaft" derer, die nach dem Bilde Gottes geschaffen sind (Gn 1,26), und sie verwirklicht sich, indem Gott die Menschen in Christus ruft (ἐκάλεσεν), rechtfertigt (ἐδικαίωσεν) und verherrlicht (ἐδόξασεν). Die klassischen Stellen für diese Prädestinationslehre sind:

Eph 1,3–6; 9-11: „Gepriesen sei Gott, der Vater unseres Herrn Jesus Christus, der uns in Christus *gesegnet* hat mit allem überirdischen Segen vom Himmel her. Er hat uns schon vor Grundlegung der Welt in ihm *auserwählt,* damit wir heilig und untadelhaft vor ihm seien. In Liebe hat er uns durch Jesus Christus zu seinen Kindern *vorherbestimmt.* Das war sein Willensratschluß ... Er hat uns das Geheimnis seines Willens kundgetan. Es war nämlich sein Ratschluß, den auszuführen er bei sich beschlossen hat: die Fülle der Zeiten eintreten zu lassen und dann alles, was im Himmel und auf Erden ist, in Christus als Haupt zusammenzufassen (ἀνακεφαλαιώσασθαι). In ihm sind wir auch des Erbes teilhaftig geworden, wie wir zuvor dazu bestimmt waren, nach dem Ratschluß dessen, der alles nach dem Verlangen seines Willens wirkt."

Röm 8,28–30: „Wir wissen, daß alle Dinge denen, die Gott lieben, zum besten gereichen, denen, die nach seinem Ratschluß berufen sind. Denn die er *vorher-erkannt* hat, die hat er auch *vorherbestimmt,* dem Bilde seines Sohnes gleichförmig zu werden: Dieser sollte der Erstgeborene unter vielen Brüdern sein. Und die er vorher-bestimmt hat, die hat er auch *berufen,* die er berufen hat, die hat er auch *gerechtfertigt;* die er gerechtfertigt hat, die hat er auch *verherrlicht."*

1. *Prinzip und Mitte der Prädestination ist Christus* selbst oder „das Geheimnis Christi", das von Ewigkeit her bei Gott, dem Schöpfer aller Dinge, verborgen war ... jetzt aber durch den Geist seinen Aposteln und Propheten enthüllt worden ist: daß nämlich die Heiden in Christus Jesus Miterben, Mitglieder und Mitteilhaber der Verheißung sind (Eph 3,9.5 ff). Das ist Gottes ewiger Ratschluß, den er in Christus Jesus, unserem Herrn, ausgeführt hat (ebd. 3,11). „Er hat uns ja errettet und den heiligen Ruf an uns ergehen lassen. Das tat er aber nicht um unserer Werke willen, sondern nach seinem Ratschluß und nach der Gnade, die uns in Christus Jesus schon

vor ewigen Zeiten verliehen war und jetzt durch die Erscheinung unseres Heilandes Jesus Christus geoffenbart wurde" (2 Tim 1,9 f). Augustinus ging in seinen Überlegungen von dieser absolut unverdienten und ewigen Prädestination Christi aus, um daran zu zeigen, daß auch unsere Prädestination reine Gnade Christi ist (De praedest. sanct., Kap. 15–20, PL 44, 981–992).

2. Die Erwählung und *Vorherbestimmung* ist also nicht Anwendung eines allgemeinen Heilswillens, sondern noch vielmehr *der unmittelbar personale Vollzug des ewigen Ratschlusses Gottes in Christus,* seinem Sohn, und durch ihn an jedem Einzelnen, der berufen wird. Das gilt für all die großen Berufungen (Noe, Abraham, Isaak und Jakob, Moses und die Propheten) und für die persönlichen Berufungen (Is 6,5–8; Jr 1,4–10). Auf die Christen angewendet, sagt hiervon Paulus: „Er wollte an den Gefäßen des Erbarmens, die er für die Herrlichkeit vorherbereitet (προητοίμασεν) hatte, den Reichtum seiner Herrlichkeit zeigen: So hat er uns berufen, nicht bloß aus den Juden, sondern auch aus den Heiden" (Röm 9,23 f). Von den ersten Christen berichtet Lukas: „Es wurden alle gläubig, die zum ewigen Leben bestimmt (τεταγμένοι) waren" (Apg 13,48).

3. In dieser Vorherbestimmung wird der Mensch von seinem Ursprung wie von seinem Ziel her hineingenommen in die ewigen Pläne Gottes, sein *geschichtliches Leben erhält Anteil an der Ewigkeit* und damit seinen eigentlichen menschlichen Wert und seine personale Tiefe. Darin verliert der Mensch nicht seine innere Freiheit, sondern gewinnt sie erst als christliche Freiheit: „So wie die Autonomie im Sinne Kants (als personales Gesetz im Gegensatz zum Naturgesetz) erst sittlich frei macht, so macht die Zugehörigkeit zu Christus erst religiös christlich frei: ‚Wen der Sohn frei macht, der ist wahrhaft frei' (Jo 8,36)" (Emil Brunner, Dogmatik I 318, IV). Die Lehre von der Erwählung und Vorherbestimmung dient zuletzt „zum Lob der Herrlichkeit seiner Gnade, mit der er uns begnadigt hat in seinem geliebten Sohn" (Eph 1,6).

4. Wie die bereits angeführten Texte zeigen, gehört zu dieser biblischen Prädestination dreierlei:

a) Daß es nicht nur ein Vorherwissen Gottes, sondern ein *Vorherwollen Gottes* ist: darum ist mit dieser Prädestination verbunden das Geschenk der Gnade, das zu dem von Gott gesetzten

Ziele führt. Zunächst ist es die Gnade der „Christusgliedschaft" im Erdenleben und schließlich die Gnade „der ewigen Bürgerschaft im Reiche Gottes" für die Seligen gemäß der Verheißung Jesu in der Gerichtsrede: „Kommet, ihr Gesegneten meines Vaters, nehmet in Besitz das Reich, das seit Grundlegung der Welt für euch bereitet ist" (Mt 25,34).

b) Die Prädestination ist Werk des ewigen Gottes und nimmt darum an sich an der Freiheit ebenso wie an der Einmaligkeit, Notwendigkeit und Endgültigkeit der heilsschöpferischen Liebe Gottes teil. Wie der Akt der Prädestination darum das absolute Geheimnis des *Zusammenwirkens von Freiheit und wesenhafter Notwendigkeit* im absolut heiligen und personalen Wesen Gottes in sich trägt, so schließt auch die Wirkung dieser Prädestination in uns Menschen dieses unauflösliche Geheimnis zwischen Freiheit und Notwendigkeit ein, sofern wir nur die *innere Bestimmtheit* der Prädestination theologisch erfassen, auch wenn ihre *Tatsächlichkeit* für den Einzelnen von uns immer verborgen bleibt.

c) Weil diese Erwählung und Vorherbestimmung zutiefst in der personalen Wirklichkeit Gottes gründet, ist auch die personale Wirklichkeit der Welt, der *Mensch* (und der Engel?) *der eigentliche* und primäre *Adressat*, und sachlich nach ihm und um seinetwillen erst ist die Welt als Schöpfung Gegenstand und Ziel einer Prädestination, wie vor allem die evangelische Theologie unserer Tage (KARL BARTH, GERHARD VON RAD, EMIL BRUNNER) betont.

5. Das eigentliche Ziel der Prädestination ist das ewige Heil. Doch schon Augustinus nennt die praedestinatio eine praeparatio gratiae und sagt: gratia iam vere ipsa donatio (praedestinationis) (De praedest. 10, 19: PL 44, 974). Seit dem im aristotelischen Zweck-Mittel-Schema denkenden Mittelalter (besonders seit Thomas) unterscheidet man eine *praedestinatio ad gloriam* und eine *praedestinatio ad gratiam*. Dabei ist einhellige Lehre:

a) Die praedestinatio *ad gratiam* (also die unvollständige Prädestination) findet *ante praevisa merita* statt, weil Gnade an sich unverdienbar ist und Gott diese Gnade immer aus reiner Liebe schenkt.

b) Die praedestinatio *ad gloriam* geschieht nach der Ansicht der *Thomisten* (hier auch des BELLARMIN, SUÁREZ, VASQUEZ) *ante praevisa merita,* weil die Seligkeit selbst nicht nur Lohn für Verdienst, sondern an sich auch Gnade ist, wie schon Augustin sagt. Für diese Ansicht könnte sprechen Apg 13,48; 2 Tim 1,9: „Er hat uns ja errettet und den heiligen Ruf an uns ergehen lassen, nicht unserer Werke wegen, vielmehr nach seinem Ratschluß und nach seiner Gnade, die uns von Christus Jesus vor ewigen Zeiten schon verliehen wurde. Sie ist durch die Ankunft unseres Heilandes Christus Jesus offenbar geworden." – Die meisten *Molinisten* (MOLINA, LESSIUS, auch FRANZ VON SALES [Pesch: Praelectiones dogmaticae II prop. 56]) vertreten hier eine praedestinatio *post praevisa merita*. Für diese Lehre könnte Mt 25,34; 1 Kor 2,9 und 2 Petr 2,20 angezogen werden.

Hinter diesen Antworten der Schulen steht die Frage nach dem *Recht und Sinn dieser Schulen* selbst. Da wir Menschen Gott immer nur analog und, soweit unsere Theologie existentiell ist, nach der Wirklichkeit oder dem Wunsch des eigenen Herzens erkennen und deuten werden, wird es um der Vielheit der Theologen und der Echtheit und Gültigkeit der individuellen Wege willen angebracht, ja notwendig sein, die Pluralität der Einzelmeinungen wenigstens in einigen „typischen" Schulaussagen zusammenzufassen. Dabei wird ein mehr intellektualistisches und ein mehr affektiv-voluntaristisches Gottesbild, eine mehr theozentrische und eine mehr anthropozentrische Ausrichtung in der Theologie jeweils ihr Recht fordern. Wer diese Fragen ernst durchdenkt, wird immer wieder an die Lehrmeinungen der einzelnen „Schulen" verwiesen werden. Die eigentliche Problematik wird darin zu sehen sein, daß die personale Freiheit der Prädestination in Gott in Frage gestellt erscheint, wenn hier eine allgemeinverbindliche Antwort durch die Theologie versucht wird (vgl. § 2, 13).

6. *Ganz gewiß* ist die Tatsache und die Wirkung der ewigen Prädestination durch Gott. Sie ist ausgesprochen etwa bei Lk 10,20: „Freuet euch, denn eure Namen sind im Himmel aufgeschrieben"; Mt 24,22: „Um der Auserwählten willen werden die Tage abgekürzt." – *Ganz ungewiß* dagegen ist für jeden einzelnen Prädestinierten selbst, ob er prädestiniert ist. So fordert der Apostel: „Wer also zu stehen glaubt, der sehe zu, daß er nicht falle" (1 Kor 10,12); „Wirket euer Heil in Furcht und Zittern ... Gott ist es ja, der in euch das Wollen und das Vollbringen wirkt nach seinem Wohlgefallen" (Phil 2,12 f). Das Heil bleibt für den Menschen im Pilgerstand auf Erden immer Gegenstand der Hoffnung und des Gebetes, des Kampfes und des Leidens.

7. Die Tatsache der Prädestination Christi und unsere Prädestination in Christus sind Fundament unserer *christlichen Zuversicht und Freude.* Zu ersterem schreibt Augustinus (De dono perseverantiae XXIV 67: PL 44, 1033 f): „Also hat er (Gott) sowohl ihn (Christus) wie auch uns vorherbestimmt: hat er doch in ihm, daß er unser Haupt sei, und in uns, daß wir sein Leib seien, nicht vorausgehende Verdienste von unserer Seite, sondern seine eigenen künftigen Werke vorausgewußt." Die christliche Zuversicht bringt der Apostel zum Ausdruck in den Worten: „Wenn Gott für uns ist, wer ist dann wider uns? Wenn er seines eigenen Sohnes nicht geschont, sondern ihn für uns alle dahingegeben hat, wie sollte er uns mit ihm nicht alles schenken? Wer sollte Anklage erheben gegen Gottes Auserwählte? Gott, der sie rechtfertigt? Wer sollte sie verurteilen? Christus Jesus, der gestorben oder vielmehr auferstanden ist, der zur Rechten Gottes sitzt und Fürsprache für uns einlegt? ... Weder Tod noch Leben, weder Engel noch Herrschaften, weder Gegenwärtiges noch Zukünftiges, weder Macht noch Gewalten, weder Hohes noch Niedriges noch sonst etwas Erschaffenes wird uns scheiden können von der Liebe Gottes, die da ist in Christus Jesus, unserem Herrn" (Röm 8,31–39).

§ 8 *Die Reprobation als freie und endgültige Gerechtigkeit Gottes*

Prädestinatianismus: DThC XII (1935) 803–809. – LThK 8 (1963) 600. – J. Gnilka, Die Verstockung Israels, München 1961. – BL 1839 f.

Wenn es eine ewige Vorherbestimmung Gottes für das ewige Heil gibt, muß wenigstens gefragt werden, ob es auch eine ewige Vorherbestimmung zum ewigen Unheil, also eine Reprobation, gibt.

1. Ist von Prädestination häufig und ausdrücklich in der Offenbarung die Rede, so – das muß zunächst festgestellt werden – wird *von Reprobation* oder Vorherbestimmung zur Verdammnis *in der Offenbarung nicht ausdrücklich gesprochen.* Die zahlreichen Androhungen Gottes, den Pharao zu verstocken, so daß er Gottes Weisheit und Wege nicht mehr erkennen könne (Ex 7,3; 9,12; 10,20 usw.), sowie die Aufforderung Gottes an den Propheten, „das Herz des Volkes Israel zu verstocken, seine Ohren zu verhärten und seine Augen zu verblenden, daß es mit seinen Augen nicht sehe und mit seinen Ohren nicht höre und daß sein Herz nicht zur Einsicht

komme und es wieder Heilung finde" (Is 6,10), sind Aussagen über „das freie Handeln Gottes" in seiner Heilsgeschichte an dieser Welt, nicht über seine ewige Prädestination an sich.

2. Es ist jedoch ausdrückliche *Lehre der Offenbarung, daß es ewige Verdammnis und Verdammte gebe,* wie vor allem den Gerichtsreden Jesu (Mt 25,41; vgl. Mt 24,51; 25,30) wie der Apk (20,10) zu entnehmen ist. Da nun die in der Zeit erfolgende Verdammung dem ewigen Willen Gottes gegenüber nicht zufällig sein kann, sondern im ewigen Wissen und im ewigen Ratschluß Gottes aufgehoben sein muß, wenigstens in dem Sinne, daß Gottes Heiligkeit und Gerechtigkeit fordert, daß auch der unbekehrte und unbekehrbare Sünder zu seinem „Ziel", zur Verdammnis, gelangt, ist theologisch auch von einer Reprobation zu sprechen.

3. Wenn wiederum hier zwischen *reprobatio ad interitum* und *reprobatio ad peccatum* unterschieden werden darf, ist zunächst zu sagen: eine *reprobatio ad peccatum* gibt es *in Gott nicht.* Ausdrücklich ist diese sog. Prädestinatianische Irrlehre von der Kirche in Orange 529 (D 200 – DS 397) und auf dem Konzil von Trient (D 816 – DS 1556) verurteilt worden: „Wenn einer sagt, Gott wirke die bösen Werke im Menschen ebenso wie die guten, nicht nur durch Zulassung, sondern eigentlich und durch sich, so daß der Verrat des Judas ebenso sein Werk sei, wie die Berufung des Paulus, der sei im Banne." Der Hinweis auf Spr 16,4: „Alles hat Gott um seinetwillen erschaffen, auch den Bösen und den Gerichtstag", ist kein Beweis für diese Irrlehre, sondern bringt nur, wie viele andere Stellen des AT, Gottes Allmacht und Allursächlichkeit (aber nicht Alleinursächlichkeit) zum Ausdruck. ZWINGLI hatte in seiner Marburger Rede über die Prädestination in diesem Sinne eine reprobatio ad peccatum vertreten. Grund für diese Irrlehre war sein philosophisches Gottesbild: Gott war nur als höchstes Gut und Alleinursache gesehen und die Welt im platonisch-manichäischen Sinne als böse Wirklichkeit. BULLINGER hat diese philosophischen Verirrungen aus der Lehre seines Meisters getilgt und die Lehre im Sinne Calvins in der Confessio Helvetica X dargestellt (E. Brunner, Dogmatik I 327 ff). CALVIN hält demgegenüber an einer reprobatio directa ad interitum fest, weil nach seiner Lehre nichts außerhalb der Allmacht Gottes stehen kann, also auch nicht das Gericht, in dem es Selige und Verdammte gibt. Damit ist auch eine Anzahl der Erwählten, wie eine Anzahl der Verdammten in

Gottes allmächtigem Ratschluß festgelegt. Calvin kann für diese Ansicht manche Sätze aus dem älteren Augustinus entnehmen, zu dem PROSPER VON AQUITANIEN erklärt: „Die unbußfertigen Sünder sollen nicht deshalb zugrunde gehen, weil sie nicht prädestiniert sind; sie sind vielmehr nicht prädestiniert, weil eben Gott von ihnen voraussieht, daß sie durch ihre freie Schuld unbußfertig bleiben werden" (Resp. ad. cap. Gall. 3: PL 51, 158). „Wenn viele Menschen zugrunde gehen, geschieht es nur, weil sie es für ihre Sünden verdient haben; wenn viele gerettet werden, geschieht es durch das freie Geschenk Gottes" (ebd. 158).

4. Aber auch die völlige *Leugnung des Gerichtes* und damit des ewigen Gerechtigkeitswillens Gottes *ist irrig*. In zweifacher Weise wurde dieser Irrtum in der Theologie bisher vertreten:

a) ORIGENES hat (De primo princ. I 6,3) im Anschluß an Apg 3,21 von einer „ἀποκατάστασις τῶν πάντων", von einer „Erneuerung des Alls am Ende der Zeiten" gesprochen, in der auch alle Verdammten entweder vernichtet oder zum Heile gelangen würden. (Ähnliche Lehren vertritt GREGOR VON NYSSA: or. cat. 8,35. Andere Beispiele vgl. Harnack, Dogmengeschichte II 113). Die Kirche hat diese Lehre auf dem Konzil von Konstantinopel 543 (D 211 – DS 411 – vgl. NR 808) verurteilt: „Wenn jemand sagt und glaubt, die Verurteilung der Dämonen und der gottlosen Menschen währe nur eine Zeit lang und sie finde ein Ende, oder wenn er lehrt, daß für die Dämonen und die gottlosen Menschen eine Wiederherstellung oder Erneuerung kommen werde, sei er im Banne."

b) In neuerer Zeit lehnte KARL BARTH (Kirchliche Dogmatik II, 2: 1–563) ebenso die Strafgerechtigkeit Gottes infolge seiner christologischen Engführung entschieden ab. Er lehrt: 1. Christus ist der allein erwählende Gott (Christus ist aber von Gott selbst, dem Vater, erwählt); 2. Jesus Christus ist aber auch der einzig erwählte Mensch (der präexistentielle Mensch). Weil in ihm alle erwählt sind, darum kann kein Mensch mehr nach Christi Tod verlorengehen. Christus ist der einzig Verworfene (389), und auch die Verworfenen stehen nunmehr im Lichte der Erwählung Christi (553). In dieser Lehre müßte die Freiheit des Menschen wie die Gerechtigkeit Gottes aufgehoben werden (vgl. E. Brunner, Dogmatik I 353–357).

5. Die *reprobatio ad interitum* ist immer nur *post praevisa demerita* möglich, als Strafe für Schuld. Wiederum scheiden sich jedoch hier die Schulen. Die MOLINISTEN nehmen auch hier keine repro-

batio negativa antecedens an, sondern reden von einem bloßen Vorherwissen Gottes hinsichtlich der Zahl der Verdammten und der einzelnen Verdammten (praescientia periturorum). – Die THOMISTEN sind hier nicht einheitlich in der Auffassung, nehmen aber im Anschluß an Thomas S. Th. I q 23 a 3 eine willentliche Zulassung der Schuld durch Gott und die Verdammnis als Strafe dafür an. Álvarez, die Salmantizenser, Johannes a. S. Thoma u. a. betonen dabei mehr das göttliche Wollen, andere möchten die Erbsünde, andere die persönliche Schuld als Grund für die Reprobation anführen (vgl. Pesch, Praelectiones dogm. II 212–226). Man darf wohl sagen, daß Paulus in seinem Ringen mit dem Geheimnis der Verwerfung Israels die molinistische Lehre nicht zu stützen scheint, wenn er sagt: „Noch waren diese (Ismael und Isaak) nicht geboren und hatten weder Gutes noch Böses getan, da ward ihr (Sarah) gesagt – damit der Ratschluß Gottes bestehen bleibe, der in freier Wahl, nicht nach Werken, sondern nach dem Willen des Berufenden gefaßt ist –: Der Ältere wird dem Jüngeren dienstbar sein (Gn 25,23). So steht auch geschrieben: Jakob liebte ich, Esau aber gehört meine Liebe nicht (Mal 1,2 f)" (Röm 9,11–13).

Es geht in dieser Verwerfung nicht eigentlich um eine Antwort auf eine Schuld und noch weniger um den Menschen, der verworfen wird, sondern vielmehr ist die Verwerfung hier einfach als Ausdruck der *freien Gerechtigkeit Gottes* gesehen, die in der Heilsgeschichte wirksam ist, und zwar nicht bloß als Antwort auf geschichtlich-menschliche Schuld, sondern als wesentliches Element des freien, ewigen göttlichen Ratschlusses, der in der Heilsgeschichte wirksam wird. – Hüten muß sich die thomistische Ansicht freilich vor der Gefahr, die Reprobation etwa aus einer philosophisch (neuplatonisch) verstandenen Idee von der göttlichen Allmacht und von der göttlichen Ewigkeit (gegenüber der zeitlichen Schöpfung und dem zeitlichen Menschen) ableiten zu wollen, wodurch das ntl. Bild von Gott, der die Liebe ist, zerstört würde. – Neben dem ntl. Gottesbild hat freilich auch das atl. Gottesbild noch sein Offenbarungsrecht, und neben der Gottesliebe bleibt die Gottesfurcht (wenn auch als kindliche Furcht) als Anfang aller Weisheit (Job 28,28; Spr 1,7) bestehen.

§ 9 *Die Gnade der Beharrlichkeit als Zeichen der Prädestination*

DThC XII (1935) 1256–1304. – LThK 2 (1958) 123 f. – J. Gummersbach, Unsündlichkeit und Befestigung in der Gnade nach der Lehre der Scholastik, Freiburg i. Br. 1938.

Die Prädestination zum ewigen Leben findet im konkreten Leben des Menschen in dieser Welt ihren besonderen Ausdruck in der „Gnade der Beharrlichkeit", d. h. in der Gnade, im Zeitpunkt seiner Heimkehr zu Gott, seines Hintretens vor Gottes Gericht, in der Gnade, d. h. in der Freiheit und Offenheit zu Gott hin zu stehen und Gott wohlgefällig zu sein. Mit Beharrlichkeit ist also nicht nur eine „lange währende Treue" als Tugendhaltung oder Tugendakt gemeint, sondern der Zustand, in dem unsere zeitgeschichtliche, irdische, der heilsgeschichtlichen Befindlichkeit der ewigen Prädestination in Christus entspricht.

1. Es ist Lehre der Kirche: *„Die Beharrlichkeit, kraft der man bis ans Ende in Christus ausharrt, ist ein besonderes Gnadengeschenk Gottes."*

In der biblischen Offenbarung erscheint diese „Gnade" zunächst unter dem besonderen Aspekt der *Treue* zum Glauben, zur Kirche, *trotz* aller *Verfolgungen* in dieser Welt: „Um meines Namens willen werdet ihr allen verhaßt sein; wer aber bis ans Ende ausharrt, wird gerettet werden" (Mt 10,22). Besonders in den sieben Gemeindebriefen der Apk (Kap. 2 und 3) kommt diese Treue zum Ausdruck: „Wer siegt und festhält an meinen Werken bis ans Ende ..." (2,26).

Ebenso wird das *Standhalten in der „Versuchung"* allgemein angesprochen: „Wenn es einem von euch an Weisheit fehlt, so bitte er Gott, der allen einfach gibt ohne ein hartes Wort, und es wird ihm gegeben ... Gott versucht niemanden ... Jede gute Gabe und jedes vollkommene Geschenk stammt von oben, steigt hernieder vom Vater der Lichter, bei dem es keinen Wechsel und keinen Schatten der Veränderlichkeit gibt. Aus freiem Willen hat er uns durch sein Wort der Wahrheit geboren, damit wir seien wie eine Erstlingsfrucht unter seinen Geschöpfen" (Jak 1,5–8. 13–18). Hier geht es nicht mehr zuerst um menschliche Treue, wie in der Verfolgungssituation; es geht vielmehr um die *Offenbarung zu Gott* hin, der alles schenkt. „Gepriesen sei Gott, der Vater unseres Herrn Jesus Christus, der uns in seiner großen Barmherzigkeit ... wiedergeboren hat zu lebendiger Hoffnung, zu einem unvergänglichen, unbefleckten und unverwelklichen Erbe ... In Gottes Kraft werdet ihr durch den Glauben bewahrt, daß ihr das Heil erlangt, das am Ende der Zeit offenbar werden soll" (1 Petr 1,3 ff). „Beuget euch also unter die mächtige Hand Gottes, damit er euch zur rechten Zeit erhöhe. Werfet alle Sorgen auf ihn, denn er sorgt für euch" (ebd. 5,6 f). „Der Gott aller Gnade, der euch durch Christus Jesus nach kurzem Leiden zu seiner ewigen Herrlichkeit berufen hat, er wird euch ausrüsten, stärken, kräftigen und festigen" (ebd. 5,10). „Darum habe ich das feste Vertrauen, daß er, der das gute Werk in euch angefangen hat, es auch vollenden wird bis zum Tage Christi Jesu" (Phil 1,6). „Gott ist es ja, der in euch das Wollen und das Vollbringen wirkt, wie es ihm gefällt" (ebd. 2,13). „Wessen ich mich erbarme, dem schenke ich Erbarmen, und mit wem ich Mitleid habe, dem erzeige ich Mitleid" (Ex 33,19); demnach „ist nicht das Wollen oder das Laufen entscheidend, sondern Gottes Erbarmen" (Röm 9,15 f). Hier wird *Erlösung „auf Hoffnung hin"* und *Beharrlichkeit als „Gnade"* deutlich.

2. In neuer Weise mußte Augustinus gegen die Pelagianer und Semipelagianer diese Lehre verteidigen (De dono perseverantiae), die den Anfang des Glaubens wie die Beharrlichkeit zur menschlichen Leistung erklärten. Ausdrücklich betont Augustinus dagegen die Tatsache der Erbsünde, der menschlichen Hinfälligkeit und die Unverdienbarkeit der Gnade, „weil auch alle Verdienste der Gerechten Gottes Geschenk sind und durch Gottes Gnade verliehen werden" (ebd. Kap. 4). Augustinus entwickelt seine Gedanken im Anschluß an die Vater-unser-Erklärung Cyprians (PL 4,543 ff), wo der afrikanische Bischof darauf hinweist, daß wir Tag und Nacht „bitten" müssen, damit das, was wir durch Gottes Gnade empfangen, durch seinen Schutz bewahrt werde (ebd. 2,4), und mehrfach zitiert er das Wort des Ambrosius (De fuga saeculi I 1): „Denn nicht in unserer Macht sind unser Herz und unsere Gedanken (vgl. 2 Kor 3,5)." Das Konzil von Orange 529 lehrt im Anschluß an Prosper v. A. (PL 45,1859 ff): „Auch die Geheilten und Wiedergeborenen müssen immerdar die Hilfe Gottes erflehen, auf daß sie zum guten Ende gelangen und in den guten Werken beharrlich bleiben" (D 183 – DS 380).

3. Gegenüber der „Glaubensgewißheit", vor allem in der Lehre Luthers, hat das *Konzil von Trient* die menschliche insecuritas (vgl. Peter Wust, Ungewißheit und Wagnis) auch noch im Glauben her-

vorgehoben, wenn der Glaube nicht die Offenbarungswahrheit und nicht das objektive Heilswerk Christi (fides quae), sondern unser menschliches Stehen in diesem Heilswerk durch unseren Glauben (fides qua) meint: „Wenn jemand behauptet, jenes große Geschenk der Beharrlichkeit bis ans Ende gewiß und mit absoluter und untrüglicher Gewißheit zu besitzen, ohne daß er dafür eine spezielle innere Offenbarung Gottes besäße (D 826 – DS 1566), oder der Gerechtfertigte könne ohne besondere Gnadenhilfe Gottes in der empfangenen Gerechtigkeit ausharren (D 832 – DS 1572), der sei im Banne.“ Nicht zur Herrlichkeit selbst, sondern zur Hoffnung auf die Herrlichkeit (1 Petr 1,3 f) sind wir wiedergeboren (D 806 – DS 1541).

4. Unten (Kap. 12) werden wir zeigen müssen, was menschliche Natur ohne Gnade und was menschliche Natur in der Gnade vermag. Die Gnade der Beharrlichkeit bleibt daneben eine eigene Gnade. Ihr Sinn ist nicht in der ethischen und religiösen Ordnung des menschlichen Wirkens in der Gnade zu sehen, sie hat vielmehr in der heilsgeschichtlichen Geschichtlichkeit des Christen ihren Sitz im Leben. Hier wird der *zeitliche Mensch* eingeholt in die *Ewigkeit Gottes*, und die Innerlichkeit des ewigen Gottes im Menschen muß sich in der Wahrhaftigkeit des Menschen in der Zeit bewähren.

§ 10 Die Prädestination als aufgegebenes „Leben mit der Kirche“

M. Buber, Das Problem des Menschen, Heidelberg 1948. – R. Guardini, Welt und Person. Versuche zur christl. Lehre vom Menschen, Würzburg [4]1955. – LThK 3 (1959) 1304–1312. – E. Mounier, Einführung in die Existenzphilosophie der Gegenwart, Basel-Salzburg 1949. – Max Müller, Existenzphilisophie im geistigen Leben der Gegenwart, Heidelberg [2]1958. – H. Barth, Erkenntnis der Existenz, Basel 1965.

Sosehr Gnade unverdient und aus sich unverdienbar ist und der Anfang der Gnade in der ewigen freien Erwählung Gottes steht, bleiben im religiösen Leben der Menschen doch bestimmte kritische Punkte, in denen *das menschliche Tun und die göttliche Erwählung* oder Prädestination *konvergieren*, so wie eben die Heilsgeschichte Gottes in der konkreten Weltgeschichte der Menschen, nicht in einer außer oder über dieser Weltgeschichte sich vollziehenden Geschichte, ihren Platz hat. Dabei ist nicht zu verkennen, daß die östliche

Welt diese Konvergenz mehr in der Grundhaltung des „Erleidens" zu erleben vermag, während die westliche Welt sie lieber in einem „aktiven Empfangen" wirksam sehen möchte. – Auch neigt die östliche Welt dazu, das göttliche Wirken selbst im dunklen Licht des verborgenen Geheimnisses zu suchen, während die westliche Welt, auch im Glauben, das helle Licht der auch in der Reflexion durch den menschlichen Geist sich bestätigenden Wahrheit erstrebt. Die christliche Mystik stellt hier ein bedeutsames Bindeglied zwischen Ost und West dar.

1. AUGUSTINUS wird nicht müde, im Anschluß an die große theologische Frömmigkeit der Psalmen und der Propheten des AT immer darauf hinzuweisen, „daß Gott den Willen der Menschen auch für das himmlische Reich und das ewige Leben (nicht nur für irdische Aufgaben) bereitet und umwandelt" (De dono pers. XX 52: PL 45,1025 f; vgl. Ps 118, 36; Spr 8,35: Der Wille wird vom Herrn vorbereitet; Bar 2,31; Ez 11,19: Herz und Geist werden vom Herrn gegeben). Dennoch fordert er oft auf, über die Berufung oder Prädestination nicht besorgt zu sein (Sermo 304,2), sondern zu leben und zu handeln, „als ob" man prädestiniert wäre. Dieses *Als ob* ist kein Selbstbetrug (vgl. H. Vaihinger, Philosophie des Als-Ob), sondern vielmehr eine Notwendigkeit des menschlichen Lebens, das nicht bloß aus dem schon gegebenen (Vergangenheit) und verwirklichten Leben, sondern vielmehr auf Verwirklichung hin (Zukunft) lebt: das sich vom Ziel her aufbauen und zugleich dieses Ziel sich in freier Wahl und Entscheidung bewußt vorsetzen muß („Vorsatz"), um es selbst und sich selbst daraus zu verwirklichen. Dies gilt in besonderer Weise in der Glaubenswelt, da die *geglaubte Zukunft*, auch wenn sie Rückhalt und Beweis in der Erscheinung des Gottmenschen Jesus Christus besitzt, doch auch in Christus und seinem Geist festgehalten werden muß. „Es ist aber der Glaube ein Festhalten dessen, was man noch erhofft, und ein Beweis für das, was man nicht sieht" (Hebr 11,1). Aus dieser Glaubensdialektik formuliert Augustinus sein berühmtes Gebet: Da quod iubes et iube quod vis (Conf. X,19, 31, 37; De dono pers. XX 53: PL 45, 1026). Aus diesem christlichen Selbstverständnis heraus hat die Kirche ausdrücklich von einer „Vorbereitung auf die Gnade" (vgl. unten § 12 und 13) gesprochen.

2. Die existentielle Konvergenz zwischen Gottes vorausgehendem Gnadenwirken und des Menschen Wirken in der Gnade Gottes

kommt in der Offenbarung zum Ausdruck in der Forderung, das „Hier und Jetzt", das *Heute* im Leben vor Gott zu achten und zu nutzen. „Was heute geschieht oder gilt, kommt von Gott, sei es als Gebot oder Verheißung, als Segen oder Gericht und Fluch" (ThW VII 269–274). „Siehe, ich lege dir heute Leben und Heil, Tod und Unheil vor. Wenn du hörst auf das Gesetz des Herrn, deines Gottes, das ich dir heute gebiete, nämlich, den Herrn, deinen Gott, zu lieben, zu wandeln auf seinen Wegen, seine Gebote, Satzungen und Vorschriften zu halten, dann wirst du am Leben bleiben und dich mehren, und der Herr, dein Gott, wird dich segnen in dem Lande, in das du zur Besitznahme einziehst ... So wähle denn das Leben, damit du samt deinen Nachkommen am Leben bleibest! Ihr sollt den Herrn, euren Gott, lieben, seiner Stimme gehorchen, ihm in Treue anhangen!" (Dt 30,15–20). „Höret doch heute auf seine Stimme. Verhärtet eure Herzen nicht ..." (Ps 94,8), „ermahnt vielmehr einander Tag für Tag, solange es noch ‚heute' heißt ... !" (Hebr 3,7–13) Im Heute ist der „günstige Augenblick" (Philo), der *Kairos* gegeben, den Gott allein schenkt (Ps 75,3; Sir 51,30). „Kaufet den Augenblick (καιρός) aus, denn die Tage sind böse" (Eph 5,16). „Solange wir also noch den günstigen Augenblick besitzen, laßt uns allen Menschen Gutes tun, besonders aber den Glaubensgenossen!" (Gal 6,10).

3. Die geistige Realität, in der die Konvergenz zwischen göttlichem Gnadenwirken und menschlichem Wirken in der Gnade vor allem statthat, ist jenes Tun des Menschen, das das NT und die Botschaft Christi *Liebe* (ἀγάπη) nennt. Augustinus hat diese Wirklichkeit in seinem berühmten Satz aus seiner Predigt zum Johannes-Evangelium ausgesprochen mit den Worten: „Dilige et quod vis fac": sei ein (wesenhaft) Liebender und dann tu, was du willst (In Jo c. 4 tr. 7,8). Das große Gebot, Gott über alles und den Nächsten wie sich selbst zu lieben (Mk 12,29–31 und Par.), das Gebot der Feindesliebe, die zu Kindern des Vaters im Himmel macht (Mt 5,44–48; Lk 6,27–36), das sind die einzigen Gebote Christi. Nächstenliebe ist schlechthin „Erfüllung des Gesetzes" (Röm 13,8). „Laßt uns einander lieben, denn die Liebe stammt aus Gott. Jeder, der liebt, ist aus Gott geboren und kennt Gott ... denn Gott ist die Liebe ... Wer in der Liebe bleibt, der bleibt in Gott und Gott bleibt in ihm, denn Gott ist die Liebe" (1 Jo 4,7–16). – In der Mystik des frühen MA haben vor allem Wilhelm von St. Thierry (Über Natur und Würde der Liebe) und Richard von St. Viktor

(Über die Macht der Liebe und ihre vier Stufen) dieses Thema parallel zu den Minneliedern der Zeit entwickelt, und Franz von Sales hat es in seinem „Theotimus" als Grundthema seiner geistlichen Theologie entfaltet (vgl. HThG II 54–75: V. Warnach, Liebe).

4. Die Frucht dieser Konvergenz zwischen göttlichem Gnadenwirken und menschlichem Wirken in der Gnade ist die wahre „Gotteskindschaft", von der wir unten (§ 16,4 ff) eingehender zu handeln haben und die in Erscheinung tritt in der echten christlichen *Spiritualität.* Spiritualität entsteht im Menschen, wenn eine objektive Wahrheit zum subjektiven Existenzial wird, das seinerseits der objektiven Wahrheit in „Weltverständnis, Weltwertung und Weltgestaltung" eine neue personale Gestalt verleiht, die vor allem im zwischenpersonalen Raum der Gemeinschaft und Gesellschaft wirksam und „überzeugend" ist. – Nur echte Wahrheit kann zu überzeugender Spiritualität führen; Ideologie als Scheinwahrheit zeugt nie Spiritualität und kann sich nur mit psychischer und physischer Gewalt halten und ausbreiten. – Christliche Spiritualität ist darum ein Raum, in dem die Gnade der Beharrlichkeit optimale Aufnahmebedingungen findet.

„Seid darum, Brüder, um so mehr darauf bedacht, eure Berufung und Auserwählung durch gute Werke sicherzustellen; dann werdet ihr nie straucheln; es wird euch vielmehr der Eingang in das ewige Reich unseres Herrn und Heilandes Jesus Christus weit offenstehen" (2 Petr 1,10 f).

2. ABSCHNITT

DER WEG ZUR RECHTFERTIGUNG

DBS IV (1949) 1417–1510. – ThW II (1935) 176–229. – BL 1451–1457. – DThC VIII 2042–2227. – LThK 8 (1963) 1033–1050. – RGG V (1961) 825–846. – HThG II 388–396; I 468–479.

Die Prädestination Gottes steht nicht dem reinen und bloßen Menschen gegenüber, wie er aus Gottes Schöpferhand nach dem gläubigen Geschichtsverständnis der Offenbarung hervorgekommen ist. Der Mensch unserer erfahrbaren Welt ist vielmehr immer *der sündige Mensch,* der nicht in Dankbarkeit empfangen, sondern auf seine Selbstherrlichkeit pochen will (Goethe: Prometheus), der nicht dienen, sondern selbst herrschen will (Jr 2,20). Diese heilsgeschichtliche Tatsache fordert, daß der Anfang der Gnade, die aus der ewigen Prädestination als Geschenk Gottes zum Menschen kommt, als „Rechtfertigung" kommen muß, als Heiligung, die Heilung voraussetzt und einschließt, als Neuschöpfung, die, hinter die Sündentat des Menschen zurückgreifend, wieder reine Gottestat ist wie die erste Schöpfung. So wendet sich die Gnadenlehre nach dem Kapitel über die göttliche Prädestination als Ursprung und Quelle der Gnade nunmehr der „Rechtfertigung" zu. Zunächst werden die Wege zur Rechtfertigung erörtert. Zwei große Themen sind hier zu betrachten: einmal die absolute Unverdienbarkeit der Gnade (4. Kapitel) und anschließend die Frage nach einer möglichen „Vorbereitung auf die Rechtfertigung" (5. Kapitel).

4. Kapitel

DIE ABSOLUTE UNVERDIENBARKEIT (GRATUITÄT) DER GNADE

Um das Ganze dieser Frage im Blick zu behalten, sei in einem einzigen § (11) diese Frage mit all ihren Teilfragen kurz behandelt.

§ 11 Die absolute Gratuität der Gnade

Was mit dieser „absoluten Gratuität" gemeint ist, läßt sich zunächst aus der theologischen Anthropologie verdeutlichen.

1. Die drei grundlegenden Bestimmungen, in denen der Mensch gemäß der Offenbarung sich selbst vor Gott verstehen kann und muß, sind durch die Sünde wesenhaft gestört. a) *Der Mensch als Geschöpf*, das alles, was es ist und was es hat, Gott, dem Schöpfer, verdankt, hat mit der Sünde vor allem dieses Element seines Selbstverständnisses verloren: es versteht sich nicht mehr als „Geschöpf". Nicht mit Unrecht haben manche Theologen in dieser Tatsache die grundlegende Folge der Ursünde oder das Grundelement der Erbsünde gesehen. Darum ruft der Apostel dem Menschen zu: „Was hast du, das du nicht empfangen hättest;wenn du es aber empfangen hast, was rühmst du dich, als ob du es nicht empfangen hättest" (1 Kor 4,7). – b) Als gottebenbildliches Geschöpf müßte *der Mensch* vor Gott *Knecht Gottes* sein, wie denn auch die Frommen des AT und NT sich vor Gott immer so genannt haben (vgl. Moses, David, alle Propheten; die Psalmenfrömmigkeit lebt von diesem menschlichen Selbstverständnis, und die Knecht-Gottes-Lieder des Dt-Isaias bringen die Idee vom „leidenden Gottesknecht" als Vorbild Christi. Paulus wird schließlich aus seinem Christusverständnis zum „Knecht Jesu Christi"; vgl. δοῦλος: ThW II 276–282). Der Mensch in der Sünde empfindet die „Würde des Dienstes" vor Gott als „Schmach der Knechtschaft" und vertauscht die Würde der bräutlichen Magd mit der Selbstherrlichkeit des Dirnentums: „Ja von jeher zerbrachst du dein Joch, zerrissest deine Stränge und sprachst: Ich will nicht dienen! Auf jedem hohen Hügel und unter jedem grünen Baum (heidnische Kultstätten) legtest du dich als Dirne hin" (Jr 2,20). Diesem sündigen Menschen gilt Christi Wort in seinem Dank- und Preislied an den Vater: „Ich danke dir, Vater, Herr des Himmels und der Erde, daß du dies vor Weisen und Klugen verborgen, Kleinen aber geoffenbart hast ... Lernet von mir, denn ich bin sanftmütig und demütig von Herzen ... Mein Joch ist süß und meine Bürde ist leicht" (Mt 11,25–30). – c) Schon in Israel war (vielleicht unter dem Einfluß des soziologischen Verständnisses aus der nomadischen Großfamilie heraus) das Verständnis vom „Gottesknecht" zum *Gottessohn* weiterentfaltet worden (besonders seit dem Hellenismus [LXX-Übersetzung], indem die Gottes-Knecht-Lieder grundsätzlich vom „Kind Gottes" [παῖς θεοῦ] sprechen). Seine eigentliche Entfaltung fand dieses Bewußtsein freilich erst durch Christus, der seiner Botschaft das Bild von „Gott unserem Vater" (Bergpredigt) zugrunde legte und dadurch auch in neuer Weise den „Sünder" als den „verlorenen Sohn" (Lk 15,11–32) in seinem Gleichnis vorstellte und mit dieser Idee zugleich den Weg der Um-

kehr in neuer Weise offenbar machte. – Gerade in diesem Gleichnis wird deutlich, daß die Gnade Gottes in jedem Fall einen Unwürdigen trifft, daß sie ihn aber dennoch erreicht, weil sie eben freie Huld und freies Gnadengeschenk der Liebe Gottes ist. Auch der verlorene Sohn wird als „Sohn" (nicht als Knecht) vom Vater aufgenommen (vgl. Lk 15,21.24).

2. *Gnade* ist in jedem Fall *freie Huld, freies Gnadengeschenk* Gottes. Das kommt im AT vor allem im *Schöpfungsgedanken* und im *Bundesgedanken* zum Ausdruck. Gott hat sein Volk erwählt und das störrische Volk aus Feindeshand befreit, und Gott hat den Bund mit seinem Volk geschlossen: Gott ist immer der Schenkende und der Mensch der Empfangende. – In neuer Weise kommt diese Tatsache in der Botschaft des NT vor allem in der Lehre Christi vom *Vater im Himmel* zum Ausdruck, „der seine Sonne aufgehen läßt über Gerechte und Ungerechte" (Mt 5,45), der weiß, was wir brauchen (Mt 6,32), so daß die einzige Folgerung bleibt: „Suchet zuerst das Reich Gottes (daß Gott in allem wieder Herr sei) und seine Gerechtigkeit (daß sein Gebot und seine Verheißung das Leben der Menschen bestimme), dann wird euch das andere alles hinzugegeben werden" (ebd. 6,33).

3. In neuer Weise hat gegenüber der ethizistischen Entstellung der atl. Heilsbotschaft durch die Selbstgerechtigkeit und Werkheiligkeit des *Pharisäismus* der Evangelist der Gnade (Apg 20,24), PAULUS, diese Wahrheit von der absoluten *Unverdienbarkeit der Gnade* zum Ausdruck gebracht.

a) Klassische Stellen dafür sind:

Röm 3,21–26: „Jetzt ist aber, unabhängig vom Gesetz, die Gerechtigkeit Gottes offenbar geworden. Auf sie haben schon das Gesetz und die Propheten hingewiesen, auf die Gerechtigkeit Gottes aufgrund des Glaubens an Jesus Christus, und zwar für alle, die an ihn glauben. Da gibt es keinen Unterschied (zwischen Juden und Heiden); alle sind der Sünde verfallen und entbehren der Herrlichkeit Gottes; durch seine Gnade werden sie aber ohne Verdienst (δωρεάν – gratis), dank der Erlösung in Christus Jesus, gerechtfertigt. Ihn hat Gott mit seinem Blut als Sühnopfer durch den Glauben hingestellt, um seine (Gottes) Gerechtigkeit zu erweisen. In seiner Langmut hatte Gott nämlich die früher begangenen Sünden hingehen lassen, um in der jetzigen Zeit seine Gerechtigkeit zu erweisen. So wollte er selbst gerecht sein und den gerecht machen, der an Jesus Christus glaubt." (Die Gerechtigkeit Gottes ist die Heiligkeit Gottes, die die Sünde bestraft und Gnade schenkt in Christus.)

Röm 11,5 f: „So ist auch in der jetzigen Zeit ein Rest geblieben (von Auserwählten), den die Gnade erwählt hat: Ist es aber aus Gnade geschehen, so nicht mehr infolge von Werken. Sonst wäre ja Gnade nicht mehr Gnade" (vgl. ebd. 9,11 f).

Eph 2,1.4–10: „Ihr wart tot durch eure Missetaten und Sünden ... aber dann hat Gott, so reich an Erbarmen, seine große Liebe uns erwiesen und hat uns, die wir durch unsere Sünden tot waren, mit Christus zum Leben geführt. Durch seine Gnade seid ihr gerettet. In Christus hat er uns auferweckt und uns den Platz im Himmel angewiesen. So wollte er in den kommenden Zeiten den überschwenglichen Reichtum seiner Gnade durch seine Güte gegen uns in Christus Jesus zeigen. Aus Gnade seid ihr, kraft des Glaubens, erlöst. Nicht euer Verdienst ist es, es ist Gottes Geschenk. Nicht den Werken ist es zu verdanken, damit niemand sich rühmen kann. Denn wir sind sein Werk, geschaffen in Christus Jesus zu guten Werken, die Gott im voraus bereitet hat, daß wir in ihnen wandeln."

2 Tim 1,9 f: „Er hat uns ja errettet und den heiligen Ruf an uns ergehen lassen, nicht aufgrund unserer Werke, sondern nach seinem Ratschluß und nach seiner Gnade. Diese wurde uns schon vor ewiger Zeit in Christus geschenkt, jetzt aber wurde sie durch die Erscheinung unseres Heilandes Jesus Christus geoffenbart."

Besonders im GALATERBRIEF hat Paulus Gesetzeswerk und Glauben, Freiheit in Christus und Knechtschaft unter dem Gesetz, Geist aus Christus und Fleisch in der Sünde einander gegenübergestellt.

b) Die Kirche hat diese Lehren wieder vor allem gegen die *Pelagianer* und *Semipelagianer* im *Konzil von Orange* 529 (aus Augustinus und Prosper von Aquitanien) herausgestellt: Durch keine Verdienste kann man der Gnade zuvorkommen. Wohl ziemt den guten Werken, wenn sie geschehen, Lohn; damit sie aber geschehen, kommt ihnen die Gnade zuvor, die nicht geschuldet ist (D 191 – DS 388).

Niemand wird gerettet, außer durch Gottes Erbarmen. Wenn die menschliche Natur in der Unversehrtheit, in der sie geschaffen wurde, verblieben wäre, würde sie sich selbst keineswegs bewahren können, wenn nicht Gott sie unterstützen würde (D 192 – DS 389). Da sie nun ohne Gottes Gnade das Heil nicht bewahren konnte, das sie empfangen hat, wie sollte sie ohne Gottes Gnade wiederherstellen können, was sie verloren hat?

Der Mensch kann nichts Gutes ohne Gott. Vieles Gute wirkt Gott im Menschen, das der Mensch nicht wirkt. Nichts Gutes aber wirkt der Mensch, das nicht Gott ihm zu wirken schenken würde (D 193 – DS 390).

Augustinus, Enarr. 2 in Ps 30 (PL 36, 234): „Warum Gnade? Weil sie umsonst geschenkt wird. Warum wird sie umsonst geschenkt? Weil deine Verdienste nicht vorausgegangen sind, sondern vielmehr die Wohltaten Gottes dir zuvorgekommen sind. Ihm sei darum die Ehre, der uns frei macht."

c) Im MA wurde diese Lehre von der Unverdienbarkeit der Gnade vor allem in der Theologie des Thomas von Aquin durch seine metaphysisch-theologische Bestimmung der „Übernatürlichkeit der Gnade" (vgl. § 35) erklärt und unterbaut: Gnade erhebt den Menschen in eine Ordnung, die alle Kräfte und Möglichkeiten des natürlichen Menschen in unendlicher Weise übersteigt. Diese so verstandene *Übernatürlichkeit der Gnade* garantiert ihren reinen Geschenkcharakter: Die Gnade ist weder geschuldet, noch kann sie an sich verdient werden. Schon die Kritik des Duns Scotus an dieser metaphysischen Konzeption des Begriffes vom Übernatürlichen hat zu Formulierungen geführt, die semipelagianisch mißdeutet werden konnten. Besonders im *Nominalismus* der Spätscholastik war diese Gefahr lebendig, so daß auch das *Tridentinum* (D 799 – DS 1528) noch davon sprach, daß Gott gratuito die Sünden abwasche und den Menschen heilige (1 Kor 6,11). (Vgl. P. Minges, Comp. Theol. Dog. II 21–25 [47–59]).

4. Weil Gnade grundsätzlich geschenkweise und ohne Verdienst gegeben ist, darum beginnt Paulus fast immer seine Briefe mit dem *Dank an Gott* für die Gnade des Glaubens in den Gemeinden (Röm 1,8; 1 Kor 1,4; Eph 1,16; 2 Thess 1,3 usw.). Darum ist auch *Eucharistia* die Mitte des christlichen Lebens, in der uns die unverdiente Erlösungsgnade Christi gegeben wird, damit wir durch Christus Gott danken. „Was ihr auch immer tun mögt in Wort oder Werk, das tut im Namen des Herrn Jesus Christus, und bringet eure Dankgebete durch ihn vor Gott den Vater" (Kol 3,17). „In allem saget immerdar Dank, denn das ist der Wille Gottes in Christus" (1 Thess 5,18). – Für Augustinus ist die „Dankbarkeit" neben der Liebe die christliche Grundhaltung und Grundtugend. Und Prosper von Aquitanien schrieb seine große Anklage gegen die

Pelagianer in dem Gedicht „De ingratis (Gegen die Undankbaren: PL 51,91–148; deutsch v. O. Hagenbühle, Stans 1920).

5. Weil Gnade durch das Erlösungswerk Christi uns gegeben ist, darum ist die Grundhaltung gegenüber der Gnade: *Glaube an Christus.* Das kommt vor allem bei Paulus in seiner ganzen Verkündigung zum Ausdruck, wenn er immer wieder Gesetz und Glauben (Römer- und Galaterbrief) gegenüberstellt. – Das Sakrament, in dem wir die erste Gnade und damit die Gnade des Glaubens erhalten, die *Taufe,* wird darum von AUGUSTINUS selbst *sacramentum fidei,* Sakrament des Glaubens, genannt, nicht, weil es Glauben voraussetze, sondern weil es uns den Glauben schenkt (Ep. 98 c 9, 10 ad Bonifatium). „Dann aber erschien die Güte und Menschenfreundlichkeit Gottes, unseres Heilandes, und brachte uns Rettung, nicht aufgrund von gerechten Werken, die wir vollbracht haben, sondern nach seinem Erbarmen: durch das Bad der Wiedergeburt (Taufe) und die Erneuerung im Hl. Geiste (Handauflegung = Firmung). Ihn hat er durch unseren Heiland Jesus Christus reichlich über uns ausgegossen. So sollten wir durch seine Gnade gerechtfertigt, Erben des erhofften ewigen Lebens werden" (Tit 3,4–7). – Diese Wahrheit von der Unverdienbarkeit der Gnade erhält ihr volles Gewicht, wenn wir nicht nur die einzelnen Gnaden *(Sakramente),* sondern vor allem auch den Raum der Gnade, die *Kirche* selbst, als Gnade Christi verstehen. Darum fordert Paulus in seinem Epheserbrief, dem Brief der Kirche, uns auf: „Stimmt miteinander Psalmen, Lobgesänge und geistliche Lieder an, singet und spielt dem Herrn in euren Herzen. Danket Gott dem Vater immerfort im Namen unseres Herrn Jesus Christus!" (Eph 5,19 f). „Ihm aber, der durch seine in uns wirksame Kraft über die Maßen mehr zu vollbringen vermag, als wir erbitten oder denken: Ihm sei die Ehre in der Kirche und in Christus Jesus durch alle Geschlechter von Ewigkeit zu Ewigkeit! Amen!" (Eph 3,20 f).

5. Kapitel

VORBEREITUNG AUF DIE RECHTFERTIGENDE GNADE

Landgraf I/1, 238–268. – Auer I 229–262. – Lange, Thesis 8, 141–164 (Lit.).

Gnade ist nicht eine bloße Sache, sondern eine Wirklichkeit in der Beziehung zwischen Gott und Mensch. Die Gottebenbildlichkeit des Menschen und die Immanenz Gottes in jedem Geschöpf, am tiefsten im Menschen, liegt der in der Geschichte des Menschen wirksamen ewigen Erwählung und Prädestination sachlogisch voraus. Darum darf man auch noch beim sündigen Menschen, den die erste Rechtfertigungsgnade Gottes antrifft, eine existentiale Konvergenz zu ihr voraussetzen. Somit ist nach den Ausführungen über die grundsätzliche Gratuität der Gnade und vor der theologischen Klärung des Wesens der Rechtfertigungsgnade noch vom *Weg des Menschen zur Gnade* und damit von der Notwendigkeit (§ 12) und von den Arten der menschlichen Vorbereitung auf die Gnade (§ 13) und schließlich von der möglichen normierenden Bedeutung dieser Vorbereitung für den Gnadenempfang (§ 14) zu sprechen.

§ 12 Notwendigkeit einer Vorbereitung des Menschen auf die Gnade

ThW IV (1942) 972–1004: μετάνοια, VII (1964) 722–729: ἐπιστρέφω. – BL 186–188: Bekehrung. – RAC II (1954) 105–118 (Lit.). – RGG I (1957) 976–981: Bekehrung. – DSAM II (1953) 2224–2265 (Lit.): Conversion. – NCE IV (1967) 286–292 (Lit.).

Wie die Kirche gegenüber Pelagius, der auf dem Wege war, das christliche Leben zu einer natürlichen Ethik zu machen, durch Augustinus die absolute Unverdienbarkeit der Gnade herausstellte, so mußte sie gegenüber den Reformatoren des 16. Jh., für die der Mensch durch die Sünde in seinem Wesen grundsätzlich verderbt erschien, das trotz der Sünde gebliebene Gute im Menschen und die menschliche Verpflichtung aus und zu diesem Guten in Freiheit hervorheben.

1. Es ist Lehre der Kirche: *Für den Erwachsenen ist eine persönliche Vorbereitung auf die Rechtfertigung durch freies Mitwirken mit*

den Anregungen Gottes und Hören auf die Anrufe Gottes notwendig.

Ausdrücklich wird vom *Konzil von Trient* hervorgehoben, daß der erste Anstoß immer von Gott, dem Geber aller guten Gaben, kommt (D 813 – DS 1553); doch dieser erste Anstoß ist angesichts unseres geoffenbarten Gottesbildes (des immanenten Gottes, der die Liebe ist) immer vorauszusetzen. Die erste Anregung Gottes, von der noch (Kap. 12: das Konzil spricht von movere, excitare, vocare usw.) zu sprechen sein wird, muß jedoch vom Menschen in seiner Freiheit angenommen, aufgenommen, beantwortet werden (D 814 – DS 1554); der Mensch darf sie nicht ignorieren, überhören oder gar abweisen. Diese persönliche Freiheit vor dem Ruf Gottes besitzt der Mensch (der ordentlichen Heilsgeschichte) auch nach dem Sündenfall noch (D 815, 816 – DS 1555, 1556), und durch dieses freie Mitwirken disponiert und präpariert sich der Mensch (disponit ac praeparat) auf die Gnade der Rechtfertigung, die ihm Gott dann aus freier Liebe schenkt.

2. Zahlreich sind die Aussagen der *Schrift* hierfür, wobei nicht einzelne Sätze verabsolutiert werden dürfen (ausdrücklich stellt das Konzil selbst Zach 1,3: „bekehrt euch zu mir, und ich will mich euch zukehren" den anderen Satz Klgl 5,21: „bekehre uns, Herr, zu dir, und wir werden uns bekehren" gegenüber), sondern das biblische Bild von der *Bekehrung* als ganzer muß vielmehr hier betrachtet werden (vgl. μετάνοια: ThW IV 972–1004). Ist es, entsprechend dem Weltbild der Offenbarung, immer Gott, der das Herz des Menschen gibt und bewegt, so steht doch dieser allmächtige Schöpfer Gott vor der Freiheit des gottebenbildlichen Menschen immer als der liebend Werbende, nicht als der magisch Zwingende (Os 1–3; Jr 2,2–9; 3,1–5: Israel, Gottes geliebte Braut; Mt 23,37: „Jerusalem, wie oft wollte ich deine Kinder sammeln wie eine Henne ihre Küken sammelt, du aber hast nicht gewollt"). Der Mensch kann Gott verlassen und sich dem Bösen zuwenden, er kann aber auch dem Ruf Gottes folgen und so wieder zu Gott zurückfinden (umkehren: schub), wie besonders seit dem Exil von den *Propheten* immer wieder gesagt wurde (Is 40,3; Ez 18,31; Zach 1,3–6; Mal 3,7). Erst in der *Weisheitsliteratur* wurde diese personale Beziehung des Menschen zu Gott mehr durch sein Verhältnis zum Gesetz verdrängt. – Im NT tritt die prophetische Sicht der Bekehrung in ihrer ganzen theologischen und religiösen Tiefe wieder hervor: Johannes der Täufer wie Christus beginnen ihre Predigt mit dem

Ruf zur Bekehrung (Mt 3,7 f; 4,17), und in den Gleichnissen Jesu ist vielfach das eigentliche Thema „die Liebe des Vaters" (vgl. Lk 15: der verlorene Sohn) und die Güte des Hausvaters, der eben die Bettler und Krüppel, die Blinden und Lahmen von den Straßen und Zäunen zum Gastmahl lädt (Lk 14,21 ff), um dadurch die Zeitgenossen zur Buße zu rufen. „Mit eifersüchtiger Liebe verlangt Gott nach dem Geist (πνεῦμα = ruach), den er in uns hat Wohnung nehmen lassen" (Jak 4,5). Entscheidend in dieser ntl. Botschaft ist wiederum:

a) Auch in der Metanoia handelt es sich nicht nur um eine innere Reuegesinnung, sondern um eine *totalmenschliche Tat:* die Abkehr vom Bösen in dieser Welt und die Hinkehr zu Gott als ganzheitliche Antwort auf den Ruf Gottes.

b) Dabei ist der Grund einfach das Angekommensein der Gottesherrschaft in dieser Welt durch Jesus Christus, und die besondere Gestalt der Bekehrung wird nunmehr *Christus nachfolgen* (Mt 8,22; 19,21; 16,24; Jo 8,12; 21,22), „gesinnt sein, wie Christus gesinnt war" (Phil 2,5) genannt.

c) Besonders nach der Auferstehung und Geistsendung ist durch zwei Forderungen die Totalität der inneren und äußeren Umkehr gekennzeichnet: die Forderung nach dem *Glauben an Christus* und die Aufforderung, *sich taufen zu lassen* und an das Evangelium, d. h. an Christus, zu glauben (Apg 2,38; 20,21). Das Geschenk dieser „Bekehrung" ist „die Nachlassung der Sünden und die Gabe des Hl. Geistes", d. h. die Rechtfertigung, die nur Gott schenken kann. Die Bekehrung als Gnadengeschenk Gottes hat freilich auch einen noch mächtigeren Verpflichtungscharakter erhalten, so daß nunmehr Abfall ein um so größeres Vergehen darstellt, von dem der Hebräerbrief sagt, daß es vielleicht gar nicht mehr nachgelassen werden könne (Hebr 6,1–8).

3. Die Bedeutung des eigenen *Mitwirkens bei dieser Bekehrung* als Vorbereitung auf die Rechtfertigungsgnade findet in der Schrift und in der Glaubensüberzeugung der Kirche Ausdruck:

a) Die Befehle und *Aufforderungen zur Bekehrung* wären sinnlos, wenn Bekehrung reine Gnade ohne Mitwirkung des Menschen wäre: „Unterwerfet euch also Gott, widersteht dem Teufel, so wird er von euch fliehen. Nahet euch Gott, so wird auch Gott sich euch nahen. Reinigt eure Hände, ihr Sünder, und macht euer Herz lauter, ihr Menschen mit zwei Seelen! Jammert, trauert und weinet! Euer Lachen wandle sich in Trauer, eure Freude in Niedergeschlagenheit; demütigt euch vor dem Herrn, so wird er euch erhöhen" (Jak 4,7–10). „In Sanftmut weise die Gegner zurecht, vielleicht schenkt ihnen Gott noch einmal Sinnesänderung" (2 Tim 2,25 f).

b) Aber auch die *Aufforderung zum Gebet* zeigt die Möglichkeit einer menschlichen Vorbereitung auf die Rechtfertigung: „Betet füreinander, damit ihr Heilung findet, denn viel vermag das inständige Gebet des Gerechten" (Jak 5,16). „Erbarme dich meiner, o Gott, nach deiner großen Huld, nach deiner großen Güte tilge meine Missetat, wasche meine Sünden völlig ab und mache mich rein von meiner Schuld ..." (Ps 51,3 ff).

c) Die Kirche hat, auf dieser Glaubensüberzeugung aufbauend, seit dem Ende des 2. Jh. als Vorbereitung auf Bekehrung und Taufe das Institut des *Katechumenats* und seit dem 3. Jh. das *Bußinstitut* entwickelt. Beide Einrichtungen sind nur sinnvoll und berechtigt, wenn der Mensch mit seiner Freiheit im Bekehrungsakt mitwirken kann.

d) Das MA hat als Grund für die Möglichkeit und Notwendigkeit einer Vorbereitung auf die Rechtfertigungsgnade vor allem genannt: die Notwendigkeit des *Glaubens*, der die menschliche Antwort auf göttlichen Anruf ist; – die Möglichkeit der *Disposition zum Gegenteil:* Der Mensch kann durch sein Verhalten „Vorentscheidungen" fällen, die sich im echten Entscheidungsfall vor der Gnade Gottes selbst als wirksame Disposition zum Ja oder zum Nein erweisen; – diese Vorbereitung ist freilich nicht für Gott notwendig, der auch ohne sie Gnade schenken kann und vielfach schenken wird, wie die großen Bekehrungen zeigen (Paulus, Augustinus usw.), sondern vielmehr um der Natur des Menschen willen. – Schließlich kommt in dieser Möglichkeit zur Vorbereitung auf die Gnade einfach die Ehrfurcht Gottes vor der Freiheit des Menschen und die Würde des gottebenbildlichen Menschen zum Ausdruck.

4. Die Schrift bringt die Entscheidungssituation des Menschen, die Grundlage der Sünde wie der Bekehrung ist, vielfach in der Gegenüberstellung von *Gott und Welt* zum Ausdruck: „Wißt ihr nicht, daß die Freundschaft mit der Welt Feindschaft gegen Gott bedeutet? Wer also der Welt Freund sein will, macht sich zum Feinde Gottes" (Jak 4,4 f). „Wenn ihr die Welt liebt, so ist die Liebe zum Vater nicht in euch. Denn was in der Welt ist: Augenlust, Fleischeslust und Hoffart des Lebens, stammt nicht vom Vater, sondern von der Welt. Doch die Welt vergeht, und ihre Lust; wer aber den Willen Gottes tut, bleibt in Ewigkeit" (1 Jo 2,15 ff).

§ 13 *Arten und Stufen der Vorbereitung auf die Rechtfertigung*

LThK 3 (1959) 1336 f: facienti quod in se est (Lit.). – H. A. Oberman, R. Holkot and the Beginning of Luther's Theology. The Harvard Review 55 (1962) 317–342. – Pesch TRLTh 659–669, 320 Anm. 187. – Auer I 229–262.

Nur langsam, vor allem unter dem Einfluß der aristotelischen Metaphysik und Psychologie, hat die Theologie im Mittelalter verschiedene Termini für die nähere Bestimmung dieser Vorbereitung auf die Rechtfertigung bereitgestellt.

1. Alanus de Lille nannte diese Vorbereitung eine *Bedingung* (causa sine qua non: Formulierung von Abailard); Anselm von Laon bestimmte sie näher mit dem Begriff, den Gilbert Porreta von Poitiers bereitgestellt hatte, als *Beseitigung von Hindernissen* (removens prohibens). In der Hochscholastik wurde von den verschiedenen Schulrichtungen diese Vorbereitung verschieden gekennzeichnet: Philipp der Kanzler sah im menschlichen Tun die „materielle Seite" des Bekehrungsgeschehens, das durch die Gnade „geformt" werde (metaphysische Bestimmung). Die Alexandersumme sprach vor allem vom *Kreaturgefühl*, durch das der Mensch wieder für Gott offen und frei werde (psychologische Bestimmung). Die Bonaventuraschule betonte demgegenüber von Anfang an mehr „die *gnadenhafte Bewegung* in der Seele des Menschen" als Vorbereitung auf die Rechtfertigungsgnade: *timor* servilis, *pietas* inserta ab infantia, *vocatio*, *locutio* Dei durch das Gewissen, und sie sprach von einer gratia excitans et regulans (gläubig-religiöse Gesinnung). – Eine mehr aktualistische Denkweise führte, besonders seit dem Ende des 13. Jh. (Vitalis von Four, J. Duns Scotus), dazu, daß der Mensch mehr in seiner Aktfreiheit in den Mittelpunkt gestellt wurde und darum dem Menschen die Möglichkeit *(aptitudo)* zu einer Vorbereitung auf die Gnade durch sich allein zugesprochen wurde, auch wenn die Neigung zur Gnade *(inclinatio)* Werk der Gnade selber blieb. Ein noch mehr stoisch-säkularisiertes Denken in Humanismus und Renaisssance führte in der Reformationszeit zu den entgegengesetzten Aussagen über diese Sache, was das Konzil von Trient zu seinen Bestimmungen über den Weg der Gnadenvorbereitung (Sessio VI cap. 6) führte, die bei aller Bindung an rationales Denken ein theologisches Meisterwerk darstellen.

2. Welche Elemente gehören zur Vorbereitung auf die Gnade? Das Konzil von Trient schreibt hierzu (D 798 – DS 1526 – NR 715, 716): „Die Vorbereitung zur Gerechtigkeit selbst geschieht aber auf folgende Weise: Geweckt und unterstützt von der göttlichen *Gnade* nehmen sie (die Menschen) den *Glauben* im Hören auf und erheben sich so frei zu Gott, gläubig für wahr haltend, was von Gott geoffenbart und verheißen ist, besonders, daß der *sündige Mensch* von Gott gerechtfertigt werde durch die Gnade, ‚durch die Erlösung, die da ist in Christus Jesus' (Röm 3,24). Wenn sie dann in Erkenntnis ihrer Sündhaftigkeit von *Furcht* vor der göttlichen Gerechtigkeit heilsam erschüttert sind, besinnen sie sich auf *Gottes Barmherzigkeit* und richten sich in *Hoffnung* auf, vertrauend, daß Gott ihnen um Christi willen gnädig sein werde. Dann beginnen sie ihn als Quelle aller Gerechtigkeit zu *lieben* und erheben sich deshalb gegen die Sünde in Haß und Abscheu, d. h. in der *Buße*, die man vor der *Taufe* tun muß. Endlich nehmen sie sich vor, die Taufe zu empfangen, ein neues Leben zu beginnen und die göttlichen Gebote zu beobachten. Von dieser Bereitung (dispositio) heißt es in der Hl. Schrift: ‚Wer Gott nahen will, muß glauben, daß er ist, und daß er denen, die ihn suchen, ein Vergelter ist' (Hebr 11,6) und ‚Habe Vertrauen, mein Sohn, deine Sünden werden dir vergeben' (Mt 9,2); ‚Die Furcht des Herrn treibt die Sünde aus' (Sir 1,27); ‚Bekehret euch, und ein jeder lasse sich taufen im Namen Jesu Christi zur Nachlassung eurer Sünden, und ihr werdet das Geschenk des Hl. Geistes empfangen' (Apg 2,38) und ‚Gehet hin, lehret alle Völker, taufet sie im Namen des Vaters und des Sohnes und des Hl. Geistes und lehret sie alles halten, was ich euch geboten habe' (Mt 28,19) und endlich: ‚Bereitet eure Herzen dem Herrn' (1 Kg 7,3)."

Zu den hier genannten Stücken sei folgendes kurz angemerkt: Deutlich werden schon hier Haltungen gegenüber *Gott* wie Haltungen des *Menschen* gegenüber sich selbst verlangt. Gegenüber Gott stehen vor allem die drei sogenannten göttlichen Tugenden. Wesentlich ist, daß vor diesen Tugenden schon die anregende und helfende *Gnade* Gottes stehen muß. Der darauf aufbauende *Glaube* als Wirken in der Gnade und Antwort auf den Ruf Gottes muß ein inhaltlich bestimmter Glaube sein, der den lebendigen Gott in seiner Offenbarung und in seinen Verheißungen meint (Hebr 11,6). Neben dem Glauben ist ausdrücklich genannt die *Hoffnung*, das rechte Gottvertrauen, denn die ganze Erlösung und Rechtfertigung geschieht auf Hoffnung hin. „Wir rühmen uns der Hoffnung auf die Herrlichkeit der Kinder Gottes" (Röm 5,2). „Durch Hoffnung sind wir gerettet; eine Hoffnung aber, die man schon erfüllt sieht, ist keine Hoffnung" (Röm 8,24). „Denn wir erwarten durch den Geist kraft des Glaubens die erhoffte Rechtfertigung" (Gal 5,5). „Gepriesen sei Gott, der Vater unseres Herrn Jesus Christus, der uns in seiner großen Barmherzigkeit durch die Auferstehung Jesu Christi von den Toten wiedergeboren hat zu lebendiger Hoffnung, zu einem unvergänglichen, unbefleckten und unverwelklichen Erbe, das im Himmel für euch aufbewahrt wird" (1 Petr 1,3 f). Hierher gehört auch die Liebe, wenigstens als *anfangende Liebe,* als Sehnsucht nach der Liebe, als Wertschätzung Gottes und Wissen um das eigene Bedürfnis, als Verständnis für den Reichtum Gottes und die eigene Armut, aus denen die Liebe geboren wird (Plato, Symposion 203). – Daneben stehen als notwendige Haltungen des Menschen zu sich selbst, besonders im sündigen Menschen, die *Erkenntnis der eigenen Sündhaftigkeit* und, damit verbunden, die rechte *Gottesfurcht.* Jesu Sirach nennt die Gottesfurcht der Weisheit Anfang und der Weisheit Fülle, der Weisheit Krone und der Weisheit Wurzel (1,11–21). Die Gottesfurcht muß zur *Bußgesinnung* führen und zur büßenden Tat, die, christlich verstanden, ihre Sinnmitte in der „Kreuzesnachfolge Christi" hat, da Christi Kreuz ebenso Zeichen unserer Sünde wie Instrument unserer Erlösung und Zeichen der christlichen Liebe ist (vgl. Bußsakrament). Alle anderen *Bußwerke,* die in der Psychologie des Menschen ihre Begründung haben, müssen vom Kreuze Christi und seinem Sinn her christlich motiviert werden. Abschluß aller Vorbereitungen ist der Empfang des Sakramentes der *Taufe,* das uns von Gott her zu Kindern Gottes macht.

3. Ganz besonders hat die Kirche gegenüber den Reformatoren den *Glauben* als Anfang und Fundament in der Vorbereitung auf die Rechtfertigung näher bestimmt und bestimmen müssen, weil eben diese Wirklichkeit von Luther in ihrem biblischen Sinn und ihrer rechtfertigenden Bedeutung neu entdeckt, aber auch anders verstanden worden war. Trotz der mehr ethischen Deutung von Luthers Rechtfertigungsglauben durch Seeberg und Holl und trotz der mehr ontischen Deutung (Neuschöpfung) des Rechtfertigungsglaubens Luthers bei H. Iwand u. a. wird nicht zu übersehen sein, daß tatsächlich Luther gegenüber dem einseitig intellektuellen Zug im inhaltlichen Glaubensverständnis des Nominalismus der Gelehrtentheologie seiner Zeit (Glauben heißt etwas für wahr halten) mehr

das unerschütterliche Vertrauen des Menschen in Christus und sein Werk im Glauben gesehen und daß er eben der äußeren Werkheiligkeit im Glaubensverständnis des ungebildeten Volkes seiner Zeit gegenüber die Innerlichkeit des Glaubens mit Heftigkeit hervorgehoben hat. Mag das Lutherverständnis des Konzils von Trient dem heutigen, kritischen Lutherverständnis nicht in allem standhalten, so wird nicht zu übersehen sein, daß das Konzil jedenfalls den unmittelbaren Eindruck im Zusammenhang mit den unmittelbaren Auswirkungen der Lehre des Reformators in seiner Zeit richtig erfaßt hat. Vor allem drei Bestimmungen hat das Konzil von Trient in diesem Zusammenhang erarbeitet: Die *Gnade des Glaubens* als Anfang und Fundament der Rechtfertigung, die *Inhaltlichkeit des Glaubens* und, daß der Glaube ein *tätiger Glaube* sein muß.

a) „Die katholische Kirche hat stets einmütig festgehalten und erklärt: ‚Wir werden durch den Glauben gerechtfertigt': so heißt es deshalb, weil *der Glaube Beginn des Heils* für den Menschen (Fulgentius von Ruspe), *Grundlage und Wurzel jeder Rechtfertigung* ist. Ohne ihn kann ja niemand Gott gefallen (Hebr 11,6) und zur Gemeinschaft seiner Söhne gelangen. Wir werden ‚ohne Verdienst' gerechtfertigt: so heißt es deshalb, weil nichts von dem, was der Rechtfertigung vorausgeht, weder Glaube noch Werke, die Gnade der Rechtfertigung verdient ... (Röm 11,6)" (Trient D 801 – DS 1532 – NR 722). Daß dieser anfangende Glaube Gnade sei, hat am eingehendsten das Konzil von Orange dargelegt, wenn es schreibt: „Wer sagt, wie die Vermehrung, so sei auch der Anfang des Glaubens, ja selbst die fromme Glaubensbereitschaft, wodurch wir an den glauben, der den sündigen Menschen rechtfertigt, und wodurch wir zur Wiedergeburt der hl. Taufe gelangen, nicht in uns kraft eines Gnadengeschenks, d. h. durch Eingebung des Hl. Geistes, der unseren Willen vom Unglauben zum Glauben, von der Sündigkeit zur Güte bringt, sondern auf natürliche Weise: der erweist sich als ein Feind der apostolischen Glaubenssätze. Denn der hl. Paulus sagt: ‚Darum habe ich das feste Vertrauen, daß der, der das gute Werk in euch angefangen hat, es auch vollenden wird bis zum Tage Christi Jesu' (Phil 1,6) . . . Die da sagen, der Glaube, womit wir an Gott glauben, sei ein Werk der Natur, die müssen auch alle jene, die der Kirche Christi fremd sind, irgendwie als Gläubige ansehen ... Wer die Gnadenhilfe der Demut oder dem menschlichen Gehorsam unterordnet, nicht aber bekennt, es sei ein Geschenk der Gnade, daß wir demütig und gehorsam seien, der widersteht dem Apostel, der sagt: ‚Was hast du, das du nicht empfangen hättest?' (1 Kor 4,7), und: ‚Durch die Gnade Gottes bin ich, was ich bin' (1 Kor 15,10)" (D 178, 179 – DS 375, 376 – NR 698, 699). In gleicher Weise hat auch das 1. Vatikanum wiederum auf diesen Glauben als ein Gnadengeschenk und als Anfang der Vorbereitung auf die Rechtfertigung hingewiesen (D 1791, 1793 – DS 3010, 3012 – NR 37, 39, 355).

b) Der für die Rechtfertigung notwendige Glaube ist nicht bloßer Vertrauensglaube, sondern *ein inhaltlich bestimmter Glaube:* Festhalten an der Offenbarung und Verheißung Gottes in der Kraft Gottes (D 802, 798 – DS 1533, 1526): Ausdrücklich wird der Glaube gekennzeichnet mit den Worten: „Geweckt und unterstützt von der göttlichen Gnade, nehmen sie den Glauben im Hören auf und erheben sich frei zu Gott, gläubig für wahr haltend, was von Gott geoffenbart und verheißen ist." Das Konzil erklärt: „Wer behauptet, der rechtfertigende Glaube sei nichts anderes als das Vertrauen auf die göttliche Barmherzigkeit, die um Christi willen die Sünden nachläßt, oder dieses Vertrauen allein sei es, wodurch wir gerechtfertigt werden, der sei ausgeschlossen" (D 822 – DS 1562). „Wer behauptet, der Mensch werde dadurch von seinen Sünden befreit und gerechtfertigt, daß er sicher an seine Befreiung und Rechtfertigung glaubt, oder niemand sei wirklich gerechtfertigt, wenn er nicht glaubt, er sei gerechtfertigt, und durch diesen Glauben allein komme Befreiung und Rechtfertigung vollkommen zustande, der sei ausgeschlossen" (D 824 – DS 1564). Wenn das Konzil die lutherische Auffassung vom *Verrtauensglauben* kennzeichnet mit den Worten „sich des Vertrauens und der Sicherheit in bezug auf die Vergebung seiner Sünden brüsten und sich darin allein beruhigen", so ist hier vielleicht die Interpretation der Zeitgenossen für diese lutherische Lehre getroffen; Luther selbst wollte nicht ein Sich-brüsten, sondern vielmehr nur die „Innerlichkeit des Glaubens" gegenüber einer verkehrten Werkheiligkeit betonen. Auch die in dieser Kritik des Konzils an Luther nicht wahrgenommene „Christozentrik" im lutherischen Glauben wäre hervorzuheben. Im Hintergrunde dieser Auseinandersetzung in der Reformationszeit steht eben nicht nur Glauben gegen Glauben, es steht vielmehr der „in der Kirche" begründete katholische Glaube gegenüber dem „im einzelnen Gläubigen" begründeten evangelischen Glauben zur Debatte. Die Auflösung des alten, vor allem auch mittelalterlichen „Kirchenverständnisses" bildet den Hintergrund dieser Kontroverse über den „Glauben".

c) Ebenso hebt das Konzil gegenüber den Reformatoren hervor, daß der Glaube ein *tätiger Glaube* sein muß: Kein toter Glaube, sondern ein lebendiger Glaube muß es sein, der durch die Werke lebendig ist. Ausdrücklich lehrt das Konzil: „Wer behauptet, im Evangelium sei nichts vorgeschrieben als der Glaube, alles übrige sei weder gut noch böse, weder vorgeschrieben noch verboten, sondern frei, oder die 10 Gebote gingen die Christen nichts an, der sei ausgeschlossen" (D 829 – DS 1569). „Wer behauptet, ein gerechtfertigter und noch so vollkommener Mensch sei nicht zur Beobachtung der Gebote Gottes und der Kirche gehalten, sondern nur zum Glauben, als ob das Evangelium die reine und unbedingte Verheißung des ewigen Lebens wäre, ohne die Bedingung der Beobachtung der Gebote, der sei ausgeschlossen" (D 830 – DS 1570). „Wer behauptet, Christus Jesus sei von Gott den Menschen gegeben als Erlöser, daß sie ihm vertrauten, aber nicht auch als Gesetzgeber, daß sie ihm gehorchten, der sei ausgeschlossen" (D 831 – DS 1571). – Wiederum stehen im Hintergrund dieser Auseinandersetzung größere Fragen: die Lehre Luthers von *Gesetz und Evangelium* ebenso wie die Auseinandersetzung zwischen *Kirche und Einzelgläubigen.* Daß die Kirche hier auch die Lehre Luthers in etwa getroffen hat, zeigt die Tatsache, daß Luther selbst den Jakobusbrief wegen seiner anderen Darstellung vom Glauben, gegenüber der des hl. Paulus im Römerbrief, ausdrücklich als „stroherne Epistel" abgelehnt hat. Jak 2,14–26: „Was nützt es, meine Brüder, wenn einer sagt, ich habe Glauben, hat aber keine Werke? Kann etwa der Glaube ihn retten? ... Wenn er keine Werke hat, ist er für sich allein tot. Aber da könnte jemand sagen: Du hast Glauben, ich habe Werke. Zeige mir deinen Glauben ohne Werke, und ich will dir aus meinen Werken den Glauben beweisen ... Du glaubst, daß es nur einen Gott gibt. Ganz recht! Aber auch die bösen Geister glauben und zittern. Willst du nun einsehen, du törichter Mensch, daß der Glaube ohne Werke nutzlos ist? Wurde unser Vater Abraham nicht durch Werke gerechtfertigt, da er seinen Sohn Isaak auf den Opferaltar legte? ... Ihr seht also, daß der Mensch durch die Werke gerechtfertigt wird und nicht durch den Glauben allein ... Wie der Leib ohne die Seele tot ist, so ist auch der Glaube ohne die Werke tot." Das Konzil verweist hier noch auf Mt 7,21: „Nicht, wer zu mir sagt: Herr, Herr, wird in das Reich Gottes eingehen, sondern wer den Willen meines Vaters tut"; Gal 5,6: „Glaube, der durch die Liebe tätig ist"; 1 Kor 13,2: „Wenn ich den Glauben habe, um Berge zu versetzen, habe aber die Liebe nicht, so bin ich nichts." – Positiv gesehen, könnte man sagen: Luther hat den Glauben mehr als Hoffnung gesehen, die katholische Lehre versteht den Glauben mehr von der Liebe her: Menschliche Schwäche hat das katholische Glaubensverständnis in die Nähe der Werkheiligkeit geführt (wenigstens im späten MA); menschliche Schwäche hat das lutherische Glaubensverständnis in die Nähe des bloßen Vertrauensglaubens geführt (wenigstens im einfachen Volk der Reformationszeit). – (Zur Lehre von den theologischen Tugenden vgl. § 19.)

4. Vor allem in den Gnadenstreitigkeiten im 17. Jh. wurden die Fragen nach der Art der Vorbereitung auf die Rechtfertigung gründlich untersucht. Man unterschied zwischen einer *rein negativen Vorbereitung,* die der Gnade kein Hindernis entgegenstellte, und einer *positiven Vorbereitung,* die ein Verlangen und eine Geneigtheit, eine Geeignetheit und eine Offenheit für den Gnadenempfang beinhalten sollte. – Die negative Vorbereitung sollte durch die menschliche Natur allein möglich sein, jede irgendwie positive Vorbereitung dagegen setze eine innere Gnadenhilfe voraus. Die Frühscholastik, der junge Thomas von A. bis zu seiner Summa theologica, sowie nachher wenigstens die Nominalisten (Durandus, Wilhelm von Ockham) und einige Thomisten (Salmanticenses: IX Tract. 14 disp. 3) hielten eine nur negative Vorbereitung durch die bloße Natur, angeregt höchstens durch eine äußere, schicksalhafte Einwirkung durch Gott (Krankheit oder sonst ein erschütterndes Ereignis), für hinreichend, während Thomas seit seiner S. Th. (I II q 109 a 6), Bonaventura (II 28 a 2 q 1), Aegidius Romanus (II 28 q 1 a 3) und die meisten großen Theologen ein Mitwirken der aktuellen Gnade Gottes zur Vorbereitung auf die Rechtfertigung verlangten. Aegidius untersuchte, was zur motio divina alles gehören könnte, und unterschied eine motio generalis, specialis, praeveniens, subsequens (II 28 dub. 4 lit.). Es mußte eben Ende des 13. Jh. die Unterscheidung zwischen heiligmachender und aktueller Gnade erst erarbeitet werden.

Die Fragen wurden meist behandelt in Auslegung des aus der Abailard-Schule stammenden und seit dem MA immer wieder erörterten Satzes: *Facienti quod in se est, deus non denegat gratiam.* Der Satz wirft folgende Probleme auf:

a) Ist im Menschen nur, was zu seiner Natur gehört, oder gehören dazu auch Reaktionen der bloßen Natur des Menschen auf äußere Ereignisse (Modalübernatürliches), und wie gehören die in den Menschen eingedrungenen „Anregungen Gottes" als aktuelle innerliche Gnade zum Menschen?

b) Gilt unsere menschliche Vorbereitung nur unmittelbar und direkt der Rechtfertigung, oder ist sie schon bedeutsam für die verschiedenen obengenannten Stufen der näheren Vorbereitung auf die Rechtfertigung; müssen wir also eine *praeparatio propinqua et sufficiens* von einer *praeparatio remota* unterscheiden, und sind diese beiden Vorbereitungen gleich gebaut?

c) Muß Gnade immer als geschaffene Gabe oder Wirkung im Menschen gedacht sein, oder kann für die praeparatio remota auch eine mehr mittelbare Einwirkung Gottes durch äußere Schicksale oder ein unmittelbarer concursus simultaneus des Geistes Gottes mit dem Menschengeist hinreichend sein?

Luther ließ den Satz „Facienti quod in se est" bis 1516 (Psalmenkommentar, Anfang des Römerbriefkommentares) im Sinne der Spätscholastik gelten. Erst während seines Römerbriefkommentares erschien ihm dieser Satz als absurdissima et pelagiano errori vehementer patrona sententia usitata (WA 56/503), von der alles Unglück in der Kirche komme. — In der 9. Disputatio der Congregatio de auxiliis am 30. Sept. 1602 wurde die Frage: „An in libris sancti Augustini legatur constitutam esse a Deo legem infallibilem cum Christo, filio suo, ut, quoties homo solis naturae viribus fecerit totum, quod in se est, deus illi tribuat gratiam, vel an id sit de mente sancti Augustini" verneint (Vgl. Lange S. 136–164: Thesis 8). Vgl § 44.

§ 14 *Norm der Gnadenmitteilung*

Auer I 257–262.

Das rechte Verständnis von der „absoluten Gratuität der Gnade" wie von der „Notwendigkeit einer menschlichen Vorbereitung" auf die Rechtfertigung legt die Frage nahe, ob es irgendeine angebbare „Norm" für die Gnadenmitteilung Gottes gebe.

1. 1241 wurde der Satz verurteilt, daß Gott die Gnade nach dem *Maß der natürlichen Voraussetzungen im Menschen* gebe. Diesen Satz hatte der Dominikaner Stephan von Varnesia entwickelt im Anschluß an das Gleichnis von den Talenten, wo es heißt: „Er gab dem einen fünf, dem anderen zwei, dem anderen ein Talent,

einem jeden nach seiner eigenen Tüchtigkeit" (κατὰ τὴν ἰδίαν δύναμιν) (Mt 25,15). Wenn Natur der Gnade als Übernatur in abstracto gegenübergestellt wird, ist diese Verurteilung gültig. Bedenkt man jedoch, daß 1241 der strenge Begriff des „Übernatürlichen" noch nicht entwickelt war und daß darum das Verständnis der „Natur" im Sinne der „menschlichen Existenz", in der stets schon Gott am Werke ist, verstanden werden konnte, dann bleibt freilich die Lehre des Stephan von Varnesia eine offene Frage. Der Mensch in seiner Geschichtlichkeit steht nicht nur der Gnade gegenüber: Die Gnade ist in seiner Geschichtlichkeit selbst schon mit angelegt (vgl. § 36, 2a).

2. Eine andere Richtung hat in den kommenden Jahrzehnten des 13. Jh. vor allem *das menschliche Bemühen* (conatus: engagement) als Grundlage für die Mitteilung und als Norm für die Gnadenerweise angesprochen. Es sollte hiermit betont werden, daß auch ein Mensch mit schlechten Naturanlagen wegen der größeren persönlichen Anstrengung mehr Gnade erreichen kann als ein Mensch mit guten Naturanlagen. Wiederum ist zu sagen, daß dieses menschliche Bemühen nicht verstanden werden darf als bloß natürliches Bemühen, sondern vielmehr als eine Antwort auf einen Anruf Gottes, als ein Wirken aus der Tiefe der menschlich-geschichtlichen Natur, in der die Gnade Gottes schon am Werke ist. Darum heißt es auch hier im Evangelium: „Du guter und getreuer Knecht, weil du über weniges getreu gewesen bist": es ist also eine Treue nicht in sich, sondern eine Treue zu einem schon empfangenen Gut (Mt 25,21.23).

3. Die letzte und eigentliche Norm der Gnadenmitteilung ist und bleibt *Gott selbst:* die Prädestination in Gott: die Liebe Gottes, die schenken kann, wo und was sie will. Dies kommt zum Ausdruck im Gleichnis von den Arbeitern im Weinberg, wo jene, die nur eine Stunde gearbeitet haben, denselben Lohn empfangen wie jene, die den ganzen Tag im Dienste des Herrn gestanden sind (Mt 20,13–15). Das Entscheidende bleibt, daß immer der Anfang Gott ist, Gott, der in seiner freien Liebe schenkt, Gott, der in der Geschichte des Menschen am Werke ist, Gott, der als Schöpfer-Gott vor jedem menschlichen Anfang steht. Die Norm der Gnadenmitteilung bleibt das Geheimnis Gottes, das in sich jedoch das Geheimnis seiner Liebe ist, die immer größer ist als unser menschliches Begreifen. 1 Kor 12,11: Nach dem Maß, das der Hl. Geist

dem Einzelnen „mitteilt, wie er will, wird dem Menschen gegeben." Eph. 4,7: „Gnadenverleihung nach dem Maß, wie Christus sie schenkt." Die Gnade bleibt immer die absolut ungeschuldete; doch auch der Mensch bleibt das Geheimnis der Freiheit, das sich zutiefst im Geheimnis der Liebe offenbart: Existentielle Liebe und Hingabe an Gott ist die innere Forderung, die sich für den Menschen aus dem rechten Gottesbild ergibt. Gott ist die Liebe! – Das bedeutet „Offenheit zu Gott", Freiwerden von Selbstgenügsamkeit und Selbstherrlichkeit, die sich verschließt vor Gott, dessen ewige Liebe in der Zeit auf dem Wege ist, den Menschen als „Gotteskind" zu beschenken und zu vollenden.

3. ABSCHNITT

RECHTFERTIGUNG UND HEILIGUNG

(Die Lehre von der heiligmachenden Gnade)

1. Wie wir einleitend zum 2. Abschnitt gesehen, muß am Anfang einer Betrachtung der Gnade der Mensch als sündiger Mensch stehen, weil in dieser geschichtlichen Welt die Gnade zuerst immer auf den Menschen als den sündigen Menschen trifft. Dennoch wäre es unbiblisch und würde die Lehre der Kirche nicht treffen, wollten wir nur, wie die Reformation, von einer „Rechtfertigungsgnade" sprechen. Hinter diesem Reden der Reformation steht Luthers These vom Menschen als peccator simul et iustus. Die frühe Kirche hatte von Anfang an im Anschluß an das Wort der Offenbarung Gnade als etwas gesehen, was weit über die Sündenvergebung hinausführt, was den Menschen zu einer Größe und Würde führt, die nicht nur nichts mehr mit der Sünde zu tun hat, die vielmehr ganz und allein von Gott her und auf Gott hin zu verstehen ist. Dazu wurde in dieser älteren Betrachtungsweise auch der Mensch nicht nur in seiner personalen Geschichtlichkeit, sondern ebenso in seiner geschöpflichen Natur vom Schöpfer-Gott her gesehen und die Innerlichkeit Gottes in Christusmystik und Geistmystik so ernst genommen, daß die Lehre von der Gnade zu einer rechten Darstellung *der Herrlichkeiten der göttlichen Gnade* (Scheeben) geworden ist.

2. Schon die Namen, die dieser Gnade beigelegt wurden, weisen auf die Innerlichkeit und Mannigfaltigkeit Gottes hin. Schon die *gratia iustificans* wurde verschieden verstanden: ANSELM VON CANTERBURY definierte die iustitia im Menschen als „rectitudo voluntatis propter se servata", eine Erklärung, die der Reformationszeit, die in der Rechtfertigungsgnade die Anrechnung der Gerechtigkeit Gottes in Christus Jesus für uns gesehen hatte, als pelagianische Aussage erscheinen mußte. Das MA nannte dieselbe Gnade gewöhnlich *gratia gratum faciens* (Gott gefälligmachende Gnade), um die eschatologische Wirkung der Gnade vor allem zu kennzeichnen. Das Konzil von Trient nannte, gegenüber der reformatorischen „Anrechnungslehre", diese Gnade um ihrer geschöpflichen Innerlichkeit im Menschen willen eine *gratia sanctificans* (den Menschen innerlich heiligmachende Gnade). Das späte MA

bereits hat von einer *gratia acceptationis,* also von einer Gnade gesprochen, die Grund für die Annahme des Menschen durch Gott sei.

3. Vor der Frage nach dem Wesen dieser Gnade (Kap. 7), betrachten wir die biblische Lehre von den „Wirkungen dieser Gnade" (Kap. 6), um uns durch diese Offenbarungslehren aufzuschließen für die Aussagen, die die Schrift und weiterbildend die Theologie schließlich über das „Wesen der Gnade" gemacht haben.

6. Kapitel

WIRKUNGEN DER RECHTFERTIGENDEN GNADE

Je höher und je tiefer eine Wirklichkeit ist, um so mehr sind wir Menschen darauf angewiesen, aus den Wirkungen dieser Wirklichkeit im Raume unserer geschichtlich erfahrbaren Welt zu erkennen, was sie ist. Es ist die besondere Kraft unseres menschlichen Geistes (Intellektes), eben aus den Wirkungen die Ursachen in ihrer spezifischen Natur zu erschließen. Dieser Weg ist ganz besonders angebracht, wenn es sich um „übernatürliche" Wirklichkeiten handelt, deren Wesen überhaupt nur auf diesem Wege (und auf dem Wege der Offenbarung, die jedoch ihrerseits wiederum diesem menschlichen Denken zugeordnet ist) erfaßt werden kann. Am Ende fassen wir Menschen von allen Wirklichkeiten immer nur „Strukturelemente", Formen und Funktionen, und zwar soweit diese aus den Wirkungen dieser Wirklichkeiten zu erschließen sind. Von nichts besitzen wir eine sachliche „Intuition", die eine innere Schau von dem Wesen der Wirklichkeit selbst wäre. Gilt dies schon für alle natürlichen Dinge, so noch viel mehr für die Wirklichkeiten unseres Glaubens, die wir darum in einem ganz allgemeinen Sinn „übernatürlich" nennen.

Wenn wir Schrift und Tradition näher durchsuchen, werden wir vor allem auf „Wirkungen" der rechtfertigenden Gnade hingewiesen, die wir in ihren Differenzierungen kurz betrachten wollen. Zunächst wird in der Offenbarung deutlich ausgesprochen, daß Rechtfertigung immer sowohl Sündenvergebung als auch zugleich Erhöhung, Heilung und Heiligung, umschließt (§ 15). Ein tieferes Verständnis dieser Wirkungen, vor allem auch für den Weg dieser Wirkungen, gibt die Schrift durch ihre Aussagen über die Christusgemeinschaft des In-Christus-Gerechtfertigten, über seine Gotteskindschaft in Christus (§ 16) sowie über die Eingießung und Einwohnung des Geistes Christi, des Heiligen Geistes, (§ 17) und schließlich über die damit gegebene Teilhabe des Menschen am inneren Leben des heiligen Dreifaltigen Gottes selbst (§ 18). Im Menschen wird diese Wirklichkeit zu einem den Menschen umgestaltenden „Existential" in den sog. göttlichen Tugenden des Glaubens, der Hoffnung und der Liebe, wie in den sog. übernatürlich-sittlichen Tugenden, von denen vor allem Paulus in seinen Briefen oft spricht (§ 19), sowie in den sog. Gaben des Hl. Geistes (§ 20), die die Innerlichkeit der Gnade Gottes ebenso wie die übernatürliche Ausrichtung der christlichen Existenz kennzeichnen (§ 21). Was schließlich die Offenbarung und die Theologie noch über die Vollendung des Menschen nach seinem irdischen Leben, über die Glorie des Menschen im Himmel sagen, ermöglicht ein neues Verständnis auch der menschlichen Existenz in der Gnade in dieser Welt (§ 22).

§ 15 *Rechtfertigung als Sündenvergebung und Heiligung*

Vgl. Lit. zu Abschn. 2 (oben S. 71).

ThW I (1933) 506–509: ἀφίεσθαι (Bultmann). – Ebd. 184–186: αἴρειν (J. Jeremias). – Ebd. 112–115: ἁγιάζω (Procksch). – ThW IV (1942) 297–309: ἀπολούειν (Oepke). Ebd. 760–762: μορφῶ (Behm). – BL 1678–1682: Sündenvergebung (Heuschen). – O. Karrer, Rechtfertigung, Sündenvergebung und neues Leben bei Paulus, ZSTh 16 (1939) 548–561. – A. Kirchgässner, Erlösung und Sünde im Neuen Testament, Freiburg i. Br. 1950. – J. Morphy- O. Connor, Péché et communauté dans le NT, RB 74 (1967) 161–193. – RGG VI (1962) 507–516; LThK 9 (1964) 1177–1181 (K. Rahner). – W. Joest, Paulus und das lutherische simul iustus et peccator, KuD 1 (1955) 269–320. – Pesch TRLTh 109–122; 695–719. – R. Hermann, Luthers These „Gerecht und Sünder zugleich", Gütersloh 1930. – *Doppelte Gerechtigkeit:* LThK 3 (1959) 514 (K. Rahner). – H. Jedin, Girolamo Seripando (Würzburg 1937) I 364–426; II 239–268. – H. Küng, Rechtfertigung, Einsiedeln 1957 (K. Barth).

Im AT gehören wesenhaft Bundesidee und Schöpfungsidee zusammen: Die Schöpfungsidee ist die Durchführung der Bundesidee in das gläubige Weltverständnis hinein. Ebenso gehören im ntl. Selbstverständnis des Menschen Erlösung und Heiligung, Sündenvergebung und Verherrlichung zusammen wie Tod und Auferstehung im Erlösungswerk Christi, wie Erlösung und Geistsendung, Ostern und Pfingsten im heilsgeschichtlichen Raum der Kirche.

I. Die Sündentilgung als erste Komponente der Rechtfertigung

1. Die rechte Lehre von der Sünde ist Voraussetzung für die rechte Lehre von Sündenvergebung und Begnadigung. In der Schöpfungslehre haben wir gezeigt, daß *Sünde* nicht eine natürliche Realität ist, nicht eine außermenschliche Macht, wie die Manichäer geglaubt, und nicht eine reale Macht im Menschen, wie die Reformatoren geglaubt haben, sondern vielmehr ein Mißverhältnis in der im Glauben allein faßbaren *Seinsordnung* der Schöpfung, in der im Gewissen erfahrbaren *Wertordnung* und in der nur in der geoffenbarten Kirchenlehre vorgelegten *personalen Ordnung* der Gebote Gottes. Im eigentlichen Sinn ist darum *Sünde eine übernatürliche Unordnung,* auch wenn sie im natürlichen Bewußtsein erfaßt wird, so wie die Offenbarung als übernatürliche Selbsterschließung Gottes auch zunächst im natürlichen Denken des Menschen erfaßt wird.

Der PELAGIANISMUS hatte die Sünde zu einer bloß zeitgebundenen sittlichen Unordnung gemacht, die REFORMATION hatte in ihr eine die Natur verderbende sittliche Macht gesehen: Für den Pelagianismus war daher Sündenvergebung einfach ein Ablassen des Menschen von der Sünde und eigener sittlicher Neuanfang; für die Reformation gab es keine wesenhafte Sündenvergebung, die Sünde wurde nur im Bewußtsein Gottes nicht mehr angerechnet, im Menschen durch Gott zugedeckt.

Im Verständnis der *Kirche,* wo Sünde eine reale, übernatürliche Unordnung darstellt, gehört zur *Sündenvergebung* eine göttliche Tat, die auch den Menschen im Sinn eines *neuschöpferischen Aktes* erfaßt, der freilich nur im Glauben zu begreifen ist.

2. Gegenüber der pelagianischen Verharmlosung der Sünde und gegenüber der manichäischen und reformatorischen Verdinglichung der Sünde hat die Kirche auf dem Konzil von Trient erklärt:

a) In der Rechtfertigung geschieht nicht nur eine *Zudeckung* der Sünden oder eine *Nichtanrechnung* der Schuld durch Gott, sondern wahre Nachlassung, *Tilgung* der Sünde.

„Wenn jemand leugnet, daß durch die Taufe die Schuld der Erbsünde nachgelassen werde, oder behauptet, daß nicht alle persönliche Schuld weggenommen, sondern nur weggewischt oder nicht angerechnet werde, der sei im Banne" (D 792 – DS 1515: Dekret über die Erbsünde). „So findet sich nun in denen, die in Christus Jesus sind (durch die Taufe) und nicht nach dem Fleische wandeln, nichts Verdammungswürdiges mehr; denn das Gesetz des Geistes, der lebendig macht, hat mich in Christus Jesus vom Gesetz der Sünde und des Todes befreit... Herrscht Christus in euch, so ist der Leib (σῶμα) zwar dem Tode verfallen infolge der Sünde, der Geist (πνεῦμα) ist Leben infolge der Rechtfertigung" (Röm 8,1 f. 10). – Ausdrücklich stellt die Synode ebenda fest: Wenn der Apostel manchmal auch die Begierde (concupiscentia) noch „Sünde" nennt (ἡ ἁμαρτία: Röm 6,12 f), so sei damit nicht eine wirkliche Sünde gemeint, sondern die Konkupiszenz, die aus der Sünde stammt und zur Sünde führt (D 799 – DS 1528, 1529: Dekret über die Rechtfertigung; vgl. D 821 – DS 1561).

b) Die *Rechtfertigung* kann aber auch nicht durch eigene Leistung und gute Taten des Menschen geschehen, sondern *einzig durch Gott,* der dem durch die Abstammung von Adam in die Sünde gestellten Menschen (Röm 5,12; 1 Kor 15,22) Anteil gibt am Erlösungswerk Christi, den er als Sühnopfer für unsere Sünden (Is 53) „durch den Glauben in seinem Blute hingestellt hat" (Röm 3,25) und nicht nur für unsere Sünden, sondern für die Sünden der ganzen Welt (1 Jo 2,2; D 793, 794 – DS 1521, 1522: Dekret über die Rechtfertigung). In Christus hat Gott uns aus „Söhnen des Zornes" (Eph 2,3) „zu Mitbürgern der Heiligen und Hausgenossen Gottes gemacht" (Eph 2,19) „und uns aus der Gewalt der Finsternis entrissen und uns in das Reich seines geliebten Sohnes versetzt, in dem wir Erlösung haben und Vergebung der Sünden" (Kol 1, 13–14). „Wenn jemand behauptet, der Mensch könne durch eigene natürliche Werke oder Werke der natürlichen Gesetzeserfüllung ohne die Gnade Christi gerechtfertigt werden, der sei im Banne" (D 811 – DS 1551).

3. Wohl kennt die Hl. Schrift auch die von Luther gebrauchten Termini:

Die Sünden zudecken (καλύπτειν – operire): „Herr, du hast all seine Sünden zugedeckt" (Ps 85,3; 32,1); „Die Liebe deckt eine Menge Sünden zu" (1 Petr 4,8; Spr 10,12). *Die Sünde nicht anrechnen* (οὐ μὴ λογίζεσθαι – non imputare): „Selig der Mann, dem Gott seine Sünden nicht anrechnet" (Ps 31,2; Röm 4,8; Ez 33,16; Röm 5,13) –; *doch* dies sind Bildworte der Psalmensprache, denen besonders *im NT Worte und Ereignisse* gegenüberstehen, die diesen Bildworten einen tieferen Sinn geben.

a) Die *Heilung des Gelähmten:* Mk 2,10–12 bietet ein anschauliches Bild für den Sinn der Sündenvergebung. Christus selbst stellt die Heilung des Kranken als Verdeutlichung und Bestätigung für seine dem Kranken zugesprochene Sündenvergebung hin: „Damit ihr aber wißt, daß der Menschensohn Macht hat, Sünden zu vergeben auf Erden, – da sagte er zu dem Gelähmten: Ich sage dir, stehe auf, nimm dein Bett und gehe nach Hause. Und er stand auf, nahm sofort sein Bett und ging vor den Augen aller fort."

b) Die gebräuchlichsten Ausdrücke für Sündenvergebung sind: *Abwaschen* (ἀπολούεσθαι): „Stehe auf, rufe seinen Namen an und lasse dich taufen und von deinen Sünden reinigen" (sagt Apg 22,16 Ananias zu Paulus); „Ihr seid abgewaschen, ihr seid geheiligt, ihr seid gerechtfertigt im Namen des Herrn Jesus Christus und im Geiste unseres Gottes" (1 Kor 6,11); „Christus brachte Vergebung (καθαρισμός) der Sünden und sitzt nun zur Rechten der Majestät in der Höhe" (Hebr 1,3).

Der häufigste Terminus aber ist *tilgen* (ἀφίεσθαι – dimittere). Durch Christus haben wir „Vergebung der Sünden" (Apg 10,43; 13,38; 26,18); das Bundesblut in der Eucharistie ist zur Vergebung der Sünden (Mt 26,28); die Bekehrung führt „zur Vergebung der Sünden" (Apg 5,31; Lk 3,3; 24,47). Zumal die Taufe gilt der Tilgung der Sünden (Apg 2,38; Mk 1,4). Im Vaterunser (Mt 6,12) und bei der Einsetzung des Bußsakramentes (Jo 20,23), ebenso in dem genannten Schaubild bei der Heilung des Gelähmten (Mk 2,5.9 f) erscheint dieser Begriff für die Sündenvergebung.

Johannes gebraucht daneben noch das Wort *wegnehmen*, wegtragen (αἴρειν – tollere), um zu sagen, daß Christus als „Gottesknecht" (Is 53) unsere Sünden getragen und damit von uns weggenommen hat (Jo 1,29; 1 Jo 3,5; vgl. Jo 7,21). Der Erfolg dieser Sündenvergebung oder Sündentilgung wird darum in der Gegenüberstellung von „Tod und Leben" (Eph 2,5), „Finsternis und Licht" (1 Jo 1,5 – 2,2) gekennzeichnet.

4. Wo Sünde als reale, übernatürliche Unordnung und Sündenvergebung als neuschöpferische Tat Gottes verstanden wird, schließt sich die Lehre Luthers von selbst aus: *„zugleich gerecht und Sünder*, Sünder dem Tatbestand nach (re vera), aber gerecht aus Anrechnung und Verheißung" (WA 56/272,17); oder „durch göttliche Einschätzung (reputatio) sind wir wahrhaft und ganz und gar gerecht ..., so sind wir auch wahrhaft und ganz und gar Sünder, jedoch indem wir auf uns blicken" (WA 39 I/563,13). Diese Lehre Luthers freilich kann in sich nicht mit den scholastischen Kategorien von Natur (Übernatürliches) und Qualität (Gnade), sondern muß

aus der lutherischen nominalistisch-personalistischen Kategorie der „Relation" (zu Gott und zu sich selbst) verstanden werden, und dann erhält sie einen Sinn, der in etwa auch im existentiellen Selbstverständnis des katholischen Christen (z. B. in der Meßliturgie mit ihren Sündenbekenntnissen mitten in der hl. Handlung, die den begnadeten Menschen voraussetzt: Grosche, Pilgernde Kirche, 1938 S. 147–158) vorliegt. „Blickt der Mensch von Gott her auf sich selbst, dann darf er sich für gerecht halten, weil Gott die Sünde nicht anrechnet, vielmehr die, welche sich reuig als Sünder bekennen und Gottes Barmherzigkeit anrufen, für gerecht ansieht, so daß tatsächlich der Sünder, der in veritate, re vera Sünder bleibt, reputatione miserentis dei gerecht ist" (Joest, Paulus und das lutherische simul iustus et peccator, KuD 1 [1955] 295 f). „Wenn der Mensch glaubt, daß Gottes Wort das ist, was es sagt, nämlich wahr und gerecht, dann wandelt Gottes „gerechtsprechendes Wort den Sünder ganz in sich hinein" (WA 56/ 227,2 ff). Das Entscheidende ist, daß hier reine Existenztheologie vorliegt (so wenigstens in der gegenwärtigen Interpretation Luthers), gemäß der der Mensch an sich ganz und allein Sünder ist und nur, insofern er im Glauben seinen eigenen Standpunkt in Gott gefunden hat, von Gottes barmherzigem Wort her gerechtfertigt ist. Rechtfertigung ist Sache des „Glaubens" im lutherischen Sinn, nicht Seinsaussage (vgl. Pesch TRLTh 109–122). Luther versteht eben Rechtfertigung von Gottes Wort und des Menschen Glauben her, wo die katholische Theologie von Gnadengeschenk und gottgewirkter Liebe spricht, welch letzteres freilich im Schriftwort, zumal bei Jo, besser verankert ist als Luthers Existenztheologie. Bei Luther ist auch die Konkupiszenz selbst schon Sünde (peccatum), nicht bloß fomes peccati. Röm 7,23: „das Gesetz der Sünde, das in meinen Gliedern herrscht" (vgl. Röm 7,21: die in mir herrschende Sünde) ist nicht bloß Konkupiszenz, und „Geist und Fleisch" (Röm 7,25) sind nicht nur Glaube und Unglaube, sondern das jeweilige Handeln aus dem Glaubensgehorsam gegenüber dem Gebote Gottes oder aus dem Ungehorsam gegen Gottes Wort.

5. Die Auseinandersetzung mit der lutherischen Lehre verlangt von uns, daß wir auch unser *katholisches Sündenverständnis* neu fassen. Die Betrachtung der Sünde als „allumfassende übernatürliche Unordnung" ist noch zu sehr im Geiste der antiken Philosophie vollzogen, in der der Ordobegriff tragend für das Seinsverständnis war. Im modernen Denken hebt sich der Mensch aus

dem als Abstraktion empfundenen „Sein" heraus, und das Sein und seinen ordo versteht er als etwas ihm Gegenüberstehendes. Hier ist zu sagen: Sünde ist nun nicht eine Wirklichkeit, der der Mensch gegenübersteht, sondern vielmehr eine Wirklichkeit oder Tatsache, die den Menschen selbst in seiner personalen und geschöpflichen Existenz trifft und verwandelt. Der Mensch west, gläubig verstanden, als Geschöpf von Gott her und als Ebenbild Gottes auf Gott hin, und Sünde zerstört wesenhaft diese transzendentalen Beziehungen des Menschen zu Gott. Sünde ist darum eine *transzendentale Verderbtheit* (in deterius commutatum D 174 – DS 371), die nur von Gottes schöpferischer Huld geheilt und behoben werden kann. – *Sünde ist „Schuld"!* Schuld ist eine Tatsache, die den Menschen in seiner innersten Existenz in Frage stellt: sie meint eine Schuldigkeit, die sich nicht auf etwas bezieht, was in der Verfügung des Menschen steht, sondern vielmehr das unverfügbare Selbst des Menschen selber betrifft. Gibt es keine Instanz, die diese Tatsache „Schuld" aufheben, tilgen kann, dann kann der Mensch in seinem Schuldbewußtsein eigentlich kein anderes Verlangen haben, als selbst getilgt, ausgelöscht zu werden. – Die kreatürliche Schwäche bewahrt uns Menschen meist davor, in solche letzte „Schuld" zu fallen. Doch nur von diesem Schuldbewußtsein und Schuldverständnis her wird deutlich, was Sünde ist und warum sie nur durch die schöpferische Liebe Gottes und sein Gnadengeschenk in Christus getilgt werden kann. – Dieses Sünden- und Schuldverständnis erhellt aber in neuer Weise auch wieder, was „Gnade" als schöpferisches Geschenk der persönlichen Huld Gottes ist. – *Sünden- und Gnadenverständnis bedingen einander:* beide sind nur als übernatürliche Glaubenstatsachen zu begreifen. Beide haben an sich endgültigen, eschatologischen Charakter.

II. Heiligung als die andere Komponente der Rechtfertigung

Die eben besprochene Sündentilgung kann nur recht verstanden werden, wenn sie zusammengeschaut wird mit der Eingießung des neuen Lebens und des neuen Lichtes der Gnade durch Gott.

1. So wie die Sünde in der Seinsordnung (Schöpfung), in der Wertordnung (Gewissen) und in der personalen Ordnung (personale Existenz von und zu Gott) zugleich verankert ist, so hat auch Gnade eine dem menschlichen Wesen und der christlichen Existenz entsprechende vielfältige (heterogene) Wesensstruktur. Das

Konzil von Trient (D 799 – DS 1529) bringt diese Tatsache zunächst zum Ausdruck, indem es von fünf gleichzeitig zusammenwirkenden *Ursachen der Rechtfertigung* spricht.

Zielursache (causa finalis) der Rechtfertigung ist Gottes Ehre und des Menschen Heil. Der erste Sinn der Rechtfertigung ist also nicht einmal der Mensch, sondern vielmehr Gottes Ehre (das ist wohl im Konzil in Hinsicht auf Calvin gesagt).

Wirkursache (causa efficiens) ist der barmherzige Gott, der ohne unser Verdienst die Sünde abwäscht und uns heiligt (1 Kor 6,11), „siegelnd und salbend mit dem Hl. Geist der Verheißung, der das Angeld unseres Erbes ist" (Eph 1,13). Wiederum wird deutlich, daß Rechtfertigung in dem personalen Verhältnis des Menschen zu Gott steht, nicht den Menschen allein angeht. Dies ist wohl vor allem mit Rücksicht auf die Reformatoren gesagt.

Verdienstursache (causa meritoria) ist Gottes geliebter, einziggeborener Sohn, unser Herr Jesus Christus, der uns, da wir Feinde waren (Röm 5,10), mit übergroßer Liebe liebte (Eph 2,4), uns die Rechtfertigung verdiente und Gott dem Vater genugtat für uns.

Mittelsursache (causa instrumentalis) ist das Sakrament der Taufe, das ist das Sakrament des Glaubens, ohne den niemand die Rechtfertigung empfängt. Die Taufe wird „Sakrament des Glaubens" genannt im Anschluß an Mk 16,15 f und Augustinus, wohl um gegenüber den Reformatoren wiederum die Glaubenstat an die Stelle des sog. Vertrauensglaubens zu setzen.

Formursache, d. h. wesengebende Ursache (causa formalis) ist allein die Gerechtigkeit Gottes (Röm 3,21 f), nicht die Gerechtigkeit, durch die er selbst gerecht ist, sondern durch die er uns gerecht macht (Aug., De Trin. 14, 12, 15: PL 42,1048), mit der wir von ihm beschenkt, im inneren Geist erneuert werden und nicht nur als gerecht „gelten", sondern wirklich gerecht heißen und sind (1 Jo 3,1). Denn wir nehmen die Gerechtigkeit in uns auf, jeder seine eigene nach dem Maß, das der Hl. Geist „den Einzelnen zuteilt, wie er will" (1 Kor 12,11), und entsprechend der eigenen Bereitung und Mitwirkung eines jeden (Röm 5,3–5).

2. Mit dieser Lehre von den fünf Ursachen der Rechtfertigung ist vor allem auch die *Lehre von der „doppelten Gerechtigkeit"* abgewiesen. Luther hatte im Anschluß an Röm 3,21–28 die Rechtfertigungslehre etwa mit folgenden vier Punkten erklärt:

Der Anfang ist die Gerechtigkeit Gottes, vor der wir nichts anderes sind als Sünder und Sünde.

Jesus Christus hat durch seinen Tod unsere Sünde auf sich genommen, ist für unsere Sünde gestorben.

Unsere menschliche Tat kann nur sein „glauben an den, der uns im Tode erlöst hat": voller und fester Glaube an Christus, unseren Erlöser.

Um dieses Glaubens willen rechnet uns Gott unsere Sünde nicht an, auch wenn wir vor ihm Sünder bleiben. – Die „vollkommene" Gerechtigkeit ist also nur durch Anrechnung in uns, die „unvollkommene" ist immer im Werden durch unsere Werke (WA 39 I/241, 25; Pesch TRLTh 299). In dieser Erklärung ist nur die personale Seite der Rechtfertigung gesehen. Das sittliche Element, und noch mehr das sachliche Element der Rechtfertigung, wie sie in der Kirche vom Evangelium her verstanden worden war, ist ignoriert.

Zahlreiche Väter auf dem Konzil versuchten, durch eine vermittelnde Lehre den Reformatoren entgegenzukommen, so Contarini, Sanfelice, Pole, vor allem aber Girolamo Seripando. In seinem letzten Vorschlag 1548 unterschied er drei Arten von Gerechtigkeit: iustitia Dei, iustitia Christi, iustitia fidei. Damit waren irgendwie zwei Seiten der Rechtfertigung festgehalten, die personale Seite in der Gerechtigkeit Gottes und Christi, von außen kommend; und die ethische Seite in der Gerechtigkeit aus dem Glauben, den der Mensch in der Gnade Gottes setzt. Die sachliche Seite, das neue Leben in Gott, war nicht hinreichend damit festgehalten. In der Situation des Konzils erschien diese Lösung offenbar nicht genügend, und sie wurde darum abgelehnt. Nach unserem heutigen Verständnis der Dinge müssen wir wenigstens sagen, daß das „johanneische" Anliegen der Gnade in dieser Darstellung nicht genügend Berücksichtigung findet.

3. Daß *zur Rechtfertigung* in realer Weise *ein Gnadengeschenk Gottes* gehöre, drückt die Hl. Schrift in mehrfacher Weise aus:

a) Einmal wird unsere Rechtfertigung uns gegeben, indem *das Gottesbild* (Gn 1,26), das im Menschen ist und durch die Sünde verdunkelt wurde, durch die Rechtfertigung *erneut* wird. Die Scholastik (Thomas) hat ein dreifaches Gottesbild im Menschen unterschieden: die imago naturae (die Geistigkeit und Freiheit des Menschen [Sir 17,1–10]), die imago gratiae (d. i. jene Ebenbildlichkeit, die seit den Vätern des 3. Jh. als similitudo neben der imago genannt wurde) und die imago gloriae (d. i. jene Gottebenbildlichkeit, die dem Menschen durch das lumen gloriae in der Erfüllung zuteil wird).

b) Im NT wird diese Wiedererlangung der Gottebenbildlichkeit verbunden mit Christus, dem eigentlichen Abbild Gottes: (Röm 8,29) „... dazu vorherbestimmt, dem Bilde seines Sohnes gleichgestaltet zu werden". Auf diese *Christusförmigkeit* bezieht sich vor allem der „Glaube" als Bedingung im Rechtfertigungsakt, so wie er bei Paulus erscheint: Ich besitze „keine eigene Gerechtigkeit, wie sie aus dem Gesetz stammt, sondern die durch den Glauben an Christus, die Gerechtigkeit, die Gott aufgrund des Glaubens schenkt" (Phil 3,9). „Weil sie Gottes Gerechtigkeit verkannten und die eigene aufzustellen suchten, haben sie sich der Gerechtigkeit Gottes nicht unterworfen. Des Gesetzes Ziel ist ja Christus zur Gerechtigkeit für jeden, der glaubt ...." (Röm 10, 3). „In seiner göttlichen Geduld hat er die früher geschehenen Sünden hingenommen, um seine Gerechtigkeit in der jetzigen Zeit zu erweisen, damit er selbst gerecht sei und den gerecht mache, der an Jesus Christus glaubt" (Röm 3,26). „Wir erwarten im Geiste kraft des Glaubens die Hoffnung aus der Gerechtigkeit" (Gal 5,5). Zusammenfassend sagt dazu Paulus (Tit 3,5–7): „Durch seine Barmherzigkeit hat uns Gott gerettet, durch das Bad der Wiedergeburt und durch die Erneuerung durch den Hl. Geist; diesen hat er durch Jesus Christus, unseren Heiland, reichlich über uns ausgegossen, damit wir durch seine Gnade gerechtfertigt und Erben des erhofften ewigen Lebens würden." Klar ist hier die Bedeutung des Geistes Christi für die Existenz in Christus als einer eschatologischen Wirklichkeit zum Ausdruck gebracht.

4. Ausdrücklich lehrt das Konzil von Trient (D 799 – DS 1528): „Die Rechtfertigung ist nicht nur Nachlaß der Sünden, sondern zugleich eine Heiligung und Erneuerung des inneren Menschen durch die freiwillige Annahme der Gnade und der Gaben. Dadurch wird der Mensch aus einem Ungerechten zum Gerechten, aus einem Feind zum Freund, so daß er Erbe des ewigen Lebens in der Hoffnung ist." Wichtig sind für dieses Verständnis die zwei Begriffe „Gerechtigkeit" und „Heiligung".

a) *Gerechtigkeit:* Bei den Griechen war Gerechtigkeit noch ein Terminus, in dem die innere Tugendhaftigkeit des Menschen ausgesagt werden sollte (vgl. die vier Kardinaltugenden bei Aischylos und Plato). In der stoischen und hellenistischen Philosophie war mit Gerechtigkeit vor allem die Einordnung des Menschen in das Gesetz der Gemeinschaft verstanden worden (politische Gerechtigkeit). Das AT hatte mit Gerechtigkeit (sedaqā) vor allem die Hinordnung des Menschen zu Gott verstanden, der allein und in sich gerecht ist. Im NT wird die Gerechtigkeit eine Wirklichkeit im Menschen aufgrund der Barmherzigkeit Gottes, der in Christus und seinem Opfer unsere Ungerechtigkeit tilgt und uns seine Gerechtigkeit (die Gerechtigkeit Gottes, die dem „Gotteskind" eignet) wieder schenkt. „Die Verwendung des Rechtsbegriffes soll einzig herausstellen, daß Gott keine wahllos-willkürliche, sondern vielmehr eine heilig-normmäßige und bundesgemäße Gnade übt, die mit seinem höchsten Recht in vollem Einklang steht" (ThW II 207). Röm 5,8–11 faßt diese Wirkungen zusammen und zeigt deutlich die *Rettung* (σώζειν) als *Rechtfertigung* (δικαίωσις) und *Versöhnung* mit Gott (καταλλαγή) durch den Opfertod Christi, der erfolgte, als wir noch Sünder waren: als nichts von uns Verdientes, sondern von Gott allein uns Geschenktes. Röm 3,24 ff: „Sie werden aber gerechtfertigt umsonst (ohne Verdienst) durch deine Gnade aufgrund der Erlösung durch Christus Jesus. Ihn hat Gott durch den Glauben als blutiges Versöhnungsopfer hingestellt, um seine Gerechtigkeit zu erweisen. In seiner göttlichen Langmut hat er nämlich die früher geschehenen Sünden hingehen lassen, um seine Gerechtigkeit in der jetzigen Zeit zu erweisen; denn er wollte zugleich selbst gerecht sein und jeden gerecht machen, der an Jesus Christus glaubt."

b) *Heiligung* (vgl. ἁγιάζειν ThW I 87–116: Procksch): Die Wirkung der Rechtfertigungsgnade wird vielfach als „Heiligung" gekennzeichnet. Außerhalb der Offenbarung bedeutet dieses Wort (ἅγιος bei den alten Griechen): Gegenstand der Verehrung und der Scheu. Irgendwie liegt noch etwas von „Tabu" in dieser alten Bestimmung des Heiligen. Nur Göttertempel, heilige Orte und heilige Dinge kannte dieser Kulturbereich. – Anders dagegen in der Offenbarungsreligion: hier wird schon im AT nicht primär „das Heilige", sondern vielmehr „der Heilige", Jahweh, Gott, genannt (Is 6,3; 12,6; 30,11; Ez 39,7), und alles, was zu ihm gehört, vor allem aber der Mensch, der im Dienste der Heilsgeschichte Gottes steht, ist heilig (qadōsch). Besonders nach dem Exil erscheint das Bundesvolk Israel „heilig dem Herrn" (Dt 7,6; 14,2.21) und wird das Wort „heilig" Ausdruck für zwei religiöse Wirklichkeiten: für das „priesterlich Kultische" und für das „prophetisch Sittliche". Zugleich schließt dieses Wort auch das andere Wort „ἁγνός = sittlich vollkommen, rein und lauter" ein. Wegen des kultischen Dienstes wird diese Lauterkeit vom Kultdiener verlangt. – Im christlichen Bereich erfährt diese Aussage von der „Heiligung" ihre besondere Vertiefung durch die Menschwerdung Gottes in Christus, der schlechthin als Messias „der Heilige Gottes" ist (Mk 1,24; Lk 4,34). Der Geist vor allem wird als „Heiliger Geist" eingeführt (Lk 1,35; 3,22; 12,12; Apg. 2,4; 10,44 usw.; Jo 14,26). Durch die Taufe werden die Christen „Heilige" (1 Petr 1,16 = Lv 11,44; Röm 8,27; Eph 1,4; Kol 3,12 usw.). Die Aussage von der Heiligkeit schließt also wenigstens drei Momente in sich:

α) Das Heilige kommt *von Gott* und gehört *zu Gott* und ist in dieser Welt nur soviel heilig, als es in diesem Bezug bleibt.

β) Wegen der Sündhaftigkeit in dieser Welt ist mit diesem „heilig" immer wieder „Lauterkeit und Reinheit" verbunden als Voraussetzung für den kultischen Dienst.

γ) Zumal der höchste Dienst vor Gott, das Opfer, fordert das „Selbstopfer", für das das äußere Opfer nur Symbol sein kann. Denn das, was Gott sucht, ist allein der Mensch, der nach seinem Bild, ihm ähnlich erschaffen ist und dem Bilde seines Sohnes Christus gleichgestaltet werden soll, des Christus, der Opfer für die Welt geworden ist und Nachfolge im Kreuztragen (Bekenntnis bis zum Martyrium) fordert. Gott allein „heiligt" den Menschen (Ex 31,13; Lv 21,23; 22,9), ganz besonders im Opfer, in dem der Mensch sich Gott schenkt. So erhält das Wort *sich heiligen* den Sinn von *sich opfern:* „Für sie heilige ich mich (ἁγιάζω ἐμαυτόν – weihe ich mich als Opfer), damit sie wahrhaft geheiligt (geweiht) seien" (Jo 17,19). „Darum hat auch Christus außerhalb des Stadttores gelitten, um durch sein eigenes Blut das Volk zu heiligen" (Hebr 13,12). Heiligen heißt „weihen", zum Eigentum Gottes machen. Heiligung ist eine Realität im Menschen, durch die der Mensch real, nicht nur in seinem Bewußtsein oder Wollen, Eigentum Gottes wird. Wie die Rechtfertigung die Gerechtigkeit Gottes dem Menschen schenkt, so macht ihn die Heiligung *zum Eigentum Gottes.*

5. In besonderer Weise kommt diese Heiligung als Realität zum Ausdruck und wird Wirklichkeit durch die *Taufe.* „Christus hat sich für die Kirche hingegeben, um sie durch das Wort des Lebens in der Wassertaufe zu reinigen und zu heiligen" (Eph 5,25 f). „Nun seid ihr abgewaschen, ihr seid geheiligt, ihr seid gerechtfertigt im Namen des Herrn Jesus Christus durch den Geist unseres Gottes" (1 Kor 6,11). Johannes bringt diese Tatsache durch seine Reden von der „Geburt aus Gott" (1,12 ff), „Geburt von oben" (3,3) „Geburt aus dem Wasser und dem Geist" (3,5) zum Ausdruck. Bei Paulus erscheint die Wirkung der Taufe in der

fung", die der Mensch in Christus ist (Gal 6,15; 2 Kor 5,17). Röm 6,2–12 verdeutlicht Paulus diese Wirkung der Taufe durch die sakramentale Eingliederung in Christus und sein Erlösungswerk (vgl. dazu KKD VII Taufe § 5). Die Lebensaufgabe des Christen heißt: Werde, was du bist! (Pindar).

§ 16 Die Rechtfertigung als Christusgemeinschaft (Gotteskindschaft)

ThW I (1933) 210–215: ἀκολουθέω (Kittel). – ThW II (1935) 320 f: ἐνδύω (Oepke). – Ebd. 484–500: ἐλεύθερος (Schlier). – ThW III (1938) 766–786: κληρονομία (Förster). – ThW VIII (1967) 334 bis 402, bes. 393–402: υἱός θεοῦ. – *Gotteskindschaft:* LThK 4 (1960) 1114–1117; RGG II (1958) 1798–1804. – *Christusmystik:* LThK 2 (1958) 1178–1182 (Lit.). – LThK 7 (1962) 758–762: Nachfolge Christi. – Freiheit: HThG I (1962) 392–414 (Metz, Lit.). – H. Rahner, Die Gottesgeburt im Herzen des Menschen, ZKTh 59 (1935) 333 bis 418. – Ders., Symbole der Kirche, Wien 1964, 13–87. – D. von Hildebrand, Umgestaltung in Christus, Freiburg i. Br. 1949. – V. Warnach, Agape, Düsseldorf 1951.

Man kann die folgenden Überlegungen über Gotteskindschaft, Gottesfreundschaft und Gottesbrautschaft als „Folgen" der oder als Wirkungen aus der heiligmachenden Gnade verstehen, so wie es die Dogmatik bisher meist getan hat. Es wird jedoch vorteilhafter sein, wie es hier versucht wird, zuerst die Wirkungen der Gnade, so wie sie uns im Zeugnis der Schrift vorgelegt werden, zu betrachten, um aus diesem biblischen Verständnis heraus die theologische Aussage über das Wesen der Gnade verstehen zu können. Gnade ist eine übernatürliche Wirklichkeit, und nur aus den Offenbarungsaussagen über das Werk der Gnade wird die theologische Aussage über das Wesen der Gnade richtig verstanden.

Der rechte Ausgangspunkt für die konkrete Auffassung von Gnade ist *Christus,* der uns alle Gnaden verdient hat, der die Menschheit mit Gott versöhnt hat, aus den Kindern des Zornes wieder Kinder der Liebe Gottes gemacht hat. So wie Christus, eine geschichtliche personale Wirklichkeit, der Einbruch Gottes in die Welt der Menschheit und die Menschheitsgeschichte ist, Christus, der selbst die Mitte der Geschichte ist, so ist auch Gnade nur verständlich in der Geschichte der Menschen. Sie ist nicht eine Abstraktion, ist nicht ablösbar vom geschichtlichen Menschen und nicht ablösbar vom geschichtlichen Werk des Heilshandelns Gottes. Aus sechs Bildworten der Offenbarung sei der christologische Charakter, die Christusförmigkeit der Gnade hier kurz aufgezeigt:

1. Der Christ wird Christ durch die Wiedergeburt in der Taufe, die in der Hl. Schrift umschrieben wird mit dem Wort *Christus anziehen*: „Alle, die ihr auf Christus getauft seid, habt Christus angezogen" (ἐνδύσασθε) (Gal 3,27). „Ziehet den Herrn Jesus Christus an" (Röm 13,14). In ähnlicher Weise schreibt Paulus nachher in seinen Gefangenschaftsbriefen: „Ihr habt den alten Menschen samt seinen Werken ausgezogen und den neuen angezogen, der zur vollen Erkenntnis fortschreitet und nach dem Bilde seines Schöpfers sich erneuert. Da heißt es nicht mehr Heide und Jude ... Sklave und Freier, sondern alles und in allen Christus" (Kol 3,9 ff). „Ihr sollt euren früheren Wandel aufgeben und den alten Menschen ausziehen, der durch seine fleischlichen Gelüste dem Verderben anheimfällt. Erneuert euch in eurem Sinn durch den Geist, und zieht den neuen Menschen an, der nach Gott geschaffen ist, in wahrer Gerechtigkeit und Heiligkeit" (Eph 4,22 ff). Ob das Bild aus den Mysterienkulten, etwa dem Kult des Mithras stammt, wo der Myste zum Zeichen seiner Einweihung und Hingabe an die Gottheit mit einem Fischkleid eingekleidet wurde, oder ob es gnostischen Ursprungs ist (der eschatologische Christus als „Urmensch"), ist kontrovers. – Das Kleid besagt einmal äußere Ähnlichkeit der Gestalt, wobei die Gestalt selbst Ausdruck des Wesens ist. „Die er vorhererkannt hat, die hat er vorherbestimmt, dem Bilde seines Sohnes gleichgestaltet zu werden" (Röm 8,29). „Noch einmal leide ich Geburtswehen, bis Christus in euch Gestalt gewinnt" (μορφωθῇ) (Gal 4,19). – Kleid, als Ähnlichkeit der Gestalt, bedeutet aber auch Ähnlichkeit in der Macht und Kraft (Amtskleid). Daher wird diese Christusähnlichkeit vor allem durch den Geist Gottes gewirkt, wie wir noch sehen werden. Der heilige Paulus stellt in diesem Zusammenhang Fleisch und Geist (Sarx und Pneuma) gegenüber als Zeichen der Schwäche und Quelle der Kraft (Mt 26,41; Gal 5,16–26; Röm 8,1–11).

2. Wie die Beispiele über das „Christusanziehen" zeigen, spricht Paulus diese Wahrheiten in zwei ganz verschiedenen Formen aus: einmal als perfekten Zustand (ihr habt angezogen), das andere Mal als Aufforderung (ihr sollt anziehen): als *Indikativ und Imperativ* (R. Bultmann). Das, was der Mensch in Christus gewinnt, ist ebenso Gabe wie Aufgabe, Geschenk und Verpflichtung. Ganz

besonders kommt das zum Ausdruck, wo Paulus die Wirkung der Taufe darstellt (Röm 6,2–12). Die Verähnlichung mit Christus fordert eine *Nachfolge Christi* (ἀκολουθέω). Wie die Gnade Christi uns durch das Kreuz Christi zugekommen ist, so fordert Christus auch vom Christen Nachfolge im Kreuztragen (Mt 10,38; Lk 14, 27: Wer mir nicht nachfolgt und sein Kreuz nicht trägt, kann mein Jünger nicht sein; Mt 16,24; Mk 8,34; Lk 9,23: Wer mir nachfolgen will, nehme täglich sein Kreuz auf sich und folge mir). Ganz besonders hebt Paulus in seinem Brief an die Galater, die in Gefahr waren, ihr Christentum wieder zu verlieren und wieder Juden zu werden, diese Kreuzesnachfolge als christliche Verpflichtung hervor (Gal 6,14.17; 5,24). Die Gottesnachfolge als Folgerung aus der Gotteszugehörigkeit war auch der Stoa der Zeit bekannt: Homo virtuosus habebit in animo illud vetus praeceptum: Deum sequere (Seneca, De vita beata 15,5).

3. Die Lebensgemeinschaft und Leidensgemeinschaft mit Christus bringt Paulus vor allem in seiner *Christusmystik* zum Ausdruck, die artikuliert ist in seiner Formel *in Christus*, die etwa 126mal in seinen Briefen vorkommt. Christ ist derjenige, der „in Jesus Christus ist". Im Johannes-Evangelium kommen dieselben Gedanken vor allem in dem Gleichnis Jesu vom Weinstock und den Reben (Jo 15,1–8) sowie in seinem hohenpriesterlichen Gebet (Jo 17,23.26) zu Wort. „Mit Christus hänge ich am Kreuze. Nicht mehr ich lebe, Christus lebt in mir. Mein jetziges Leben im Fleische ist ein Leben im Glauben an den Sohn Gottes, der mich geliebt und sich für mich hingeopfert hat" (Gal 2,20). Wiederum zeigt sich die Gnade als Teilhabe an Christus in ihrem Geschenk- und in ihrem Verpflichtungscharakter.

4. In dieser Christusgemeinschaft besitzen wir erst die rechte *Gotteskindschaft*. Christus ist ebenso der „eingeborene Sohn des Vaters" (Jo 1,14; 3,16) wie auch „der erstgeborene unter vielen Brüdern" (Röm 8,29). „In Christus", unserem Bruder, sind wir mit ihm „Kinder des Vaters im Himmel". Damit ist jede Gotteskindschaft aus ihrer individualistischen und idealistischen Verirrung befreit: Alle, die Christus erlöst hat, sind in ihm als ihrem Bruder, Kinder des Vaters, der Vater für alle Menschen ist. Christus hat uns den Geist gesandt; in ihm besitzen wir seinen Geist, in dem wir Kinder Gottes sind, Gott wirklich „unseren Vater" rufen können (Röm 8,15; Gal 4,6). Die großen Forderungen der Berg-

predigt, auf welche die acht Seligpreisungen hinweisen, die Bitten des Vaterunsers, die Aufforderung zum Vollkommensein, wie der Vater im Himmel vollkommen ist, die Forderung der Feindesliebe (vgl. Mt 5 und 6), all das ist nur möglich in der *Christusgemeinschaft, die die geschichtliche Gestalt der Gnade für uns bedeutet.* – Im Anschluß an 1 Petr 1,23: „Ihr seid neu gezeugt, nicht aus vergänglichem, sondern aus unvergänglichem Samen, durch Gottes lebendiges und ewiges Wort" hat sich seit dem Diognet-Brief und Origenes die Idee in der Theologie entwickelt, daß Christus nicht nur von Ewigkeit in Gott gezeugt und in der Zeit aus Maria geboren, sondern im Jetzt immerdar im Herzen des einzelnen Christen geboren wird, wie es vor allem in der Mystik bei Meister Eckhart und Tauler, bei Angelus Silesius und Angela von Foligno theologisches Thema geworden ist (vgl. H. Rahner, Die Gottesgeburt im Herzen des Menschen).

5. Die echte Gotteskindschaft schließt die *Schicksalsgemeinschaft mit Christus in der Vollendung* ein: „Wenn aber Kinder, dann auch Erben: Erben Gottes und Miterben Christi" (Röm 8,17; vgl. Gal 4,7). In der Rede vom *Erbe* (κληρονομία: ThW III 757) kommt die persönliche Bindung an Christus wie der Geschenkcharakter dieses Ererbten und die eschatologische Sicht der Gnade als Erbe zum Ausdruck. „In Christus seid ihr auch mit dem verheißenen Hl. Geist besiegelt worden, womit ihr das Wort der Wahrheit, die frohe Botschaft von eurem Heile vernommen und den Glauben angenommen habt. Er ist das Unterpfand unseres Erbes, er verbürgt uns die Erlösung seines Eigentums, auf daß wir so seine Herrlichkeit preisen ... Möge (der Geist Gottes) die Augen eures Herzens erleuchten, damit ihr einseht, zu welcher Hoffnung ihr berufen seid, wie reich und herrlich sein Erbe für die Heiligen und wie überwältigend groß seine Macht ist, die er an uns Gläubigen gezeigt hat" (Eph 1,13 f. 19). „Ihr wißt ja, daß ihr vom Herrn das Erbe zum Lohne erhalten werdet" (Kol 3,24). „Gepriesen sei Gott, der Vater unseres Herrn Jesus Christus, der uns ... zu lebendiger Hoffnung, zu einem unvergänglichen, unbefleckten und unverwelklichen Erbe, das im Himmel für euch aufbewahrt wird, wiedergeboren hat" (1 Petr 1,3 f).

6. Durch die Sakramente, zumal durch die *Taufe,* empfangen wir immer aufs neue diese Christusgemeinschaft, die uns zu „Kindern Gottes" macht. Das besondere Charakteristikum des Kindes

Gottes ist *die Freiheit der Kinder Gottes* (Röm 8,21), das „vollkommene Gesetz der Freiheit" (Jak 1,25: ἐλευθερίας).

a) In der klassischen griechischen Philosophie bedeutete *Freiheit* „frei in sich": die Fähigkeit, über sich frei zu verfügen. In der Stoa gewann dieser Terminus mehr den Sinn: „frei von Leidenschaften, die uns beunruhigen und beherrschen". Im NT bedeutet die Freiheit, vor allem bei Paulus, „Freiheit vom Gesetz, durch das die Sünde in uns offenbar wird und das uns zur Sünde wird" (Röm 7,3; 8,2; Gal 2,4; 4,21.31; 5,1: Für die Freiheit hat euch Christus frei gemacht). Freiheit bedeutet weiterhin „frei von Sünde" (vgl. Röm 6,18–23; Jo 8,31–36). Diese Freiheit besitzen wir jedoch nur „in Christus Jesus" (Gal 2,4; Jo 8,36; Gal 5,1.13). Freiheit bedeutet endlich vor allem auch Freiheit von falschem Eigenwillen (Phil 3, 7 ff). Der Weg zu dieser Freiheit ist die Erlösungstat Christi im Gehorsam gegen den Vater und die menschliche Christus-Nachfolge (Gal 5,1; Röm 5,18 f).

b) Die besondere Gestalt dieser Freiheit ist die *christliche Liebe,* die uns im Hl. Geist geschenkt ist (Röm 5,5: ἀγάπη) und die Paulus (1 Kor 13) in seinem Hohenlied der Liebe darzustellen versuchte. Diese Freiheit in der Liebe gibt die Freiheit des Wortes im Gebete zu Gott wie im Bekenntnis vor der Welt (Hebr 4,16; 10,35; Apg 28, 31; Eph 5,19 f; 1 Jo 4,17: παρρησία), sie gibt die ewige Jugend in Gott (vgl. Is 40, 31; Klemens v. A., Paidagogos I 5 und 6). Hat Paulus (Gal 4,5) mehr den gnadenhaften Geschenkcharakter dieser Gotteskindschaft als einer „Adoptiv-Kindschaft" gekennzeichnet, so hebt Johannes in seinem 1. Brief hervor, daß wir „nicht nur Kinder Gottes heißen, sondern es auch sind" (1 Jo 3,1).

§ 17 *Rechtfertigung als Einwohnung des Hl. Geistes (Gottesbrautschaft)*

LThK 3 (1959) 769–772: Einwohnung. – LThK 2 (1958) 659: Brautmystik. – Ebd. 660–662: bibl. Brautsymbolik. – LThK 5 (1960) 1213–1219: Jungfräulichkeit, Jungfrauenweihe. – H. Schauf, Einwohnung des Hl. Geistes, Freiburg i. Br. 1961. – Y. M. J. Congar, Le Mystère du temple, Paris 1958. – H. Lignée, Zelt Gottes unter den Menschen, Düsseldorf 1961. – J. Blinzler, Εἰσὶν εὐνοῦχοι, Mt 19,12 ff, ZNW 48 (1957) 254–270. – J. H. Nikolas, Les Profondeurs de la grâce, Paris 1969, 400–450. – S. Frank, Angelikos Bios, Münster 1964. – H. Mühlen, Der Hl. Geist als Person, Münster 1963.

Das Wort Christi „Siehe, ich bin bei euch alle Tage bis zur Vollendung der Weltzeit" (Mt 28,20) hat eine mannigfaltige Erfüllung gefunden in der Kirche Christi, die sein Leib ist, dessen Haupt er ist, in der er weiterlebt und weiterwirkt in Amt, Wort und Sakrament. Ganz besonders realisiert es sich durch die Sendung des Hl. Geistes, die eine letzte, höchste Weise göttlicher Gegenwärtigkeit in dieser Welt bedeutet. Wie durch die *Schöpfung* Gott allen Geschöpfen schon potentialiter (durch seine Schöpfungsmacht), essentialiter (durch die göttlich transzendente Schöpfungstat) und praesentialiter (durch seine ewige Schöpfungsidee und unendliche Schöpferliebe) gegenwärtig ist und wie er durch die *Menschwerdung* des Logos in einer neuen Weise sich in diese Welt hineinverleiblicht hat, so ist er schließlich durch die *Sendung des ewigen Pneumas* in ganz neuer und einzigartiger Weise in der Menschenwelt und in der Seele jedes einzelnen Menschen in dieser Welt gegenwärtig (in einem neuen „praesentialiter") geworden.

Das heilsgeschichtliche Verständnis der Gnade muß an dieses „Pfingstereignis" anknüpfen. Wenn schon die Inkarnation des Logos als einmalige zeitgeschichtliche Realität letzter heilsgeschichtlicher Tat Gottes kein Ende mehr nimmt, *Dauerzustand* ist, und die zeitliche Welt damit in die Ewigkeit Gottes hineingebunden ist, so gilt ebenso vom Pfingsttag, daß er keinen Abend kennt, daß er ein *Dauerereignis* ist, ein immer neues Wehen des Hl. Geistes, der weht, wo er will (Jo 3,8). Ist in der Menschwerdung des Logos vor allem die ganze „Schöpfung", die einst vom Worte Gottes geschaffen ward, erfaßt worden, so ist durch die Geistsendung vor allem auch die „personale Welt", in der Wahrheit, Güte und Schönheit (die Transzendentalien des Seins), Glaube und Liebe und Hoffnung (die Grundhaltungen der christlichen Seele), ihren Wurzelgrund haben, zu einer „neuen" Existenz befähigt worden.

1. So ist Gnade im heilsgeschichtlichen Sinn vor allem in der biblischen Aussage von der *Einwohnung des Hl. Geistes* im Herzen der Menschen zu verstehen. Die klassischen Texte hierfür sind: „Da kam die Fülle der Zeit, und Gott sandte seinen Sohn, ... er sollte die, die unter dem Gesetz standen, loskaufen, damit wir die Annahme an Sohnes Statt erhielten. Weil ihr nun Söhne seid, sandte Gott den Geist seines Sohnes in unser Herz, der da ruft: Abba, Vater!" (Gal 4,4–6). „Wir sind also, meine Brüder, dem Fleische nicht schuldig, nach dem Fleische zu leben. Wenn ihr nämlich nach dem Fleische lebt, werdet ihr sterben, wenn ihr aber durch

den Geist die Triebe des Fleisches ertötet, werdet ihr leben. Denn alle, die sich vom Geiste Gottes leiten lassen, sind Kinder Gottes. Ihr habt ja nicht den Geist der Knechtschaft empfangen, daß ihr euch von neuem fürchten müßtet, sondern den Geist der Kindschaft, der uns rufen läßt, Abba, Vater! Und der Geist bringt es unserem Geist auch zum Bewußtsein, daß wir Kinder Gottes sind" (Röm 8,12–16). „Durch ihn (Christus) haben wir beide (Juden wie Heiden) in einem Geist den Zutritt zum Vater ... Auf ihm (Jesus Christus) seid auch ihr zu einer Wohnstätte Gottes im Geiste miterbaut" (Eph 2,18.22). Deutlich wird hier der Hl. Geist Gottes als die Macht gekennzeichnet, die uns Menschen in einer alles Menschliche übersteigenden Weise für die Wirklichkeit Gottes öffnet, so daß wir Gott in einer ganz neuen Weise als „Vater" rufen, so wie Christus selbst, der eingeborene Sohn Gottes, ihn in einer absolut einmaligen Weise „Vater" nennen durfte. Durch den Geist Christi haben wir an diesem „Gottessohnschaftverhältnis Christi" einen von Gott geschenkten „Anteil".

2. Diese Einmaligkeit der Gottesbeziehung wird deutlich in der einmaligen Gestalt der *Gottesliebe* in uns: „Die Liebe Gottes (mit der uns Gott liebt) ist ausgegossen in unsere Herzen durch den Hl. Geist, der uns gegeben ist" (Röm 5,5). In dieser Liebe ist alle „Hoffnung" sichergestellt gegen jeden Trug und jede Enttäuschung. Aus dieser Liebe zum Vater „im Geiste", den der Vater (Jo 14,26) und der Sohn (Jo 15,26; 16,7) uns gesandt haben, ist das Wort zu verstehen: „Seht, wie große Liebe uns der Vater erwiesen hat: wir heißen Kinder Gottes und sind es auch ... Geliebte, jetzt sind wir Kinder Gottes; was wir einst sein werden, ist noch nicht offenbar. Doch wissen wir, wenn es einmal offenbar wird, werden wir ihm ähnlich sein: dann werden wir ihn sehen, wie er ist" (1 Jo 3,1 ff). „Wer die Gebote Gottes hält, bleibt in ihm, wie auch er in ihm bleibt. Daß er in uns bleibt, erkennen wir aber an dem Geist, den er uns gegeben hat" (1 Jo 3,24). „Daran erkennen wir, daß wir in ihm bleiben und er in uns bleibt, daß er uns von seinem Geist mitgeteilt hat ... Wir erkennen gläubig die Liebe, die Gott zu uns hat. Gott ist die Liebe; wer in der Liebe bleibt, der bleibt in Gott ..." (1 Jo 4,13.16). Diese Sendung des Geistes in unsere Herzen läßt uns teilhaben an der innergöttlichen Liebe selbst: Gott liebt sich selbst in uns, und diese göttliche Liebe ist der Hl. Geist, und wir haben Anteil an dieser innergöttlichen Liebe im Geiste, der uns einwohnt.

3. Diese *Sendung des Geistes* kommt als „Sendung" erst in der *Einwohnung des Geistes in unseren Herzen* ans Ziel, so wie die „Sendung" des Sohnes und Wortes Gottes erst in der „Menschwerdung" ans Ziel gekommen, weltgeschichtliche Wirklichkeit als heilsgeschichtliches Ereignis geworden ist. Die Texte hierfür sind: „Wißt ihr nicht, daß ihr ein Tempel Gottes seid und der Geist Gottes in euch wohnt? Wenn aber einer den *Tempel Gottes* zugrunde richtet, wird ihn Gott zugrunde richten; denn heilig ist der Tempel Gottes, und das seid ihr" (1 Kor 3,16 f). Hier spricht Paulus die Christen als Glieder der Gemeinde Christi, der Kirche, an: In der Gemeinde Christi lebt der Geist Christi, und durch den Geist Christi ist sie Gemeinde Christi. „Wißt ihr nicht, daß euer Leib ein *Tempel des Hl. Geistes* ist, der in euch wohnt und den ihr von Gott habt, und daß ihr nicht mehr euch selbst angehört? Ihr seid um einen teuren Preis erkauft. Verherrlicht Gott in eurem Leibe!" (1 Kor 6,19 f). Hier ist der einzelne Christ angesprochen und das Geheimnis, das Paulus immer wieder anrührt, wenn er von dem Gegensatz „Fleisch und Geist" spricht. Dieses Geheimnis wird auch hier signalisiert, um die Bedeutung und die Macht des Geistes Gottes in uns zu kennzeichnen. – Die *antike Vorstellung vom „Gottestempel"* ist hier gemeint: Der Tempel Gottes ist nicht Gemeinderaum, sondern Ort der Anwesenheit der Gottheit, ihrer Herrlichkeit und ihrer Macht, heiliger Bezirk in dieser Welt, in dem Gott anwesend ist, bei uns wohnt, unter uns sein Zelt aufgeschlagen hat, wo wir ihn anrufen und finden können.

4. Manche Theologen, wie Petrus Lombardus (Sent. I dist. 17), vor allem Richard Fishacre (Kommentar dazu), Petavius u. a. haben versucht, entsprechend dem metaphysischen Geheimnis der hypostatischen Union in Christus, auch zwischen Hl. Geist und einzelner Menschenseele eine, wenn auch nicht naturhafte (daher bleibende), sondern vielmehr personale (und daher auflösbare), aber doch wesenhafte Union zu postulieren. Im Namen des rechten Verständnisses der Gnade haben die großen Theologen der Hochscholastik (Albertus, Thomas, Bonaventura usw.) diese Konstruktion als ein der Offenbarung fremdes Theologoumenon abgelehnt. Festzuhalten bleibt jedoch, daß es sich in der *inhabitatio Spiritus Sancti* als dem Korrelat zur Sendung des Geistes durch den Vater und den Sohn um eine reale und personale Einwohnung des Geistes im Menschen und in der Kirche, nicht nur um eine Gegebenheit seiner Wirkung handelt. Die großen Hymnen „Veni creator spiri-

tus" und „Veni sancte spiritus" (Sequenz und Vesperhymnus, der eine vielleicht von Stephan Langton, der andere aus der Karolingerzeit, vielleicht von Rhabanus Maurus, bei Kaiserkrönungen und Bischofsweihen im MA gesungen) bringen die Bedeutung der Einwohnung des Geistes für die Begnadung des Menschen in mehr biblischer bzw. in mehr spekulativer Theologie zum Ausdruck. – Ein geheimnisvolles Wort hierzu bleibt Jak 4,5: „Oder meint ihr, die Schrift sagt umsonst: Mit eifersüchtiger Liebe verlangt es ihn (Jahweh) nach dem Pneuma, das er in euch hat Wohnung nehmen lassen." Pneuma hat hier den vollen Sinn des hebräischen „ruach", was sowohl Leben wie auch Geistseele, wie auch Gottes Geist bedeutet (ähnlich 1 Kor 6,19 f. Vgl. Fr. Mußner, Der Jakobusbrief, Freiburg i. Br. 1964, S. 181 ff).

5. Mit dieser Offenbarungswahrheit von der Einwohnung des Geistes ist eine biblische Aussage zu verbinden, die für das Verständnis der Gnade von besonderer Bedeutung ist, die Aussage von der *Gottesbrautschaft* der gottgefälligen Seele. – Der Ansatz für diese Offenbarungswahrheit liegt im Bundesgedanken des AT, deutlich gemacht als „Bundestheologie" seit dem Deuteronomion (Israel als das „heilige Volk Gottes": 7,6; 14,2; 26,19) und ausgeführt in der Analogie mit dem „Ehebund" seit den Propheten (Os 1–3; Jr 2,2; 3,1; Ez 16; Is 50,1; 54,4–10; Hl). Jahweh schließt mit Israel den Bund (Ex 24,8; Jos 24,25), und „Liebe und Treue" sind seine Seele, wie die „Erwählung durch Gott" sein Ursprung ist (Dt 7,7; 14,2). Da den Propheten des Exils der „Alte Bund" am Ende zu sein schien, redeten sie von einem „Neuen Bund" (Jr 31,31; 32,37; Ez 16,60 ff; 34,25–31; 37,25–28), auf den sich die Evangelien im Kelchwort des Abendmahls Christi berufen (Mk 14,24; Mt 26,28; Lk 22,20; 1 Kor 11,25). Entscheidend ist, daß Christus in seiner Verkündigung die Bundesmystik des Alten Bundes, wie sie im Hohenlied vorliegt (Jahwehs Bund mit Israel als bräutliches Liebesverhältnis dargestellt), aufgreift und vertieft. Er nennt sich selbst den „Bräutigam" (Mt 9,15; Jo 3,29), und in seinen Gleichnissen, die vor allem die eschatologische Seinsordnung des Christen in dieser Welt zum Ausdruck bringen (Mt 22,2 = Lk 14,16: vom König, der seinem Sohne Hochzeit hält; Mt 25,1: von den zehn Jungfrauen, die dem Hochzeitspaar „Christus und seiner Kirche" entgegengehen), verwendet er dieses Hochzeitsbild. Paulus macht im Eph.-Brief das Mysterium zwischen Christus und seiner Kirche zum Grundschema für das christliche Verständnis des Neuen, das Christus in sei-

ner Verkündigung von der Einpaarigkeit und absoluten Unauflöslichkeit der Ehe, seiner Kirche im „Ehesakrament" geschenkt hat (Eph 5,25–27). Wie bei Osee noch ganz die negative Seite der Treulosigkeit Israels gegenüber seinem Herrn Jahweh dargestellt wird, so wird hier das Geheimnis der Liebe Gottes zum Menschen in Christus zum Leitbild und Deutebild für die eheliche Liebe. In der Apk endlich wird die Heimholung der Kirche am Ende der Zeiten mit dem Bild von der „Hochzeit des Lammes (Christus)" dargestellt: „Die Hochzeit des Lammes ist gekommen, seine Braut hat sich bereitgemacht; sie durfte sich kleiden in glänzend weißes Linnen" (19,7 f). Ja, am Ende wird dieses „neue Jerusalem" selbst als ein neues Geschöpf Gottes gezeichnet, das vom Himmel herabkommt, „ausgestattet wie eine Braut, die sich für ihren Mann geschmückt hat" (21,2).

6. Dieses Geheimnis der „Gottesbrautschaft", in dem Gott selbst um die einzelne Menschenseele wirbt, dieses Geheimnis hat auch das Leben einzelner Christen neu geformt, das Leben derer, die „um des Reiches Gottes willen (nach irdischem Verständnis) sich selbst zu Eunuchen gemacht haben" (Mt 19,12): die *jungfräulichen Menschen,* von denen schon Paulus sagt: „Wer unverheiratet ist, der ist um die Sache des Herrn besorgt, wie er dem Herrn gefalle; wer verheiratet ist, der ist um weltliche Dinge besorgt, wie er der Frau gefalle. So ist er geteilt. Die unverheiratete Frau und die Jungfrau ist auf die Sache des Herrn bedacht: Sie will an Leib und Seele heilig sein" (1 Kor 7,32 ff). Und die Gemeinde von Korinth erscheint dem Paulus so als eine nur Gott gehörige Braut: „Ich habe euch einem Manne verlobt, um euch als reine Jungfrau Christus zuzuführen. Ich fürchte nur, durch die Schlange mit ihrer Arglist, die Eva verführt hat, könnte auch euer Sinn verderbt und von der aufrichtigen Hingabe an Christus abgelenkt werden" (2 Kor 11,2 f), und er warnt vor einem anderen Christus, einem anderen Geist und einem anderen Evangelium als dem, das er verkündigt hat. Die Apk (14,1–5) schildert im Bild jene, „die dem Lamme folgen, wohin es geht", die vor seinem Thron „ein neues Lied" singen. Es sind „jungfräuliche Menschen, sie sind als Erstlinge für Gott und für das Lamm aus den Menschen erkauft". – Diese biblischen Aussagen, wie vor allem das Vorbild Christi und das Bild seiner jungfräulichen Mutter Maria, haben schon im 2. Jh. das dem Judentum völlig fremde *Institut der „Jungfrauen"* in der Kirche groß werden lassen. Cyprian in seinen Briefen, Methodius von Olymp

in seinem „Gastmahl" haben davon gehandelt, und Hieronymus, Ambrosius, Augustinus, Papst Damasus haben sich um dieses Institut bemüht und große Werke über „Jungfräulichkeit" als christliches Ideal geschrieben. Seit dem 4. Jh. wurden, entsprechend der Taufe und der Priesterweihe, auch die Jungfrauen in einem eigenen Ritus (Weihe) in dieses Institut aufgenommen. Die großen Grundgedanken dieses Standes sind:

a) Alles verlassen um Christi willen und Christus nachfolgen *(Armut)*;

b) aus allen Kräften dem menschgewordenen Worte Gottes folgen und in dieser Gefolgschaft alle Kräfte der Liebe entfalten (Liebe, *Ganzhingabe)*;

c) sich in allem vom Worte Gottes leiten lassen *(Gehorsam)*;

d) um dadurch frei zu sein für die höchste Fruchtbarkeit der Liebe im *Dienste Gottes:* mag dieser Dienst im Gotteslob (Benediktiner-Regel) oder in der je immer größeren Gottesliebe (Franziskaner- und Augustiner-Regel) oder in dem je immer größeren Dienst für Christus, den König (Jesuiten-Constitution), oder worin sonst immer bestehen. – Im 12. Jh. ist dieses Ideal von der Westkirche im *Zölibat* kirchenrechtlich festgelegt worden für den Priester als Diener des Altares, wodurch der charismatische Charakter dieses Ideales zeitweise verdunkelt wurde. Das hochzeitliche Königslied (Ps 45) ebenso wie das Hohelied des AT haben die großen Texte für dieses Geheimnis christlichen Lebens immer wieder abgegeben. – Das Entscheidende bleibt, daß all diese Wirklichkeiten christlichen Lebens nicht aszetisch oder moralisch zu verstehen sind, sondern allein zu deuten und zu leben aus der Einwohnung des Hl. Geistes, aus der Gnade des Geistes im Menschen. Die „ruach Jahweh" bestimmt die Seele der Gottesbraut.

Der jungfräuliche Stand bleibt in dieser Welt die Ausnahme. Dennoch ist er wegen seines übernatürlichen Ursprungs – Berufung durch Gott: „Wer es fassen kann, der fasse es" (Mt 19,12) – wie wegen seines eschatologischen Charakters („in Christus") Ausdruck und Zeichen eines christlichen Weltverständnisses, das wegen seiner Schriftgemäßheit trotz aller Paradoxie zu unserem natürlichen Weltbild nicht ignoriert werden kann. – Auf die Frage nach der Ehe im Zusammenhang mit der jüdischen Leviratsehe (Verwandtenehe um der Nachkommenschaft willen) antwortet Christus: „Ihr seid im Irrtum: ihr kennt weder die Schrift noch die Macht Gottes. In der Auferstehung nehmen sie weder zur Ehe noch werden sie zur Ehe genommen, sondern sie werden sein wie die

Engel Gottes im Himmel" (Mt 22,29 f). – Hier nennt Christus selbst als Ermöglichungsgrund für diesen ungewöhnlichen Lebenszustand der Jungfräulichkeit „die Macht Gottes (δύναμις τοῦ θεοῦ)". Man könnte verweisen auf das andere Beispiel, wo der Verkündigungsengel (wie einst Gott zu Abraham Gn 18,14) zu Maria den Ermöglichungsgrund für ihre Jungfrauengeburt in dem Wort ausspricht: „Bei Gott ist kein Ding unmöglich" (Lk 1,37). – Mönche des 5. Jh. (Nilus, Theodor Studites) haben im Anschluß an den Matthäustext vielfach ihr Mönchsleben, nach ihrer Interpretation des Textes, ein „engelgleiches Leben (βίος ἀγγέλικος)" genannt.

Die in diesem Paragraphen vorgestellten Texte der Hl. Schrift mögen uns teilweise befremdend vorkommen. Vielleicht sind jedoch gerade diese Aussagen von der „Jungfräulichkeit" und der „Gottesbrautschaft" ein wertvoller Ausgangspunkt für unser Verständnis von Gnade: Hier sind Gnade und Charisma sehr eng verbunden, und das, was wir als „unnatürlich" in diesen Vorstellungen empfinden, mag uns das „Übernatürliche" der Gnade als von Gott gewirkte Tatsache deutlicher machen. „Denn meine Gedanken sind nicht eure Gedanken und eure Wege sind nicht meine Wege – spricht der Herr! Nein, so hoch der Himmel über der Erde steht, so hoch sind meine Wege über euren Wegen und meine Gedanken über euren Gedanken" (Is 55,8).

§ 18 Rechtfertigung als Teilhabe am dreifaltigen Leben Gottes (Gottesfreundschaft)

LThK 3 (1959) 769–772: Einwohnung. – DSAM III (1957) 1370–1459: divinisation. – J. Trütsch, SS. Trinitatis inhabitatio apud Theologos recentiores, Trient 1949. – P. Galtier, L'habitation en nous des trois personnes, Rom [2]1950. – DSAM III (1957) 489–500: Ami de Dieu. – Ebd. 500–529: Amitié. – Aristoteles, Nik. Ethik VIII–IX (Darmstadt 1960: Fr. Dirlmeier). – Aelred von Rieval, De spir. am. (PL 195, 650–702). – Cassian, Coll. 16 de am. PL 49, 1011–1040. – R. Egenter, Gottesfreundschaft, Augsburg 1928. – Petrus von Blois, De am. christ. PL 207, 871–958. – M. Paeslack, Zur Bedeutungsgeschichte der Wörter philein, philia und philos in der LXX und im NT, Th.Viat. 5 (1953) 51–142. – RGG III (1958) 1128–1132 (nur eth.) 1789: Gottesfreunde. – LThK 4 (1960) 1104–1106: Gottesfreundschaft. – M. Scheeben, Die Kontroverse über die Formalursache der GK. Ges. Aufs., ed. H. Schauf, Freiburg i. Br. 1967, 196–302, Lit. 169 ff. – H. Mühlen, Der hl. Geist als Person, Münster 1963.

Rechtfertigung als Gotteskindschaft durch Christusgemeinschaft und Einwohnung des Hl. Geistes (Gottesbrautschaft) führt schließlich zur Frage nach der Beziehung des Menschen in der Gnade zum hl. Dreifaltigen Gott. Ausdrücklich hat Christus selbst immer wieder das Verhältnis des Menschen zu ihm auf sein eigenes Verhältnis zum Vater weitergeführt. Sagt er bei den Synoptikern noch: „Wer mich vor den Menschen bekennt, den werde auch ich vor meinem Vater im Himmel bekennen" (Mt 10,32 f), so nimmt er bei Johannes seine Jünger in einer neuen Weise mit zum Vater. „Wer an mich glaubt, glaubt nicht an mich, sondern an den, der mich gesandt hat; und wer mich sieht, sieht den, der mich gesandt hat" (12,44). „Die Rede, die ihr (von mir) gehört habt, ist nicht meine Rede, sondern die Rede dessen, der mich gesandt hat" (14,24). „Der Vater liebt euch, weil ihr mich geliebt habt und weil ihr geglaubt habt, daß ich vom Vater ausgegangen bin" (16,27). Besonders im Hohenpriesterlichen Gebet wird diese Linie *Jünger – Christus – Vater* immer wieder ausgezogen (17,6–8; 17, 19. 22–24): „Ich bin in ihnen, wie du in mir bist (Vater)" (V. 23); „Ich habe ihnen deinen Namen (Vater) kundgetan und werde ihn weiter kundtun, damit die Liebe, mit der du mich liebst, in ihnen sei und ich in ihnen sei" (V. 26).

1. Vor allem zwei Worte legen dieses Verständnis der Rechtfertigung als einer *Teilhabe am dreifaltigen Leben Gottes* selbst nahe. Auf die Frage des Judas Thaddäus, warum sich Christus den Aposteln und nicht auch der Welt offenbaren wolle, antwortet Jesus: „Wer mich liebt, wird mein Wort halten. Mein Vater wird ihn lieben, und wir werden zu ihm kommen und uns eine Bleibe bei ihm bereiten" (Jo 14,23). Da die Liebe Gottes der Geist ist (Röm 5,5), darf dieses „wir" auf den Dreifaltigen Gott bezogen werden. Der Verfasser des 2. Petrusbriefes schreibt, daß uns Christus durch die Offenbarung des Vaters alles geschenkt hat, was für Leben (Gnade) und Frömmigkeit (Leben aus der Gnade) dient. „Dadurch sind uns die wertvollsten und größten Verheißungen verliehen, damit ihr durch sie den verderblichen Lüsten der Welt entgeht und Gemeinschaft findet mit der göttlichen Natur" (2 Petr 1,4: θείας κοινωνοὶ φύσεως). Hier erscheint diese Gemeinschaft zwar eschatologisch (vgl. 1,11), es ist jedoch nicht gesagt, daß dieser Zustand erst nach dem Tode eintreten könne. *Gemeinschaft mit der göttlichen Natur* aber heißt Gemeinschaft mit dem Leben des Dreifaltigen Gottes, Teilhabe an den mitteilbaren Eigenschaften Gottes.

2. Christus selbst hat auf dem Tempelweihefest in seinem Streitgespräch um seine Messiaswürde das Wort gesprochen: „Ich und der Vater sind eins" (Jo 10,30), und da ihm die Juden deshalb Gotteslästerung vorwarfen, weil er, „der ein Mensch ist, sich als Gott ausgebe", darauf geantwortet mit dem geheimnisvollen Wort: „Steht in eurem Gesetz nicht geschrieben: ihr seid Götter? (Ps 81, 6). Wenn die Schrift schon jene Götter nennt, an die das Wort Gottes ergangen ist . . ." (Jo 10,34 f).

Vier theologische Gedankengänge haben, schon seit dem 2. Jh. anhebend, diese biblischen Offenbarungsaussagen weitergeführt:

a) Am Anfang steht vielleicht Origenes mit seiner Aussage: „Gottes Sohn ist Menschensohn geworden, damit wir Menschen Gottessöhne werden" (vgl. Christologie). Vor allem seit den christologischen Streitigkeiten des 4. Jh. ist diese Idee weitergebildet worden zu dem Satz: *Gott ist Mensch geworden, damit der Mensch Gott werde* (Gregor v. Nazianz, Augustinus u. a.).

b) Klemens von Alexandrien hat zur Ausgestaltung dieser Lehren Platos Wort von der *Gottverähnlichung* vor allem beigezogen: „Die Flucht vor dem Bösen besteht in der möglichst vollständigen Verähnlichung mit Gott" (ὁμοίωσις τῷ θεῷ κατὰ τὸ δυνατόν); „ihm ähnlich werden heißt aber gerecht und fromm werden aufgrund richtiger Einsicht" (δίκαιον καὶ ὅσιον μετὰ φρωνήσεως) (Theaitetos 176 A). Klemens v. Alexandrien hat diese „Verähnlichung mit Gott" weitergeführt zur „Gottförmigkeit" (θεοειδής) und zur *Vergottung* (θείωσις), besonders im Anschluß an die obengenannte Stelle Jo 10,34 f. „Auf diese Weise ist es möglich, daß der Gnostiker (der vollkommene Christ) bereits selbst Gott wird" (Strom. IV 149,8). „Die Seele strebt danach, Gott zu sein" (ebd. IV 113,3). „Wer dem Herrn gehorcht und der durch ihn gegebenen Verheißung folgt, der wird nach dem Abbild des Meisters vollkommen zu einem im Fleisch wandelnden Gott gemacht" (ebd. VII 101,4; vgl. 3,6; 95,2). Gregor v. Nazianz u. a. haben diese Lehren weiterentwickelt. – Diese „Vergottung" ist als neues, personales Verhältnis zu Gott „in Christus" zu begreifen.

c) Das besondere Verhältnis des begnadeten Menschen zu Christus und zu Gott wurde im Anschluß an das Wort der Schrift als *Freundschaft mit Gott* gekennzeichnet. „Ihr seid meine Freunde, wenn ihr tut, was ich euch auftrage. Nicht mehr Knechte nenne ich euch; denn der Knecht weiß nicht, was sein Herr tut. Freunde habe ich euch genannt, denn alles, was ich von meinem Vater gehört habe, das habe ich euch geoffenbart" (Jo 15,14 f). Auch das

Wort des hl. Paulus: „Ihr seid nicht mehr Fremde und Beisassen, sondern Mitbürger der Heiligen und Gottes Hausgenossen" (Eph 2,19 f) wurde dafür herangezogen. – Die großen Gedanken, die schon ARISTOTELES über die tiefen Geheimnisse menschlicher Freundschaft entwickelt hat (Nikomachische Ethik VIII–IX) und die CICERO für den lateinischen Bereich in seinem „Laelius" weitergegeben hat, haben hier fortgewirkt und, vor allem im 12. Jh. durch das Werk des Abtes AELRED VON RIEVAL (De spirituali amicitia: PL 195, 1650) und durch andere weitergeführt, im 14. Jh. die Bewegung der manchmal sektenhaften (Rulman Merswin) „Gottesfreunde" im oberen Elsaß wie der „Fraterherren" (Thomas von Kempen) am Niederrhein hervorgerufen. –

Kommt durch das obengenannte Bild von der „Gottesbrautschaft" mehr die totalmenschliche Gemeinschaft mit Gott zum Ausdruck, so wird in der „Gottesfreundschaft" mehr die gemeinsame geistige Interessenorientierung angesprochen: „Omnis vis amicitiae est voluntatum, studiorum, sententiarum summa consensio" (Laelius IV § 15). Brautschaft ist wie auch echte Freundschaft (im Gegensatz zur Kameradschaft, die, vom gemeinsamen äußeren Ziel her bestimmt, viele zusammenfassen kann) auf zwei Personen, also als Gottesfreundschaft auf „Gott und Seele" beschränkt (Laelius V § 20). Die Gemeinsamkeit der geistigen Werte und Güter und Ideale schafft ein größtmögliches Maß an personaler Einheit in Vertrauen und Glauben, Zuverlässigkeit und Treue. Gerade durch den geistigen Grund ist hier höchste Einheit mit höchster Freiheit der Partner verbunden. Nicht die Hingabe der Liebe (wie in der Brautschaft), sondern vielmehr die Freiheit in dem gemeinsamen Ideal schafft hier Einheit und Gemeinschaft.

d) Die Theologie, vor allem seit dem Tridentinum, hat die Lehre von der *Teilhabe am inneren Leben des Dreifaltigen Gottes*, von der Teilhabe an der Selbsterkenntnis und Selbstliebe Gottes im Logos und im Pneuma weiterentwickelt und die Eigenschaften Gottes (vor allem die positiven Eigenschaften des göttlichen Lebens: Güte und Barmherzigkeit, Weisheit und Treue) aufgesucht, an denen der Mensch teilhaben und so Gott verähnlicht werden kann.

VASQUEZ hat dabei mehr an ein ursächliches Wirken Gottes im Menschen gedacht, während SUÁREZ mehr von einer gegenständlich-psychologischen Teilhabe sprach. In unserer Zeit hat M. DE LATAILLE (RSR 18 [1928] 253–268) der Einwohnung des Dreifaltigen Gottes formalursächliche Bedeutung für das Gnadenleben des Menschen zugesprochen. – In der Auseinandersetzung um die Bedeutung der Rechtfertigungsgnade im Dekret des Konzils von Trient, die vor allem zwischen GRANDERATH SJ und M. SCHEEBEN statthatte, vertrat Scheeben die Meinung, daß nicht die Gnade als Form allein (thomistisch), sondern neben der Gnade noch die Einwohnung des Geistes und des Dreifaltigen Gottes Ursache und Grund für die Rechtfertigung und Heiligung des Menschen nach dem Dekret des Konzils von Trient sei. Schon die großen *Franziskaner des späten 13. Jh.* (EUSTACHIUS VON ARRAS, PETRUS VON FALGARIO: vgl. Auer I 107 f) haben als Begleitung zur Gnade die Einwohnung des Geistes verlangt, wie der Herr in der Apk spricht: „Siehe, ich komme (selber) gleich, und mein Lohn ist bei mir" (Apk 22,12). Vor allem die *Mystik* (JOHANNES VOM KREUZ) hat das Gnadenleben als Teilhabe am Leben des Dreifaltigen Gottes oder Einwohnung Gottes in uns verstanden, wodurch Glaube, Hoffnung und Liebe eine einmalige Tiefe erreichen (Ruysbroek).

Heilsgeschichtlich hat Paulus das Zusammenwirken von Vater, Sohn und Geist in unserer Begnadigung zum Ausdruck gebracht in einem Schlußgruß und -wunsch an die Korinther: „Die Gnade des Herrn Jesus Christus (die er uns durch die Erlösung verdient) und die Liebe Gottes (in seiner ewigen Erwählung und Prädestination) und die Gemeinschaft des Hl. Geistes (einwohnend durch die Taufgnade) sei mit euch allen!" (2 Kor 13,13).

§ 19 *Die drei göttlichen Tugenden: Glaube, Hoffnung und Liebe und die übernatürlich-sittlichen Tugenden als Wirkung und Gestalt der Rechtfertigungsgnade*

ThW VI (1959) 174–230: πιστεύω. – ThW II (1938) 515–130: ἐλπίς. – ThW I (1935) 20–55: ἀγαπάω. – Fr. Tillmann, Kath. Sittenlehre IV, 1 (Düsseldorf 1935) 58–183: die drei göttlichen Tugenden. – E. Walter, Glaube, Hoffnung und Liebe im NT, Freiburg i. Br. 1940. – Th. Soiron, Glaube, Hoffnung und Liebe, Regensburg 1934.

Glaube: J. Auer, Glaube, Gewinn – Risiko, Trier 1968 (Lit.). – W. Kümmel, Der Glaube im NT, eine kath. und ev. Deutung, Heilsgeschehen u. Gesch., Marburg 1965, 67–80. – DThC VI (1920) 55–514. – DSAM V (1964) 429–630. – LThK 4 (1960) 913–931 (Lit). – RGG II (1958) 1586–1611 (Lit.).

Liebe: DSAM II (1953) 507–691. – DThC II (1905) 2217–2266: charité. – LThK 6 (1961) 1031–1039; 1043–1045: Gottesliebe. – RGG IV (1960) 361–369. – Viktor Warnach, Agape, Düsseldorf 1951.

Hoffnung: DThC V (1913) 605–676: espérence. – DSAM IV, 2

(1961) 1208–1233: espérence. – LThK 5 (1960) 416–424 (Lit.). – RGG III (1959) 415–420. – F. Kerstens, Der Hoffnungscharakter des Glaubens, Mainz 1969.

R. P. Gauthier, Magnanimité, Paris 1951. – LThK 3 (1959) 1245–1250: ev. Räte. – RGG II (1958) 785–788: ev. Räte (kritisch). – LThK 3 (1959) 223–226: Demut. – LThK 1 (1957) 878–887: Armut. – Lit. vgl. Das Buch von der geistlichen Armut von Johannes Tauler. ed. P. H. Denifle, München 1877. – LThK 5 (1960) 1213–1219: Jungfräulichkeit. – NCE XIV (1967) 701 –704.– LThK 4 (1960) 601–606: Gehorsam. – RGG II (1958) 1263–1265. – NCE X (1967) 605–606. – A. Weber, Das Problem von Befehl und Gehorsam in d. Kirche, Einsiedeln 1964; Adr. v. Speyr, Das Buch vom Gehorsam, Einsiedeln 1966.

I

Sosehr Gnade immer Geschenk Gottes ist und darum, ursächlich gesprochen, immer von außen kommt, so sehr dringt sie in das Innere des Menschen und macht aus ihm eine neue Kreatur (2 Kor 5,17). Dies wird vor allem deutlich, wenn die Offenbarung uns als Wirkungen (und Formen) der Gnade in uns menschliche Grundhaltungen vor Gott nennt, die wir im natürlichen Denken und Reden *Tugenden* (ἀρετή, virtus) nennen. Vor allem werden von Paulus hier mehrfach drei Tugenden vorgestellt, die in der Verkündigung der Kirche weiterhin immer zusammen genannt wurden: Glaube, Hoffnung und Liebe (das späte MA hat aus ihnen mißverständlicherweise sogar drei zusammengehörige hl. Märtyrer gemacht: Fides, Spes und Caritas). Sie werden *übernatürliche* Tugenden genannt, weil sie von Gott geschenkt (in der Taufe), nur durch die Gnade Gottes möglich sind, nicht durch eigene Kraft vom Menschen erworben und nicht durch eigene Tätigkeit erhalten werden können. Sie werden *göttliche* Tugenden genannt, weil sie in einmaliger Weise Gott nicht nur zum Urheber (causa efficiens), sondern auch zum Gegenstand (obiectum materiale: Vergöttlichung) zum Inhalt und Ziel (obiectum formale) haben.

1. Die klassische Stelle für die drei göttlichen Tugenden ist Röm 5,1–5: „Da wir nun durch den *Glauben* gerechtfertigt sind, haben wir Frieden mit Gott durch unseren Herrn Jesus Christus. Durch ihn haben wir ja, kraft des Glaubens, Zutritt zu dem Gnadenstande erlangt, in dem wir leben, und rühmen uns der *Hoffnung* auf die Herrlichkeit der Kinder Gottes; und nicht nur das: wir rühmen uns ja sogar der Trübsale, weil wir wissen, daß die Trübsal Geduld bewirkt, die Geduld Bewährung, die Bewährung

Hoffnung. Die Hoffnung aber kann nicht trügen; denn die *Liebe* Gottes ist in unsere Herzen ausgegossen durch den Hl. Geist, der uns verliehen wurde." Daneben ist zu nennen der Schluß des Hohenliedes der Liebe bei Paulus: „Für jetzt bleiben Glaube, Hoffnung und Liebe, diese drei; die größte (Tugend) unter ihnen ist die Liebe" (1 Kor 13,13).

a) Die ursprüngliche *Reihenfolge dieses Ternars* findet sich im 1. Brief des hl. Paulus an die Thessalonicher: „Wir haben vor Gott, unserem Vater, euren werktätigen Glauben, eure opferwillige Liebe und eure ständige Hoffnung auf unseren Herrn Jesus Christus in steter Erinnerung" (1 Thess 1,3). „Wir wollen uns wappnen mit dem Panzer des Glaubens und der Liebe und mit dem Helm der Hoffnung auf das Heil" (ebd. 5,8). – Der Sinn dieser Reihenfolge ist wohl der: Am Anfang steht der Glaube, der durch die Liebe wirksam ist (Gal 5,6); zu diesen beiden kommt als eschatologische Grundhaltung der ersten Christen die Hoffnung. Erst in Röm 5 erhält dieser Ternar seine neue „heilsgeschichtliche Ordnung": Der Glaube erfaßt im Geiste das Ziel, die Hoffnung streckt sich in Sehnsucht danach aus; aber das Ziel läßt sich nicht erringen, sondern muß geschenkt werden aus der Liebe Gottes, die uns gegeben ist im Hl. Geist (vgl. A. Steinmann, Brief an die Thessalonicher, Bonn 1935, S. 26).

b) Der *Ursprung* dieses Ternars ist gewiß nicht die Mysterienlehre des Porphyrios, wie Reitzenstein gemeint hat. Der Ursprung ist vielmehr bei Paulus wohl über das heilsgeschichtliche Schema zum jetzigen herangewachsen durch die Festigung des heilsgeschichtlichen Ternars Vater – Sohn – Geist (der Vater hat den Sohn gesandt zu unserer Erlösung; der Sohn hat vom Vater den Geist gesandt für seine Kirche), da die trinitarische Gestalt der theologischen Gedanken in den Paulusbriefen immer mehr bestimmend wurde. – Zugleich ist durch diese drei christlichen Grundhaltungen die Hinordnung des Christen in die Vergangenheit (Glaube an Offenbarung und Verheißung), in die Gegenwart (Liebe als existentielle Tat) und in die Zukunft (Hoffnung auf die Erfüllung der Verheißungen) festgelegt. – AUGUSTINUS hat diesen Ternar zum Einteilungsschema für sein Enchiridion gemacht, THOMAS v. A. teilt seine Moral nach diesem Schema ein.

c) Diese drei Tugenden werden *eingegossene Tugenden* genannt im Anschluß an Röm 5,5: „Die Liebe Gottes ist ausgegossen in unsere Herzen durch den Hl. Geist, der uns gegeben ist." Thomas v. A. hat demzufolge in allen christlichen Tugenden ein Gnadengeschenk Gottes gesehen und darum Tugend schlechthin im christlichen Sinne definiert: Virtus est bona qualitas mentis, qua recte vivitur, qua nemo male utitur, quam deus in nobis sine nobis operatur" (S. Th. I II q 55 a 4).

d) Die drei göttlichen Tugenden *gehören innerlich zusammen* und erbauen in ihrem Zusammenwirken je immer neu die christliche Existenz aus christlichen Grundhaltungen (Tugenden):

Der *Glaube* wird daher genannt virtutum gratuitarum regula et auriga – Regel und Wagenlenker der gnadenhaften Tugenden (Bonaventura, Sent. Com. III d 23), weil ebenso objektive wie subjektive Ordnung, aktive wie rezeptive Regelung aus dieser Tugend kommen: Man könnte ihn modern die „Kybernetik" nennen, die, das eigene subjektive Programm ebenso wie die im Verlauf des Geschehens auftretenden Glaubenserkenntnisse und Bekenntnisse aktiv und rezeptiv aufeinander je immer neu beziehend, das menschliche Handeln begleitet und bestimmt.

Die *Liebe* wird forma omnium virtutum genannt (Petrus Lombardus, Glossa maior, PL 191, 1324), weil sie in besonderer Weise mit dem Prinzip und Objekt der übernatürlichen Tugenden, mit Gott, verbindet: Mag diese forma mehr im thomistischen Sinne als etwas zu den anderen Tugenden Hinzukommendes oder im modernen Sinne mehr als eine innere Form gedeutet werden: man könnte sie heute wohl wiedergeben als „Lebensprinzip" der übernatürlichen Tugenden.

Die *Hoffnung*, im MA mehr psychologisch betrachtet, hat erst in neuerer Zeit wieder eine heilsgeschichtliche und existentielle Betrachtung gefunden und wird als Grundhaltung der eschatologischen Existenz des Christen in der Welt angesehen. Für den innerweltlichen Bereich ist sie so „Prinzip des geistlichen Fortschrittes", insofern sie in besonderer Weise die beharrenden Kräfte, die in Glaube und Liebe investiert sind, auf die Geschichtlichkeit irdischer und christlicher Existenz hin je immer neu öffnet und weiterführt. – Im einzelnen seien diese drei göttlichen Tugenden hier nur soweit gezeigt, als sie Gnade oder Frucht der Gnade genannt werden müssen.

2. *Der Glaube*

a) Glaube im religiösen Sinn ist eine totalmenschliche Tat und Haltung Gott oder dem Göttlichen gegenüber; als solcher ist er nur in der Gnade Gottes möglich. Er ist zugleich Antwort auf das Wort Gottes, ein Sich-Erschließen gegenüber der Selbstoffenbarung Gottes, antwortende Gegenliebe auf die Liebe Gottes zu uns, Aufnahme des zu uns kommenden Gottes und Ganzhingabe an den in uns wohnenden Gott. Was schon bei Augustinus vorgebildet ist, wird im Früh-MA zum Einteilungsschema für Glauben: Credere deum esse (Sache des Intellektes), credere deo (Sache der mens oder des Gemütes), credere in deum (Sache des Willens und der ganzen Person).

Selbst das *credere deum esse* ist als feste Überzeugung vom Dasein Gottes als überweltlichen Schöpfer-Gottes formal eine Gnade, mag auch der Inhalt dieses Glaubens (materialiter) aus dem Denken geboren worden sein und so als fides informis im allgemeinen Sinn eine menschliche Tugend sein, rectificans potentiam rectitudine iustitiae et vigorans eam circa opus difficile (Bonaventura, Sent. Com. III 23 a 2 q 1).

Noch mächtiger kommt der Gnadencharakter des Glaubens zum Ausdruck, wenn wir unter Glauben mehr das *credere deo,* das Gottvertrauen, ins Auge fassen. War für ersteres mehr das Licht Gottes notwendig, so ist hier vor allem die Kraft Gottes vonnöten, um willentlich an dem festzuhalten, was man nicht besitzt, sondern nur erhofft, und was man nicht schaut. Glaube ist ja ein Erfassen von Wahrheiten und Wirklichkeiten, die unser Denken überschreiten, und daher wird hier das Denken nicht durch die Begründung und durch den logischen Schluß zu Ende geführt, zur Evidenz gebracht, sondern vielmehr wird der übernatürlichen Wirklichkeit zugestimmt, auch wenn der Denkprozeß noch nicht abgeschlossen ist. Augustinus nennt daher das Glauben ein *cogitare cum assensione* (De praed. sanct. c 2 n 5, PL 44,963). Der Hebräerbrief (11, 1) faßt diese ersten beiden Elemente zusammen in seiner berühmten Erklärung des Glaubens: Fides est substantia rerum sperandarum, argumentum non apparentium: Es ist aber der Glaube ein Festhalten an Dingen, die man noch nicht besitzt, sondern erst erhofft, und ein Beweis für das, was man nicht sieht und was nicht in Erscheinung tritt.

Am tiefsten kommt der eigentliche Charakter des Glaubens zum Ausdruck im *credere in deum:* „Glauben" ist nämlich nicht nur ein Festhalten an einer Wahrheit, auch nicht nur ein Festhalten an einem erhofften Gut, sondern vielmehr ein personales Verhältnis zu Gott (Lebensgemeinschaft mit Gott), und zwar heute als „christlicher Glaube" in und durch und mit Christus.

Glaube ist eine *Denkgemeinschaft mit Christus,* aber nicht in dem Sinn, daß der Denkgegenstand Christi und der meine bloß der gleiche sei; vielmehr muß mein eigenes Denken am Denken Jesu teilhaben. Im Glauben wohnt Christus in unseren Herzen (Eph 3,17). Der Glaube bringt unser Denken „in die Botmäßigkeit Jesu Christi" (2 Kor 10,5). Hier liegt das große Licht begründet, von dem die griechischen Väter zumal bei der Taufgnade immer wieder sprechen. Johannes der Evangelist bringt daher in seinen Reden sehr häufig „Glauben und Wissen" zusammen. Dieses Licht ist aber kein eigenes Licht des Menschen, sondern Teilhabe am Lichte Gottes, daher voll und ganz Gnade, nicht eigene Tat und eigene Leistung. „Et in lumine tuo videbimus lumen" (Ps 36,10). Weil Gott der Unendliche ist, ist dieses Licht für uns Menschen zugleich auch immer ein Dunkel. – In diesem Lichte Gottes erscheint aber auch dem Menschen die Wirklichkeit Gottes in neuer Mächtigkeit und neuer Größe und daher dieses Festhalten an den geglaubten Wirklichkeiten auch mit einer neuen inneren Freudigkeit und Treue.

Die Erfahrungen der Welt, die Sündigkeit und die Schwachheit ebenso wie die Ungerechtigkeit, läßt dieses Glaubenserlebnis immer wieder verstehen durch das Geheimnis des „Kreuzes". Darum ist Glaube ebenso freudiger Besitz wie ständig neues Wagnis für den Menschen. Das Wichtigste aber im Glauben, die Wurzel des Glaubens und zugleich seine Krone (Przywara, Augustinus – Liebe 4 f) ist die Liebe zu Gott, die Liebe, die „alles erträgt, alles glaubt, alles erhofft, alles erduldet" (1 Kor 13,7), die Liebe, die hier aber nicht menschliche Liebe, sondern von Gott geschenkte Liebe zu Gott ist. Der Hl. Geist, der Geist der Wahrheit und die persönliche Liebe Gottes, das Unterpfand unserer Seligkeit, ausgegossen in unsere Herzen in der Liebe (Röm 5,5), ist die Krone unseres Glaubens. Im Hl. Geist ist unser Glaube „Gnade". Der Gegenstand ist übernatürlich, der Akt, das Motiv und das Ziel sind übernatürlich: alles ist in ihm „Gnade" (ThW VI 174–230).

3. *Die Liebe*

Die Liebe ist als reine Gottesliebe in besonderer Weise Gnade Gottes (Röm 5,5: Die Liebe Gottes ist ausgegossen in unsere Herzen durch den Hl. Geist, der uns gegeben ist). Die Liebe zu Gott kann nur eine übernatürliche sein, nicht nur des Gegenstandes wegen: auch die Grundhaltungen natürlicher Liebe müssen übernatürlich werden, soll „Gottes Liebe" in uns sein. Der hl. Bernhard antwortet auf die Frage, warum und wie man Gott lieben müsse:

Causa diligendi Deum Deus est; modus: sine modo diligere (PL 182, 974).

Der naturhafte *amor concupiscentiae* muß überwunden oder überhöht werden im Hl. Geist, muß Teilhabe an der göttlichen Liebe gewinnen, soll er von seiner natürlichen Selbstsucht gereinigt werden. Die inclinatio und das desiderium der natürlichen Liebe müssen übernatürlich geformt werden, um echte, personal freie Liebe zu werden.

Der affective *amor complacentiae* muß überhöht werden, weil es sich um das unendliche Gut handelt, das nicht mehr die natürliche Liebe zum Wohlgefallen anregt, sondern eher Furcht auslöst: Erst in der Kraft der übernatürlichen Glaubenserkenntnis wird dieses unendliche Gut als Gegenstand letzter Sehnsucht erkannt. Dadurch wird auch der natürliche „Eros" von seiner Selbstsüchtigkeit gereinigt.

Ganz besonders muß die personale Freundschaftsliebe *(amor amicitiae)* in der Gottesliebe gereinigt und in die übernatürliche Ordnung gehoben werden. So wie von Gott her diese Seite der Liebe eine sich neigende Liebe, aufhebende und erhöhende Liebe ist (caritas = ἀγάπη), so muß auch vom Menschen her die Antwort eine reine, sich ganz schenkende Liebe sein. Aller Anfang christlicher Liebe ist die Liebe Gottes zu uns, der uns geliebt hat, als wir noch Sünder waren (Röm 5,8), und der uns so sehr geliebt hat, daß er dafür seinen eingeborenen Sohn dahingab, damit alle, die an ihn glauben, nicht verlorengehen, sondern das ewige Leben haben (Jo 3,16). Besonders Johannes in seinem 1. Brief hat dieses Geheimnis der göttlichen Liebe dargestellt: „Laßt uns einander lieben, denn die Liebe stammt aus Gott! Jeder, der liebt (ohne Objektangabe!), ist aus Gott geboren und erkennt Gott. Wer nicht liebt, erkennt Gott nicht; denn *Gott ist die Liebe* ... Wenn wir einander lieben, bleibt Gott in uns, und seine Liebe ist in uns vollkommen. Daran erkennen wir, daß wir in ihm bleiben und er in uns, daß er uns von seinem Geiste mitgeteilt hat ... Gott ist die Liebe; wer in der Liebe bleibt, der bleibt in Gott, und Gott bleibt in ihm" (1 Jo 4,7–16). In dieser Liebe wurzelt auch der Glaube, nicht nur als ein Festhalten an Gott, sondern als ein Erkennen Gottes: „Was kein Auge gesehen, was kein Ohr gehört und in keines Menschen Herz gedrungen ist, hat Gott denen bereitet, die ihn lieben. Uns aber hat es Gott durch den Geist geoffenbart; denn der Geist erforscht alles, auch die Tiefen der Gottheit" (1 Kor 2,9 f). Die Liebe, die wirksam ist im Hl. Geist in uns, wandelt uns immer mehr in das Bild Christi um: „Wir aber, die wir mit enthülltem Antlitz die Herrlichkeit des Herrn widerspiegeln, werden in dasselbe Bild verwandelt von Herrlichkeit zu Herrlichkeit, wie es eben durch den Geist des Herrn geschieht" (2 Kor 3,18). Wahre Gottesliebe ist so immer Teilhabe an der Liebe Gottes selbst. Darum schließt sie in sich im echten Sinne eine unio cum deo und eine mutua adhaesio cum deo. Mit Recht sagt darum St. Bernhard, daß der vierte Grad der Liebe, d. h. sich selbst um Gottes willen lieben, uns Menschen erst nach der Auferstehung möglich werde (PL 182, 989 f).

Das MA hat zwei ganz verschiedene Liebesbegriffe entwickelt: Die Abailard-Schule und die Zisterzienser des 12. Jh. sprechen von einer *ekstatischen Liebe* und meinen damit die personale, existentielle Grundhaltung der Liebe im Menschen. Mehr *naturhaft-physisch* denken über die *Liebe* Hugo von St. Viktor, Bernhard von Clairvaux, Dionysius Areopagita und später Thomas von Aquin.

In jedem Fall ist mit der Liebe Gottes die *industria* verbunden, der Eifer für alles, was Gott angeht, eine Ruhlosigkeit, wo immer ein Mangel in Gottes Sache in dieser Welt zu sehen ist (vgl. Jo 2,17: „Der Eifer für dein Haus verzehret mich").

Aus diesem Verständnis der Gottesliebe ist auch *das große Gebot der Liebe* zu begreifen: Mk 12,28–34 = Dt 6,4 f. Es fordert, Gott zu lieben aus ganzem Herzen (καρδία – personal), aus ganzer Seele (ψυχή – allen Lebenskräften: Wille, Verstand und Gemüt), aus ganzem Gemüt (διάνοια – allen Kräften des verstehenden und bedenkenden Geistes) und aus allen Kräften (ἰσχύς – mit aller existentiellen Intensität). Wegen der tiefen Zusammengehörigkeit von Gott und Mensch und wegen der Gottebenbildlichkeit eines jeden Menschen ist mit diesem Gebot der *Gottesliebe* auch das Gebot der umfassenden *Nächstenliebe* verbunden (Lk 10,25–37: Gleichnis vom Samaritan; Jo 15,12 f; 17,22 f; 1 Jo 4,7). Der übernatürliche Charakter auch dieser christlichen Nächstenliebe wird vor allem in dem Gebot der *Feindesliebe* deutlich (Mt 5,43–48).

Die Übersetzung der gnadenhaften „caritas" in unser menschliches Erleben des „amor" ist weitgehend unsere Aufgabe. Sie kann jedoch nicht gelöst werden auf positivem Wege: Wir können nicht übernatürliche Liebe erleben durch unser Tun. Diese Aufgabe muß vielmehr auf negativem Wege gelöst werden: Wir müssen die *Liebe zur Welt und zu uns selbst* immer mehr reinigen und ordnen: „Habt nicht lieb die Welt, noch was in ihr ist. Wenn einer die Welt liebhat, so ist die Liebe zum Vater nicht in ihm. Denn alles, was in der Welt ist, ist Fleischeslust, Augenlust,

Hoffart des Lebens und stammt nicht vom Vater, sondern von der Welt. Doch die Welt vergeht samt ihrer Lust. Wer aber den Willen Gottes tut, bleibt in Ewigkeit" (1 Jo 2,15–17; vgl. Jak 4,4). Grund für diese Haltung ist das Wort des Johannes, „daß wir aus Gott sind, die Welt hingegen sich ganz in der Gewalt des Bösen befindet" (1 Jo 5,19). – Erst wenn die Liebe zu Gott groß geworden ist, wird auch die Liebe zum Nächsten rein und lauter werden. Wo echte Gottes- und Nächstenliebe in uns ist, gnadenhafte und übernatürliche Liebe, wird auch die *rechte Weltliebe*, die Liebe zur Welt Gottes in seiner Schöpfung, Platz und Gestalt in uns gewinnen. Erst hier wird man sprechen können: „de nobilitate creaturarum" (Marquard von Lindau, † 1392), so daß diese Herrlichkeiten der Welt uns nicht von Gott ablenken, sondern vielmehr zum Lob und zum Dank und zur Liebe Gottes hinführen (vgl. ThW I 20–55: ἀγαπάω [Quell, Stauffer]). Diese rechte Weltliebe läßt uns Raum und Zeit auch für das *vacare deo* (Ps 45,11 [Vulg.]; 1 Kor 7,5; 2 Chr 31,4) mitten in dieser Welt. „Ein Christ hat nicht freies Recht (ἐξουσίαν) über sich selbst, sondern er steht zur Verfügung (σχολάζει) für Gott" (Ignatius, Ad Polycarp. 7,3).

4. Die Hoffnung

In der Eschatologie (KKD VIII) haben wir von der Hoffnung als christlicher Grundbefindlichkeit zu sprechen. Hier sei nur auf einige Punkte hingewiesen, die den Gnadencharakter dieser Tugend zum Ausdruck bringen.

Christliche Hoffnung ist eine übernatürliche Haltung in uns, weil ihr Gegenstand, das ewige *Heil*, eine völlig übernatürliche Wirklichkeit ist (die absolute Zukunft des Menschen); weil die Erfassung dieses Gegenstandes nur im *Glauben*, also in der Kraft der Gnade möglich ist; weil die Hoffnung als Haltung ganz in unserer *Christusmystik* ruht. Denn nur in Christus wird die Wartezeit dieser Welt überwunden: in Christus besitzen wir schon das Unterpfand der künftigen Herrlichkeit: „Christus in eurer Mitte, die Hoffnung auf die Herrlichkeit" (Kol 1,27). In Christus wird auch das Leid dieser Weltzeit überwunden. „Ich halte dafür, die Leiden dieser Zeit sind nicht zu vergleichen mit der künftigen Herrlichkeit, die an uns offenbar werden soll. Denn die Schöpfung harrt mit Sehnsucht der Offenbarung der Kinder Gottes" (Röm 8,18 f).

Die Hoffnung ist eine übernatürliche Haltung auch, weil sie *Geschenk des Hl. Geistes ist*: „Der Gott der Hoffnung erfülle euch mit aller Freude und allem Frieden im Glauben, damit ihr überströmt an Hoffnung durch die Kraft des Hl. Geistes" (Röm 15,13).

Die großen Texte über Hoffnung sind: Röm 8,18–27 (39); 2 Kor 4,14 – 5,10; Kol 1,24–29. „Auf Hoffnung hin sind wir erlöst. Eine Hoffnung aber, die man erfüllt sieht, ist keine Hoffnung. Denn wie kann einer erhoffen, was er schon erfüllt sieht? Hoffen wir aber auf das, was wir noch nicht sehen, so harren wir in Geduld" (Röm 8,24 f).

Die Hoffnung macht den Glauben offen für die *Zukunft* und bindet die Liebe an die Wirklichkeit *dieser Welt*. In der Hoffnung kommt der Glaube zu einem neuen Aufbruch, und in der Hoffnung findet die Liebe das rechte Maß von Gottesfurcht, ohne die echte Gottesliebe in der Welt nicht möglich ist. Hoffnung ist Mitte und Brücke zugleich zwischen keuscher Ehrfurcht und liebender Hingabe, zwischen der Ferne, die die Person beläßt, und der Nähe, die Wesenseinheit sucht und daher die Person gefährdet; zwischen Pessimismus, der mit der Einsamkeit und Abgeschlossenheit ringt, und Optimismus, der in der Geborgenheit in einem fremden Du aufzugehen droht; zwischen dem Denken, das vor dem Geheimnis stehen muß, und dem Wollen, dem nichts unmöglich erscheint. Vor allem in neuester Zeit ist sowohl aus dem Existentialismus (Gabriel Marcel, Homo viator) wie aus dem Marxismus (Ernst Bloch, Prinzip Hoffnung, 2 Bde. 1962) und aus einem verabsolutierten Eschatologismus heraus (J. Moltmann, Theologie der Hoffnung, München 1964) die Hoffnung neu angegangen und neu konzipiert worden. „Die Hoffnung, könnte man sagen, ist von Wesen die Verfügbarkeit einer Seele, die sich in eine Erfahrung der Gemeinschaft innerlich genug eingelassen hat, um gegen den Widerstand des Willens und der Erkenntnis jenen transzendierenden Akt zu verwirklichen, durch den sie die lebendige Dauer bestätigt, für die jene Erfahrung zugleich Unterpfand und Anfang ist" (G. Marcel, S. 87).

II. Die übernatürlich-sittlichen Tugenden

Die übernatürlich-sittlichen Tugenden sind wie alle sittlichen Tugenden zunächst Sache des Menschen. Übernatürlich werden sie genannt, weil an ihrem Entstehen maßgeblich die Gnade beteiligt sein muß. Es seien hier nur genannt: die Tugend der religio, die Tugend der Demut (humilitas), die Tugend der virginitas und im Zusammenhang damit die evangelischen Räte.

1. Die Tugend der religio

Thomas von Aquin nennt die Tugend der religio die höchste moralische Tugend (S. Th. II II q 81 a 6). Gemäß dem Worte Jesu selbst darf wohl religio als christliche Tugend den theologischen Tugenden nähergerückt werden: „Es kommt die Stunde, und sie ist bereits da, in der die wahren Anbeter den Vater im Geiste und in der Wahrheit anbeten. Solche Anbeter sucht der Vater. Gott ist Geist, und die ihn anbeten, müssen ihn im Geiste und in der Wahrheit anbeten" (Jo 4,23 f). Dieses „im Geiste und in der Wahrheit" ist im johanneischen Sinne nur zu verstehen als „Tun in der besonderen Gnade Christi", der Geist (2 Kor 3,17) und Wahrheit (Jo 14,6) für uns Menschen geworden ist. Vor allem „Anbetung und Opfer" als grundlegendste Akte der Tugend der religio sind Werke in der Gnade: Christliche Anbetung ist Anbetung des Vaters im Geiste Christi, und christliches Opfer ist Teilhabe am Opfer Christi. Das besagt nicht, daß nicht natürliche Fähigkeiten und Tugenden Grundlage für diese christliche Haltung sein können; doch das „Gesetz der Sünde" (Röm 7,23), unter dem der Mensch ohne Gnade steht, fordert gerade für die Akte der religio notwendig Gnade. Das bedeutet auch für den Christen: Er muß sich nicht nur um Gebet und Frömmigkeit bemühen, sondern um noch viel mehr: er muß um die Gnade des Gebetes und des frommen Opfers beten. „Wenn der Herr das Haus nicht baut, mühen sich vergeblich die Bauleute" (Ps 127,1) (vgl. ThW VI [1958] 759–762: Greeven, προσκυνέω).

2. Die Tugend der Demut

Die Tugend der Demut (humilitas: ThW VIII [1960] 1–27: Grundmann: ταπείνωσις) im christlichen Sinne, von der Thomas sagt, daß sie nicht etwa bloß menschliche Bescheidenheit, sondern letztlich nur möglich sei und gründe im rechten Verhältnis zu Gott, ist eine übernatürlich-sittliche Tugend. Principium et radix (humilitatis) est reverentia quam quis habet ad deum (S. Th. II II q 161 a 6). Hinter den verschiedenen „Stufen der Demut", wie sie Cassian und Benediktus (10 Stufen) oder Basilius und St. Bernhard (12 Stufen) aufstellen, stehen nicht nur die verschiedenen menschlichen Verhältnisse, sondern ebenfalls verschiedene Stufen von christlichem Glauben und christlicher Liebe. Der seinsmäßige Hintergrund für die Grundhaltung der christlichen Demut ist in den drei großen christlichen Geheimnissen zu suchen:

a) Im Geheimnis der *Schöpfung:* Der Mensch ist mit allem, was er ist und hat, Geschöpf vor dem Schöpfer: „Was hast du, was du nicht empfangen hättest? Hast du es aber empfangen, was rühmst du dich, als ob du es nicht empfangen hättest?“ (1 Kor 4,7).

b) Im Geheimnis der *Sündhaftigkeit* des Menschen: Sind wir uns auch keiner Sünde bewußt, so stehen wir doch stets nur als Sünder vor Gott. „Wenn wir sagen: wir haben keine Sünde, so betrügen wir uns selbst, und die Wahrheit ist nicht in uns“ (1 Jo 1,8). „Ich bin mir zwar keiner Schuld bewußt, doch deshalb noch nicht gerechtfertigt; der mich richtet, ist der Herr“ (1 Kor 4,4). „Die Kraft (Gottes) kommt in der Schwachheit zur Vollendung“ (2 Kor 12,9).

c) Im Geheimnis, daß *alles Gnade* ist: „Durch die Gnade Gottes bin ich, was ich bin, und sie ist an mir nicht vergeblich gewesen“ (1 Kor 15,10). Für den Demütigen bleibt Gott immer alles, und damit wird aus dieser Einstellung zu Gott auch das Verhältnis zum Nächsten geordnet. Doch das rechte Verhältnis zu den genannten drei christlichen Geheimnissen ist Geschenk Gottes, Gnade Gottes, die wir erflehen müssen.

3. Die Tugend der christlichen Großmut und der Dankbarkeit

Christliche Demut wäre nicht im menschlichen Leben gesund zu erhalten, würde sie nicht zugleich mitgetragen von echter christlicher Großmut (magnanimitas: Cicero, De off. I 52), die von Gott und Welt jederzeit, unabhängig von aller Welterfahrung und Lebenserfahrung, groß zu denken vermag. Wie zu gesundem Menschenleben „Selbstbewußtsein“ gehört, so gehört zum echten Christenleben ein echtes *Sich-rühmen* (καυχᾶσθαι), freilich nicht ein Sich-rühmen seiner selbst oder seiner Leistung, sondern vielmehr ein Sich-rühmen in Gott (Röm 2,17; 5,11; 1 Kor 1,31; 2 Kor 10,17), dem der Mensch alles verdankt; und ein Sich-rühmen vor dieser Größe Gottes der eigenen Schwäche (2 Kor 11,30; 12,6.9), Sich-rühmen der Trübsal um Christi willen (Röm 5,3) oder im Kreuze des Herrn (Gal 6,14), damit dadurch die Größe Gottes um so mehr offenbar werde. Christliche Großmut gründet in der christlichen „Hoffnung“, die in die Zukunft schaut und alles von Gott erwartet. Diese christliche Großmut ist eine Gnade Gottes, die die Gnade der Demut einschließt und als Frucht der Gnade der Demut im Menschen wirksam wird.

4. Die Tugend der Jungfräulichkeit

Hierher ist auch die echt christliche Tugend der virginitas zu rechnen, die nicht primär im Verzicht besteht, sondern vielmehr in der totalen und immerwährenden Hingabe an Gott (vgl. oben § 17,6). Nur von dieser übernatürlichen Ordnung her und in der Gnade Gottes ist diese Tugend als christliche Tugend zu begreifen. Ohne diesen Bezug würde menschliche Verkümmerung daraus. Gott ist nicht nur das Ziel, sondern auch der Inhalt und Grund dieser erst und nur im Christentum in dieser Weise möglich gewordenen Lebenshaltung. Klemens von Alexandrien (Strom. VI 9) schildert den Gnostiker als den vollkommenen Christen, als einen jungfräulichen Menschen. Origenes (In Mt 14,25; De or. 9,2) hebt vor allem den Zusammenhang von Jungfräulichkeit und Freiheit für Gebet und Gottesdienst hervor; Athanasius, Ambrosius, Hieronymus, Makarius u. a. betonen die Bedeutsamkeit dieser Grundhaltung für die Gottesnähe des Menschen. „Vacare deo" ist der Sinn dieser Haltung (1 Kor 7,32.34), und Gottes Gnade ist ihr Ursprung (vgl. Lk 1,28: „Gegrüßt seist du, Gnadenvolle, der Herr ist mit dir", womit der Engel Gottes Maria grüßt, in der die Jungfräulichkeit als christliche Grundhaltung ihren Anfang nimmt).

5. Die evangelischen Räte

Hierher sind die drei evangelischen Räte zu zählen, die sich allmählich als Grundlage der sog. „Ordensgelübde" herausgebildet haben:

Armut (Mt 19,21: „Gehe hin, verkaufe alles, was du hast, und gib es den Armen, und dann komme und folge mir nach"; vgl. Apg 2,45; Mt 5,3).

Jungfräulichkeit (1 Kor 7,25 ff; 2 Kor 11,2 f).

Gehorsam (Mt 16,24): Christlicher Gehorsam ist Teilhabe am Gehorsam Christi gegenüber seinem Vater. Der Gehorsam als christliche Tugend und als religiöser Gehorsam ist etwas anderes als der sittliche Gehorsam gegenüber menschlicher Autorität. Er ist eine Gabe oder Gnade Gottes, in der der Mensch in anderer Weise auf seine Autonomie frei zu verzichten vermag, als es einem natürlich sittlichen Menschen sonst je möglich und erlaubt wäre. Der Glaube sieht andere Dimensionen der Welt und der Geschichte als der natürliche Verstand allein (Mt 7,21; 12,50; Eph 6,6).

Diese drei Grundhaltungen sind seit dem MA unter Berufung auf Papst Gregor d. Gr. (In Ezechielem hom. II 8,18) als Grundlage der Ordensgelübde ausgebildet worden. Sie sind aber nur Mittel zur Vollkommenheit, nicht selbst Vollkommenheit, und ihr Wertmaßstab ist die zugrunde gelegte Liebe zu Gott (vgl. Bernhard Martin, Die neunfache Form der Aszese, GuL 22 [1949] 37–71; Ordensgehorsam: H. Kraus, ebd. 39 [1966] 252–264).

6. Die Kardinaltugenden

Irgendwie werden aber auch die natürlichen Tugenden wie die vier *Kardinaltugenden* Klugheit, Gerechtigkeit, Mäßigkeit und Starkmut (vgl. Josef Pieper, Das Viergespann) für den Christen zu etwas Neuem in dem Maße, als er auch die natürlichen Tugenden von seinem im Glauben erfaßten Weltbild her neu motiviert, aus der von der Hoffnung getragenen eschatologischen Existenz neu konstituiert und in der Kraft der Gnade der Gottes- und Nächstenliebe neu zu leben versucht.

§ 20 Die Gaben des Hl. Geistes als Frucht der Rechtfertigung und Gestalt der Gnade

DSAM III (1957) 1579–1641: Dons du S. Esprit. – LThK 4 (1960) 478–480 (Lit.). – DSAM III (1957) 1222–1291: Discernement des esprits. – M. Brox, Zeuge und Martyrer, München 1961. – LThK 4 (1960) 398–405: Frömmigkeit. – Joachim Becker SSCC, Gottesfurcht im AT, Rom 1965. – J. Haspecker SJ, Gottesfurcht bei Jesus Sirach, Rom 1967. – G. M. Certo OP, De timore dei iuxta doctrinam scholasticorum, Rom 1940. – H. Schlier, Brief an die Galater, Göttingen [12]1962; 255–263 (Früchte des Geistes). – J. H. Nikolas, Les Profondeurs de la grâce, Paris 1969, 87–229.

Gerade die Lehre von den Gaben des Hl. Geistes zeigt uns die Grenze, die dem menschlichen Versuch, den Menschen nur als sittliches Wesen zu sehen, gesetzt ist (vgl. Kants Anthropologie) und lehrt uns, daß die Grundlage jedes christlichen Menschenverständnisses der Schöpfungsgedanke ist, in dem der Gedanke der Gnade mit aufgenommen ist.

1. Der Catechismus Romanus sagt, daß im Gefolge der heiligmachenden Gnade auch die sieben *Gaben des Hl. Geistes* gegeben werden. Die Lehre von diesen sieben Gaben knüpft an die Weissagung Is 11,1 an, daß auf dem Messias der Geist mit seinen Gaben ruhen wird (im hebr. Text 6, im griech. Text 7 Gaben genannt). Da christliches Leben „Leben in Christus" ist, gehören diese Gaben des Messias wesenhaft auch zum Christen.

Als Gaben werden sie in verschiedener Weise mit den Tugenden verglichen:

Sind Tugenden mehr dauernde Fähigkeiten, so erscheinen Geistgaben mehr als spontane Anregungen, die den Menschen zu einer größeren Tat geneigt machen (Thomas v. Aquin).

Sind Tugenden vergleichbar den Talenten des Menschen, so mögen die Geistgaben dem Genie verwandt erscheinen (Hermann Schell).

Sind die Tugenden dem Ruder zu vergleichen, mit dessen Hilfe wir Menschen das Schiff vorwärtsbewegen, so sind die Geistgaben dem Wind zu vergleichen, der weht, wo er will und in die Segel fährt, um so das Schiff vorwärtszubewegen (Rudolf Graber).

Das Grundgeheimnis aller Geistgaben ist: sie sind göttliche Gaben, die sich in unsere irdische Welt hereinverleiblichen.

2. Im einzelnen werden vor allem folgende Sinngehalte mit den verschiedenen Gaben des Geistes verbunden:

a) Die Gabe der *Weisheit* (sapientia – σοφία – choqmah):

Wo die Hl. Schrift von dieser Geistgabe spricht, stellt sie fast immer irdische Weisheit der göttlichen Weisheit gegenüber, so vor allem Jak 3,13–18 und 1 Kor 2,6–16. Die Geistgabe der Weisheit ist der von Gott geschenkte Instinkt für die *Unterscheidung der Geister* (discretio spirituum: 1 Kor 12,10). „Prüfet alles; was gut ist, behaltet. Von jeder Art Bösem haltet euch fern" (1 Thess 5,21 f). Die Gabe der Weisheit lehrt uns, in den irdischen Dingen die göttlichen Absichten und in der Weltgeschichte die Heilsgeschichte Gottes zu erkennen. Sie hilft vor allem, die Welt immer im Glauben zu sehen: das ewige, letzte Ziel bei Gott, und alles darauf hinzuordnen: Quid hoc ad aeternitatem? (Aloysius). Sie hilft uns zur rechten Wertschätzung der Welt im Lichte Gottes: die irdischen Güter und Aufgaben nicht zu schwer und nicht zu leicht zu nehmen. Sie ist der rechte Ausgleich zwischen Wahrheit und Liebe. „Wir verkünden Gottes geheimnisvolle, verborgene Weisheit, die Gott vor aller Zeit zu unserer Verherrlichung bestimmt hat ... Gott hat es durch seinen Geist geoffenbart, denn der Geist ergründet alles, auch die Tiefen der Gottheit ... Wir aber haben nicht den Geist der Welt empfangen, sondern den Geist, der aus Gott ist, und davon reden wir auch, aber nicht in Worten, wie menschliche Weisheit sie lehrt, sondern wie der Geist sie lehrt, und erklären damit Geistiges denen, die geistig sind" (1 Kor 2,6–13).

b) Die Gabe des *Verstandes* (intellectus – σύνεσις – binah):

Die Gabe des Verstandes gibt, soweit es uns Menschen möglich und notwendig ist, Verständnis für die Geheimnisse Gottes, die uns aufgeleuchtet sind im Angesicht Jesu Christi (1 Kor 4,3–6). Diese Einsicht vermittelt Frieden und die Kraft des Festhaltens an den Glaubensgeheimnissen. Man könnte sie die Gabe der „christlichen Gnosis" nennen (Klemens v. Alexandrien). In dieser Gabe wird auch das Kreuz eine sinnvolle Wahrheit, „uns, die wir gerettet werden, Gottes Kraft und Gottes Weisheit" (2 Kor 1,18–24). Thomas v. A. hat in dieser Gabe die höchste und wichtigste Gabe für den Theologen gesehen, während Bonaventura die Gabe der Weisheit für die wichtigste hielt.

c) Die Gabe der *Wissenschaft* (scientia – γνῶσις – deah):

Diese Gabe ist die Fortsetzung und Vollendung von Weisheit und Verstand. Sie ist die Gabe der Zusammenschau der Wirklichkeit und der Wertung aus der Gesamtschau. Sie ist die Gabe, die uns hilft, Hell und Dunkel nebeneinander stehen zu lassen, wo sie heilsgeschichtlich nebeneinander fortbestehen sollen (Mt 13, 30). Sie hilft uns, zum Geheimnis ebenso wie zur Einsicht ja zu sagen; sie hilft uns, die Frage, das Problem, ebenso ernst zu nehmen wie eine mögliche Antwort, weil in vielen Dingen des Übernatürlichen für uns Menschen die Frage das Letzte ist, eine Antwort nicht mehr gefunden werden kann, es sei denn, daß sie im einzelnen Falle von Gott gegeben ist. Sie hilft uns, nicht billige Antworten zu suchen, sondern lieber das Problem stehen zu lassen. Sie ist im religiösen Leben das, was im natürlichen Leben das „wissenschaftliche Gewissen" darstellt. Von dieser Gabe her werden auch die natürlichen Wissenschaften christlich zu bewerten sein (vgl. Bonaventura: Reductio omnium artium in theologiam). „In Christus und seinem Kreuz" sind für die christliche Weltsicht „alle Schätze der Weisheit und der Wissenschaft verborgen" (Kol 2,3). Schon die Weisheitsliteratur des Alten Bundes hat in Gott den Sitz aller Weisheit und Wissenschaft gesucht, denn „Gott allein ist der Herr der Wissenschaft" (1 Kg 2,3). – Die Gabe der Wissenschaft schenkt jedoch nicht natürliches Wissen, das mit Mühe und Anstrengung von uns Menschen erworben werden will.

d) Die Gabe des *Rates* (consilium – βουλή – ezah):

Die Gabe des Rates hilft zu handeln, wo gehandelt werden muß, ehe volle Einsicht gewonnen ist. Als Gabe des Geistes ist sie Teilhabe an dem ewigen „Ratschluß Gottes" und will dem Menschen helfen, diesen Ratschluß zu verwirklichen, auch wenn er ihn noch nicht erkannt hat. Sie ist die Gabe des Geistes für das „sittliche Gewissen", die uns handeln hilft in Zweifeln und Schwierigkeiten. Sie ist die Gabe des Wagnisses, ohne das kein christliches Leben möglich ist. Sie ist die Gabe für das Handeln, das in die Zukunft führt, und darum in erster Linie Gabe für die geistigen Führer in Gottes Reich. Sie ist die Gabe, die helfen muß, daß in jedem Fall die ersten drei Vaterunser-Bitten im Weltgeschehen Erfüllung finden. „Bei mir ist Rat und viel Erfolg, ich bin die Einsicht, mein ist die Kraft (spricht der Herr). Durch mich regieren Könige, entscheiden Mächtige nach Recht. Durch mich befehlen Vorgesetzte und richten Fürsten nach Gerechtigkeit. Ich liebe alle, die mich lieben, und die mich suchen, finden mich" (Spr 8,14 ff). „Keine Weisheit gibt es, keine Einsicht, keinen Rat gegen den Herrn" (Spr 21,30).

e) Die Gabe der *Stärke* (virtus – ἰσχύς – geburah):

Es ist die Gabe der christlichen Tapferkeit, die vor allem in Versuchung und in Leid, gegen die Mächte der Welt und die Menschenfurcht im eigenen Herzen notwendig ist. Sie gibt Ausdauer und Geduld (ὑπομονή) und die rechte Haltung im Zeugnis für Christus und Gott bis in den Tod (μαρτυρία): „Nicht uns, Herr, nicht uns, sondern deinem Namen schaff Ehre um deiner Huld und Treue willen!" (Ps 114,1). Darum nennt der Psalmensänger immer wieder Gott allein seine Stärke (Ps 31,2–7; Ps 43,1–5: Stufengebet der Messe). (Vgl. N. Brox, Zeuge u. Martyrer, München 1961.)

f) Die Gabe der *Frömmigkeit* (pietas – εὐσέβεια):

Im christlichen Sinne ist diese Gabe wohl vor allem im rechten Geist der „Gotteskindschaft" zu suchen (vgl. Mt 18,1–4). Vertrauen, Liebe, Hingabe, Treue kennzeichnen diese Grundhaltung. Sie findet ihre Auswirkung in der devotio und in der Freude an Gott.

g) Die Gabe der *Gottesfurcht* (timor dei – φόβος θεοῦ – jireath jahveh):

Die Gottesfurcht ist im AT schlechthin die Gabe der Frömmigkeit. Sie ist der Ausdruck des Verhaltens vor der Wirklichkeit Gottes, so wie sie im AT gezeichnet ist. Mögen noch manche scheinbar magische Elemente und Tabus in der Sprache des AT eine Rolle spielen, maßgeblich bleibt, daß Gott als der Schöpfer und Herr vor dem Menschen als dem Geschöpf und Knecht steht. Vor allem die Weisheitsliteratur, die sich mit dem hellenistischen Gottesbild, das einen idealistischen Spiritualismus zugrunde gelegt hatte, auseinandersetzen mußte, hat die Gottesfurcht eingehend dargestellt.

Jesus Sirach ist das Buch der Lehre von der Gottesfurcht im AT. Die Gottesfurcht ist Anfang aller Weisheit (Spr 1,7; 9,10; 15,33; Spr 14,27: Quelle des Lebens). Wenn Johannes in seinem Briefe schreibt: „Darin vollendet sich die Liebe Gottes bei uns, daß wir für den Tag des Gerichtes Zuversicht haben, weil wir in dieser Welt sind, wie auch er in ihr ist", so ist hiermit auch für die christliche Gottesliebe die Gottesfurcht grundlegend. Welche Furcht allein echte Gottesfurcht ist, zeigt der gleiche Johannes, wenn er fortfährt: „Furcht verträgt sich nicht mit der Liebe. Vollkommene Liebe verdrängt die Furcht; denn die Furcht hat es mit der Strafe zu tun. Wer sich aber fürchtet, ist nicht vollkommen in der Liebe." Deutlich wird hier gezeigt, daß Gottesfurcht „Ehrfurcht vor der Größe Gottes", nicht Furcht für sich und vor Strafe sein kann (1 Jo 4,17 f). Größe und Gestalt der Gottesfurcht wird für uns ein Zeichen sein für die Größe und Gestalt unseres Gottesbildes. Wer Gott nur als Partner sieht und ihn damit, ob er will oder nicht, vermenschlicht, wird nicht mehr das große Gottesbild der Offenbarung im Herzen tragen, wird darum auch nicht mehr von der Gottesfurcht erfüllt sein, die vor allem das AT von seinen Gläubigen verlangt. Nach atl. Aussage ist fromm schlechthin derjenige, qui timet dominum (Sir 3,7 f; 6,17; 15,1; 21,7; 32,18; 34,16 usw.). Jakob v. Jüterbog OCarth. schreibt in seiner Theol. Myst. (1453), die Seele müsse sich zu Gott erheben wie die Taube mit den zwei Flügeln der Gottesfurcht (timor) und der Hoffnung (spes) (Trier, Stadtbibl. Cod. 1913 fol. 326ra; vgl. J. Gerson, ed. A. Combes p. 200 f).

h) Die *Frucht des Geistes* (Gal 5,22):

Nachdem Paulus eingehend von „den Werken des Fleisches" gesprochen hat (Gal 5,19), fügt er eine große Reihe von gnadenhaften Haltungen im Menschen an, die er zusammenfaßt unter dem Thema: „Die Frucht des Geistes aber ist". Ausdrücklich spricht Paulus hier in der Einzahl „die Frucht", vielleicht, um zu sagen, daß die Mannigfaltigkeit dieser Frucht des Geistes durch die Mannigfaltigkeit unseres menschlichen Wesens bedingt ist; daß aber unser menschliches Wesen Frucht bringt, ist einzig und allein Geschenk des Geistes. Demgegenüber wird von „den bösen Werken" gesprochen, weil jedes einzelne dieser Werke aus einem bösen Trieb in unserem Herzen entspringt. Paulus nennt eine neunfache Frucht des Geistes, die er in drei Ternaren vorstellt: Liebe, Freude, Friede (ἀγάπη – χαρά – εἰρήνη) Langmut, Tüchtigkeit, Edelmut (μακροθυμία – χρηστότης – ἀγαθοσύνη); Treue, Frömmigkeit, Enthaltsamkeit (πίστις – πραΰτης – ἐγκράτεια). Deutlich sind hier nicht zunächst menschliche Taten, sondern vielmehr menschliche Grundhaltungen angesprochen, die aus Taten fließen, Grundhaltungen und Existentialien, die immer wieder zu entsprechenden Taten führen. Im einzelnen lassen sich all diese Grundhaltungen in der Schrift ausdrücklich als Früchte der Gnade Gottes erweisen.

§ 21 *Rechtfertigungsgnade und wahre christliche Existenz* *(Anthropologischer Aspekt der Gnade)*

M. Buber, Das Problem des Menschen, Heidelberg 1948. — P. Wust, Ungewißheit und Wagnis, München 1937. — Th. Steinbüchel, Der Umbruch des Denkens, Regensburg 1938. — Joh. Lotz, Existenz, Freiburg i. Br. 1966. — R. Guardini, Der Gegensatz, Mainz 1926. — R. Egenter, Das Edle und der Christ. Von der christlichen Ehrenhaftigkeit, München 1937. — D. Thalhammer, Edelmenschen und Gnade, ZKTh 61 (1937) 483—508. — H. Schlier, Über das vollkommene Gesetz der Freiheit: die Zeit der Kirche, Freiburg i. Br. 1956, 193—205. — HThG I 392—414: Freiheit (J. B. Metz).

1. Wir haben bisher die Wirkungen der Gnade von außen her, von Gott her, verstanden. Wir müssen und können sie auch verstehen vom Inneren des Menschen her. Ja, nur in dem Maße, in dem wir das „Superadditum" der Gnade als ein echtes „Inhaerens" für unsere menschliche Natur begreifen, haben wir den Vollbegriff der Rechtfertigungsgnade erfaßt. Nicht nur der Mensch muß in der Gnade auf Gott antworten, die Gnade selbst ist auch eine Antwort auf letzte Fragen des Menschen, die der Schöpfer-Gott selbst in ihn hineingelegt hat, um sie durch seine Gnadengeschenke zu beantworten.

2. Dieses Zusammenwirken eines von außen kommenden Geschenkes und eines von innen aufsteigenden Bedarfs ist schlechthin bestimmend für alles, was wir *Lebensprozeß* nennen. Das gilt für den biologischen Raum unseres Lebens. Ebenso gilt es für den geistigen Raum.

Sachliche Erkenntnis ist nicht nur Aufnahme und Sammlung von Materialwissen, sie ist vielmehr ein geistiger Lebensprozeß, in dem durch neue Kenntnisse neue Bildungsformen für den Menschen entstehen. (So verstanden ist Wahrheit nicht nur Sachwahrheit, sondern auch „Subjektivität" im Sinne Kierkegaards.) Wie bedeutsam die Umsetzung der sachlichen Wahrheit in die subjektive Wahrheit ist, zeigt der Erziehungsprozeß: Der Erzieher kann nicht seine „Lebenserfahrung" seinen Schülern vermitteln, er kann nur etwas von der „Bildung" weitergeben, die er aus seiner eigenen Lebenserfahrung gewonnen hat. Im Gnadenleben zeigt sich das in der bildenden Kraft, die religiöser Glaube hat.

Dasselbe gilt für die *sittliche* Ordnung: auch hier ist nicht das Entscheidende die Ansammlung von Werterfahrungen, sondern vielmehr die Bildung der eigenen Persönlichkeit, die sich aus dem Verhältnis unserer eigenen Wertantworten auf die von uns erfahrenen Werte ergibt. Die sittliche Persönlichkeit wächst aus der geduldigen Auseinandersetzung zwischen Werterfahrung und Wertantwort, Bedürfnis nach Gütern und Befriedigung oder Freude an Gütern, Geschenk von außen und eigener Tat. Hier entfaltet sich „Spiritualität" vor allem im begnadeten, religiösen Leben.

Dasselbe gilt ähnlich vom *personalen* Bereich: Hier wird am meisten deutlich, daß nicht die Summe der Ich-Du-Beziehungen den Wert des Menschen bestimmt, sondern vielmehr die Summe der daraus sich entwickelnden Wir-Beziehungen, insofern in den Wir-Beziehungen eigene Personalität reicher wird und reift. Die Forderung „Mensch, werde wesenhaft" (Hermann Bahr), „Mensch, werde, der du bist" (Pindar) ist nur erfüllbar in einem ständigen Lebensprozeß. Hier hat die Aussage K. Rahners ihren Platz, Gnade sei „Selbstmitteilung Gottes". Dasselbe lehrt J. H. Nikolas.

3. Dieser Lebensprozeß fordert sowohl eine Unzufriedenheit mit dem, was ist und war, wie auch ein Verlangen nach Neuem, das kommen und werden soll. Der Prozeß bewegt sich jedoch nicht nur aus der Vergangenheit in die Zukunft, sondern ebenso aus dem Niedrigen zum Höheren und am Ende aus dem Gegebenen zu etwas darüber hinaus. Für diese echte *metaphysische Situation des Menschen* (Dietrich v. Hildebrand) ist darum charakteristisch ebenso die *intranquillitas* (Augustinus), wie die *insecuritas* des Menschen (Peter Wust), und dieser Mensch bleibt immer ein „homo desideriorum" (Dn 9,23; 10,11.19). Wie vor allem die Philosophie Platos zeigt, sucht der Mensch ein unvergängliches, letztgültiges Sein (summum ens), sucht ebenso einen letztgültigen Wert (summum bonum), und die Offenbarung sagt uns, daß das Menschenherz unruhig ist, „bis es ruht in Gott" (Augustinus, Conf. I 1). Was hier in gesunder Weise als Grundelement echter menschlicher und christlicher Existenz erscheint, ist von einer kranken Zeit mißverstanden worden als „Verzweiflung an sich selbst" (der junge Heidegger), als „Existenzangst" (Kierkegaard), als revolutionäre „Umwertung

aller Werte" (Friedrich Nietzsche), als „Ekel am Sein" (Paul Sartre). Diese letzteren Deutungen menschlicher Existenz sind „krank geworden", weil ihnen als Complementum die echte *transzendentale Bewegung* nach außen und nach innen, zum Absoluten in Sein, Wert und Person fehlt. Diese transzendentale Orientierung ist in ihrer Vollendung Werk und Frucht der Gnade im Menschen und wird meist durch ein Sich-verschließen vor dem Schöpfer oder eine Verachtung der Schöpfung verwirkt. Nur das christliche Bild vom Menschen, das selbst ein Geschenk der Gnade aus der Offenbarung ist, gibt dem Menschen die Fähigkeit und Möglichkeit zu einem inneren Verhalten, das für die von Gott uns immer zukommende Gnade offen bleibt. *Gnade* wird im menschlichen Selbstverständnis in besonderer Weise erlebt in dieser *Offenheit für Gnade:* In dem Bewußtsein, immer nur der Beschenkte sein zu können.

4. Echte menschliche *Ek-sistenz* west daher in echtem menschlichem Transzendieren, und dieses echte menschliche *Transzendieren* muß zurückführen zu einer echten personalen *communicatio.* In der Gnade findet dieses „von sich selber Freiwerden" (Ek-sistenz), dieses „sich selber auf das Unendliche und Ewige und Unzerstörbare hin Überschreiten" (Transzendenz) und dieses „sich selber Finden in einem absoluten Du" (communicatio) erst seine wahre Erfüllung.

Das „Übernatürliche" ist Grund und Sinn der natürlichen Eksistenz im Menschen als einer geistigen Ek-sistenz. In dieser Offenheit des christlichen Existenzprozesses ruht die Gnade des christlichen *Friedens:* „Herr, mein Herz ist nicht stolz, nicht hochmütig sind meine Augen ... Ich habe meine Seele besänftigt und beruhigt; wie ein gestilltes Kind bei seiner Mutter, so still ist in mir meine Seele. Harre, Israel, auf den Herrn, von nun an bis in Ewigkeit!" (Ps 131).

5. Hier ist auch der Ort, wo die *Freiheit des Menschen* allein ihre theologische Deutung findet. Sie ist immer zugleich eine Freiheit „im Antlitz des heilsgeschichtlich handelnden Gottes", eine Freiheit in Christus und seiner Kirche, eine Freiheit auf Erfüllung hin, die Paulus in die Worte gefaßt hat: „Freiheit der Herrlichkeit der Kinder Gottes", auf die die ganze Schöpfung harrt (Röm 8,21). Es ist Freiheit, die aus der Wahrheit kommt (Jo 8,32), es ist Freiheit, für die uns der Sohn Gottes selbst frei gemacht hat (Jo 8,36), es ist Freiheit vom Gesetz der Sünde und des Todes, geschenkt

durch das Gesetz des „Geistes Gottes", der lebendig macht (Röm 8, 1 f). „Zur Freiheit hat uns Christus frei gemacht", damit wir nicht mehr aufs neue das Joch der Knechtschaft uns selber aufbürden (Gal 5,1). In dieser Freiheit ist unsere *menschliche Würde* und unser *christlicher Adel* begründet.

§ 22 Gnade und Glorie (Eschatologischer Aspekt der Gnade)

J. Kirschlamp, Gnade und Glorie in ihrem inneren Zusammenhang, Würzburg 1878. – J. B. Terrien SJ, La Grâce et la Gloire, 2 Bde., Paris [2]1931. – Auer I 166–174.

1. Was Gnade wirklich für uns bedeutet, wird erst sichtbar, wenn wir ihre Vollendung in der Glorie kurz betrachten.

In unserem religiös armen und theologisch verkürzten Denken erscheint heute Gnade vielfach als ein „Mittel", mit dem wir den Himmel als Ziel und Besitz erwerben. Thomas von Aquin (S. Th. I II q 114 a 3 ad 3) hat es sicherlich tiefer gesehen, wenn er die Gnade mit dem Samenkorn vergleicht, aus dem die Glorie wie der Baum erwächst. *Gnade* erscheint hier als *incohatio gloriae,* Anfang der Glorie in dieser Welt, und *Glorie* selbst ist *gratia consummata* (in patria). Doch die Erfüllung der Gnade in der Glorie wird erst möglich durch das von der Gnade wesenhaft unterschiedene lumen gloriae, und wenn Gnade auf Erden ein Habitus der Seele ist, so ist Seligkeit bei Gott reiner Akt.

2. Anders sieht die Gnade in der augustinischen Theologie der Franziskanerschule (Bonaventura, II dist. 27 a 1 q 3) aus. Gnade ist von Anfang an *Licht,* das von Gott kommt, und darum ist zwischen Gnade und Glorie ein wesenhafter Zusammenhang. Dennoch wird er in der Bonaventura-Schule zunächst noch bestimmt durch folgende Aussagen: Die Gnade des Glaubens geht in der Glorie über in *Schauen,* die Gnade der Hoffnung in *Besitz,* die Gnade der Liebe in *Vereinigung.* Erst die spätere Franziskaner-Schule (Richard v. Mediavilla, II dist. 29 a 1 q 2) sah in der Gnade den Teil, dem gegenüber die Glorie das Ganze ist *(pars et totum).*

3. Die wesenhafte Gleichheit zwischen Gnade und Glorie wird am einfachsten zu begreifen sein, wenn wir *Gnade* als *Christus-Gemeinschaft* verstehen. Die Identität Christi garantiert die Wesens-

gleichheit zwischen Gnade und Glorie. Der Wandel der heilsgeschichtlichen Zustände Christi mag Bild sein für die Unterscheidungen zwischen Gnade und Glorie. Ein berühmtes Bild, das die Gleichheit wie die Verschiedenheit zum Ausdruck bringt, ist das Bild von *Raupe – Puppe – Schmetterling,* die alle drei dasselbe Lebewesen sind und doch drei ganz verschiedene Erscheinungsformen darstellen. Für diesen Wandel der Erscheinungsformen, im menschlichen Sinn gesprochen, gelten die Worte: „Kein Auge hat es gesehen, kein Ohr hat es gehört, und in keines Menschen Herz ist es gedrungen, was Gott denen bereitet, die ihn lieben" (1 Kor 2,9). „Jetzt sind wir Kinder Gottes, noch aber ist nicht offenbar, was wir sein werden" (1 Jo 3,2).

Das Entscheidende für unsere Betrachtung ist, daß von dem Geheimnis der *Seligkeit* in patria her der Wert und die Größe der *Gnade* in unserem status viae zu verstehen ist. Was wir über Gotteskindschaft, Gottesfreundschaft und Gottesbrautschaft gesagt haben, erhält seine innere Größe und Erfüllung, wenn wir daran denken, daß das Kind zum *Erben* wird bei Gott, daß die Braut zur *Hochzeit* kommt und daß der Freund in den *Besitz* des Freundes eintritt. Nicht ein neues Wissen und eine neue Vorstellung vermittelt der Vergleich von Gnade und Glorie für unser Bild von Gnade; jedoch eine neue Intensität des Bildes aus dem Glauben, eine letzte Intensität ergibt sich aus diesem Vergleich: In der Gnade in dieser Welt hebt die *Herrlichkeit* an, die Gott uns bereitet hat: In der Auferstehung, an der wir durch die Taufe Anteil gewinnen, hebt die *Erhöhung* und die *Verklärung* an, die Christus beim Vater hat: In Christus, dem verklärten Haupt beim Vater, ist die Tatsache unserer Rechtfertigung durch die Erlösungsgnade garantiert, die Erlösungsgnade, deren Wesen und Würde wir erst von unserer eigenen Erfüllung her ganz werden verstehen können.

7. Kapitel

ERKENNBARKEIT DER GNADE

Ehe wir versuchen, über das Wesen der Gnade etwas auszumachen, wird es notwendig sein, uns über unsere Erkenntniswege Rechenschaft abzulegen. Die Frage nach der Erkennbarkeit der Gnade schließt schon eine gewisse Kenntnis vom Wesen der Gnade ein. Wenigstens werden wir zunächst zwei Seiten unterscheiden müssen: Wir werden fragen müssen, ob wir die Möglichkeit haben, an sich mit unseren Erkenntnismitteln Gnade zu erkennen (§ 23), und daraufhin die Frage stellen, ob wir „uns in der Gnade" oder unseren Gnadenstand erfassen und wie wir ihn bestimmen können (§ 24).

§ 23 *Die Erkennbarkeit der Gnade an sich*

B. Gertz, Analogia fidei bei E. Przywara, Düsseldorf 1969. – Auer I 322–330. – R. Guardini, Freiheit, Gnade, Schicksal, München 1948. – H. U. von Balthasar, Herrlichkeit. Eine theologische Ästhetik I, Einsiedeln 1961.

Wenn wir Menschen von *erkennen* reden, stehen immer verschiedene Wege zur Diskussion: Wenigstens wird man fragen müssen nach der Möglichkeit einer *Erfahrung,* nach den Formen der Erfassung des Gegenstandes in *Bild* und *Wort* und nach der Grenze der Bestimmung des Gegenstandes durch *Begriffe.* In unserer theologischen Erkenntnislehre stehen diese drei Fragen unter dem Prinzip der *Analogie,* d. h. es handelt sich immer um eine Ähnlichkeitserkenntnis, in der eine je größere Unähnlichkeit miteingeschlossen ist (Lat. IV: quia inter creatorem et creaturam non potest similitudo notari, quin inter eos maior sit dissimilitudo notanda. D 432 – DS 806).

1. Bei der Frage nach der *Erfahrung* als Quelle unserer Erkenntnis ist hier zunächst die genauere Frage zu stellen: Wer kann Gnade aus Erfahrung erkennen? Derjenige, der in der Gnade ist? Derjenige, der die Gnade verloren hat? Derjenige, der die Gnade noch nicht besessen hat? Formal wird die Antwort lauten müssen, daß nur derjenige, der die Gnade besitzt, aus Erfahrung über Gnade sprechen kann. Wer sie verloren hat, wird nur aus Erinnerungsbildern darüber reden können, und wer sie noch nicht besitzt, hat keine Erfahrung von Gnade. So einfach diese formale Antwort ist, so kann sie doch nicht genügen. Die Tatsache, daß Gnade immer nur aus ihren Wirkungen in uns erfahren werden kann, und die andere Tatsache, daß diese Wirkungen sowohl von natürlichen wie von übernatürlichen Ursachen her bestimmt sein können, macht eine Erkenntnisaussage über Gnade aufgrund der Erfahrung sehr fragwürdig. Über Gnade aus Erfahrung etwas aussagen zu können, setzt voraus, daß von Gott nicht nur die Gnade, sondern noch

dazu eine eigene *Gnade der Gnadenerfahrung* gegeben wird. Wir sprechen davon in der „Mystik", die in erster Linie von der Gnade der inneren Gnadenerfahrung zu handeln hat. Insofern Gnade Gnadenstand bedeutet, wird eine gewisse Erfahrungsmöglichkeit gegeben sein, wie wir im nächsten Paragraphen zu besprechen haben.

2. Leichter ist die Frage zu beantworten, wie es um die *analogen Bildbestimmungen*, die analoge Erkenntnis der Gnade, steht. „Überall sind in der Welt Erwartungsstellen, Entsprechenserscheinungen, Entwürfe auf die eigentliche Gnade hin, die freilich erst durch die positive Offenbarung selbst aufgehellt und entfaltet werden" (Guardini, Freiheit, Gnade, Schicksal, S. 126). Insofern freilich die Bilder, die für die Erkenntnis der Gnade in Frage kommen, zugleich Seins- und Wertaussagen umfassen müssen, werden manche Bilder, die uns in der Offenbarung vorgelegt werden, unserem heutigen Verständnis Deutungsprobleme aufgeben. Teilweise haben solche Bilder, die im Verständnis der Schrift noch „archetypischen Charakter" tragen, diesen Grundcharakter im heutigen Verständnis verloren. Zum anderen ist vielen Bildern die Tendenz zu einem höheren Wert hin, die ihnen in der Sprache der Schrift noch zu eigen ist, in unserem heutigen Weltverständnis verlorengegangen. Dennoch wird es unsere einzige Aufgabe sein, von der Bildsprache der Schrift her unsere Aussagen über die Gnade bestimmen zu lassen (vgl. H. U. v. Balthasar, Herrlichkeit. Eine theol. Ästhetik I [1961] 211–414).

3. Für eine Bestimmung der Gnade an sich ist *der grundlegende Begriff der Offenbarung* wohl der des *Lebens*. Die augustinisch-franziskanische Richtung der Theologie hat sich im Anschluß an neuplatonische Einflüsse mehr an die Bildvorstellung des *Lichtes* bei Bestimmung der Gnade gehalten. Die spätere Franziskanerschule ist vom Begriff der *Liebe* = *caritas* ausgegangen, um die innermenschliche Gestalt der Gnade zum Ausdruck zu bringen. Die thomistische Schule hat im Anschluß an die aristotelische Philosophie mit metaphysischen Mitteln (Habitus der Seele) versucht, über Gnade gültige Aussagen zu machen. Wenn Gnade Sache, nicht zugleich ein religiöses Werterlebnis und eine personale Beziehung meint, mag diese Bestimmung richtig sein; sie hat jedoch in ihrer Sachlichkeit auch ihre sachliche Grenze. Wenn schließlich Duns Scotus und seine Schule über Gnade mit Begriffen reden, denen jede

Sachlichkeit und Bildhaftigkeit fehlt, die reine Intentionalitäten (conceptus) geworden sind, mag diese Sprechweise (dem Verständnis dieser Schule über das Verhältnis von Glaube und Wissen entsprechend) den Geheimnischarakter der Gnade deutlich machen. Der biblischen Botschaft wird dies wohl nicht mehr gerecht, denn die biblische Botschaft hat stets in Bildern gesprochen, die Sach- und Wertaussagen einschließen wollten. Die *Bildersprache Christi* bedeutet nicht ein Weniger, sondern ein Mehr gegenüber der *Begriffssprache der Theologie*, und die Theologie hat sich an dieser Bildersprache der Offenbarung immer wieder neu auszurichten.

§ 24 *Die Erkennbarkeit des Gnadenstandes*

Landgraf I/2, 41–56. – Auer I 311–330. – E. Stakemeier, Gewißheit des Heiles, Theologie und Seelsorge 1944, 105–114. – A. Stakemeier, Das Konzil von Trient über die Heilsgewißheit, Heidelberg 1947. – J. Auer, Die skotistische Lehre von der Heilsgewißheit, WiWei 16 (1953) 1–19. – Pesch TRLTh 262–283; 748–758. – H. J. Iwand, Rechtfertigungslehre und Christusglaube (bei Luther) Leipzig 1930. – Nuit Mystique, Études Carmélitaines 28, vol. 2 (Oktober 1938).

Die Frage nach der Erkennbarkeit des Gnadenstandes zeigt, wie eng in der Gnadenlehre sachliche Erkenntnis, sittliche Haltung und existentielle Befindlichkeit oder Tat miteinander verknüpft sind. Von Augustinus bis ins MA war diese Frage im wesentlichen nur aufgetreten unter dem Blickwinkel: Weiß der Mensch, ob er prädestiniert ist, und woraus kann er dies erschließen? Erst die nähere Bestimmung der Gnade im 12. Jh. führte auch zu der genauen Frage nach der Möglichkeit und der Art und Weise der Erkenntnis des eigenen Gnadenstandes. Die verschiedenen Erkenntnislehren und die verschiedenen Gnadenvorstellungen haben sich dabei wieder ausgewirkt. Im wesentlichen wird im MA die Frage richtig als eine Frage der personalen, religiös-existentiellen Entscheidung empfunden, und so werden folgende Teilantworten gegeben:

1. Es gibt *keine Gnadengewißheit aufgrund einer natürlichen Evidenz* (Lehre der Kirche).

„Zwar bin ich mir keiner Schuld bewußt, aber darum noch nicht gerechtfertigt; der mich richtet, ist der Herr" (1 Kor 4,4). „Wirket euer Heil in Furcht und Zittern" (Phil 2,12). – Der Grund für diese

Lehre ist vor allem, daß Gnade kein Gegenstand, sondern eher ein Zustand des Menschen ist, und zwar kein natürlicher, sondern ein übernatürlicher Zustand, für den es keine natürliche Evidenz geben kann.

2. Dagegen ist eine *moralische Gewißheit*, daß man in der Gnade sei, anzunehmen, und diese Gewißheit ist vorausgesetzt für das christliche Leben und den Sakramentenempfang. Als „Zeichen", die zu dieser „moralischen Gewißheit" das Recht geben, erwähnen Thomas v. A. und seine Schule: Freude am Guten, Abscheu vor dem Bösen, innere Erfahrung einer gewissen göttlichen Süßigkeit (S. Th. I II 112 a 5; De ver. 10,10; 6,5; Sent. I d 17 q 1 a 5). – Bonaventura und seine Schule geben als Zeichen für diese moralische Gewißheit an: lumen, laetitia cordis, pax. Gerade diese Bestimmungen haben ihr gutes Fundament in der Hl. Schrift. Besonders Johannes ist der große Künder von Freude und Friede aus Christus: „Meinen Frieden hinterlasse ich euch, meinen Frieden gebe ich euch. Nicht, wie die Welt ihn gibt, gebe ich ihn euch" (14,27). „Das habe ich euch gesagt, auf daß meine Freude in euch sei und eure Freude vollkommen werde" (15,11). „Daß meine Freude in Fülle in ihnen sei" (17,13). „Eure Trauer wird in Freude verwandelt werden und eure Freude wird niemand von euch nehmen" (16,20). Ebenso beginnt Paulus alle seine Briefe mit dem Gruß „Gnade und Friede" (χάρις καὶ εἰρήνη). Ist *Freude* vor allem die Grundstimmung und -haltung des eschatologischen Zustandes des Menschen (Phil 4,4; 2 Kor 13,11; 1 Thess 5,16), so ist *Friede* im echt jüdischen Verständnis „Heil von Gott" als Geschenk Gottes (Schalom). „Der Friede, der jeglichen Verstand übersteigt, wird eure Herzen und Gedanken bewahren in Christus Jesus" (Phil 4,7). „Ich habe Trost in Fülle, Freude im Überfluß bei aller unserer Trübsal" (2 Kor 7, 4). – Besonders in den Tiefen des christlichen Gnadenlebens, wie es uns bei den Mystikern begegnet, tritt dieses Geheimnis der Gottesfreude im irdischen Leid, des Lichtes in der Nacht der Seele, des Friedens im Sturm der Versuchung hervor (vgl. Nuit Mystique, Études Carmélitaines 28, vol. 2 [Oktober 1938]). – Bonaventura (I dist. 17 p 1 a unus q 3) nennt daneben als Kriterium des Gnadenstandes noch vor allem die „selbstlose Liebe", die opferbereite Kreuzesliebe, die besonders die übernatürliche Gnade zum Ausdruck bringt, weil die Natur aus sich durch die Sünde „in se incurva", d. h. selbstsüchtig ist und nur durch die Gnade von sich selbst frei wird.

Diese „moralische Gewißheit" um den Gnadenstand gibt Vertrauen und Hoffnung ohne Selbstsicherheit, sie bewahrt vor Verzweiflung und Angst, ohne die notwendige Gottesfurcht zu gefährden.

3. Die meisten Theologen nehmen auch an, daß Gott einzelnen Heiligen *durch eine Privatoffenbarung eine Glaubenssicherheit* von ihrem Gnadenstand gegeben hat und immer wieder geben wird. Diese Glaubenssicherheit aus einer besonderen Offenbarung Gottes heraus ist jedoch mystische Gnade, nicht allgemeine Gegebenheit, noch viel weniger Forderung, wie sie nach dem Verständnis der Väter des Konzils von Trient in der Lehre Luthers gefordert war. Darum hat das Konzil sich gegen diese Glaubensgewißheit ausdrücklich ausgesprochen (D 802 – DS 1533; D 824 – DS 1563, 1564). Zu dieser „inspirata experientia" vgl. H. U. v. Balthasar, Herrlichkeit I (1961) 273–281.

4. Seit Beginn der Scholastik wurde immer wieder der Gedanke aufgeworfen (besonders in der Franziskaner-Schule [Wilhelm v. Ware], jedoch auch bei Thomas v. A.: De ver. q 6 a 5 ad 3), daß die inneren Erfahrungen, die als Kriterien für den Gnadenstand gelten sollten: Friede, Freude, gutes Gewissen, Abscheu vor der Welt, Selbstlosigkeit usw., auch ebenso einmal aus natürlichen Quellen stammen könnten, daß sie also *keine* gültigen *Kriterien für das Übernatürliche* seien.

Gegenüber dieser Schwierigkeit waren drei Auswege beschritten worden:

a) Scotus lehrte, daß wir eben an das Vorhandensein des übernatürlichen Gnadenhabitus in uns aufgrund der Offenbarung (Eph 2,8) *glauben* können, auch wenn wir nichts davon erfahren und wissen. Diese Haltung trennt zu sehr Glaube und Wissen.

b) Ein anderer Ausweg, der schon seit 1280 beschritten wurde und aus der Schule des Olivi (oder des Heinrich von Gent) stammt, war der, daß man den Glauben an die objektive *Wirksamkeit der Sakramente* in Anspruch nahm und sagte: Wer das Sakrament (Taufe oder Buße) empfangen hat, weiß, daß er in der Gnade ist. Die Gnade kann er nur durch die schwere Sünde verlieren, die wiederum nur im vollen Bewußtsein geschehen kann. So ist Gnadenstand und Sündenstand aufgrund der Sakramente oder der freien menschlichen Tat (Sünde) stets mit Sicherheit zu unterscheiden. Dieser Lehre liegt bereits eine positivistische Auffassung von der Wirkung des Sakramentes ebenso wie vom eigenen Sakramentenempfang zugrunde, und sie ist für das religiöse Leben gefährlich. Selbstsicherheit, Werkheiligkeit und eine allzu naturalistische Auffassung vom opus operatum im Sakrament kennzeichnen diese Schwierigkeit. Diese letztere Lehre war auf dem Tridentinum unter dem Titel „Scotismus" vertreten worden. Ihr wirklicher Inaugurator ist wohl Walther v. Chatton (vgl. WiWei 16 [1953] 1–19).

c) Einen anderen Ausweg versuchten die Augustiner, wenigstens HIERONYMUS SERIPANDO auf dem Konzil von Trient. Unter ständiger Berufung auf die Werke des hl. Augustinus kam er zu der Ansicht: Die Heilsgewißheit kann nicht vollständig sein, weil die ständige concupiscentia ein Gegenbeweis in uns ist. All unsere Werke können daran nichts ändern. Was unsere Gnade sichert, ist nur die Zugehörigkeit zum „mystischen Leib Christi", von dessen Haupt, Christus, uns ständig die Gerechtigkeit Gottes zufließt. Die Verbindung mit diesem Haupt Christus aber ist hergestellt 1. durch unseren Glauben und 2. durch das Sakrament. Doch solange wir leben, bleibt eine gewisse Unsicherheit, weil bis zu unserem Tode in uns die concupiscentia bleibt (vgl. Lehre von der doppelten Gerechtigkeit § 15 II,2).

5. Zur Frage nach der Erkennbarkeit des Gnadenstandes und nach der Sicherheit dieser Erkenntnis hat die Kirche auf dem *Konzil von Trient* ausdrücklich folgende Sätze definiert: „Wer behauptet, es sei für jeden Menschen zur Nachlassung der Sünden notwendig, daß er sicher und ohne jedes Zaudern wegen seiner eigenen Schwächen und mangelnden Vorbereitung glaube, seine Sünden seien ihm nachgelassen, an. s." – „Wer behauptet, der Mensch werde dadurch von seinen Sünden gelöst und gerechtfertigt, daß er sicher an seine Lösung und Rechtfertigung glaube, oder niemand sei wirklich gerechtfertigt, außer er glaubt, er sei gerechtfertigt und einzig durch diesen Glauben komme Lösung und Rechtfertigung vollständig zustande, an. s." (D 823, 824 – DS 1563, 1564; vgl. D 802, 825 – DS 1533, 1565). – Diese Lehren sind *gegenüber Luther* formuliert, der gelehrt hatte: „Debemus igitur quotidie magis magisque luctari ab incertitudine ad certitudinem et operam dare, ut istam pestilentissimam opinionem (quod homo nescit, utrum sit in gratia), quae totum mundum devoravit, funditus exstirpemus" (WA 40 I/579,17). „Fabulae ergo sunt opinatorum Scholasticorum, hominem esse incertum, in statu salutis sit necne. Cave tu, ne aliquando sis incertus sed certus, quod in teipso perditus ... et

solidus sis in fide Christi pro peccatis tuis traditi" (WA 2/458,29). „Nam si dubitamus nos esse in gratia, nos placere deo propter Christum, negamus Christum nos redemisse, negamus simpliciter omnia eius beneficia" (WA 40 I/579,20). – Luthers Grundbefindlichkeit während seines unglücklichen Ordenslebens war die Anfechtung und Angst, verdammt zu sein: Wie finde ich einen gnädigen Gott? Sein „Bekehrungserlebnis" hatte darum darin bestanden, daß er den festen und sicheren Glauben an die Rechtfertigung durch die Barmherzigkeit Gottes aufgrund der Erlösung in Christus fand. – Der Sprache nach ist die Lehre des Tridentinums eine Absage an Luthers Lehre, der Sache nach können beide Lehren „rechtgläubig" verstanden werden. Die katholische Lehre sieht den Menschen objektiv als Geschöpf und Sünder vor Gott und lehrt darum, daß der Mensch sich objektiv vor Gott nie so erkennen könne, daß er sich vor Gott richten dürfte und sagen könnte, ob er Sünder oder Gerechtfertigter sei. Seine Frömmigkeit bleibt so im Spannungsfeld zwischen Gottesfurcht und Gottesliebe. – Luther hingegen geht von seinem subjektiven Gewissenserlebnis aus und muß darum eine subjektive Garantie für die Teilhabe an der Erlösungsgnade Christi suchen. Wie er die Unsicherheit in seinen objektiven Lehren vom Menschen als peccator simul et iustus und von der Verzweiflung des gläubigen Menschen an sich selbst einbringt, so fordert auch die katholische Lehre eine subjektive Festigkeit der Hoffnung des Christen in die Erlösung durch Christus in der Liebe zu Christus. – Der tiefere Unterschied der Lehren wird erst deutlich in der Lehre über die *Kirche* und über die *Sakramente.* – Die katholische Kirche glaubt, in den oben angeführten drei Sätzen einen gewissen Ausgleich zwischen den objektiven und subjektiven Forderungen hier zu besitzen.

8. Kapitel

DAS WESEN DER HEILIGMACHENDEN GNADE

Was ist nun diese „Gnade", von deren Wirkungen wir gemäß den Aussagen der Schrift im 6. Kap. oben eingehend gesprochen haben? Wie muß die Wirklichkeit verstanden werden, die all diese Wirkungen im Menschen und vor Gott hervorbringt? – Um das Wesen der Gnade bestimmen zu können, ist es notwendig, vorher einige irrige Aussagen zurückzuweisen, die in der Theologiegeschichte bisher gemacht wurden: Gnade ist nicht bloß Gottes eigenes Wohlgefallen (§ 25), Gnade ist auch nicht bloß menschliche Tugendhaftigkeit, und wäre es die Liebe (§ 26), Gnade ist endlich auch nicht bloße Selbstmitteilung Gottes oder der uns einwohnende Hl. Geist (§ 27). Um Gnade theologisch positiv zu bestimmen, wird es wertvoll sein, zunächst von einem Zentralbegriff oder Bild der Offenbarung auszugehen, das im ganzen AT eine große Rolle spielt und vor allem von Johannes vorgestellt wird: Gnade als „das neue Leben" (§ 28). An diese biblische Aussage können wir unsere metaphysischen Bestimmungsversuche für Gnade anknüpfen (§ 29) und endlich den geschöpflichen Charakter der Gnade in uns deutlicher machen, indem wir nach dem Sitz und der Einheit der Gnade im Menschen fragen (§ 30).

§ 25 Gnade ist nicht nur Gottes Huld in Gott selbst, sondern auch eine geschöpfliche Wirklichkeit

Auer I 109–123.– K. Rahner, Zur Begrifflichkeit der ungeschaffenen Gnade, Schriften zur Theologie I 347–377. Vgl. ThR 60 (1964) 145–156.

Vor allem seit den Zeiten der Reformation ist es üblich geworden, Gnade mehr und mehr im personalistischen Sinne zu verstehen, so wie das deutsche Wort „Huld" in erster Linie die Gesinnung des Huld Erweisenden zum Ausdruck bringt.

1. Schon Albertus Magnus hat in seinem Sentenzenkommentar (1242: II 26 a 1) *fünf Gründe* zuammengestellt, die man zu seiner Zeit angegeben hat, um zu sagen: *Gnade sei nur die Huld Gottes in Gott selbst.* Diese fünf Gründe sind:

a) Gnade wird in der Schrift „Licht" und „Leben" genannt. Licht und Leben sind aber nach mittelalterlicher Ansicht keine Sachlichkeit, sondern unmittelbare Prinzipien (gehen von der Sonne bzw. von der Seele unmittelbar aus).

b) Gott hat für seine „creatio" nichts vorausgesetzt, also ist auch für die „recreatio" keine Voraussetzung notwendig; Gottes Allmacht, Weisheit und Liebe wirkt unmittelbar.

c) Der Menschengeist ist von Natur aus Gottes Ebenbild, also weit über aller übrigen Kreatur. Wenn aber schon jede untermenschliche Kreatur ihr Ziel aus sich erreichen kann, braucht der Mensch um so weniger ein Mittel zur Erreichung seiner Ziele.

d) Wenn ein Mensch einem anderen Menschen Huld erweist, muß dafür kein Geschenk gegeben werden; ja die persönliche Huld ist weit mehr als jedes Geschenk.

e) Gnade als Geschöpf könnte nicht leisten, was ihr zugeschrieben wird: ein Geschöpf kann sich nicht mit dem Schöpfer verbinden, zumal nicht, wenn es ein Habitus wäre, der die Bewegung der geistigen Seele behindern müßte.

2. Diesen sehr bedeutsamen Einwendungen stellt die Theologie, wenigstens seit Albertus, ihre *Gründe* entgegen, *warum* sie eine *geschaffene Gnade* neben der persönlichen Huld Gottes fordert:

a) Die Forderung nach einer geschaffenen Gnade ist zunächst von der menschlichen Natur her, nicht von Gott her begründet. Das über die menschliche Natur absolut hinausreichende Ziel, die ewige Seligkeit, verlangt für die menschliche Natur eine gratia elevans, ebenso wie sie für die sündige Natur eine gratia sanans fordert.

b) Die Wirkungen der Gnade verlangen, daß Gnade auch geschöpflichen Charakter trägt: Gnade tilgt die Sünde, macht Gott ähnlich, disponiert zum Guten: Diese Wirkungen der Gnade verlangen im Menschen ein formales (kreatürliches) Prinzip.

c) Vor allem wurde in dieser Zeit das „Bekehrungsargument“ und das „Verdienstargument“ entwickelt: Wenn aus dem Sünder ein Heiliger werden soll, muß sich im Menschen etwas geändert haben, denn Gott ist unveränderlich. – Damit ein menschlicher Akt vor Gott verdienstlich sei, muß er übernatürliche Qualität erlangen, was nur dadurch möglich ist, daß die Gnade als übernatürliches Instrument in der Verfügung des Menschen ebenso wie in der Wertung Gottes steht.

3. Eine neue Gestalt erhielt diese Frage, als Gnade seit dem späten 13. Jh. nicht mehr zuerst als „schenkende Huld Gottes“, sondern vielmehr als *annehmende Huld Gottes* verstanden wurde. Nicht um die Gnade als Hilfe für den Menschen, sondern vielmehr um die Gnade als den endgültigen Lohn geht es hier. Schon der Olivi-Schüler Petrus de Trabibus hat um 1280 die Frage gestellt, ob diese annehmende Huld Gottes ein „Absolutum“ (in Gott) sein müsse oder nur ein „Relativum“ (Beziehung Gottes zum Menschen) sei. Deutlich unterscheidet er als causa effectiva dieser Gnade das reine göttliche Wohlgefallen, als causa meritoria die Teilhabe am Verdienst Christi und als causa formalis ein eigenes Gnadengeschenk im Menschen, wodurch das Handeln des Menschen

Gott akzeptabel erscheint. Ausdrücklich hebt er jedoch bereits hervor, daß Gott auch ohne Gnadenhabitus den Menschen annehmen könne, nur durch seine freie Huld. Ebenso nimmt er jedoch auch wie Scotus oder Alexander von Alessandria (sein Nachfolger) und später Gabriel Biel einen eigenen geschaffenen Gnadenhabitus an. Nur Wilhelm von Ockham und seine nominalistische Schule sprechen von einer „mera acceptatio dei": Am Ende besteht Gnade nur darin, daß der Mensch Gott angenehm ist.

4. Der Hesychast Gregor Palamas in der Ostkirche dieser Zeit lehrt, Gnade sei *Teilhabe an den ungeschaffenen, aber mitteilbaren Eigenschaften* (ἐνέργειαι) *Gottes* (PG 150, 909–960), so wie Gott die sieben Gaben seines Geistes (Is 11,1 f) oder die sieben Augen Gottes in dem Stein (Zach 3,9) schenke. Die Frage an diese Lehre ist, ob „ungeschaffene Eigenschaften" Gottes so von Gott abhebbar sind, daß sie mitteilbar sind, und ob die Teilnahme des Menschen an diesen Eigenschaften nicht secundum modum recipientis, also in geschöpflicher Weise geschehen müsse. Auch die menschliche Person ist ja „geschaffene" Person, und auch eine personale Beziehung fordert die Unterscheidung zwischen Schöpfer und Geschöpf.

5. Modern gesprochen, steht im Hintergrund die Frage, ob es sich bei der Gnade um eine Gesinnung in Gott handelt oder ob eine Seinswirklichkeit im Menschen neben der Huld Gottes anzunehmen sei. – Hinter dieser modernen Frage verbirgt sich das eigentliche theologische Problem: Stehen sich Gott und Mensch wie gleiche personale Partner gegenüber (so das moderne Denken), oder muß nicht, nach der Lehre der Offenbarung, für das Verhältnis Gott – Mensch das Verhältnis „Schöpfer – Geschöpf" maßgeblich bleiben? – Ohne die Annahme einer geschaffenen Gnade wird das religiöse Leben unsicher und leer, wie das sittliche Leben ohne Gesetz und Gebot. Die Annahme einer mera acceptatio Dei ohne die Voraussetzung eines Gnadengeschenkes macht Gott zu einem vollkommen willkürlichen Herrn.

Es ist tiefer, im Geiste der großen Theologie des MA, an der *geschaffenen Gnade* festzuhalten: Dadurch bleibt das grundlegende Schöpfer-Geschöpf-Verhältnis für das Gott-Mensch-Verhältnis tragend; die Liebe Gottes erweist sich als schöpferische Liebe, und der Mensch wird in der Gnade ein neues Geschöpf, und endlich wird die menschliche Natur durch diese geschaffene Gnade über sich selbst hinaus erhoben und vorbereitet für die Verherrlichung mit Christus beim Vater. – Je mehr wir die Gnadenlehre von Christus her sehen (Gnade als Christusgemeinschaft), desto mehr müssen wir auch an der Geschöpflichkeit der Gnade festhalten, so wie Christus nur durch die Menschwerdung des Logos für uns verständlich bleibt. Sowenig Christus nicht nur ein Mensch ist, der ein neues Gottesverhältnis besitzt (D. Fr. Strauß), sowenig kann die innere Gnade des Menschen nur in Gesinnung bestehen. Diese christologische Analogie legt auch nahe, Gnade nicht als „Selbstmitteilung Gottes" zu bezeichnen, so wie auch Christus nicht nur Selbstmitteilung Gottes an den Menschen Jesus von Nazareth war. Die „Selbstmitteilung Gottes in Christus" an uns geschieht eben mittels der „Geschöpfwerdung" des Logos.

Gewiß können diese Fragen in neuerer Zeit eine Vertiefung erfahren, wenn wir die Schöpfungsvorstellung der Offenbarung nicht mehr im antiken Weltbild der Offenbarung als eine „Kausalität von außen her", sondern vielmehr aus dem modernen naturwissenschaftlichen Weltbild als ein Wirken Gottes aus der Innerlichkeit der Schöpfung heraus verstehen: *Gott ist als der Schöpfer jedem Geschöpf innerlicher, als jedes Geschöpf sich selber sein kann.* Dieses Verständnis für die „Innerlichkeit Gottes" als des Schöpfers in seiner Schöpfung kann wesentliche Schwierigkeiten überwinden, die das mittelalterliche Bild von der „geschaffenen Gnade" uns modernen Menschen macht. Sie kann jedoch nicht die Wirklichkeit der „Geschöpflichkeit" der Gnade aufheben und Gnade zu einer Gesinnungssache machen. Es braucht nicht eigens gesagt zu werden, daß die „Innerlichkeit" nicht eine räumliche oder bloß psychische, sondern vielmehr eine personal-transzendente Innerlichkeit meint, wie sie in dem angeführten Satz der Mystik angesprochen ist (vgl. § 28,3).

§ 26 Gnade ist nicht nur menschliche Tugend, sondern ein übernatürliches Konstitutiv der neuen „christlichen Tugend"

Landgraf I/1, 161–183. – Auer I 124–142.

Ehe seit etwa 1240 die Gnade näherhin mit metaphysischen Begriffen bestimmt wurde, hat die Theologie, auch noch in der Frühscholastik, vielfach Gnade mit Glaube oder Liebe, also mit menschlichen Tugenden, identifiziert. Erst um 1240 beginnen die Fragen, ob Gnade mit Tugend gleichzusetzen sei, ob sie mit gnadenhaften Tugenden gleichzusetzen sei oder ob sie vielleicht caritas, Liebe als Erfüllung des einzigen und großen Gebotes Christi, sei. – Hinter dieser Auseinandersetzung steht nicht nur die Entwicklung in der theologischen Sprechweise (metaphysische Begriffe), sondern ebenso die Frage nach dem Verhältnis zwischen Ethik und Religion, zwischen menschlicher Gesinnung und göttlicher Gnade.

1. Die Franziskaner-Theologie, die immer mehr zu einer konkreten Auffassung neigte, hat darum auch vielfach *Gnade und Tugend* näher zusammengebracht. Wenn für Gnade schon in erster Linie das Bild des „Lichtes“ gebraucht wurde, so bezeichnete man die Tugend als „Lichtstrahl“. Unterschied man auch zunächst noch Tugend und Gnade, so wurde doch, sobald man Tugend als eine begnadete Tugend (wie die göttlichen Tugenden Glaube und Liebe) betrachtete, die Gnade ein Moment an der Tugend selbst. In dieser konkreten, fast psychischen Betrachtungsweise waren darum begnadete Tugenden und Gnade selbst sehr nahe gerückt (Bonaventura, II dist. 27 a 1 q 2). – Demgegenüber lehrte schon Philipp der Kanzler und nach ihm die ganze thomistische Richtung (Thomas, De ver. 27 q 2) einen absoluten Wesensunterschied zwischen Tugend und Gnade: Sie erscheinen unterschieden wie die Seele und ihre Potenzen, wie Sein und Wirken: Gnade ist darum immer nur eine, während es viele Tugenden gibt. Die Seele ist Lebensprinzip, die Potenzen dagegen sind Wirkprinzip und durch ihre Objekte bestimmt. Die Gnade bildet so ein totum potentiale, wobei das Ganze mehr als die Summe der Teile ist. – Eine *dritte Richtung*, inauguriert vor allem durch Wilhelm von Ware um 1278, verbreitet durch Duns Scotus (Ox. II 27), identifiziert die caritas mit der gratia, weil es keine caritas informis gibt. Gnade und caritas sind wesenhaft identisch, auch wenn sie rational unterschieden werden können. – Diese verschiedenen Bestimmungen haben ihren Grund nicht nur in der Sache, sondern vielmehr in der Verschiedenheit der Erkenntnisweise und des Erkenntniswillens. Eines ist jedenfalls klar: Es besteht ein tiefer innerer Zusammenhang zwischen dem, was wir menschliche Tugend nennen, und dem, was wir Gnade im Menschen nennen. Thomas lehrt, daß in der Tugend sich die Gnade auswirkt; die Franziskaner sagen, daß in der Tugend die Gnade erkennbar wird. Wurde hier zunächst noch in richtiger Weise gesehen, daß die ethische Seite notwendig zur religiösen Seite gehört,

so kam es theologisch zu einem Bruch, sobald *Glauben und Wissen* getrennt wurden und Gnade Frage des Glaubens, Tugend Frage des Wissens wurde.

2. Im Hintergrund dieser Unterscheidungen stehen die verschiedenen *philosophischen Systeme:* Das THOMISTISCHE Denken war stark bestimmt von der neuplatonischen Metaphysik des Areopagiten. Hier liegt die Idee der Rückkehr aller von Gott ausgehenden Dinge zu Gott zugrunde. Wenngleich darum die thomistische Philosophie nach aristotelischer Denkweise die weltlichen Kategorien angenommen hatte, so blieben diese aristotelischen Begriffe doch bestimmt durch die Tendenz nach oben, zur Rückkehr zu Gott. – Anders dagegen die FRANZISKANISCH-AUGUSTINISCHE Denkweise, die zwar das erste Stück des neuplatonischen Denkens, das Herabsteigen aller Wirklichkeiten von Gott, im Auge behielt, jedoch bei Übernahme der aristotelischen Begriffe dazu kam, daß die Inhalte dieser Begriffe nun nicht mehr die Tendenz zur Rückkehr nach oben in sich enthielten, sondern zu einer gewissen „Verweltlichung" neigten. In dem Maße, in dem schon seit Scotus die franziskanische Theologie die neuplatonischen Elemente im Namen des Aristotelismus aus ihrer Denkweise auszuscheiden versuchte, wurde in diesem Nominalismus die Verweltlichung des Denkens grundgelegt. So ist der Hintergrund dieser Fragen im Begriff zu sehen: *Begriffe* haben eben nicht nur „Inhalt", sondern auch „Gestalt" und eine innere, lebendige „Tendenz" (Gefälle). Die franziskanische Begriffssprache ist mehr durch die platonisch-augustinische Abbildtheorie sowie durch die Tendenz der sich neigenden Liebe Gottes bestimmt. – Die dominikanisch-aristotelische Denkweise hingegen ist bestimmt durch die innerweltliche Sachgestalt, verbunden mit der aufsteigenden Tendenz zur Verherrlichung Gottes. – Franziskanische Weltliebe führt zu einem säkularisierten Weltbild, wenn nicht mehr der liebende Gott (des hl. Franziskus), sondern der Willkürgott (des Nominalismus) dahintersteht. – Dominikanisch-thomistische Weltbejahung wird zur säkularisierten Weltsicht, wenn aus ihrer philosophischen Grundlegung das neuplatonische Element der „Rückkehr" getilgt wird. – In einer säkularisierten Weltsicht wird Tugend eine rein menschliche Sache (ohne Gnade), und Gnade wird zur menschlichen Gesinnung und so ihres eigentlichen Wesens beraubt.

3. Abschließend läßt sich zu dieser Problematik „Gnade und

Tugend" sagen: So wie Gnade in der persönlichen (dreipersonalen) Huld Gottes ihre Wurzel hat, aber für uns Menschen als Geschöpfe notwendig „geschöpfliche Gestalt" annehmen, geschaffenes, uns als Geschöpfen inhärierendes und uns „neuschaffend" geschaffenes Geschenk sein oder werden muß, so muß andererseits dieses Gnadengeschenk auch die innerste personale Mitte des Menschen erreichen, die Mitte, aus der die neuen christlichen Tugenden, besonders Glaube, Hoffnung und Liebe, entspringen und in der sie wurzeln. Diese Tugenden selbst aber müssen „unsere Tugenden" bleiben, d. h. menschliche Tugenden, auch wenn sie nicht mehr allein aus der menschlichen Natur als der sittlichen Natur, sondern eben mit Hilfe der göttlichen Gnadengaben in uns keimen und wachsen und reifen können. Gnade ist so „Geschenk Gottes", das notwendiges Konstitutiv unserer christlichen, vor allem der sog. göttlichen Tugenden wird.

§ 27 Gnade ist nicht der uns einwohnende Hl. Geist, sondern vielmehr die mit dieser personalen Begegnung geschenkte Wirkung in uns

Landgraf I/1,220–237. – Auer I 86–108. – ThW VI (1959) 394–449: πνεῦμα. – F. Schulze, Der Mensch in der Begegnung, Nürnberg 1956. – B. Gerner (Hrsg.), Begegnung, in: Wege der Forschung CCXXXI, Darmstadt 1969.

1. Der Bildbegriff, der von Anfang an die meiste Aussicht haben mußte, Grundbegriff für „Gnade" zu werden, war der Begriff *Pneuma* = Geist. Hatte dieser Begriff schon in der Sprache des AT (Ruach) außer seiner Grundbedeutung „Wind, Atem als Lebensprinzip und Lebenszeichen" auch den Sinn von „Gottesgeist", da von Gott alles Leben kommt, so hat er doch auch innermenschliche Bedeutungen: Ruach war auch im Menschen der Sitz der Empfindungen und der geistigen und willentlichen Funktionen, besonders aber auch gott-gewirkte Kraft für außerordentliche Leistungen, etwa in den Königen und Propheten und in den Künstlern des Volkes. Im NT war dieser Begriff vor allem durch Paulus, durch Zusammenfügung atl. wie teilweise hellenistischer Bedeutungen (im Hellenismus war Pneuma, entsprechend der Gottesvorstellung dieser Zeit, mehr kosmisch-materielle Kraft, besonders in der Stoa) zu einem außerordentlich gefüllten Begriff geworden. Pneuma war nicht nur die Kraft des Glaubens, es war auch Offenheit für Gott und gott-

gewirkt. Durch die Identifizierung des verklärten Herrn Jesus mit dem Pneuma (Röm 1,4; 1 Kor 15,45; 2 Kor 3,17) war schließlich die Bedeutung von „in Christus" wirken und leben gleichgesetzt mit „im Pneuma" wirken und leben. Dazu kam die atl. Vorstellung von der „Einwohnung des Geistes im Menschen" (Röm 8,11.15.26 usw.), so daß Pneuma wirklich überaus geeignet erscheinen mußte als Begriff und Ausdruck für „Gnade", bis die Kirche im 4. Jh. das Wort Pneuma mehr und mehr für den „personalen Geist in Gott", die dritte Person in der Trinität, in Anspruch nahm. Es ist darum nicht verwunderlich, sondern berechtigt, wenn Origenes und ähnlich Klemens von Alexandrien und andere griechische Väter in der Pneumatologie ihre Gnadenlehre unterbrachten, auch dann noch, als diese trinitarischen Klärungen bereits eingetreten waren, weil eben der alte biblische Begriff daneben weiterbestand. Dabei ist zu bedenken, daß die Frage nach der „menschlichen Freiheit" gegenüber dem im Menschen wohnenden göttlichen Pneuma noch nicht gestellt wurde: Man redete vielmehr von der menschlichen Freiheit in mehr ethischer Weise und selbständig (daher der Vorwurf des Westens etwa noch gegen Chrysostomus, er sei Pelagianer) neben der pneumatologischen Gnadenlehre (vgl. ThW VI 330–453, vor allem 394–449: πνεῦμα).

2. In der mehr sachlichen Denkweise des Westens, vor allem der Scholastik, begann hier das große Problem.

a) Die stark mystische Theologie des 12. Jh., Paschasius Radbertus, Eadmer, vor allem dann Hugo von St. Viktor, Wilhelm von St. Thierry u. a., hatten eine Lehre vertreten, die durch die Sentenzen des Petrus Lombardus (lib. I dist. 17 c 1) in die Hochscholastik (deren Lehrbuch diese Sentenzen wurden) hineingetragen wurde. Die Ansicht besagte: Der Akt unserer Gottes- und Nächstenliebe ist eigentlich nicht unser menschlicher Akt, sondern vielmehr identisch mit der innertrinitarischen Liebeskraft, dem Hl. Geist, der in der Seele des Gerechtfertigten lebt, liebt und wirkt: *„Ipse idem spiritus sanctus est amor sive caritas, qua nos diligimus deum et proximum."*

Der erste Kommentar zu den Sentenzen des Lombarden durch den englischen Dominikaner Richard Fishacre hatte diese Lehre noch in scholastischer Weise weitergebildet: Er suchte eine spekulative Darstellung für das Zusammenwirken von Geist und Menschenseele und erklärte dies in nicht glücklicher Weise in Parallele zur hypostatischen Union in Christus. Wie sich in Christus die zwei

Naturen, die göttliche und die menschliche, in der einen Person zu einer notwendigen und dauernden Vereinigung zusammenschließen, so vereinigen sich der göttliche Geist und der menschliche Wille wegen der Freiheit des menschlichen Willens in freier und auflösbarer Vereinigung. Diese geistvolle Lehre, die auch in der Folgezeit vor allem wegen 1 Kor 6,17 (Wer dagegen dem Herrn anhangt, ist ein πνεῦμα mit ihm) immer wieder eine Auslegung fand, die die Rechtgläubigkeit dieser Lehre erweisen sollte, wurde dennoch seit der Hochscholastik immer bekämpft, und nicht zuletzt in Auseinandersetzung mit dieser Lehre entwickelte sich die abendländische Gnadenlehre als konsequente Fortsetzung der augustinischen Lehre. Schon Zeitgenossen wie Praepositinus, Gaufrid von Poitiers u. a. hatten den Lombarden deshalb angegriffen. Die Fragestellung lautete gewöhnlich: Ob Gnade etwas Geschaffenes im Menschen sei *(Utrum gratia sit aliquid creatum in homine)*? Die Argumentation gegen die Lehre des Lombarden und für eine geschaffene Gnade im Menschen gründete:

a) zunächst im aristotelischen Kausaldenken: Gott oder der Geist Gottes kann nicht Effektivursache unserer Gottesliebe sein, wenn unsere freie verdienstliche Liebe zu Gott bleiben soll.

b) Dazu kam die Theorie des Avicenna, daß eine seelische Potenz nur dann in Akt übergehen könne, wenn ihr eine Formkraft, ein Habitus eigne, der sie aktualisiert. Dieser aktualisierende Habitus aber könne nicht der Hl. Geist selbst sein.

c) Noch bedeutsamer wurde dieses Argument des Avicenna dadurch, daß Thomas ausdrücklich festlegte, dieser Habitus müsse noch dazu ein „übernatürlicher Habitus" sein, wenn er das leisten solle, was wir der heiligmachenden Gnade zusprechen. Neben diesem *Verdienstargument* wurde durch Johannes Peckham noch das *Bekehrungsargument* eingeführt, zwei Argumente, von denen wir oben (§ 25, 2 c) schon gesprochen haben. Wird hier die Gnadenfrage in einer reinen *Seinsmetaphysik* behandelt, so hebt Duns Scotus die Frage in die *Existenzmetaphysik* hinein, wenn er fragt, ob Gott nicht einen Menschen auch annehmen könne, der diesen Gnadenhabitus nicht habe, und diese Frage für Gott „potentiā absolutā" bejaht. Unter potentia absoluta versteht Duns Scotus noch die Liebe Gottes, die eben auch aus sich etwas schenken kann. Erst der Nominalismus der späteren Zeit versteigt sich zu der Behauptung: Auch wenn im Menschen ein gegenteiliger Habitus, die Sünde, ist, kann Gott ihn potentiā absolutā in die Seligkeit aufnehmen, und wenn in ihm ein Gnadenhabitus ist, kann Gott ihn potentiā absolutā verdammen. Hier ist die Liebe Gottes als „Willkür" verstanden.

3. Angesichts dieser Argumentation, wie der Geschichte dieser Lehre allein in den fünfzig Jahren von 1250 bis 1300, sowie vor dem personalistischen Denken unserer Zeit, das dem MA das aristotelische Kausaldenken schwerlich abnehmen kann, müssen wir fragen: Welche Bedeutung hat diese Argumentation heute noch?

Positiv werden wir zunächst sagen müssen, was später noch näher zu erweisen ist, daß die biblischen Aussagen von der „neuen Schöpfung" (2 Kor 5,17) und von der „Wiedergeburt aus Gott" (Jo 1,13; 3,5) sowie die Beweiskraft des Bekehrungs- und Verdienstargumentes uns wenigstens mahnen, festzuhalten, daß Gnade im Menschen als Geschöpf auch eine menschliche Wirklichkeit sein muß.

Daneben werden wir nicht verkennen können, daß mit der sachlichen Aussage das Ganze der Gnadenlehre nicht getroffen sein kann. Das haben schon die Zeitgenossen dieser Argumentation deutlich eingesehen, so daß in derselben Zeit (1250–1300) bedeutende Franziskanertheologen wie Eustachius von Arras, Petrus von Falgario, Wilhelm von Ware u. a. ausdrücklich erklärt haben: *Neben der eingeschaffenen heiligmachenden Gnade ist zugleich der mit der Gnade einwohnende Hl. Geist als Inhalt der „Begnadigung des Menschen" festzuhalten.*

Vielleicht wird unser Denken sich in diesen Dingen besser klären, wenn wir statt der Seins- und Personalmetaphysik hier den *Wirkensbereich* betrachten. Das, was im biblischen Pneumabegriff und was im hellenistischen Dynamisbegriff enthalten war, wird hier lebendig. Weil wir Menschen Geist-in-Leib sind, wird gerade in unserem Wirken der Zusammenhang von Personalem und Außerpersonalem, von personalem Tun mit Hilfe von nichtpersonalen Kräften deutlich. Wo immer wir unser eigenes menschliches Tun reflexiv betrachten, werden wir diese Erfahrung machen müssen.

Auch wenn wir nun unser menschliches Wirken als ein zwischenmenschliches oder zwischenpersonales Wirken betrachten, als *Wirken in der Begegnung,* als Wirken in der Gemeinschaft von Ich und Du und Wir, werden wir uns gezwungen sehen, auch diese personalen Beziehungen nicht spiritualistisch, sondern ganzmenschlich zu betrachten, und darum auch überpersonale und unterpersonale Kräfte mit am Werke wissen.

Das Entscheidende bleibt, daß Gnade als „unsere Gnade", auch wenn sie ganz und allein von Gott geschenkt ist, uns so geschenkt ist, daß sie von Gott selbst unserem Wesen angepaßt ist: also eine geschöpfliche Wirklichkeit bleibt. Diese Geschöpflichkeit erfaßt uns in unserem ganzen Sein und in allen Schichten unserer Wirklichkeit, in der sachlichen und sittlichen und personalen Ordnung. Paulus mag uns dafür ein Vorbild sein, wenn er nebeneinander stehen läßt: „Doch Christus spricht zu mir: Meine Gnade genügt dir, denn in der Schwachheit kommt die Kraft zur Vollendung" (2 Kor 12,9). „Die in Christus Jesus sind, haben ihr Fleisch mit seinen Leidenschaften und Gelüsten ans Kreuz geschlagen. Wenn wir durch den Geist das Leben haben, so laßt uns auch im Geist wandeln" (Gal 5,24 f). „Mit Christus bin ich gekreuzigt. Nicht mehr ich lebe, Christus lebt in mir" (Gal 2,20).

Mit unserem Gnadenleben bleiben darum auch immer verbunden die drei Wege, die der Pseudo-Areopagite (De eccl. hier. V 3) für das christliche Leben aufgestellt hat: die *via purgativa* für die Sachlichkeit unseres leiblichen Lebens bis hinein in die Seele; die *via illuminativa* für das sittliche Leben und die *via unitiva* für unsere personale Seinsordnung.

Gerade die Zusammenschau all dieser *Schichten des menschlichen Seins* haben die große Bedeutung, daß wir auch verstehen können, daß das Gnadenleben des Menschen nicht einfach aus äußeren Verhaltensweisen ablesbar ist: Es kann sehr wohl sein, daß ein Mensch mit einem sehr unharmonischen äußeren und inneren Seelenleben ein außerordentlich begnadeter Mensch ist, aber nicht, weil etwa die personale Ordnung in ihm begnadigt wäre, während die anderen Schichten noch außerhalb dieser Ordnung stehen, sondern vielmehr nur dann, wenn dieser Mensch aus seiner personalen begnadeten Ordnung her ständig die anderen Schichten seines Seins zu bewältigen sucht, auch wenn es ihm ein ganzes Leben lang nicht gelingt. Dies ist von großer Bedeutung für das rechte Verständnis der „christlichen Heiligen".

Personale Selbstmitteilung Gottes in Christus und im Geiste, *schöpferisches Wirken Gottes* in uns durch Christus und den Geist, *unser Wirken in der Kraft Gottes* – diese drei müssen zusammenkommen, wo vom Gnadenleben des Menschen die Rede sein soll. Keines von den dreien besteht für sich. Es wird darum im Interesse des katholischen (ganzheitlichen) Denkens sein, wenn wir uns nicht vereinseitigender Begriffe unserer Zeit bedienen (Gnade = Selbstmitteilung Gottes), die vielleicht von unserer Zeit leicht verstanden, aber ebenso leicht auch falsch verstanden würden.

§ 28 *Gnade als „Leben" in Jesus Christus durch seinen Geist*

M. Grabmann, Die Idee des Lebens in der Theologie des hl. Thomas, Paderborn 1921. – H. Schuhmacher, Kraft der Urkirche. Das „neue Leben" nach den Dokumenten der ersten zwei Jahrhunderte, Freiburg i. Br. 1934.

Leben: HThG II (1963) 25–30 (Franz Mußner). – ThW II (1935) 833–874 (Lit.). – BW (1959) 470–482.

Ph. Seidensticker, Frucht des Lebens. Die sittlichen Wirkungen des Lebens nach Johannes (Stud. Bibl. Franc. 6 [1955/56] 5–84). – O. F. Bollnow, Lebensphilosophie, Berlin 1958. – H. Meyer, Geschichte der abendländischen Weltanschauung V (1950) 243–418. – A. Fuerst OSB, The omnipresence of God (1220–1270), Washington 1951 (Cath. Univ. of Am. Press., ser. 2 Nr. 62).

Neben dem Begriff Geist = Pneuma ist der Begriff *Leben – chaijm* –ζωή in der Hl. Schrift als Bildbegriff für Gnade zu finden. Von ihm her läßt sich am besten ein „christliches Gnadenverständnis" aufbauen.

1. Wenn wir Gnade unter dem Begriff des „Lebens" betrachten, müssen wir uns klar sein, welche Bilder in uns selbst mit dem Lebensbegriff erwachen, um den Lebensbegriff der Schrift recht zu verstehen und nicht moderne Gedanken in den archaischen Begriff Leben in der Schrift hineinzutragen. *Welche Gedanken oder Erlebnisse verbinden wir heute mit dem Lebensbegriff?*

a) Leben tritt uns meist entgegen im *Gegensatz zum „Tod"*. Das schließt in sich zwei Gedankenreihen:

Leben wird als *„Sein* und Wirklichkeit" gegenüber dem Tod als *„Nichtsein* oder Nichtmehrsein" gesehen. Auch die Hl. Schrift kennt diesen Begriff, wenn sie z. B. vom „lebendigen Gott" spricht und damit meint, daß Gott wirklich und wirksam in der Geschichte des Gottesvolkes und jedes Einzelnen dasteht.

Leben bedeutet auch *Dauer* gegenüber dem Tod, mit dem wir *Ende* verbinden. Leben ist hier mehr mit dem existentiellen Erlebnis verbunden: Das Ich erlebt sich immer nur als Seiendes, und solange es sich seiner selbst bewußt bleibt, hält es daran fest, daß dieses Ich eigentlich in sich unzerstörbar sein müßte. Das aktualistische Existential des Ich-Bewußtseins kann nicht meine Aussage über meine Unsterblichkeit oder immerwährende Dauer tragen und begründen. Doch in eben diesem Erlebnis mag auch das biblische Wort vom „ewigen Leben" zunächst seinen Grund haben, auch wenn es in späterer Zeit in theologischer Sicht anders begründet und verstanden wird.

b) Leben bedeutet für uns aber auch *Lebensgefühl* als *Macht*gefühl, *Geltungs*gefühl, und vor allem die Lebensphilosophie der neueren Zeit (vgl. LThK 6 [1961] 865 ff) baut auf diesem Lebensverständnis auf. Mit diesem Lebensbegriff ist auch „die *Freude am Sein*" verbunden; ein Großteil unseres menschlichen Glücksgefühls hängt damit zusammen. Dieses Erlebnis mag die Grundlage dafür sein, daß auch im biblischen Verständnis der Lebensbegriff vielfach identisch ist mit *Glück und Heil.* Dabei ist von großer Bedeutung, daß im biblischen Verständnis des Menschen noch alle Schichten des menschlichen Seins, die leiblichen, seelischen und geistigen Wirklichkeiten, zusammengeschaut werden.

c) Leben ist für uns in neuerer Zeit endlich ein wissenschaftlicher Begriff: *Leben* ist eben dasjenige, was die belebte Natur von der toten Natur unterscheidet. Der Neuplatonismus hat das Leben von der nicht belebten Natur unterschieden durch das Geheimnis der *Selbstbewegung* (vgl. Proklos, Stoicheiosis Theol.). Nicht durch äußeren Einfluß oder äußere Ursache, sondern aus eigener Mitte lebt das Leben durch Abbau und Aufbau, durch *Wachstum* im Stoffwechsel, vermehrt sich durch das Geheimnis der *Zeugung.* Innerhalb dieses Lebens hat schon die antike Philosophie, Porphyrius und Aristoteles vor allem, unterschieden zwischen einzelnen *Schichten,* die auch im modernen wissenschaftlichen Denken nicht aufgehoben worden sind: zwischen dem Leben der Pflanzen, in denen das Lebenszentrum noch mehr im Zusammenspiel der Ganzheit besteht; dem Leben des Tieres, das aus einem eigenen Zentrum (Herz- und Nervenzentrum) lebt; dem Leben des freien Geistes, der vor allem durch seine Reflexivität gekennzeichnet ist. Während die moderne Wissenschaft die Bedingungen aufsucht, unter denen aus sog. toter Natur sich Leben entwickeln kann, hat noch Aristoteles davon gesprochen, daß Leben immer ϑύραϑεν, d. h. von außen kommen müsse. Weil das MA bei bestimmten Erscheinungen, wie beim Aufsteigen der Mücken aus Wasserpfützen, sich diese Verursachung des Lebens von außen nicht erklären konnte, hatte es von einer „generatio aequivoca" gesprochen. Die Hl. Schrift spricht davon, daß, wie schon alles Sein, vor allem alles Leben allein von Gott kommen könne.

2. Der Lebensbegriff ist nicht wie der Begriff πνεῦμα = Geist im Laufe der Theologiegeschichte personifiziert worden und darum bis heute wohl *der geeignetste Bildbegriff der Schrift für* die Aussage über die *Gnade* geblieben. Allgemein läßt sich vor allem von

der griechischen Philosophie her sagen: Leben ist nicht eine Sache, sondern vielmehr eine *Funktion* einer Sache. Dabei ist Leben bei all seiner Vielseitigkeit doch ein *innerlich einheitliches* Phänomen. Im Leben ist vor allem die *Individualität* gesichert, aber auch der Zusammenhang mit der überindividuellen *Gemeinschaft des Lebendigen* begründet. Wie besonders die Stoa in Weiterführung des Aristoteles dargetan hat, ist Leben nicht kausal zu bestimmen, sondern vielmehr Selbstvollzug: Setzung aus einer Mitte. PLATO und der Neuplatonismus haben Leben dem Tod gegenübergestellt wie das Gute dem Bösen, den Geist der toten Materie und damit eine idealistische Lebensbetrachtung eingeleitet. Die GNOSIS hat, vielleicht beeinflußt von spätjüdischem oder auch christlichem Denken, das Leben ganz als ein göttliches Attribut verstanden und alles Leben von Gott her abgeleitet. In ihrem dualistischen Denken hat sie Leben mit Licht (Lebendigkeit des Geistigen) verbunden, was uns nachher, vornehmlich in den Schriften des hl. Johannes, wiederum begegnet.

a) Im ALTEN TESTAMENT ist Grundüberzeugung des Glaubens, daß „Jahweh lebt" (Ps 18,47) und aus dieser „Quelle des Lebens" (Ps 36,10) alles Lebendige das Leben empfängt (Is 42,5), so wie es ohne Gott wieder zum Staube zurückkehrt (Ps 104,29; Job 10, 9). Vom Odem des Lebens hat der Mensch sein Leben empfangen (Gn 2,7), und hätte er nicht das Paradies verloren, hätte er vom „Lebensbaum" essen können und so ewiges Leben auf Erden besessen (Gn 2,9). Leben bedeutet „Länge der Tage" (Ps 21,5; 119, 17.37.88.116.149), bedeutet „gute Tage" (Ps 34,13), verbunden mit Frieden und Freude, Glück, Gesundheit, Kindersegen und Fruchtbarkeit des Landes, und für Israel vor allem den immerwährenden Besitz des verheißenen Landes. Bedingung dafür freilich ist, daß der Mensch die Satzungen Gottes erfüllt (Dt 4,1.40; 5,31; 30, 15–20). Zehnmal erbittet sich der Beter von Ps 119 „Leben" von Gott durch sein Wort, durch seine Satzung, durch seine Huld. War so Leben zunächst immer als „irdisches Leben" gemeint, so war es doch ganz als „Leben von Gott" verstanden und darum von alters her auch die Möglichkeit einer „Entrückung" durch Gott ins Auge gefaßt (vgl. Gn 5,24; Sir 44,16; 49,14; Ps 16,9; 49,16; 73,23 ff). Erst die Isaias-Apk (25,8; 26,19–21) verkündigt eine Vernichtung des Todes, wenigstens für die Gerechten, und die Weisheitsliteratur spricht von einem Weiterleben des Menschen nach dem Tode (Dn 12,2: „Viele von denen, die im Staube der Erde schlafen, werden aufwachen, die einen zu ewigem Leben, die anderen zu Schmach und ewiger Schande"; vgl. 2 Makk 7,9.11.14. 23.36; 4 Makk 15,3; Pss Sal 3,16; 13,9; Weish 5,15). Wohl unter hellenistischem Einfluß wird das ewige Leben zu einer „Unsterblichkeit" (ἀθανασία). Im 1. Jh. vor Chr. entsteht die Idee von den zwei Äonen: „Dieser Äon" ist ganz Todesäon, der „kommende Äon", der mit dem Auftreten des Messias zusammenhängt, ist Lebensäon.

b) Im NEUEN TESTAMENT wird die Lebensidee noch mehr verinnerlicht. Die anbrechende „Königsherrschaft Gottes" ist besonders deutlich in der Totenerweckung und in der Überwindung des Todes durch Christus. Christus der Messias hat „das ewige Leben" gebracht (Mk 10,17; Mt 19,16.29; Röm 2,7; 5,21; 6,22). Das Leben ist das Heil, das zu erben (Mk 10,17; Mt 19,29), zu empfangen (Mk 10,30; Lk 18,30), in das einzugehen ist (Mk 9,43; Mt 18,8). Immer aber bleibt das „ewige Leben" in der Verfügung Gottes (Apg 13,48).

Besonders bei PAULUS wird deutlich, daß das ewige Leben nichts anderes ist als „Teilhabe am Leben des auferstandenen Herrn". Er ist der „Urheber des Lebens" (Apg 3,15), „durch sein Leben werden wir gerettet" (Röm 5,10). In ihm ist das Leben (Röm 8,2; 1 Jo 5,11), er ist der Weg, die Wahrheit und das Leben (Jo 14,6). Der Christ wird dieses Lebens teilhaftig durch das Mysterium der Taufe: In ihm wird er zu neuem Leben aus Gott geboren (Jo 1,13; 3,3 ff). Mittler dieses Lebens in Christus ist das Pneuma, das in der Taufe verliehen wird (Jo 3,5; Röm 8,2.10; Gal 6,8), die Erstlingsgabe (Röm 8,23) und das Angeld (2 Kor 1,22; 5,5; Eph 1,14) des Heiles. Dennoch ist das Leben des Christen in dieser Welt kein „verklärtes Leben", vielmehr eine Existenz im Glauben an Christus, die Nachfolge Christi im „Mitsterben, Mitbegrabenwerden, Mitgekreuzigt sein" verlangt (Röm 6,3; Gal 2,19; 2 Kor 6,9). So ist das Leben des gläubigen Christen mit Christus in Gott verborgen (Kol 3,4). Paulus kann schließlich sagen: „Nicht mehr ich lebe, vielmehr lebt Christus in mir" (Gal 2,20). Dieses Leben in Christus muß uns „Leben in Gott" (Gal 2,19 f; 2 Kor 5,15; Röm 6,11.13) sein, auch wenn es Leben durch Gott ist. Erst als solches Leben für Gott vollendet es sich in der Zukunft, die wir erhoffen: Auf Hoffnung hin sind wir erlöst (Röm 5,2.5; 8,24; Tit 3,7).

Eine besondere Vertiefung erfährt diese Lebenstheologie als Gnadentheologie bei JOHANNES. Wie in seinem Weltbild vor allem die dualistische Sicht vorherrscht: Leben kommt von oben, aus der himmlisch-pneumatischen Welt; unten in dieser Welt herrscht der

Tod; so ist die Lebenswirklichkeit ganz in Christus geborgen: Christus verleiht nicht nur Leben, sondern ist selbst das Leben (Jo 1,4; 11,25; 14,6; 5,26; 1 Jo 1,1). Wie Gott der Vater das Leben in sich hat, so hat er auch seinem Sohn gegeben, Leben in sich zu haben (Jo 5,26), und die Christen leben aus Christus, so wie Christus aus dem Vater lebt (Jo 6,57). Er ist in die Welt gekommen, immerwährendes Leben zu bringen (Jo 3,15 f; 10,10). Und er ist darum auch das lebenspendende Brot (Jo 6,35–58). Wer an ihn glaubt, ihn sieht, ihn erkennt, hat jetzt schon (Jo 5,24; 1 Jo 3,14) das Leben durch ihn (Jo 3,15 f.36; 5,24; 17,2 f; 20,31; 1 Jo 5,12). Vor allem die Gleichnisrede vom Weinstock und den Reben (Jo 15,1–5) bringt dieses Leben aus Christus zum Ausdruck. Nicht nur der Glaube, sondern ebenso die Liebe zu den Brüdern und das Verbleiben in Christus und seinem Wort sind Garanten für dieses Leben (Jo 13,4–17.34; 14,23; 15,12.17; 1 Jo 3,14; 4,7.12.16). Die Apk bringt diese johanneischen Begriffe in atl. Bildern zur Geltung: Der Sieger im Kampf gegen die Mächte der Finsternis empfängt die Frucht vom Lebensbaum (2,7), den Kranz des Lebens (2,10), er wird vom Lamm zu den Wasserquellen des Lebens geführt (7,17), und die Namen der Erwählten sind im Lebensbuch des Lammes (20,15) aufgeschrieben.

So ist im biblischen Bild vom „Leben" alles zusammengefaßt, was uns die Offenbarung über die heiligmachende Gnade sagt: Der göttliche Ursprung nicht nur und Urgrund, sondern auch der reine Geschenkcharakter der Gnade, das Geheimnis des Geschenkes und des menschlichen Lebens aus diesem Geschenk, das Geheimnis der irdischen Gegenwärtigkeit und der eschatologischen Zukunft, das Geheimnis der Sendung Christi und der Sendung des Geistes, das Geheimnis der Erlösung und der Gliedschaft in Christus (vgl. Eph 2,1–10), das Geheimnis des Lebens aus dem Geiste (vgl. Röm 8,1–39), die neue Schöpfung durch Wiedergeburt – alles ist in diesem Wort „Leben" zusammengefaßt. Die Teilhabe am Leben des Dreifaltigen Gottes muß sich im christlichen Lebensvollzug erfüllen, der seine Frucht in der ewigen Doxa = Herrlichkeit beim Dreifaltigen Gott erlangt. Vielleicht ist diese Vorstellung von der Gnade als „Leben" besonders für unsere Zeit das verständlichste, aber auch bewegendste Bild für Gnade.

3. Was das NT durch die paulinische Christusmystik „Christus in uns und wir in Christus" und in der Lehre von der „Einwohnung des Gottesgeistes in uns" zum Ausdruck bringt, kann

eine neue Vertiefung erfahren, wenn wir die Lehre von der *Anwesenheit Gottes des Schöpfers in seiner Schöpfung* betrachten und das Gottesbild der Offenbarung ablösen vom naturwissenschaftlich gesehen falschen Weltbild der Bibel und das biblische Gottesbild im neuen naturwissenschaftlichen Weltbild unserer Zeit zu erfassen suchen. Dann können wir sagen: Gott ist jedem Geschöpf, zumal dem Menschen gegenwärtig:

a) *potentialiter:* Gott ist nicht „Ursache", sondern „Schöpfer" aller geschaffenen Wirklichkeit. Das Sein dieser geschaffenen Wirklichkeit steht darum ständig unter dem Gesetz der Erhaltung durch ihren Schöpfer. Auf den Menschen angewandt, findet diese Wahrheit ihre tiefste Erfüllung für uns in der Menschwerdung Christi und in der Christusmystik: Christus lebt vom Vater her und auf den Vater hin. „Ich bin vom Vater ausgegangen und in die Welt gekommen; nun verlasse ich die Welt und gehe zum Vater" (Jo 16,28). Christsein heißt „durch Christus, mit Christus, in Christus" leben zum Vater hin (Eph 2).

b) *praesentialiter:* Für uns Menschen hat dies seine höchste Erfüllung gefunden durch die Sendung des Hl. Geistes und die Einwohnung des Geistes in seiner Kirche und in uns Menschen (Röm 8,9.11.14: Die sich vom Geiste Gottes leiten lassen, sind Kinder Gottes).

c) *essentialiter:* Dieses Wort macht die meisten Schwierigkeiten, weil es den Pantheismus (alles Seiende ist Gott) wie den Theopanismus (der ewige Gott selbst ist das All) vermeiden muß. Die Schwierigkeit dieser Aussage kommt vor allem aus der Verbindung des geoffenbarten Gottesbildes mit dem antiken Weltbild. Im antiken Weltbild wirkt alle Ursache „von außen her", so daß auch Gott der Schöpfer außen, jenseits, überirdisch ist. Das transzendierende Denken aber führt in diesem antiken Weltbild immer nur von einer Schöpfungswirklichkeit zu einer anderen, aufsteigend lediglich von der materiellen Welt zur geistigen Welt im Sinne der Philosophie Platos. Das Gottesbild erscheint darum entweder anthropomorph, wie im AT, oder als Idee, wie in der Philosophie Platos. – Das moderne naturwissenschaftliche Weltbild dagegen hat eine andere Struktur: die Ursächlichkeit liegt „im Inneren". Wenn hier ein transzendierendes Denken angebracht werden soll, muß es ein *Transzendieren nach innen hin* sein. Das läßt sich in Analogie zum menschlichen Wesen verstehen als ein Fortschreiten von der erfahrbaren Welt der körperlichen Existenz des Menschen zum Geheimnis seines inneren Personseins. Eine Reflexion auf unsere

Taten verweist uns immer zurück auf diese Personmitte, die wir jedoch selbst nicht mehr in der Reflexion an sich erfahren und erfassen können, sondern nur als Urheber des Tuns und der Tat feststellen und erschließen können. Eine Reflexion auf die Personmitte des eigenen Selbst endet immer in dem als unendlichen Prozeß erfaßten „Ich sage zu mir ich" (R. Hönigswald). Wir können unser Personsein darum nie wesenhaft aussagen, wie in Gott der Vater sein Wesen in seinem Sohn, dem Worte Gottes, ausspricht. Von dieser Analogie her können wir jedoch einen rechten Sinn mit dem Satz verbinden: *Gott ist als Schöpfer jeder Wirklichkeit als Schöpfung innerlicher, als diese Wirklichkeit sich selbst sein kann* (Tauler; Marquard von Lindau). – Von diesem Verständnis der Innerlichkeit des Schöpfergottes in seiner Schöpfung her ließe sich, wenn wir diese Gedanken weiterverfolgen und vertiefen, auch das Gnadenverständnis in neuer Weise klären. Was wir über Gnade als „Leben" in der Sprechweise der Offenbarung ausgesagt haben, ließe sich dann vom „Sein" überhaupt in neuer Weise verstehen. Es wird jedoch noch geraume Zeit und viele Mühe kosten, bis wir fähig sind, das Offenbarungsbild von Gott, abgelöst vom antiken Weltbild, im richtigen, modernen, naturwissenschaftlichen Weltbild gültig aussagen zu können.

§ 29 Versuche einer „metaphysischen Bestimmung" der Gnade

Landgraf I/1,148–160. – Auer I 174–204. – R. Guardini, Freiheit, Gnade, Schicksal, München 1948, 125–189.

1. Es ist eine Forderung aller Wissenschaft, daß sie über die Beschreibung der Erscheinungen und Erfahrungen hinaus immer auch eine wissenschaftlich-begriffliche Bestimmung ihres Gegenstandes versucht. Erst in dieser Bestimmung werden die einzelnen Momente der Erscheinungen erklärlich und wird die Ganzheit und Notwendigkeit des Gegenstandes einsichtig. Gerade bei der Bestimmung der Gnade ist dies wichtig, weil es sich um eine Wirklichkeit handelt, die nicht aus der Erfahrung, sondern aus der Offenbarung, nicht mit innerer Evidenz, sondern im Glauben erfaßt werden muß. Folgende Gesichtspunkte müssen dabei berücksichtigt werden:

a) Gnade ist nach der Bestimmung der hl. Schriften eine Wirklichkeit, eine Realität, und doch wirkt sie nicht magisch und notwendig: der Mensch bleibt in ihr völlig frei.

b) Der Mensch kann die Gnade aus eigener Schuld verlieren, aber nicht aus eigener Kraft erwerben: sie muß ihm geschenkt sein.

c) Gnade ist im Menschen und macht aus dem Menschen etwas Neues, und doch ist sie nicht von ihm und aus ihm: sie ist übernatürlich (von Gott geschenkt und doch dem Menschen innerlich).

Wie alle Wirklichkeiten, in die der Mensch miteingeschlossen bleibt, so kann auch die „Gnade" nur bestimmt werden mit „metaphysischen" Begriffen.

2. Die wissenschaftlich-metaphysische Bestimmung der Gnade, die um 1240 (Summe Alexanders von Hales, Johannes von Rochelle, Odo Rigaldi, Albertus Magnus, Philipp der Kanzler usw.) beginnt, stellt zunächst folgende Aussagen heraus:

a) *Gnade ist keine Substanz* (Natur), *sondern ein Akzidens* (Eigenschaft). Damit ist schon gewährleistet, daß Gnade dem Menschen seine Freiheit beläßt. Zugleich ist ausgesprochen, daß Gnade von außen kommt (accedit) und daß sie im Inneren des Menschen wohnt (inhaeret). Damit ist der besondere „übernatürliche" Charakter der Gnade in der Seele des Menschen gekennzeichnet. In seiner S. Th. I II q 110 a 2 ad 2 wendet THOMAS auf seine Lehre von der Gnade als „Teilhabe an der göttlichen Natur" (2 Petr 1,4) diese Erklärung an und lehrt: In Gott selbst sind seine Eigenschaften seiner Substanz, seinem Wesen gleich; wenn der Mensch an der göttlichen Natur teilhaben soll, ist zu sagen: Was in Gott substantialerweise ist, kann im Menschen nur akzidentalerweise sein, weil auch die Eigenschaften des Menschen nur Akzidentien sind. In metaphysischer Begrifflichkeit ist dies vielleicht die tiefste Erklärung.

Die Franziskanerrichtung, die Gnade mehr als „einstrahlendes göttliches Licht" sieht, muß den Akzidenscharakter der Gnade in neuer Weise erklären. BONAVENTURA (II 26 q 3) sagt hierzu:

(1) Gnade ist in der Seele des Menschen accidens, wie seine Tugend. Wenn jedoch in der Tugend Subjekt und Ursache der Tugend identisch sind (Seele des Menschen), so sind in der Gnade das Subjekt (Seele des Menschen) und die Ursache (Gott) wesenhaft und real verschieden.

(2) Ist für die Tugend die Seele naturnotwendiges Subjekt, so ist sie für die Gnade freies Subjekt.

(3) Ist die Ursache des Tugendakzidens vielfach geringer als das Subjekt (die Seele des Menschen), so ist die Ursache der Gnade immer unendlich höherwertiger (Gott) als das Subjekt.

b) *Gnade ist als heiligmachende Gnade nicht actus* (Geschehen), *sondern habitus* (Zustand).

Diese Bestimmung ist von besonderer Bedeutung, wenn wir mit der Schrift Gnade als „Leben" definiert haben. Habitus ist hier mit Aristoteles als die zweite Unterart der Qualität verstanden: Ist dispositio (1. Unterart) eine vorübergehende Fähigkeit oder Bereitschaft der Seele, so ist habitus (2. Unterart = ἕξις) akzidenteller, aber fester Besitz: dauerhafte Qualität (vgl. Met. V 20, 1022 b 4; S. Th. I II q 50 a 1).

Hier hat die Unterteilung des Habitus *nach seinen Ursachen* große Bedeutung gewonnen:

habitus innatus (eingeborener Habitus: geistige Anlagen, Erbanlagen von guten oder schlechten Eigenschaften);

habitus acquisitus (erworbene Tugendfähigkeiten und Neigungen, Gewohnheiten, Handlungstendenzen);

habitus infusus gratuitus (dies ist in theologischer Hinsicht der Gegenbegriff etwa zu dem, was wir im bloß natürlichen und außen stehenbleibenden Bereich heute in der Pädagogik den „Geist der Gemeinschaft", „Klassengeist", „öffentliche Meinung" nennen würden. Doch der Gnadenhabitus ist in viel tieferer Weise als „innere Formung des Menschen" durch Gott gesehen.

Weiterhin ist die Bestimmung dieses Habitus *hinsichtlich seiner Wirkung* wichtig geworden:

als *habitus operativus,* der zu regelmäßigem, ungestörtem Wirken hilft und den Akt leicht, willig, mit Freude (faciliter, prompte, delectabiliter) geschehen läßt;

als *habitus perfectivus,* der das Sein in all seinen Schichten und in der Harmonie des Zusammenspiels dieser Schichten zur Vollendung führt.

Thomas (S. Th. I II 110,2) bestimmt somit die Gnade mehr abstrakt: Gnade ist ein Habitus, der der Seele ein höheres Sein (spirituale esse) gibt, das bestimmt werden muß als „Teilhabe an der göttlichen Natur" (2 Petr 1,4), das darum ein einfacher Habitus (unus simplex habitus) ist, der die Seinsgrundlage für die neue Qualität der Tugenden ist, die ihrerseits wiederum Wirkensgrundlage für die übernatürlich-verdienstlichen Akte bilden (habitus supernaturalis entitativus sagt nachher die Theologie. Das Konzil von Trient gebraucht die Ausdrücke: habitus und qualitas nicht).

Im Gnadenverständnis des hl. Bonaventura (Gnade = Licht) spielt der Begriff des Habitus eine geringere Rolle. – Bei Scotus wird, wie oben bei Behandlung der Erkennbarkeit der Gnade (§ 24,

4) gezeigt, der übernatürliche Habitus als notwendige Voraussetzung für das im Glauben erfaßte Verdienst des Menschen formal herausgestellt und festgehalten. Da Scotus Gnade = caritas setzt, wird in dieser Sprechweise der personale Charakter der Gnade ebenso wie das Geheimnis der Liebesgemeinschaft des Menschen in der Gnade mit Gott in besonderer Weise deutlich. Wie es Forderung jeder echten Liebe ist, versteht der Mensch diese seine „Liebe aus Gnade" ganz und gar als Geschenk des Geliebten, auch wenn sie ebenso ganz sein Selbstvollzug ist.

Überblicken wir die verschiedenen Darstellungen, müssen wir wohl sagen:

Der denkende Mensch, dem die sachlichen, metaphysischen Begriffe ein Letztes bedeuten, wird vor allem durch die Wesensbestimmung der Gnade durch Thomas befriedigt werden. – Der fromm fühlende und affektiv suchende Mensch wird eher in der Gnadenlehre Bonaventuras Befriedigung finden. – Der kritisch denkende Mensch, vor allem der personalistisch denkende Mensch der Gegenwart, wird im scotistischen System die wesentlichen Aussagen erblicken.

Es ist richtig zu sagen: Gnade ist ein übernatürlicher Habitus, der das menschliche Wesen als Wesen vervollkommnet und gottgefällig macht und fähig für übernatürlich verdienstliche Werke (Thomas).

Gnade ist ein göttliches Licht, das Kraft und Helligkeit in uns gibt und uns einen inneren Glanz verleiht, der uns zu Gotteskindern und zur Braut des Hl. Geistes macht (Bonaventura).

Gnade ist eine unerfahrbare Wirklichkeit, die uns gottgefällig macht, die aber nicht nur Geschenk ist, sondern mit der wir mitwirken, die uns vollendet, indem wir uns in ihr existentiell wirkend erfüllen in der Liebe (Scotus).

Wir dürfen wohl sagen, die vielen Seiten, die hier besprochen wurden (und die vielen, von denen hier nicht die Rede war), müssen zusammengeschaut werden, will man die Fülle der „Gnade" begreifen, die der Vielfalt der Menschen entspricht.

§ 30 Subjekt der Gnade im Menschen und Einheit der Gnade (Gnade oder Gnaden?)

Auer I 150–166. – P. Th. Graf OSB, De subjecto psychico virtutum, 2 Bde., Rom 1934. – H. Volk, Gnade und Person, Theol. in

Gesch. u. Gegenw., München 1957, 219–236. – J. P. Alfaro, Person und Gnade, MThZ 11 (1960) 1–29.

In dem Maße, in dem wir uns darüber klargeworden sind, daß Gnade ein geschaffenes Geschenk Gottes im Menschen ist, und in dem Maße, in dem wir den Menschen in seiner Vielfalt und personalen Tiefe ernst nehmen, müssen wir, wie die große Theologie seit dem MA, auch die Frage stellen: Wo hat die Gnade im Menschen ihren eigentlichen Sitz, und dürfen wir von Gnade oder müssen wir von Gnaden reden?

Wollten wir von einer religiösen Erfahrenspsychologie ausgehen, müßten wir wohl sagen: Subjekt der Gnade ist nicht der ganze Mensch, da es wohl kaum ganz harmonische Naturen gibt. Sitz und Ansatz der Gnade ist vielmehr bei den verschiedenen Menschen jeweils jene Seite in ihrem geistig-personalen Wesen, die noch am gesündesten ist und aus der heraus der Mensch sich selber wieder neu sammeln und aufbauen kann. Dabei wird von großer Entscheidung bleiben, ob der Mensch ein emotionaler Typ ist, der sich aus einer willentlichen Mitte aufbaut, oder ein intellektueller Typ, der sich mit Hilfe seiner Begründungen neu konstituiert. – So wertvoll solche oder ähnliche psychologische Betrachtungen sein mögen: sie bleiben in der Erfahrenswelt stecken und werden keine letzte Antwort auf die oben gestellten Fragen nach Sitz und Wesenseinheit der Gnade geben können.

1. Der Sitz der Gnade: das *Subjekt der Gnade.*

Die Frage nach dem Subjekt der Gnade ist ein Hinweis darauf, daß Gnade als „geschöpfliche" Realität im Menschen und als „übernatürliche" Wirklichkeit ernst genommen ist. Im Hintergrund der Frage stehen vor allem die in einer metaphysischen Betrachtung des Menschen grundgelegten *Unterscheidungen zwischen Person und Seele, Seele und Seelenpotenzen, Potenz und Akt, Tugend und Gnade.* Hinter diesen Unterscheidungen stehen nicht nur die Erfahrungen einer *Psychologie,* sondern ebenso die Problematik einer echten *Metaphysik* und einer richtigen *Erkenntniskritik.* Eine zeitgemäße metaphysische Psychologie und Anthropologie wird auf die modernen Ergebnisse der experimentellen Psychologie nicht verzichten können, so wie eine ernste moderne Psychologie immer wieder an die Grenzen der metaphysischen Betrachtung des Menschen führen wird. Dieses Zueinander muß wohl gesehen werden, wenn die hier gestellten Fragen nicht bloße Theorie sein sollen.

a) In der *psychologischen Betrachtung* sei ganz kurz auf folgende Unterscheidungen hingewiesen:

Am Anfang mögen all die *seelischen Erlebnisse* stehen, die von außen her in uns ausgelöst werden: Das personale Ich registriert diese Erlebnisse, nimmt sie auf, wertet sie. Das personale Ich wird in den seelischen Fähigkeiten aber auch selbst aktiv. Die scholastische Denkweise hat hier im Anschluß an Aristoteles unterschieden die *actio* als personale Verwirklichung, die *operatio* als seelisches Handeln, die *factio* als menschliches Wirken in die Welt hinein (ἐνέργεια — πράττειν — ποιεῖν).

Daneben steht der große Bereich der *Gefühle*, die meist Begleiterlebnisse von seelischen Akten oder Erlebnissen sind, die das Wie dieses Erlebnisses oder Aktvollzuges, leicht oder schwer, glücklich oder unglücklich, erfolgreich oder erfolglos, zum Ausdruck bringen (Freude – Trauer).

Tiefer, bis in den Bereich des Personalen hinein, reichen die *Befindlichkeitserlebnisse* oder Gestimmtheiten der ganzen Person, die in der Personmitte gewissermaßen registriert werden und teilweise aus unterbewußten und unbewußten Verhältnissen und Strömungen der Seele mitbestimmt sind. Über all die unergründlichen Zusammenhänge zwischen Welt und Mensch in seinem seelischen Erleben hinaus bleibt jedoch im christlichen Denken das Festhalten an einer eigenen individuellen Personseele als Mitte der menschlichen Person. Diese *Personseele* ist letztlich Ziel und Sitz all dessen, was der Mensch verantwortlich in seinem Leben tun kann, also auch notwendig Ziel und Sitz der Gnade, die ein verantwortliches Leben zutiefst bestimmt. Dieser Personseele spricht der Glaube auch die Unsterblichkeit zu.

b) In der *metaphysischen Philosophie* der Hochscholastik sind die verschiedenen Denkweisen deutlich geworden. Für Thomas (S. Th. I II q 110 a 4) ist das Subjekt der Gnade das auf der Personseele aufgebaute Seelenganze, das er als ein totum potentiale, als ein Ganzes sieht, in dem all die seelischen Potenzen wurzeln. Aus diesem Seelenganzen fließt die Gnade in die einzelnen Potenzen und wirkt mit deren Akten mit.

Für Bonaventura (II 26 q 5) ist die Seele als konkrete Summe ihrer seelischen Fähigkeiten (totum integrale) Subjekt der Gnade, und zwar wird die Gnade in diese Seele primär durch das Wirken der Liebe und des Willens aufgenommen.

Für Scotus (Ox. II 26) und seine Schule, die in der caritas die Gnade sehen, muß entsprechend Sitz der Gnade der Wille selbst sein, der jedoch als Liebeswille zugleich irgendwie als personale Mitte gesehen wird. Mag hier die psychologische Ordnung besser gesehen sein, so ist nicht zu übersehen, daß der übernatürliche Charakter der Gnade dadurch unklarer wird. Demgegenüber mag die thomistische Auffassung weniger unserer Psychologie entsprechen, sie kann jedoch den übernatürlichen Charakter der Gnade besser aussprechen. Je genauer man diese verschiedenen Systeme betrachtet, desto besser erkennt man, daß es sich nicht so sehr um verschiedene Auffassungen über das Ganze dieser Frage handelt, sondern vielmehr nur die Verschiedenheit des theologischen Denksystems und der philosophischen Grundlegung dabei zum Ausdruck kommt.

Zusammenfassend läßt sich wohl in einer metaphysischen Betrachtung sagen: *Subjekt der Gnade ist primär das Ich als Person:* Gottes Liebe trifft mich, schenkt mir an ihr Anteil in der Gegenliebe. Dieser Ansatz mag erlebt werden, wie in der Christusmystik bei Paulus, er mag unbewußt und verborgen bleiben, wie wohl bei den meisten Menschen. Dennoch wird er der eigentliche Ansatzpunkt der Gnade in uns bleiben. – *Subjekt der Gnade ist aber auch meine ganze erlebnisfähige und tatfähige Seele:* mein Erkennen, das neues Licht empfängt, mein Wollen, das neue Motive und Kräfte erhält, mein Gemüt, das neue Gefühle und Haltungen, Spannungen und Orientierungen aufnimmt. Diese Wirklichkeiten mögen mehr im Bereich unseres bewußten Erlebens liegen, und hier wird der Mensch auch erfahren, daß er, je nach seiner besonderen Anlage, von Gottes Gnade von einer bestimmten Seite getroffen wird. Dabei bleibt gültig, was wir oben in der Frage der *Erkennbarkeit des Gnadenstandes* gesagt haben: Es wäre falsch, jede natürliche Regung schon für eine von der Gnade ausgelöste Regung zu halten; es wäre andererseits aber auch unsachlich, jede Erlebbarkeit der Gnade von vornherein zu leugnen. Wenigstens kann und darf das gläubige Denken die verschiedenen seelischen Erlebnisse in dieser Weise auch interpretieren.

Von Entscheidung bleibt, daß wir Gnade konkret von unserer menschlichen Psychologie und Anthropologie her verstehen und nicht nominalistisch und spiritualistisch entleeren. Jede echte Christusmystik, die sowohl die Teilhabe an dem leidenden Herrn wie auch die Freuden Christi kennt, weiß um die Konkretheit der Gnade, obwohl sie ebenso am personalen Mysterium der Gnade festhält.

2. Von hier aus fällt auch Licht auf die Frage nach der *Einheit der Gnade*. Dürfen wir von *einer* Gnade reden, oder müssen wir von mehreren Gnaden im Menschen reden?

a) Gnade ist sicherlich als heiligmachende Gnade eine *einzige* Wirklichkeit, wenn sie betrachtet wird *von ihrer Quelle her*, als Licht, das uns von Gott geschenkt wird, als Teilhabe an Christus (BONAVENTURA und seine Schule). In dieser Betrachtungsweise bleibt die Einheit des Mysteriums Gnade in besonderer Weise sichtbar: Durch Christus und mit Christus und in Christus sucht der Mensch seinen Weg zum Vater.

THOMAS (II Sent. d 26 q 1 a 6; De ver. q 27 a 5) und seine Schule sehen die Einheitlichkeit der Gnade mehr darin gewährleistet, daß sie ihren Sitz *im Seelenganzen* hat und darum unus simplex habitus ist. Diese mehr anthropozentrische Betrachtung der Gnade bleibt gültig, wenn sie mit dem Gedanken des einwohnenden Hl. Geistes verbunden wird, in dem die Übernatürlichkeit der Gnade erst richtig ausgedrückt wird, so wie es bei den späteren Franziskanern, die thomasisches und franziskanisches Denken zu vereinigen suchten, zum Ausdruck kam. Schließlich wäre die Einheit der Gnade zu verstehen und zu begründen von ihrer Wirkung her (gratificare, Deo acceptum facere). Bonaventura faßt einmal diese drei Begründungen zusammen (Sent. d 27 a 1 q 1).

b) Wie die Frühscholastik, die Gnade und Tugend noch mehr identifizierte, von einer *Mehrheit der Gnaden* sprechen mußte, so hat auch eine spätere Schule von mehreren Gnaden gesprochen, indem sie Sein und Wirken, die sachliche Seite und die personale Seite, die Seinsbetrachtung und die geschichtliche Betrachtung des Menschen mehr unterschied (so Olivi und Petrus de Trabibus). Sie unterschied eine *heiligmachende* Gnade im Menschen, die gottgefällig macht, und eine *verdienstwirkende* Gnade, die nur durch Teilhabe am Verdienst Christi dem Menschen gegeben ist. Diese Gedanken sind wieder wirksam geworden in der Lehre von der *doppelten iustitia Dei* (Seripando), von der schon oben die Rede war. –

Vielleicht erscheint uns heute eine andere Einteilung dieser einheitlichen Gnade bedeutsamer: die Einteilung von unserer Erkenntnisweise her:

Wir müßten von einer heiligmachenden Gnade als innerer übernatürlicher Form des Menschen sprechen, die wir *nicht erfahren;* von einer heiligmachenden Gnade, deren Wirkung wir in unserem sittlichen Tun *miterfahren,* wenigstens einschlußweise; und von einer heiligmachenden Gnade, die Grundlage unseres Verdienstes vor Gott ist, das wir nicht erfahren, das wir nur *im Glauben festhalten.* Wie wir oben Gnade von den drei Wesensordnungen des Menschen, von der sachlichen, sittlichen und personalen Ordnung her zu verstehen versucht haben, so werden wir auch hier die Einheit der Gnade von diesen drei Seiten, von der sachlichen, sittlichen und personalen Ordnung her, annehmen dürfen. Diese Zusammenschau und Differenzierung ist von Bedeutung, nicht nur für unsere Gnadenerkenntnis, sondern noch mehr für unsere personale Stellungnahme zur Gnade, für unser Leben und Wirken in der Gnade und mit der Gnade. – Diese Mannigfaltigkeit in der Einheit begegnet uns auch in dem Bild der Gnade, das den großen Hymnen an den Hl. Geist zugrunde liegt, dem Hymnus Veni Sancte Spiritus und Veni Creator Spiritus, von denen oben die Rede war: Sine tuo numine nihil est in homine, nihil est innoxium; lava quod est sordidum, riga quod est aridum, sana quod est saucium ... da tuis fidelibus in te confidentibus sacrum septenarium. Die Vielheit der Gaben und die Einheit des Geistes (1 Kor 12,4) mag uns ein Bild für unsere Antwort auf die obigen Fragen sein. Wenn Gnade als geschaffene Wirklichkeit im Menschen und für den Menschen richtig gesehen ist, wird um der inneren Wesensstruktur des konkreten, geschichtlichen Menschen willen gleichzeitig von einer Einheit der Gnade (für die Wesenseinheit des Menschen) und einer Mannigfaltigkeit der Gnaden (für die Mannigfaltigkeit der Seinsschichten) zu reden sein. Das Problem „Natur und Gnade" (§ 36 u.) wird die Frage nach „Einheit oder Vielheit" erneut sichtbar machen.

9. Kapitel

WERDEN UND VERGEHEN, VERMEHRUNG UND VERMINDERUNG DER GNADE

Auer I 212–221.

Was Gnade in sich und für den Menschen ist, wird besonders deutlich, wenn wir uns die Frage nach dem Werden und Vergehen, der Vermehrung und Verminderung der Gnade vorlegen. Zugleich sind mit diesen Fragen gewichtige Entscheidungen der Kirche gegen Irrlehren verbunden.

§ 31 Das Werden der Gnade

Was eine Sache ist, können wir erkennen, wenn wir ihren Anfang, ihr Entstehen betrachten. In den Gnadenfragen wird hier nicht nur das Gnadenmodell der einzelnen Schulen sichtbar, es zeigt sich auch die Bedeutung und der Wert dieser Modelle.

1. Zunächst ist festzustellen, daß „Gnade nur von Gott" kommen kann, wie alle Theologen übereinstimmend feststellen. Ein Mensch, sei er ein Heiliger oder sei er ein Amtsträger, kann effektiv nicht Ursache von Gnade sein; er kann nur Gnade Gottes „vermitteln".

a) Hinter dieser Aussage steht die *Sakramententheologie,* die in der Rechtfertigungslehre eine große Rolle spielt, weil ordnungsgemäß der Anfang der Gnade durch das Sakrament der Taufe gegeben ist und weil Hauptquelle aller Gnaden in der Kirche immer wieder die hl. Eucharistie ist. Beide Sakramente aber werden ordnungsgemäß vom Priester gespendet. Der Priester kann aber nur administrative oder ministerialiter durch diese Sakramente Gnade vermitteln.

b) Hinter dieser Aussage steht ferner die Erkenntnis, daß auch die *Amtsgnaden,* die durch das Sakrament der Weihe weitergegeben werden, zwar die Sukzession zwischen Spender und Empfänger darstellen, dennoch aber nicht etwa durch den Spender an sich als Person, sondern durch das Zeichen des Sakramentes weitergegeben werden. Auch Amtsgnade ist ganz und allein „Gnade Gottes", nicht etwa menschliche Macht, die der Mensch aus sich besitzen und aus sich weitergeben könnte.

c) Als *Gründe* dafür, daß alle Gnade nur von Gott sein kann, werden angegeben:

(1) Das Subjekt der Gnade ist jene Tiefe der menschlichen Person, in die nur Gott eindringen und einwirken kann.

(2) Gnade ist eine übernatürliche Wirklichkeit, die nur Gott schenken kann.

(3) Wie das Licht nur in Verbindung mit seiner Quelle existieren kann, so gibt es auch Gnade nur in Verbindung mit ihrer Quelle in Gott: so die Auffassung der Franziskaner.

(4) Wenn Gnade eine die ganze Person prägende Form in der Seele des Menschen ist, muß sie an seiner Individualität teilhaben. Diese absolut einmalige Individualität der menschlichen Person ist aber nur Gott zugänglich: so die Lehre der Dominikaner.

(5) Die Wesenswirkung der Gnade ist gratum facere und acceptum facere, was nur von Gott allein vollzogen werden kann. (6) Wenn Gnade wesenhaft „Anteil an der göttlichen Natur" (2 Petr 1,4) ist, kann sie nur von Gott kommen, der diesen Anteil in schöpferischer Liebe gewährt.

Allgemein können wir also sagen: Sowohl die sachliche Bestimmung der Gnade als „übernatürlicher Habitus" wie die mehr moralische Bestimmung als „Verähnlichung mit Gott" und neue Gottebenbildlichkeit und Gottgefälligkeit und die personale Bestimmung als „Teilhabe an der göttlichen Natur" in Gotteskindschaft, Gottesfreundschaft und Gottesbrautschaft verlangen unmittelbaren Bezug zu Gott. Mit diesen Bestimmungen ist zugleich der immer göttlich personale Grund aller Gnade festgelegt.

2. Entsprechend den verschiedenen Gnadenvorstellungen wurde auch die *Art der „Mitteilung" der Gnade durch Gott* verschieden gekennzeichnet.

a) Wo Gnade unter dem Bild des „Lichtes" vor allem gesehen wurde (Bonaventura), sprach man von *infusio* oder *influxio* der Gnade. Ist damit eindeutig die unmittelbare Beziehung zu Gott festgehalten, so ist doch der „übernatürliche" Charakter weniger geklärt: zwischen „übernatürlich" und „göttlich" ist nicht deutlich unterschieden.

b) Wo Gnade als „übernatürlicher, innerseelischer Habitus" gesehen wurde (Thomas), sprach man vor allem von „Erschaffung" der Gnade. Da jedoch Schöpfung aus Nichts immer nur auf Substanzen geht, Gnade jedoch als Habitus nur ein Akzidens ist, sprach Thomas hier von einem *concreare* (De ver. q 27 a 3 ad 9); später schaut Thomas mehr auf den ganzen Menschen, der in der Gnade neu geschaffen wird, und sagt: homines secundum ipsam gratiam creantur, id est in novo esse constituuntur ex nihilo (Eph 2,10; S. Th. I II q 110 a 2 ad 3). Eindeutig ist hier die Herkunft der Gnade von Gott ebenso wie ihr übernatürlicher, geschöpflicher Charakter im Menschen gekennzeichnet.

c) Thomas bringt auch häufig im Anschluß an 2 Petr 1,4 (Teilhabe an der göttlichen Natur) die Begriffe *communicatio* oder *participatio* oder *impressio*, Termini, die sowohl die alleinige Herkunft von Gott wie auch Gnade als Qualität der Seele zum Ausdruck bringen.

Das Verständnis der Gnade aus der „Einwohnung des Hl. Geistes" oder aus der „Teilhabe am Leben des Dreifaltigen Gottes" würde eine mehr existentielle Bestimmung des Entstehens der Gnade durch *Gemeinsamkeit in der Begegnung* nahelegen. Ein korrektes Verständnis der Gnade müßte jedoch auch hier von „concreatio" sprechen.

Die biblischen Aussagen von der „neuen Kreatur" (2 Kor 5,17) und von der „Wiedergeburt von oben, von Gott her" (Jo 1,13; 3,7) legen diese Vorstellung von der concreatio = Miterschaffung der Gnade, wenn der Mensch in der Gnade neu erschaffen wird, besonders nahe.

3. Durch dieses Verständnis der Gnade als geschaffener übernatürlicher Wirklichkeit im Menschen ist sowohl die personale Beziehung des Menschen zu Gott wie der unendliche Abstand zwischen Schöpfer und Geschöpf in gleicher Weise gewahrt. Dadurch ist die Unruhe der Offenheit des Menschen zu Gott hin durch die Ruhe der das eigene Wesen bestimmenden Gnadenform ausgeglichen. Ruht im Verständnis für den unendlichen Abstand zwischen Schöpfer und Geschöpf vor allem die Grundhaltung der *Demut*, so ruht in dem Verständnis der uns eingeschaffenen Gnadenform die Grundhaltung der *Dankbarkeit*. „Durch die Gnade Gottes bin ich, was ich bin, und seine Gnade ist an mir nicht unwirksam gewesen; im Gegenteil, ich habe mehr gearbeitet als alle anderen, d. h. nicht ich, sondern die Gnade Gottes mit mir" (gratia Dei mecum: 1 Kor 15,10).

§ 32 *Der Verlust der Gnade*

Auer I 262–275.

Noch mehr als über das Werden der Gnade ist über den Verlust der Gnade nachgedacht worden, weil er einen vielfachen Grund im Menschen hat.

1. Es ist Lehre der Kirche: die *Gnade* als Teilhabe am göttlichen Leben *ist verlierbar und wird* tatsächlich durch jede schwere Sünde *verloren.*

a) Schon Jovinian vertrat die Ansicht, die *Taufgnade sei unverlierbar,* und Hieronymus wandte sich heftig gegen ihn (PL 23, 281 ff). Im Mittelalter hatten einige Anhänger Abailards und Gilberts ebenfalls diese Lehre vertreten; Petrus Lombardus wandte sich gegen sie, und Albertus nannte diesen Irrtum error pessimus, Bonaventura eine opinio frivola et insania. – Grund für diese Irrlehre ist vor allem ein falsches Kirchenbild, eine ungenügende Auffassung vom Taufsakrament (Gnade und Charakter des Sakramentes werden noch nicht unterschieden) sowie eine mangelnde Unterscheidung zwischen status viae und status patriae.

b) Unter neuen Gesichtspunkten erscheint diese Irrlehre bei CALVIN, nach dessen Prädestinationslehre die zur ewigen Seligkeit Berufenen nicht mehr schwer sündigen können. Ähnliche Lehren vertrat MICHAEL DE MOLINOS († 1696), der Vater des Quietismus: Seiner Ansicht nach gibt es im Menschen einen Grad der Liebe, bei dem der Mensch nicht mehr schwer sündigen kann. Die Kirche wandte sich gegen ihn (D 1221–1288 – DS 2201–2268; gegen Calvin auf dem Konzil von Trient D 805, 833 – DS 1540, 1573). Die Irrlehrer zogen Worte der Schrift heran, in denen eine Aufforderung in apodiktischer Weise ausgesprochen wird: Spr 5,16–18; Hl 8,6; 1 Kor 13,8; 1 Jo 3,6: keiner, der in ihm (Christus) bleibt, sündigt.

c) Nach LUTHER geht die Gnade *nur durch den Unglauben* verloren, weil der Glaube allein Garant der Rechtfertigung ist. Ausdrücklich wandte sich das Konzil von Trient dagegen (D 808, 837 f – DS 1544, 1577 f) und lehrte: Die einmal empfangene Gnade der Rechtfertigung wird nicht nur durch den Unglauben, durch den der Glaube selbst verlorengeht, sondern auch durch jede andere Todsünde verloren, auch wenn der Glaube selbst nicht verloren wird. Das Konzil beruft sich auf den Lasterkatalog bei Paulus (1 Kor 6, 9 f) sowie auf Stellen der Schrift, in denen der status viae in besonderer Weise betont wird: „Wir tragen den Schatz (der Gnade) in zerbrechlichen Gefäßen" (2 Kor 4,7), „und wer zu stehen glaubt, der sehe zu, daß er nicht falle" (1 Kor 10,12); darum läßt uns auch Christus beten: „Vater, führe uns nicht in Versuchung" (Mt 6,13), und das Gnadengeschenk der Taufe wird immer zugleich als Geschenk und als Aufgabe gekennzeichnet (Röm 6,2.11–14). In dieser sichtbaren Welt sind an uns Augenlust, Fleischeslust und Hoffart des Lebens (1 Jo 2,4.15–17) wirksam, und Christus selbst ist in dieser Richtung versucht worden (Mt 4,1–11). Auch wenn wir uns keiner einzelnen Sünde bewußt sind, sind wir noch Sünder: „Wenn wir sagen, wir haben keine Sünde, so betrügen wir uns selbst" (1 Jo 1,8), so stellen wir Christus als Lügner hin (1 Jo 1,10). Sünde ist aversio a deo und conversio ad creaturas, wozu der Mensch in dieser Welt stets neigt. Wenn im Johannesevangelium der „Unglaube" als die größte Sünde erscheint, hängt das mit dem besonderen Anliegen und der besonderen Berichterstattung des Evangeliums zusammen (vgl. K. Rahner, Sünde als Gnadenverlust in der frühkirchlichen Literatur: ZKTh 60 [1936] 471–510).

Das *Geschehen des Gnadenverlustes* wird entsprechend der Gnadenvorstellung dargestellt:

Nach Bonaventura hört die Gnade auf zu fließen *(desinit, anihilatur)*, wenn der Mensch sich von Gott abwendet, von dem das Gnadenlicht herströmt.

Nach Philipp dem Kanzler und Thomas wohnen in der Seele des Menschen Gnade und Begierlichkeit nebeneinander, und beide sind noch nicht hinreichend verwurzelt. Die Sünde gibt der Begierlichkeit (concupiscentia) größeren Raum und größere Macht, so daß sie die Gnade verdrängt *(destruit)*. Da Sünde als ein Negatives selbst nichts leisten kann, lehren spätere Theologen, Sünde sei *causa deficiens* für den Verlust der Gnade.

Die spätere Franziskanerschule (Richard von Mediavilla) lehrt: Gott schenkt seine Gnade nicht mehr, wenn der Mensch sündigt. Gott ist also Ursache der Gnade und darum auch Ursache für den Ausfall der Gnade. Die letztere Fassung sieht Gott, der die Liebe ist, wohl etwas zu klein. Ursache für den Verlust der Gnade kann nur der Mensch sein, freilich nicht nur durch sein personales aktives Tun, sondern auch durch seine Nachgiebigkeit gegen die Schwächen seiner Natur. Daneben ist die Versuchung durch die falsch verstandenen Güter dieser Welt sowie durch den bösen Feind zu bedenken, durch die der Mensch nicht durch aktives Tun, sondern durch Nachgiebigkeit zur Sünde verleitet werden kann. Der Mensch verliert sich an die „Welt" und verliert dadurch seine innere „Eigentlichkeit", in der er zu Gott hin offen und zur Liebesantwort auf das Liebesangebot Gottes allein fähig ist. Nur *Innerlichkeit, Eigentlichkeit* und *Offenheit für Gott* vermögen der Versuchung in dieser Welt mit der Gnade Gottes zu widerstehen.

§ 33 *Die Vermehrung der Gnade*

Auer I 275–303.

1. Obwohl Gnade wesenhaft eine einzige und einfache Wirklichkeit ist, nimmt sie an der Wandelbarkeit des geschichtlichen

Menschen teil und kann darum vermehrt und vermindert werden. – Die Lehre von der Vermehrung der Gnade ist mit dem *biblischen Bild vom „Wachstum"* an sich im Zusammenhang zu sehen. Das Reich Gottes, immer wieder mit einem Acker und seiner Bestellung verglichen, ist notwendig auch dem Gesetz des „Wachstums" unterworfen: Die Saat wächst von selbst, der Mensch weiß nicht wie (Mk 4,28; Mt 6,28); aus dem Senfkorn wird der große Strauch (Mt 13,32). – Auch im übertragenen Sinn aber gilt das Gesetz des Wachstums für den Menschen und sein sittlich-religiöses Wesen: Es gibt hier keinen Stillstand, nur die Wahl zwischen Wachstum und Verfall: Der das Wachstum gibt, ist der Herr (1 Kor 3,6), er läßt die Früchte der Gerechtigkeit in uns wachsen (2 Kor 9,10). Dennoch muß der Mensch mitwirken. Darum stehen in der Schrift immer wieder die Aufforderungen: Wachset in der Gnade und in der Erkenntnis Jesu (2 Petr 3,18), fruchtwirkend in jedem guten Werke (Kol 1,10). „Als neugeborene Kinder traget Verlangen nach der geistigen, lauteren Milch, um durch sie zum Heile heranzuwachsen" (1 Petr 2,2). Ziel des Wachstums ist Christus: Wir sollen „uns an die Wahrheit halten und in Liebe in jeder Hinsicht in den hineinwachsen, der das Haupt ist, in Christus ..." (Eph 4, 15); so vollzieht sich das Wachstum des Leibes (ebd. 4,16); in Christus wächst der Bau der Kirche zum Tempel, heilig dem Herrn (ebd. 2,21). Christus wirkt selbst in seinem mystischen Leib das „Wachstum Gottes" (das Gott bewirkt) (Kol 2,19: αὔξει τὴν αὔξησιν τοῦ θεοῦ).

2. Die theologischen Aussagen über das Wachstum der Gnade sind wiederum im einzelnen von der Gnadenvorstellung selbst bestimmt. So spricht Bonaventura von einer *Vermehrung der Gnade secundum essentiam:* einer wesenhaften Vermehrung, wie eben Licht stärker fließen und scheinen kann. Thomas nennt die Vermehrung eine Vermehrung *secundum substantiam,* d. h. hinsichtlich ihrer Grundlegung im Menschen, entsprechend seiner Auffassung von Gnade als Habitus in der Seele. Die nominalistische Schule (Gabriel Biel und andere) spricht von einem Wachstum der Gnade *secundum existentiam,* d. h. einem existentiellen, personalen Wachstum der Gnade.

3. Wie wird dieses Wachstum im einzelnen verstanden? Die augustinische Richtung der alten Franziskanerschule lehrt eine Vermehrung durch tiefere Verwurzelung der Gnade in der Seele *(ra-*

dicatio), die zugleich eine größere Reinigung der Seele *(depuratio)* einschließt. Dadurch wird die Gnade selbst mehr *(additio)*, und die Hinneigung der Seele zur Gnade und zu Gott wächst *(maior inclinatio)*. Andere reden von einer Vermehrung der Gnade *(additio)* durch größere Teilhabe an ihr *(participatio)* oder dadurch, daß Gott uns eben mehr Gnade schenkt. Nach Ansicht anderer Theologen (Aegidius Romanus usw.) geschieht das Wachstum der Gnade in uns dadurch, daß Gott die durch die Taufe in uns grundgelegte Gnade *aktualisiert und entfaltet*.

4. Eine berühmte Frage war, *ob jeder Akt in der Gnade auch schon unsere Gnade vermehre*, ob also die einzelnen guten Werke die Vermehrung der Gnade bewirken. Da Grund der Vermehrung der Gnade in uns der frei schenkende Herr und der frei mitwirkende Mensch sind, darum gilt von seiten des Menschen vor allem: Nicht der einzelne Akt und die Anzahl der Akte sind entscheidend, sondern allein *die je größere Intensität*, die je größere virtus, *der je größere conatus*, die je größere Anstrengung, die dahintersteht. Nicht die Zahl der Werke, sondern die Qualität der Werke allein ist entscheidend.

5. Wie schon früher dargestellt, ist nach Ansicht der Thomisten die *Vermehrung der Gnade „bis ins Unendliche"* möglich, weil Grundlage dieser Vermehrung die potentia oboedientialis ist, die durch die Gnade im Menschen zugleich vermehrt und vertieft wird. Die Franziskanerschule dagegen nahm *eine immer nur endliche Vermehrbarkeit der Gnade* an, weil sich die Vermehrung nach dem menschlichen Maße richte, das immer endlich sei. Mehr nominalistische Richtungen nahmen eine unendliche Vermehrbarkeit wegen der unendlichen Anzahl von möglichen guten Akten im Menschen an. Im modernen Denken werden wir hier gerne die personale Sicht der Gnade unterstellen und sagen: Vom Menschen her bleibt alles endlich; insofern der Mensch aber in der Gnade sich Gott in Jesus Christus eröffnet, wird das unendliche Maß Gottes bestimmend für das Maß des Menschen. Ganz besonders muß und wird das gelten, sobald die Gnade in ihre Erfüllung kommt: in der ewigen Glorie. „Was (von Urzeit her) kein Auge gesehen, kein Ohr gehört und in keines Menschen Herz gedrungen, das hat Gott denen bereitet, die ihn lieben (auf ihn hoffen)" (1 Kor 2,9; vgl. Is 64, 3 f).

6. Der „Fortschritt in der Gerechtigkeit" als urbiblische Aussage kann auch in der Theologie LUTHERS nicht fehlen, auch wenn er wegen der möglichen Hinordnung auf „Leistung" Schwierigkeiten macht. Unabhängig von den großen Kontroversen über diese Frage bei den Interpreten der Lehre Luthers ist festzuhalten:

Der *Fortschritt* in der Rechtfertigung ist nichts anderes als das *ständige Neuanfangen am Nullpunkt der Rechtfertigung;* denn der Mensch ist immer peccator und kann darum immer nur an diesem Nullpunkt beginnen. So werden der Mensch als existentielles Wesen und das rechte Mensch-Gott-Verhältnis im Sinne der lutherischen Theologie gerettet. – Der empirisch greifbare Fortschritt, der als Zurückdrängen der Konkupiszenz und als wachsende Hingabe an Christus auch bei Luther gefordert wird, ist jedoch verdächtig, als Äußerung versuchter „Selbstrechtfertigung" Sünde und Verkehrung der Rechtfertigung zu werden, wenn er nicht mit Christus in Gott verborgen bleibt. – Ein Vergleich zwischen diesem lutherischen „proficere hoc est semper a novo incipere" (WA 56/486,7) und etwa der Schedula als Mittel des Fortschritts im Exerzitienbüchlein des hl. Ignatius mag uns zeigen, daß trotz der zum Wachstum notwendigen immer neuen menschlichen Anstrengung auch im katholischen Denken das Grundgeheimnis des Fortschrittes in der Gnade ist: „der das Wachstum gibt, ist der Herr" (1 Kor 3,6). (Vgl. Pesch TRLTh 302,97.)

§ 34 *Die Minderung der Gnade*

Landgraf I/2,169–203. – Auer I 304–311. – J. Bernhart, Heiligkeit und Krankheit, GuL 23 (1950) 172–194.

1. Obwohl Gnade wesenhaft *eine* und eine *einfache* Wirklichkeit ist, ist von einer Minderung zu reden, insofern sie einen dynamischen Zustand im Menschen darstellt, der von verschiedener qualitativer und seinsmäßiger Dichte sein kann. Bleibt somit Gnade auch wesenhaft immer dieselbe, so kann sie doch hinsichtlich ihrer Kraft geschwächt und gemindert werden (Albertus Magnus, Bonaventura, Aegidius usw.). Die Schule, die in der Gnade eine innerseelische, geschaffene Wirklichkeit sieht, nimmt eine Verminderung der Gnade durch läßliche Sünden und tägliche Nachlässigkeiten hinsichtlich ihrer radicatio in unserer Seele an (Johannes Pecham) sowie hinsichtlich ihres fervor (Odo Rigaldi), und sie spricht meist

von einer Minderung secundum substantiam: hinsichtlich ihrer Grundlegung in unserer Seele. – Einige sprechen sogar von einer wesenhaften (secundum essentiam) Minderung der Gnade, weil die Vielzahl läßlicher Sünden einen Habitus der Gleichgültigkeit in uns erzeugt, der dem Habitus der Gnade entgegensteht (Petrus de Trabibus). – Doch nicht nur in sich und nicht nur vom Menschen her, sondern auch von Gott her ist eine Minderung der Gnade denkbar, insofern sie das Verhältnis des Menschen zu Gott und Gottes zum Menschen mit einschließt.

2. Wir können zusammenfassend sagen: Gnade steht der menschlichen Existenz gegenüber. Die menschliche Existenz aber lebt von der *Ordnung der eigenen Natur* durch Reinigung, Verzicht, gute Gewohnheiten, klare grundsätzliche Ausrichtungen; von der *Ordnung von Verstand und Willen,* durch neue Erkenntnisse und Wertungen, durch neue Zielsetzungen und Grundsätze; *aus der Ordnung von der personalen Mitte her,* durch innere Befreiung von naturhaften Bindungen, durch rechte Befreiung im sozialen Raum (frei von Hemmungen, frei von Hemmungslosigkeiten, von Geltungs- und Machttrieb), und zutiefst durch Freiheit in der rechten communicatio mit dem einen personal-überpersonalen Gott, der zugleich immanent und transzendent ist: immanent unserer Personmitte durch die Gnade und den einwohnenden Hl. Geist, transzendent als Schöpfer dem Geschöpf. *Die Gnade ist diesen drei Ordnungen zugeordnet, und die Vermehrung und Verminderung der Gnade wird von der Richtigkeit dieser drei Ordnungen abhängig bleiben.*

3. Die Schrift spricht darum meist nur von dem Abfall der Menschen vom ursprünglichen Ideal und fordert zur Umkehr, Wachsamkeit und Ausdauer auf, wenn von „Minderung der Gnade" die Rede sein müßte. So ruft Paulus den Galatern zu: „Ihr unverständigen Galater! Wer hat euch nur verzaubert, euch, denen doch Jesus Christus am Kreuz vor die Augen gezeichnet wurde?" (Gal 3,1). Vor allem in Briefen an verfolgte Christen erscheinen diese Hinweise: „Versetzt euch wieder in die früheren Tage, da ihr nach eurer Erleuchtung (Taufe) einen schweren Leidenskampf bestanden habt!" (Hebr 10,32). „Ich habe gegen dich, daß du deine erste Liebe nicht mehr hast! Bedenke, von welcher Höhe du herabgesunken bist! Bekehre dich und tue die ersten Werke wieder!" (Apk 2,4 f). „Du hast den Namen (Christ), daß du lebst, und bist tot!

Wach auf und stärke den übrigen Teil, der am Sterben ist... Sei eingedenk, wie du es empfangen und gehört hast! Halte daran fest und bekehre dich!" (Apk 3,1 ff). „Ich kenne deine Werke und weiß, daß du weder kalt noch warm bist... weil du aber lau bist ... will ich dich ausspeien aus meinem Munde... Du weißt nicht, daß du elend, erbärmlich, arm, blind und nackt bist. Ich rate dir: Kaufe von mir im Feuer gereinigtes Gold... weiße Gewänder... Salbe deine Augen... Sei also eifrig und bekehre dich! Siehe, ich stehe vor der Tür und klopfe an. Wenn jemand meine Stimme hört und mir die Tür öffnet, zu dem gehe ich hinein und halte mit ihm Mahl und er mit mir" (Apk 3,15–20).

4. Freilich muß auch gesehen werden, daß Gnade, weil sie reines Geschenk Gottes ist, *auch unabhängig von diesen Ordnungen* im Menschen sein kann, d. h., daß *auch im kranken Menschen hohe und höchste Gnade* wohnen kann. Heiligkeit ist sehr wohl mit Krankheit vereinbar (J. Bernhart). Das Leben großer Heiliger zeigt uns das. Es wäre freilich irrig, die Heiligkeit aus der Krankheit erklären zu wollen: Es ist vielmehr wichtig, die Heiligkeit trotz der Krankheit zu erkennen und die Hilfsfunktion der Krankheit für manche menschlich enge, aber tiefe Formen von Heroismus und Heiligkeit zu verstehen. – Voraussetzung für diese Erkenntnis ist die Annahme der neuen Medizin, daß Gesundheit nicht Norm und Krankheit nicht Ausnahme ist, sondern daß vielmehr Gesundheit und Krankheit nebeneinander existieren und nur die Verteilung und das Maß verschieden sind.

10. Kapitel

DIE NATUR UND DAS ÜBERNATÜRLICHE

Für die Bestimmung der Gnade ist der Begriff des „Übernatürlichen" besonders wichtig geworden. Das Schlußkapitel über die heiligmachende Gnade muß darum der Erklärung dieses Begriffes dienen. Nach einer kurzen Darstellung seiner geschichtlichen Entwicklung seien die wichtigsten Prinzipien vorgestellt, die die Theologie für das Verhältnis von Natur und Gnade, von Natur und Übernatürlichem aufgestellt hat.

§ 35 *Bestimmung des Übernatürlichen*

LThK 10 (1965) 437–440 (Lit.). – RGG IV (1960) 1329–1336. – EC XI (1953) 969–979. – DThC XIV,2 (1941) 2849–2859. – NCE XIII (1967) 812–816. – A. Deneffe, ZKTh 46 (1922) 337–360. – K. Rahner, Schriften I (1954) 347–375. – G. Colombo, Il problema del sopranaturale negli ultimi cinquant' anni (Problemi e orientamenti, Milano 1957, II 545–608). – P. de Letter, The Theology of God's Self-Gift, ThSt 24 (1963) 402–422. – H. de Lubac, Le mystère du surnaturel, Paris 1965. – Ders., Remarques sur l'histoire du mot „surnaturel" (NRTh 61 [1934] 225–249; 350–370). – Fr. Wodtke, Wortschatz der Innerlichkeit im Ahd. und Mhd., Kiel 1952. – LThK 5 (1960) 684: Innerlichkeit. – E. Jansen-Schoonhoven, Natuur en Genade bij J. G. Hamann, Nijkerk 1945.

1. Wir haben immer wieder die Gnade nur dadurch bestimmen können, daß wir die zwei Träger dieser Wirklichkeit Gnade im Menschen, Gott und Mensch, in ihrer absoluten Unterschiedenheit als Schöpfer und Geschöpf ebenso wie in ihrem Aufeinanderhingewiesensein betrachtet haben. Dabei ist aber das Aufeinanderhingewiesensein kein gleichsinnig gegenseitiges, als ob Gott den Menschen so benötigte, wie der Mensch Gott braucht. Dieses gegenseitige Verhältnis hat vielmehr eine doppelte Sinnrichtung, und nur dadurch wird das Aufeinanderhingewiesensein mit der absoluten Getrenntheit vereinbar:

Von Gott her ist alles freie Tat, reine Liebe, schöpferische Wirklichkeit (Schöpfung – Erlösung – Heiligung).

Vom Menschen her ist alles wesensnotwendiges Angewiesensein (geschöpfliche Gottebenbildlichkeit), gottgesetzter, einmalig geschichtlicher Weg (Erlösung durch Anschluß an das geschichtliche Erlösungswerk Christi), und nur mit Gottes Gnade vollziehbare Annahme (Mitwirken mit der Gnade, Wirken in der Gnade Gottes).

Der Begriff des *Übernatürlichen* für die Gnade hat nun diesen eigenartigen Sachverhalt zum Ausdruck zu bringen. So kommt es, daß der Terminus des Übernatürlichen sich erst allmählich mit dem Einblick in den Sachverhalt selbst entfalten konnte.

Die Stoa und die Pythagoräer verwendeten Ausdrücke wie: *göttlich* (θεῖος – *divus)*; d. h.: von Gott kommend und zu Gott führend, gottgewirkt – und vielleicht auch: etwas von Gott selbst; *überhimmlisch* (ὑπερουράνιος), d. h.: dasjenige, was nur jenen zugehört, die über dem sichtbaren Firmament wohnen, den Göttern; *überirdisch* (ὑπερκόσμιος), d. h.: dasjenige, was nur jenen eigen ist, die alles Irdische, auch den Menschen, als Teil dieser Erde überragen, also die Sache der himmlischen Wesen; übermenschlich, wunderbar (θαυμαστός) d. h.: dasjenige, was die Fähigkeiten des Menschen überschreitet und darum das Staunen des Menschen hervorruft, wenn es geschieht.

Erst im Neuplatonismus kam der eigentliche Terminus *übernatürlich* (ὑπερφυής = das über die gewachsene Natur Hinausreichende) zur Geltung. Pseudo-Dionysius Areopagita hat diesen Terminus in die christliche Terminologie eingeführt (supernaturalis in der Übersetzung des Scotus Eriugena). Doch auch hier wird das an sich Wunderbare, das der menschlichen Natur noch gemäß sein könnte, und das eigentlich Übernatürliche, das Unerfahrbare und nur im Glauben Erfaßbare, zusammengenommen. Dieser allgemeine Begriff von „übernatürlich" bleibt wenigstens bis in die Hochscholastik, bei den Franziskanern noch bis ins 13. Jh. in Geltung. Thomas v. A. hat bei seiner sachlichen Denkweise das Verdienst, durch Zuhilfenahme des aristotelischen „Zweckgedankens" den Terminus supernaturalis, vor allem etwa seit der QD de ver. 1268, in seiner spezifischen Natur entwickelt zu haben (vgl. Thes. Graecae L. 8 [Paris 1865] 257 f).

Der Unterschied zwischen dem bloß Wunderbaren und dem eigentlich Übernatürlichen ist durch folgende Momente gekennzeichnet:

a) *Das Gnadenhafte* ist nicht notwendig erfahrbar, sondern Glaubenssache, innermenschlich und innerseelisch; *das Wunderbare* ist grundsätzlich erfahrbar, meist außermenschlich oder wenigstens außerseelisch.

b) *Das Gnadenhafte* ist immer freie Gabe Gottes und setzt freies Mitwirken des Menschen voraus und schließt neben dem personal Freien auch das sittlich Freie ein; *das Wunderbare* dagegen ist in erster Linie eine sachliche Wirkung, eine Wirklichkeit, die der Mensch nicht zu ändern vermag, die vielmehr allein durch Gottes Allmacht gewirkt wird.

Bei Thomas ist das Übernatürliche im eigentlichen Sinne ebenso absolut von Gott gewirkt, wie es innermenschliche und innerseelische Wirklichkeit ist. Im Hintergrund steht die Vereinigung des augustinischen Teilhabegedankens (μέτεξις) und des aristotelischen Entelechiegedankens (ἐντελέχεια) in der Metaphysik des Aquinaten.

Wohl gibt es zwischen den beiden, dem Gnadenhaften und dem Wunderbaren, Berührungspunkte: es gibt echte *Gnadenwunder*, etwa die Bekehrung eines hl. Paulus oder Augustinus, wo der Anruf Gottes als Gnade zur Freiheit des Menschen kommt, aber mit einer Macht und Gewalt, die den Menschen vor dieser Wirklichkeit immer nur staunend stehen läßt.

Daneben mag es auch echte *Heilungswunder* geben, die wiederum stark durch das menschliche Vertrauen, also durch subjektives Mitwirken des Menschen, mitbedingt sind, obwohl sie reine Geschenke Gottes sind. Aber im Grundsätzlichen der „Gnade" sind Gnade und Wunder klar zu unterscheiden.

2. Dieses Übernatürliche nun wurde im Lateinischen immer mit dem Adjektiv *(supernaturalis)* benannt, weil es nicht Substanz, sondern Akzidens ist, noch dazu nicht notwendiges, sondern freies, von außen kommendes Akzidens. – Je mehr freilich Gnade als innerseelische Wirklichkeit gefaßt wurde, desto näher lag es, nicht nur von einem *habitus supernaturalis* zu sprechen, wie Thomas. J. Martinez de Ripalda SJ. († 1648) schrieb bereits 12 Bücher über *De ente supernaturali.* Im vorigen Jh. haben die deutschen Moraltheologen den Begriff *Übernatur* geprägt (zuerst Ferdinand Probst, Tübingen 1848; ihm folgt Magnus Jocham, Salzburg 1852; in die Dogmatik eingeführt durch Matthias Scheeben [1861] und Konstantin von Schätzler [1865]). So richtig der Ausdruck gemeint sein kann, insofern er „das neue Leben" im Christen kennzeichnen will, so birgt er doch die Gefahr einer Verdinglichung der Gnade in sich, so daß er besser zu meiden ist.

3. Wesentlich für das Verständnis des Begriffes „übernatürlich" ist der rechte *Naturbegriff.*

a) Uns ist heute die Unterscheidung zwischen *Natur und Kultur* (φύσει – θέσει) geläufig, das Gewachsene gegenüber dem, was künstlich oder künstlerisch vom Menschen gestaltet wird. Dieser Naturbegriff ist unbrauchbar für die Bestimmung des Übernatürlichen.

b) Eine andere Auffassung von Natur findet sich vor allem im Scotismus und war in der Naturwissenschaft seit Descartes bis etwa 1918 geltend: *Natur* als notwendiger Bereich (Naturgesetz im alten Sinne) gegenüber dem Menschen mit seiner *Freiheit.* Auch dieser Begriff ist unbrauchbar für die Bestimmung der Gnade als einer übernatürlichen Wirklichkeit.

c) Maßgeblich für die Bestimmung des Übernatürlichen ist der Naturbegriff, wie er vor allem bei Thomas und in der Hochscholastik vorliegt, wo *Natur als Schöpfung* Gott dem Schöpfer gegenübergestellt wird. Dieser Naturbegriff umfaßt das Ganze des Menschen und ist offen zu Gott hin und somit geeignet zur Bestimmung des „Übernatürlichen".

Diese *Natur ist in dreifacher Hinsicht Fundament* für das, was als „übernatürlich" hinzukommen kann:

Natur ist einmal die *Geschöpflichkeit* an sich als natura pura; die Natur ist aber auch heilsgeschichtlich gesehen als die *sündige Natur,* die der Heilung bedarf; die Natur ist hier endlich gesehen als die Wirklichkeit, die *zur ewigen Glorie bestimmt* ist. Steht der reinen Natur (natura pura) als einem fiktiven Begriff die reine Gnade als ein Superadditum gegenüber, so gehört zur sündigen Natur die heilende Gnade (gratia sanans), und für jede Natur in Hinsicht auf ihr höheres Ziel ist eine gratia adiuvans notwendig, wodurch die Natur fähig wird, se elevare, sich über sich selbst zu erheben (Wilhelm von Auxerre). Vor allem von der „Anschauung Gottes" als Ziel des Menschen her hat Thomas dann dieses Übernatürliche als eine auf den Menschen bezogene und doch den Menschen überschreitende Gabe Gottes bestimmt.

4. Ist vor allem durch das Konzil von Trient diese thomistische Lehre vom Übernatürlichen im sachlichen Verständnis immer mehr verbreitet worden, so hat in neuerer Zeit, nicht zuletzt durch den Einfluß der *Mysterientheologie,* die ethische und vor allem auch die personale Bestimmung des Übernatürlichen wieder an Raum gewonnen. Die Klärung des Begriffes „übernatürlich" als *Selbstmitteilung Gottes* in der Liebe (K. Rahner) ist hier zu nennen. Vielleicht ist der wertvollste Ansatzpunkt das Gottesbild, wo Gott in seiner *„Innerlichkeit* im Menschen und in jeder Kreatur" gesehen wird, so daß seine Gnade nicht mehr ein von außen Kommendes im natürlichen Sinne darstellt, sondern vielmehr das Geschenk des persönlichen Gottes, der als Schöpfer jedem Geschöpf innerlicher ist, als das Geschöpf sich selber sein kann. So muß auch in der Gnadenlehre das alte biblische, naturwissenschaftlich falsche Weltbild von dem modernen naturwissenschaftlichen Weltbild abgelöst werden, um so auch die Metaphysik der Gnadenlehre auf einen neuen Boden zu stellen, der dem personalen Denken in der Gnadenlehre der Offenbarung mehr entspricht. Die Wirklichkeit der Christusmystik und der Einwohnung des Hl. Geistes ist mit dieser Vorstellung von Gott weit besser vereinbar als mit dem alten Weltbild (vgl. § 28,3: vgl. J. H. Nicolas, Les profondeurs de la grâce, Paris 1969, 446 ff: une spiritualité trinitaire).

§ 36 *Das Verhältnis von Natur und Übernatürlichem zueinander in Sein und Wirken*

LThK 7 (1962) 830–835: Natur und Gnade. – LThK 4 (1960) 1169–1171: Gratia supponit naturam. – LThK 8 (1963) 646 f: Potentia oboedientialis (Lit.). – Landgraf I/1, 141–201. – Auer II 219–255. – J. B. Rossi, Disputatio de potentia oboedientiali, 2 Bde., Paris 1646–1652.– B. M. Lemmers, De desiderio naturali ad visionem beatificam, Rom 1948. – H. Lais, Die Gnadenlehre des hl. Thomas in der ScG und der Kom. des Franziskus Sylvestris von Ferrara, München 1951, 30–88 (Lit.). – Orientierung, Zürich 30. Juni 1950, 138–145 (Dirks, de Lubac, K. Rahner). – Fr. Stegmüller, De natura et gratia bei Dom. Soto (Schreiber, Konzil von Trient, Freiburg i. Br. 1951, I 169–230). – J. Alfaro, Lo natural y lo sobrenatural, Madrid 1952. – Ders., Gr 38 (1957) 5–50. – Ders., MThZ 11 (1960) 1–20. – Der Begriff der Natur in der Theologie: Diskussion zwischen H. U. von Balthasar und E. Gutwenger, ZKTh 75 (1953) 82–97, 452–464. – S. Malevez, La gratuité du surnaturel, NRTh 75 (1953) 561–586; 673–689. – Una Sancta 14 (1959) 55–73 (ev. Kühn); 74–81 (kath. Rahner). – J. Ratzinger (Einsicht und Glaube, München 1962) 135–149: gratia supponit naturam. – LThK 7 (1962) 732–745: Mystik (Lit.).

1. Die Vielschichtigkeit der Gnadenvorstellung hat dazu geführt, daß verschiedene Bilder als Analogien für das Verhältnis der Natur zum Übernatürlichen angesetzt wurden. Philipp der Kanzler vergleicht die beiden Wirklichkeiten mit *Leib und Seele;* Bonaventura spricht von dem Verhältnis zwischen *Luft und Licht,* das die Luft erhellt; Thomas stellt die Natur und die Gnade gegenüber wie eine *materiale* und eine *formale Wirklichkeit.* Scheeben hat in seinem großen Werk über Natur und Gnade versucht, die beiden Wirklichkeiten in dem Verhältnis von *Mann und Frau* in der Ehe zueinander zu deuten; Schmaus versucht in seiner Dogmatik (II⁴ 124) das Verhältnis dieser beiden Größen aus dem *Verhältnis der beiden Naturen in der hypostatischen Union* etwas zu erhellen. Nicht hinreichend für das katholische Gnadenverständnis wäre es, Gnade nicht der Natur, sondern der Sünde gegenüberzustellen (U. Kühn; vgl. Una sancta 14 [1959] Natur und Gnade als kontroverstheologisches Problem, S. 55–73; anschließend K. Rahner, Die katholische Lehre, S. 74–81).

2. Vor allem die Scholastik hat für die Frage nach dem Zusammenwirken und der Zusammengehörigkeit von Natur und Gnade zwei Sätze aufgestellt, die wir hier besser in vier Sätze auflösen wollen:

a) *Gratia praesupponit naturam.* Der Satz erscheint bei Bonaventura im Sinne eines logischen Folgesatzes: Wo Gnade ist, muß eine Natur sein, der die Gnade zugehört. – In einem tieferen metaphysischen Verständnis bringt denselben Satz Thomas, wenn er Gnade mehr im Sinne einer Form der Natur als Materie gegenüberstellt. Noch mehr ins Konkrete führen die Sätze, die der Thomasschüler und Augustiner Aegidius Romanus u. a. formulieren, die davon sprechen, daß Gnade auf Natur gründe (fundari) und umgekehrt Natur Gnade aufnehme (susceptiva).

Der entscheidende Sinn dieses Satzes ist: Die große Bedeutung der Natur für das Gnadenhafte wird hier geklärt. In neuerer Zeit hat Walter Dirks den Satz in die Form gekleidet: „Gnade setzt Geschichte voraus" (Frankfurter Hefte 5 [1950] 585–589). Gnade trifft immer auf den geschichtlichen Menschen im geschichtlichen Raum; das bringt für uns die besondere Verpflichtung des Menschen für die Gnade zum Ausdruck. Gnade wird in dieser Welt wirksam in dem Maße, in dem ein Mensch ihr verhilft, sich zu „verleiblichen". Das gilt für jeden einzelnen Menschen und jede Schicht seiner menschlichen Natur, das gilt ebenso für die Kirche, die in dieser Welt nicht wirksam werden kann in ihrer übernatürlichen Größe, wenn sie nicht menschliche Gesellschaft erfaßt, die diese übernatürliche Wirklichkeit verleiblicht. Die Bedeutung der menschlichen Natur, des menschlichen Wirkens, des menschlichen Strebens und des menschlichen Leidens wird in diesem Satze ausgesprochen. – Freilich muß dieser Satz ergänzt werden, soll er nicht pelagianisch verstanden werden. Das ganz andere und der Geschenkcharakter der Gnade müssen festgehalten werden. Hier hat Michel de Bay (1567) gefehlt, wenn er Natur als etwas Geschlossenes, Fertiges betrachtete und Gnade als etwas notwendig Dazugehöriges. Gnade ist nicht natürliche Folge der Schöpfung, sondern vielmehr der geschichtlichen freien Berufung durch Gott, der Heilsgeschichte, nicht der Schöpfung als Naturereignis (vgl. B. Stoeckle, Gratia supponit naturam. Geschichte und Analyse eines theologischen Axioms, Rom 1962).

b) *Gratia non destruit naturam.* Dieser Satz besagt: Gnade bedeutet für die menschliche Natur keinerlei Vernichtung ihrer Freiheit, aber auch keinerlei Verkürzung ihrer Natürlichkeit. Das gilt z. B., wenn Gnade den Menschen zu Taten anregt, die über das Normal-Menschliche hinausragen: Wenn im Gelübde der Armut auf irdischen Reichtum, im Gelübde der Jungfräulichkeit auf menschliche Erfüllung in Familie und Ehe, im Gelübde des Gehorsams auf volle

Selbständigkeit und Eigenwilligkeit verzichtet wird, bedeutet das für den Menschen keine kulturelle und personale Verarmung (so Nicolai Hartmann, Ethik), weil der übernatürliche Reichtum, der hinter diesen Verzichten steht, real Höheres bedeutet als die irdischen Güter, auf die der Mensch in der Kraft der Gnade verzichtet. Dies ist freilich nur im Glauben zu verstehen und nur zu erfüllen, wo der Ruf der Gnade den Menschen trifft: „Wer es fassen kann, der fasse es" (Mt 19,12).

c) *Gratia perficit naturam.* In diesem Satz ist schon eingeschlossen, daß Gnade die Natur erhöhe. Wir kommen gleich darauf zu sprechen. Hier wollen wir nur die innere Vollendung der Natur sehen: Was Bonaventura „complementum" nennt, wird bei Thomas als „perfectio formalis" vorgestellt. Weil menschliche Natur eine freie und geschichtliche und in die Zukunft offene Natur ist, ist unter dieser perfectio vor allem eine „perfectio finalis" (Albertus Magnus) zu verstehen, eine Vollendung, die auf das übernatürliche Ziel hin wirksam wird. Die Vollendung, die die Gnade der Natur schenkt, ist also vor allem eschatologisch, auf die Zukunft hin, zu bestimmen. Diese Vollendung kann geschehen, weil Natur für dieses Wirken der Gnade schon geeignet (apta), ja zu ihm geneigt (inclinata) ist, und die Vollendung geschieht im Einklang mit der Natur (consona: Matthäus von Aquasparta). Bonaventura spricht davon, daß die Gnade die Natur beruhige *(quietare:* ans Ziel führen und zur Ruhe bringen), vollende *(consummare)* und zur vollen Selbstwertverwirklichung bringe *(nobilitare).* Matthäus fügt noch die *melioratio* (Steigerung der Wertmöglichkeit) hinzu. Entscheidend ist, daß das Maß dieser Vollendung nicht in der Natur selbst liegt, sondern von der Gnade bestimmt und geschenkt wird.

d) *Gratia superexaltat naturam.* Mit diesem Satz soll vor allem die personale Wirkung der Gnade gezeigt werden. Der Satz erscheint in der scholastischen Theologie noch nicht in dieser Form. Wenn wir uns daran erinnern, daß Gnade den Menschen zum Gotteskind, zum Gottesfreund und zur Gottesbraut macht, daß sie aus ihm eine nova creatura gestaltet, daß sie ihn zum Tempel des Hl. Geistes macht und ihm Anteil gewährt am Leben des Dreifaltigen Gottes, daß sie seine Seele heiligt durch die Gaben und Früchte des Hl. Geistes und daß sie die übernatürlichen sittlichen Tugenden in ihm zur Entfaltung bringt, dann verstehen wir, was die Aussage: „gratia superexaltat naturam" bedeutet. Hier wird das „Neue" wirksam und sichtbar, das durch das Ereignis der Menschwerdung und Erlösung und Geistsendung durch Christus in diese

Welt gekommen ist. Wie das Christusereignis ein geschichtliches Ereignis ist, so ist auch der Sinn dieses letzten Satzes: „Gnade vollendet die Geschichte", Gnade vollendet die Menschheit wie Auferstehung und Erhöhung den geschichtlichen Christus.

Die *mystische Theologie* aller Jahrhunderte in der Kirche hat dieses Ereignis als Erlebnis in der Seele der Menschen darzustellen versucht. Vor allem das beschauliche Gebet und die damit zusammenhängenden geistigen Erlebnisse sind Gegenstand dieser Beschreibungen (vgl. RICHARD VON ST. VICTOR Can. Aug. [1173]: Benjamin Minor, Über die Bereitung des Geistes auf das Schauen; und Benjamin Maior, Über die Gnade der Beschauung. BONAVENTURA OFM [† 1274], Itinerarium mentis in Deum. RUDOLF VON BIBERACH OFM [† nach 1326], De septem itineribus aeternitatis; De septem donis Spiritus Sancti. HEINRICH VON FRIEMAR D. J. [† 1354], De quattuor instinctibus. BERNHARD VON WAGING OSB [† 1465], De spiritualibus sentimentis; die großen Werke der deutschen MEISTER ECKHART, JOHANNES TAULER, HEINRICH SEUSE; die niederländische Mystik [Ruysbroek], die englische Mystik [Hilton]; die große spanische Mystik der hl. TERESA und des JOHANNES VOM KREUZ und die zahlreichen Werke der Frauenmystik des MA [der Gertruden und der Mechthild]. „Anima divinitus ignita supra se rapitur, rapta contemplatur, contemplando gustat, gustando suaviter quiescit [Bonaventura]. Vgl. O. Karrer, Textgeschichte der Mystik, 3 Bde., München 1926).

3. Das Verhältnis von Natur und Übernatürlichem ist jedoch nicht so sehr eine theoretische Frage als vielmehr ein Lebensproblem. Die Antwort auf dieses Problem besteht im Durchtragen von Spannungen, die im Menschenleben nicht zur Lösung zu bringen sind:

a) Spannungen im Erkenntnisvollzug des Lebens: Glauben und Wissen *(Fideismus und Rationalismus)*. Die beiden Grundhaltungen: fides quaerens intellectum (Anselm v. Canterbury), wie intellectus quaerens fidem (Bernhard v. Clairvaux) müssen in gleicher Weise durchgetragen werden.

b) Existenzhaltung des Menschen: Die Spannungen zwischen *Ethizismus und Mystizismus* gewährleisten den Ausgleich zwischen Aktivität und Passivität, Äußerlichkeit und Innerlichkeit, Selbstgesetzlichkeit und Sachlichkeit, zwischen Tat und Hingabe, zwischen Selbstverwirklichung und Selbstwachsen im Menschen.

c) Das metaphysische Selbstverständnis des Menschen muß die Spannung zwischen *Naturalismus und Supranaturalismus* durchtragen. Der Naturalismus übersieht die Notwendigkeit der Gnade, das übernatürliche Ziel alles menschlichen Wirkens, die Verklärung der Welt und die Verherrlichung Gottes als Ziel der Welt; der Supranaturalismus verkennt die Bedeutung der menschlichen Natur und ihrer sittlichen Aufgabe. Gegen alle Selbstgenügsamkeit steht das Gottesbedürfnis, gegen alle Selbständigkeit die Abhängigkeit des Geschöpfes von Gott, gegen alle Selbstherrlichkeit das Leben als Gottesdienst.

4. Als Bindeglied zwischen dem Natürlichen und dem Übernatürlichen hat die Theologie in jüngster Zeit zwei Wirklichkeiten begrifflich gefaßt, die hier kurz vorgestellt seien. Die erste Wirklichkeit ist das *desiderium naturale in visionem beatificam.* In der Natur des Menschen ist eine Sehnsucht nach Erkenntnis der höchsten Wahrheit, nach Besitz des höchsten Gutes, und diese Sehnsucht ist als natürliche Wirklichkeit nicht umsonst (frustra) und nicht eitel (vanum). Das Problem ist: Diese Sehnsucht ist an sich unbewußt. Wenn sie in das Bewußtsein eintritt, wirkt sie dann aus sich oder muß der Verstand dafür den Gegenstand bewußt in einer besonderen Glaubensgnade bereitstellen oder muß der Wille von der übernatürlichen Liebesgnade dann weitergeführt werden, oder eignet doch dem natürlichen Streben als solchem eine existentielle Kraft über die eigene Natur hinaus? Sicher besteht das natürliche Streben nach dem Absoluten in der Seele, auch wenn sie vom Leibe geschieden ist, also nach dem Tode. Hinter dieser theologischen Lehre stehen teilweise neuplatonische Gedankengänge (vgl. Parmenides-Kommentar des Proklos, ed. v. R. Klibansky und C. Labowsky: Plato latinus III, London 1953).

5. Das andere Bindeglied zwischen dem Natürlichen und dem Übernatürlichen kann in der sog. *potentia oboedientialis* gesehen werden, der Fähigkeit, zu einem freien Gehorsam in einer Sache, die man nicht mehr versteht, die über die Kraft des eigenen Willens hinausreicht. Das Bild ist aus Pseudo-Augustinus (Hypognostikon III 11; vgl. unten § 42) genommen und vor allem zunächst in der Christologie verwendet worden (Alexander von Hales): die menschliche Natur hat für die Aufnahme des Logos eine potentia oboedientialis. Erst in der Franziskanertheologie nach Thomas (Wilhelm von Ware) ist dieser Terminus auch in die Gnaden- und Heilslehre übernommen worden. Durch den Gehorsam wächst der Mensch über sich selbst hinaus zu Leistungen, die über der eigenen

geschichtlichen Möglichkeit und doch nicht jenseits der eigenen Natur liegen. Von den verschiedenen Schulen ist sie teils mehr passiv oder mehr aktiv interpretiert worden. Das Entscheidende ist, daß die potentia oboedientialis durch ihren Gehorsam in der Gnade Gottes selbst an innerer Kapazität wächst. Dennoch ist sie selbst der natürlichen Wirklichkeit des Menschen zuzuordnen, noch nicht Gnade. Ihr Wirksamwerden hängt jedoch von der Wirklichkeit ab, der sie sich zuwendet, die sie nicht erfaßt und nicht begreift ohne die Gabe der Gnade.

6. Anders betrachtet die *aszetische Literatur* vielfach das Verhältnis von Natur und Gnade, indem sie diese beiden Wirklichkeiten als Gegensätze einander gegenüberstellt. So schreibt die *Nachfolge Christi III 54:* „Mein Sohn, habe fleißig acht auf die Regungen der Natur und der Gnade; denn sie laufen einander schnurstracks entgegen und sind doch so fein, daß ein geistlicher und innerlich erleuchteter Mensch sie kaum unterscheiden kann." Hier werden nicht Natur und Gnade, sondern vielmehr der natürliche Mensch in seiner Sündhaftigkeit und der begnadete Mensch in seiner inneren Ordnung einander gegenübergestellt, und es wird darin gesprochen von den Listen der Natur gegenüber der Einfalt der Gnade, von der Selbstsucht der Natur gegenüber der Opferbereitschaft der Gnade, von der Ungeduld der Natur gegenüber der Geduld der Gnade, von der Verlorenheit der Natur an das Vergängliche und Irdische gegenüber dem Hängen der Gnade an dem Ewigen und Himmlischen. Hier ist Gnade einseitig im ethischen Sinne als Existential gesehen. Die große Gnadenlehre muß über dieser Betrachtungsweise stehen.

4. ABSCHNITT

DAS WIRKEN IN DER GNADE

Die Lehre von der Tatgnade (aktuellen Gnade)

Wie der Mensch nicht bloß ein Sein an sich ist, sondern Existenz, die sich auswirken und im Wirken sich selbst verwirklichen muß, so muß auch die Gnadenlehre neben der Seinsgnade eine eigene Tatgnade betrachten. Wir behandeln diesen Stoff in vier Kapiteln: Zuerst machen wir uns kurz die entgegenstehenden Irrlehren klar (11. Kapitel), suchen dann das Wesen (12. Kapitel) und die Leistungen der Tatgnade (13. Kapitel) zu erfassen und wollen abschließend das Problem „Gnade und Freiheit" (14. Kapitel) erörtern.

11. Kapitel

IRRLEHREN UND DIE KATHOLISCHE ERWIDERUNG

DThC XII (1935) 675–715. – EC IX (1952) 1071–1077. – RGG V (1961) 206 f. – LThK 8 (1963) 246–249.

Es handelt sich hier, wie verständlich, um Irrlehren, von denen die einen durch *defectus* fehlen, indem sie der Gnade zuwenig Bedeutung im Leben des Menschen einräumen, wie der Pelagianismus (§ 37) und Semipelagianismus (§ 38), während die anderen durch *excessus* fehlen, da sie die Gnade als eine allmächtige Wirklichkeit sehen, vor der die menschliche Freiheit und Personalität verschwindet, wie die reformatorischen Lehren (§ 39).

§ 37 Der Pelagianismus

RGG V (1961) 1690. – LThK 9 (1964) 650–652.

1. Pelagius, Laienmönch aus Britannien, war bis etwa 410 in Rom. Von dort durch Alarich nach Afrika vertrieben, geriet er in die Gnadenstreitigkeiten mit Augustinus, floh deshalb nach Palästina und wurde in Ephesus zum Presbyter geweiht. Er ging

nach Konstantinopel; über sein weiteres Leben (nach 418) ist nichts mehr bekannt. – Seine Haupt*werke* sind: Kommentare zu den Briefen des hl. Paulus (vor 410); eine Epistula ad Demetriadem (413/14); De natura (414); De libero arbitrio (416); Libellus fidei ad Innocentium Papam (417) und Testimoniorum liber. Dazu kommen einige Briefe. Verloren ist von ihm ein Werk De trinitate.

Seine *Lehre:* Als gesunder und sittenstrenger Mann aus dem germanischen Norden lernt er das Christentum in der Gestalt der untergehenden Antike in Rom kennen und sieht darin manichäische Irrtümer. Ihnen gegenüber, auch bestimmt durch stoische Lehren, hebt er die Güte der menschlichen Natur wie die Freiheit des Menschen als besondere Gnade hervor. *Er will damit sein christliches Bild von Gott und dem Menschen retten.* Die Natur ist nach seiner Ansicht in jedem Fall von Anfang an gut, es gibt keine Erbsünde, die schon das Kind belasten würde. Alle Möglichkeit zum Guten liegt in der freien Entscheidung des Menschen. Wer freiwillig zu Gott geht und sich von ihm leiten läßt, wird eines Geistes mit ihm (1 Kor 6,17). Wer die Freiheit gebraucht und sich ganz Christus übergibt, kann mit dem Apostel sprechen: „Ich lebe: aber nicht ich, Christus lebt in mir" (Gal 2,20). Gott hilft mit seiner Gnade, daß das, was der Mensch von Natur vermag, noch leichter und freudvoller zu bewerkstelligen ist. Er unterscheidet im Menschen das esse, das von Gott stammt, das posse, das die gute Natur des Menschen ist, und das velle, das im liberum arbitrium des Menschen grundgelegt ist. Sein System geht nicht vom Glauben und von der Offenbarung, sondern von der Selbsterfahrung aus, baut in rationalistischer Weise darauf auf und stützt sich auf einen natürlichen Ethizismus.

2. In Rom wurde die Lehre des Pelagius nach seinem Fortgehen vor allem von dem Presbyter CAELESTIUS verteidigt, der schon vorher drei Bücher über die Vollkommenheit im Ordensstand geschrieben hatte und die Verteidigung des Pelagius in dem großen Liber definitionum vorlegte. Er stellte als Lehre vor allem heraus: Gnade ist nicht eine Hilfe zum einzelnen Werk, sondern vielmehr die Willensfreiheit, das Gesetz und das Evangelium, das Gott gegeben hat. Wenn der Mensch in der Freiheit Gutes tut, hat eben die Gnade in ihm gesiegt. Jeder Mensch kann alle Tugenden und alle Gnaden haben, wie er will. Kind Gottes ist nur, wer faktisch ohne Sünde lebt. Der göttlichen Natur teilhaftig sein heißt: Der Mensch kann ebenso ohne Sünde leben, wie Gott ohne Sünde ist. – Dem

Caelestius geht es *nicht mehr um das Gottesbild,* wie dem Pelagius; ihm geht es *vielmehr um das christliche Menschenbild.*

3. Wieder ein Stück weiter führt die Lehre des Bischofs JULIAN VON ECLANUM, der vier Bücher Ad Turbantium und acht Bücher Ad Florum geschrieben hat. Seit 418 ist Julian Führer der Pelagianer in Italien; ein gewiegter Exeget aus der Schule des Theodor von Mopsuestia (Rufinus), der lateinischen und griechischen Sprache gleich mächtig. Seine Lehre, die wir im wesentlichen den Erwiderungen des Augustinus in Contra Julianum und Contra secundam Juliani responsionem entnehmen, stellt MARIUS MERCATOR, der treue Anhänger des hl. Augustinus, in folgenden Punkten zusammen: Adam war sterblich erschaffen, ob er sündigte oder nicht sündigte. Die Sünde Adams hat nur ihm allein geschadet, nicht seinen Nachkommen. Die Kinder, die geboren werden, sind wie Adam und Eva vor der Sünde. Auch die Kinder ohne Taufe können das ewige Leben erlangen. Wie die Menschen von Adam nicht den Tod geerbt haben, so erben sie von Christus nicht das Leben. – Hier geht es vor allem um die *Frage des Urstandes,* und das Neue der ntl. Verkündigung Christi wird gegenüber der atl. Botschaft nicht mehr erkannt. Dieselbe Darstellung über den Pelagianismus gibt der Verteidiger des hl. Augustinus, PROSPER VON AQUITANIEN († 463), in seinem großen Gedichtwerk De ingratis (Über die Undankbaren). In der Zeit zwischen 432 und 440 erschien noch eine anonyme pelagianische Schrift „Praedestinatus", und in Britannien wurde diese Irrlehre noch durch Agricola und Fastidius verteidigt.

4. Die kirchliche Stellungnahme gegen diese Irrlehre unter der Führung des hl. AUGUSTINUS brachte vor allem folgende Entscheidungen: 416 Verurteilung in Karthago und Mileve, 417 Bestätigung dieser Verurteilung durch Papst Innozenz I. und Exkommunikation des Pelagius durch Papst Zosimus, 418 Verurteilung durch die Generalsynode in Karthago sowie Verurteilung durch Papst Zosimus in der Epistula tractatoria und durch Kaiser Honorius, der Pelagius aus Italien verbannte. 430 wurde der Pelagianismus auch aus Konstantinopel verbannt, als Marius Mercator dort predigte. 431 verurteilte das Konzil von Ephesus diese Irrlehre. 529 wurde die Lehre des hl. Augustinus gegenüber den Pelagianern auf der 2. Synode von Orange in besonderer Weise herausgestellt. Im MA entstanden noch große Traktate contra Pelagianos, im 13. Jh. durch Wilhelm von Auvergne und in der Alexandersumme, und das Kon-

zil von Trient (D 787–791 – DS 1510–1514 – NR 352–356) nahm nochmals gegen diese Lehre Stellung (zum Werk des hl. Augustinus vgl. oben § 2 Nr. 7).

§ 38 Der Semipelagianismus

RGG V (1961) 1690. – LThK 9 (1964) 650–652.

1. Augustinus hat im Kampf gegen die Pelagianer die Notwendigkeit und Innerlichkeit der Gnade mehr und mehr betont. 420 erklärte er (Ep. 217) dem Karthager Vitalis gegenüber die Notwendigkeit einer „zuvorkommenden Gnade" auch für die erste Glaubenszustimmung, und in den folgenden Jahren stellte er immer stärker heraus: Bei allem allgemeinen Heilswillen Gottes teilt Gott doch seine Gnade ante praevisa merita et demerita mit, also absolute Prädestination ad gratiam und ad gloriam. – Die Mönche im Kloster Hadrumetum (Nordafrika) bezogen im Namen der Willensfreiheit und der Kloster-Disziplin als „correptio" dagegen Stellung. Augustinus erwiderte in seinen Werken De gratia et libero arbitrio und De correptione et gratia (426/427), wo er das „Sündigenkönnen" als Knechtschaft, nicht als Freiheit darstellte und echte Freiheit nur als Werk der Gnade anerkannte. Die Afrikaner gaben sich damit zufrieden.

Die Klöster in *Südfrankreich (Marseille und Lerin)* aber traten weiterhin gegen die Lehren des Augustinus auf. Träger dieser neuen Lehren waren: Johannes Cassianus († 435), Coll. 3,5; 13; Vincenz von Lerinum († 450) in seinen Commonitoria, besonders aber in den Obiectiones gegen die Gnadenlehre des Augustinus; Gennadius von Marseille († 492/505), Adversus omnes haereses, lib. 8: Ecclesiasticorum dogmatum liber; Bischof Faustus von Riez († nach 490), zwei Bücher De gratia gegen Augustinus. Augustinus selbst verteidigte sich noch in seinen Werken De praedestinatione sanctorum und De dono perseverantiae, 429. Bischof Prosper von Aquitanien ergriff Partei für Augustinus, und Papst Coelestin I. schrieb 431 in der Sache einen Brief an die gallischen Bischöfe. Vor allem Bischof Fulgentius von Ruspe (Nordafrika) († 532) und Caesarius von Arles († 542) bekämpften Faustus. 529 wurde in Orange die Lehre des – seit dem Tridentinum so genannten – „Semipelagianismus" verworfen.

2. Der sog. Semipelagianismus erkannte zwar die augustinischen Lehren von der übernatürlichen Erhebung des Menschen in der Gnade und von der Notwendigkeit übernatürlicher Gnade für das Verdienst an, wollte jedoch im Namen der Aszese und der klösterlichen Disziplin den *Anfang des Heiles* und die *Ausdauer im Guten* mehr dem eigenen freien menschlichen Willen zusprechen. JOHANNES CASSIANUS betonte, daß die Gnade den guten Willen vielfach nur begleite, wie die Geschichte des Zachäus und des rechten Schächers zeigt. Ganz besonders der Anfang des Glaubens (pius credulitatis affectus: initium fidei) und die Beharrlichkeit im Guten (perseverantia) hingen maßgeblich vom guten Willen des Menschen ab, so wie der Kranke den Arzt erst rufen wird, wenn er selbst will, daß er geheilt werde. Nur ausnahmsweise gibt Gott den Anfang des Glaubens (Bekehrung des Matthäus und des Paulus). Besonders FAUSTUS VON RIEZ führte die Lehre noch weiter: gratia praeveniens ist auch ihm nur äußere Offenbarung, Predigt und Beispiel Christi. Jede Gnade kann nach ihm von Gott erbeten werden und wird von Gottes Barmherzigkeit dann auch mit Sicherheit gegeben. Besonders leugnet er die gratia perseverantiae. Er verwirft auch die Prädestinationslehre Augustins als eine lex fatalis; an ihrer Stelle kennt er nur ein Vorherwissen Gottes, nicht eine Vorherbestimmung.

3. Ausdrücklich lehrt demgegenüber die Synode von Orange 529: Zu jedem guten Werk, besonders zum Anfang des Glaubens, ist eine absolut frei geschenkte und innerliche gratia praeveniens notwendig; das donum perseverantiae ist gleichfalls ein absolut frei geschenktes und innerliches donum. Zur Begründung dieser Lehren wurde vor allem die menschliche Natur theologisch bestimmt, die durch die Erbsünde so sehr verwundet sei, daß der Mensch zum Glauben und Lieben und zu jedem guten Werk nicht ohne zuvorkommende Gnade gelangen könne. Die Synode beruft sich dafür auf folgende Schriftstellen: „Ich lasse mich finden von denen, die mich nicht gesucht. Ich wurde offenbar denen, die nicht nach mir gefragt" (Röm 10,20; Is 65,1); „Es wird der Wille vom Herrn bereitet" (Spr 8,35 LXX); „Gott ist es ja, der in euch das Wollen und das Vollbringen wirkt, wie es ihm gefällt" (Phil 2,13); „Darum haben wir das feste Vertrauen, daß der, der das gute Werk in euch angefangen hat, es auch vollenden wird bis zum Tage Jesu Christi" (Phil 1,6); „Aus Gnade seid ihr kraft des Glaubens gerettet worden; nicht euer Verdienst ist es, es ist Gottes Geschenk" (Eph 2,

8). – Auch hier wurde im Namen der paulinischen Gnadentheologie der Überhang des Ethizismus in der Lehre der Mönche zurückgewiesen.

§ 39 Lehren der Reformation

RGG V (1961) 858–873. – LThK 8 (1963) 1069–1082, bes. 1074–1084 (Lit.). – NCE XII (1967) 180–190. – A. Kaiser, Natur u. Gnade im Urstand, München 1965. – J. Lortzing, Die Rechtfertigungslehre Luthers im Lichte der hl. Schrift, Paderborn 1938.

Es ist das entscheidende Charakteristikum der Lehren der Reformation, daß sie, im Gegensatz zum Pelagianismus, der Natur alles Gute absprachen und von einer ganz verderbten Natur redeten.

1. Die Gnadenlehre oder besser *Rechtfertigungslehre* bei Martin Luther (1483–1546) ist weitgehend an die Persönlichkeit des Reformators und ihre Geschichte geknüpft. Luther ist ein Mensch mit heißem Temperament und strengem Legalismus, im Elternhaus erzogen zu den extremen Grundhaltungen eines tiefen Mitleids mit den Armen und einer hart machenden Furcht vor den Großen, Mächtigen und Strengen. Wie in seinem Vater, sah er auch in Gott den strengen, unnahbaren Herrn. Wohl nicht zu Unrecht nennt Luther als Zeitpunkt seiner Abkehr von der katholischen Lehre das sog. „Turmerlebnis", das wohl in die Zeit der zweiten Römerbrieferklärung 1519 gehört, auch wenn es erst 1542 zum erstenmal Erwähnung findet: hier habe er Antwort gefunden auf die Frage seiner existentiellen Theologie: „Wie finde ich einen gnädigen Gott?"

Die Lehren Luthers lassen sich etwa auf folgende sieben Sätze zurückführen:

a) Die menschliche Natur ist durch die Sünde und Erbsünde zutiefst verderbt. Der Wille ist nicht mehr frei (De servo arbitrio), sondern nur noch das Reittier, das entweder der Teufel oder Gott reitet (vgl. § 42 Hypognostikon III 11).

b) Diese Verderbtheit der menschlichen Natur wird offenbar durch das Gesetz. Das Gesetz wird vor allem als sittliche Größe gesehen, der die verderbte Natur nicht mehr zu folgen vermag; entweder flüchtet sie in Werkgerechtigkeit, oder sie verzweifelt an sich selbst. Diese Verzweiflung ist der Einstieg in das neue Glaubensverständnis.

c) Glaube ist Glaube an Jesus Christus, den uns das Evangelium als den einzigen Heiland zeigt. Hier gilt sola fides, sola gratia, solus Christus.

d) Die Zuwendung der Erlösungsgnade Christi geschieht einzig durch unseren Glauben an ihn. Durch die guten Werke verdunkelt der Mensch den Ruhm des einzigen Erlösers Christus und kreuzigt ihn aufs neue. In der Frage von Schuld und Gnade stehen sich Gott und Mensch ganz und gar nur in der personalen Haltung gegenüber. „Sie (die Katholiken) predigen, daß sie das Gesetz erfüllen, während diese Ehre allein Christo gebührt, und das Vertrauen auf die eigenen Werke stellen sie dem Verdammungsurteil Gottes gegenüber" (Apol. IV 46).

e) Gott spricht den Sünder um Christi willen, ohne das Gesetz, aus Gnade gerecht: Er rechnet ihm die Gerechtigkeit Christi an. Vor allem Röm 3,24 (umsonst = gratis = δωρεάν) und Röm 3,21. 28 (ohne Gesetz, ohne Gesetzeswerke) wurden dafür herangezogen.

f) Der Glaube an Christus, der uns rechtfertigt, ist nicht ein Glaube an die Geschichte in Christus, sondern vielmehr an seine Heilstat: Er ist „Heilsglaube". Das Tridentinum hat ihn als Fiduzialglauben verstanden. Maßgeblich ist die subjektive, individuelle und personalistische Sicht des Glaubens.

Der Glaubende ist darum auch frei vom „Gesetz", das als sachliche Ordnung der „Freiheit" des Glaubens unterlegen ist.

g) Wegen der Freiheit des Glaubens steht der Christ auch im Gesetz, aber nicht unter dem Gesetz. Müssen zur Rechtfertigung auch Wiedergeburt und neuer Gehorsam kommen, wie es in der Schrift steht, so sind alle drei göttliche Geschenke, die jedoch voneinander geschieden und von verschiedener Qualität sind. Die Rechtfertigung aus dem Glauben ist der Anfang; Wiedergeburt und neuer Gehorsam können nur im Glauben hingenommen, nicht erfahren werden. Darum gilt für den Menschen als Christen: Peccator (aus Erfahrung) simul et iustus (durch den willentlich gesetzten Glauben an Christus). – Hat der Pietismus diese Rechtfertigungslehre mehr zu einer Trosttheologie weiterentwickelt, so zeigt die lutherische Orthodoxie mehr einen ethischen Zug, der vom Calvinismus herstammt.

2. Huldrich Zwingli (1484–1531). Seine Hauptwerke: „Christianae fidei brevis et clara expositio" und „De vera et falsa religione Commentarius" (1525) richten Luthers Lehre auf Schweizer Verhältnisse ein. Er vertritt mehr einen liberalen Humanismus. Sein

Problem ist nicht so sehr Gnade und Freiheit als vielmehr das Verhältnis von Natur und Übernatürlichem. Alles Objektive und damit Sichtbare wird aus der Religiosität verbannt, grundlegend ist der „Glaube" als Vertrauen zu Gott, dem höchsten Gut und Ordner der Welt (Vorsehung). Schutz *gegen den Subjektivismus* ist die „Staatskirche" (Zürich).

3. JOHANNES CALVIN (1509–1564). Sein Hauptwerk: Institutio religionis christianae ([4]1559). Der Romane und nüchterne Jurist hat die Lehre Luthers konsequent durchgedacht und kam damit zur Auflösung des Gott-Mensch-Verhältnisses in der Gnade durch seine absolute Prädestinationslehre; ebenso setzte er an die Stelle des lutherischen Glaubens das strenge sittliche Tun als Zeichen des Gerechtfertigtseins. Den subjektiv-individualistischen Zug Luthers überwindet er durch seine Staats-Kirchengründung (Genf): Die Kirche ist Trägerin des Gesetzes. Das Übernatürliche wird vor allem durch Leugnung aller natürlichen Hilfen wie Bild und Kult (Bilderstürmer) betont. Aus dieser reformierten Sicht der Rechtfertigung entsteht der puritanische Geist der nordischen Länder, und darauf baut der Kapitalismus des angelsächsischen Unternehmertums auf (vgl. Wilhelm A. Hauck, Calvin und die Rechtfertigung, Gütersloh 1936).

4. Im Geiste Luthers haben auch katholische Theologen die Lehren des hl. Augustinus ausgelegt und sind so zu Irrlehren gekommen.

MICHEL DE BAY (BAJUS, 1513–1589), Exeget, leugnete, ähnlich wie Luther, die übernatürliche Urstandsgnade und erklärte sie als ein Konstitutiv der menschlichen Natur selbst. Das Wesen der Erbsünde ist bei ihm die habituelle Begierlichkeit. Menschliche Handlungen entstehen entweder aus dieser Begierlichkeit oder aus der caritas: Letztere sind gut, erstere sind schlecht. Der spanische Hof sandte ihn und seinen Gefährten Cornelius Jansenius d. Ä. 1563 nach Trient: doch sie kamen ohne Sinnesänderung zurück. Pius V. verurteilte 1567 sechsundsiebzig Sätze des Bajus (D 1001–1080 – DS 1901–1980). Ob Bajus die Verurteilungsbulle Ex omnibus afflictionibus 1570 unterschrieben hat, ist kontrovers. Gregor XIII. verwarf ebenfalls im Breve Provisionis nostrae 1579 die Lehren des Bajus. Gegen ihn wandte sich J. M. de Ripalda SJ in seinen acht Büchern De ente supernaturali.

5. JANSENIUS D. JÜNGERE (1585–1638) legte seine Lehre in dem Hauptwerk dar: Augustinus, seu doctrina sancti Augustini de humanae naturae sanitate, aegritudine, medicina adversus Pelagianos et Massilienses (3 Bde., 1640). Die führende Theologie seiner Zeit, zumal die der Jesuiten, erschien ihm als bloßer Humanismus. Zusammen mit Duvergier bestimmte er vor allem den Geist von Port Royal bis ins 18. Jh.; seine Lehre wurde dort von ANGÉLIQUE ARNAULD, BLAISE PASCAL und PASCHASIUS QUESNEL weitergetragen. Seine Hauptlehren waren: Der Mensch kann einige Gebote auch mit Hilfe der Gnade nicht halten; die Konkupiszenz ist ebenso wie die Gnade unwiderstehlich; Christus hat nicht alle Menschen erlöst, sondern nur einige, die dann unwiderstehliche Gnade bekommen (absolute Prädestination). Der Mensch wird entweder von der delectatio terrena sive carnalis oder von der delectatio coelestis endgültig bestimmt. Innozenz X. verurteilte 1653 mit der Bulle Cum occasione (D 1092–1097 – DS 2001–2008) fünf Sätze des Jansenius. Jansenius starb 1638 als Bischof von Ypern im katholischen Glauben.

6. PASCHASIUS QUESNEL (1634–1719), Buchhändlerssohn aus Paris, studierte bei den Jesuiten, war 1657–1685 im Oratorium und schrieb 4 Bde. Réflexions morales zum NT. Seine Lehre glich der des Jansenius. 1713 verurteilte Clemens XI. durch die Bulle Unigenitus 101 Sätze des Quesnel (D 1351–1451 – DS 2400–2502).

Der moderne Rationalismus, Materialismus und Neopositivismus haben zu den Fragen der Rechtfertigung wie zu den „Glaubensfragen" an sich keinen echten Zugang.

12. Kapitel

DAS WESEN DER TATGNADE (AKTUELLEN GNADE)

Die Unterscheidung zwischen heiligmachender (habitueller) Gnade und (aktueller) Tatgnade ist heute allgemein üblich, hat ihre tiefe Berechtigung und soll daher kurz behandelt sein. Wie aber schon die Geschichte der Gnadenlehre, besonders der Tatgnade, zeigt, liegt hinter dieser Unterscheidung auch eine große philosophische Problematik, ohne die die theologische Frage nicht verstanden werden kann. Es sei darum hier zuerst eine kurze Geschichte der Lehre von der Tatgnade geboten (§ 40) und dann die Notwendigkeit dieser Tatgnade für den Menschen dargetan (§ 41).

§ 40 *Geschichte der Lehre von der Tatgnade*

Scheeben VII §§ 285–288. – Pesch V (1897) prop. 1–6. – Lange, Thesis 18 u.19.

1. Durch die thomistisch-molinistische Kontroverse ist die Problematik, die in der Lehre von der Tatgnade steckt, etwas verengt und vereinfacht worden. Wenn wir die Geschichte dieser Lehre überblicken, sind wenigstens folgende Gesichtspunkte hervorzuheben:

a) Die ursprüngliche Unterscheidung, die uns in der Schrift begegnet, ist wohl die zwischen einem *direkten Wirken Gottes* auf den Menschen, das in verschiedenen Bildern Ausdruck findet, und der *Gabe des ewigen Lebens* oder des göttlichen *Lichtes* oder des göttlichen *Geistes*, die von Gott in den Menschen gelegt wird.

b) Das direkte Wirken Gottes erscheint mehr im *personal-psychischen* Raum zwischen Gott und Mensch, die göttlichen Gaben sind eher im Menschen und mit *metaphysischen* Seinsaussagen zu verstehen.

c) Die personale Ordnung kam im MA besonders zum Ausdruck in der Unterscheidung von *generellem Wirken* (auf das Wesen des Menschen im allgemeinen) und speziellem Wirken, das *für die einzelnen Aufgaben* und Tätigkeiten der verschiedenen Menschen gegeben wurde.

d) Erst in dem Maße, in dem die Gnadenwirklichkeit und das Gnadengeschehen allein *innermenschlich* gesehen wurden und die *aristotelische Begriffssprache* darauf Anwendung fand, ist die seit dem Ende des 16. Jh. üblich gewordene Unterscheidung von *habitueller und aktueller Gnade* möglich und bedeutsam geworden.

2. In der Schrift lassen sich ebenfalls verschiedene Ordnungen göttlichen Wirkens feststellen, die wir heute mit der Lehre von der aktuellen Gnade zu deuten suchen.

a) Da ist zunächst eine Gruppe von Ausdrücken zu nennen, die von der Vorstellung ausgeht, daß der Mensch als Person in seinem Leib und in dieser Welt wie in einem Hause wohnt. Gott kommt und klopft an und besucht ihn: Apk 3,20 geschieht dieses Anklopfen durch Schicksal und Leiden und Verfolgung: „Siehe, ich stehe vor der Türe und klopfe an; wenn einer meine Stimme hört und mir auftut, bei dem will ich eintreten und das Mahl mit ihm halten und er mit mir" (vgl. Jo 14,23). Das *Anklopfen* (pulsare) wird artikuliert durch die *Stimme, die ruft* und die wohl auch als persönliche Stimme zu vernehmen ist. Anders erscheint das Anklopfen Gottes als das ersehnte Meldezeichen des Geliebten im Hohen Lied: „Ich schlief, mein Herz aber wachte; horch, mein Geliebter klopft an! Tu mir auf, meine Schwester, meine Freundin, meine Taube, meine fehlerlose!" (Hl 5,2). Hier wird der Klopfende erwartet, aber er muß von außen kommen, und er kommt ganz persönlich, wie Hl 5,3 zeigt.

Das *Aufschließen* (aperire), das hier vom Menschen erwartet wird, ist aber nicht nur Sache des Menschen. Noch mehr ist es Sache Gottes selbst: er schließt das Herz der Menschen auf (Apg 16,14: Lydia). Oft ist es ein Aufschließen des Sinnes für die Wahrheit Gottes, wodurch für Gott der Weg in das Menschenherz geöffnet wird (Lk 24,32.45; Apg 17,3).

Die Schrift beschreibt diese erste Anregung durch Gott gerne als ein *Besuchen* (visitare) und *Heimsuchen.* „Was ist der Mensch, daß du ihn heimsuchst?" (Ps 8,5; Hebr 2,6). Vor allem seit dem Exil ist der „Tag" oder die *„Zeit" der Heimsuchung* die große Zeit der Gnade Gottes geworden (Ez 34,11 f; Pss 65,10; 80,15; 106,4; Lk 1,68.78; 7,16; 19,44; 1 Petr 5,6). Es geht hier um eine *heilbringende Begegnung mit Gott,* die in einem geschichtlichen Ereignis gläubig erfaßt wird.

b) Daneben steht eine Anzahl bildlicher Ausdrücke, die auf ein *Einwirken Gottes auf unseren Verstand,* auf unser Erkennen und Verstehen hinweisen: teils wird Gott selbst, das Licht, als Erleuchter genannt, teils wird seine Wahrheit, sein Gesetz als *Erleuchtung* für den Menschen eingeführt. „Der Gott erleuchtet (illuminat) die Blinden und richtet auf die Gefallenen" (Ps 146,8). „Ja du, Gott, bist meine Leuchte; du erhellst mir die Finsternis" (Ps 18,29; 27,1). „Laß über deinem Knecht dein Antlitz leuchten und lehre mich deine Satzungen" (Ps 119,135; Num 6,25). „Der Herr erleuchte die Augen eures Herzens (Sir 34,20), damit ihr einseht, zu welcher Hoffnung ihr berufen seid" (Eph 1,18; 2 Kor 4,6). Christus kam als das „Licht der Welt, das jeden Menschen erleuchtet" (Jo 1,9). – Das Erleuchten wird als *Belehren* (docere) gekennzeichnet. „Gott du hast mich belehrt von Jugend an" (Ps 71,17), und immer wieder ruft der Beter: „Herr, lehre mich deine Wege!" (Pss 25,4;

119,12.26.64.124.135; 143,10; Is 2,3; Mich 4,2; Jo 14,26; 16,13). Es ist charakteristisch für die messianische Zeit, daß die Menschen „von Gott selbst belehrt werden" (Jo 6,45; Jr 3,32). – Einfälle und Einsichten, neue Grundsätze und Schlußfolgerungen, neue und sachliche Erkenntnisse legt Gott ursprünglich und primär in uns oder stärkt und erhöht die natürlich guten Einsichten und Regungen unseres Herzens und führt uns so zum Guten, so wie der böse Geist – nicht ursprünglich, aber – wirksam die bösen und niedrigen Regungen und Erinnerungen unseres Herzens stärkt und uns auf diese Weise zum Bösen führt.

c) Wohl am häufigsten sind Ausdrücke, die von einem *Einwirken Gottes auf unseren Willen* reden. Da steht am Anfang die Rede vom *Rufen Gottes* (clamare). Der Charakter der aktuellen (vorübergehenden) Gnade wird besonders deutlich, wenn, seit dem Exil, Gott selbst immer wieder spricht: Ich habe ihn gerufen, und er hat nicht gehört, ist mir nicht gefolgt (Jr 7,13; 35,17; Klgl 1,19; Spr 1,24; Hl 5,6). „Jerusalem, wie oft wollte ich deine Kinder sammeln, wie eine Henne ihre Küken sammelt, ihr aber habt nicht gewollt" (Mt 23,37). Immer ist der Ruf Gottes eine Gnade, sei er ein Anruf, der uns mahnt, der uns herausruft, zu Gott ruft, zu seinem Dienst im Reiche Gottes ruft: Alle Berufungen Gottes, auch die Berufungen der Propheten, sind von dieser Natur (1 Sam 3,4; Is 49,1), und Christus betont, daß er gekommen sei zu rufen, nicht die Gerechten, sondern die Sünder (Mk 2,17; Lk 2,32). Durch seine Gnade (Gal 1,15), durch seine Berufung hat er uns gerufen (2 Tim 1,9). – Die besondere Macht des göttlichen Rufes bringt die Offenbarung durch das Wort *ziehen* (trahere) zum Ausdruck: Schon die Braut des Hl fleht: „Ziehe mich zu dir" (Hl 1,4), und Christus lehrt: „Niemand kommt zu mir, wenn ihn nicht mein Vater zieht" (Jo 6,44) und verheißt: „Wenn ich von der Erde erhöht sein werde, werde ich alle an mich ziehen" (Jo 12,32). Doch auch hier gilt die Klage Jahwehs: „Mit menschlichen Seilen zog ich sie an, mit Stricken der Liebe. Ich war für sie wie Eltern, die den Säugling an ihre Wangen heben. Ich neigte mich ihnen zu und reichte ihnen Speise (stillte sie); aber sie merkten nicht, daß ich sie hegte ... sie verweigerten die Umkehr" (Os 11,4 f).

Wenn wir die hier vorgestellten Aussagen der Schrift zusammenfassen, müssen wir sagen: Hier ist von dem die Rede, was wir heute „aktuelle Gnade" nennen. Im Vergleich zu dem, was oben über die heiligmachende Gnade gesagt wurde, müßte die *aktuelle* Gnade hier durch folgende Momente festgelegt werden:

Es handelt sich um ein Geschehen im Menschen, das nicht aus ihm selbst aufsteht, sondern *von außen*, von Gott kommt: ein *Superadditum*. Dieses von außen Geschenkte ist einem vorübergehenden Wirken Gottes im Menschen zu verdanken. Auch das im Menschen Gewirkte ist zunächst etwas *Vorübergehendes*. Werden auch manchmal ein äußeres Moment, äußere Erfahrungen oder geschichtliche Erfahrungen genannt, so handelt es sich doch um eine Wirklichkeit, die im Inneren des Menschen ihren eigentlichen Sitz hat: Das auxilium oder adiutorium, die Hilfe Gottes, die er uns hier schenkt, ist für *uns Menschen innerlich*. Das Entscheidende ist, daß wegen dieses Kommens von außen und dieses Sitzes im Inneren diese vorübergehende Hilfe im eigentlichen Sinne eine *übernatürliche* Hilfe genannt werden muß.

3. Was hier aus der Offenbarung entnommen wurde, wird von den Vätern im wesentlichen weitergetragen und interpretiert. Erst bei Augustinus, Ad Simplicianum I, 31, werden mehrere entsprechende Aussagen zusammengenommen, wie vocare, inspirare, delectare, movere, excitare. Prosper von Aquitanien schreibt Collatio 7,2: „Trahunt timor, laetitia, desiderium, delectationes aliique affectus, per quos visitatio dei animum humanum ducit" (PL 45, 1809 f). *De vocatione gentium* II, 26 stehen die Verse, die in Trient eine große Rolle gespielt haben: „Gratia Dei ... praeeminet, suadendo exhortationibus, movendo exemplis, terrendo periculis, incitando miraculis, dando intellectum, inspirando consilium, corque ipsum illuminando et fidei affectionibus imbuendo. Sed etiam voluntas hominis subiungitur ... quae ad hoc praedictis est excitata praesidiis, ut divino in se cooperetur operi et incipiat exercere ad meritum, quod de superno semine concepit ad studium. De sua habens mutabilitate, si deficit, de gratiae opitulatione, si proficit. Quae opitulatio per innumeros modos, sive occultos sive manifestos omnibus adhibetur. Et quod a multis refutatur, ipsorum est nequitiae. Quod autem a multis suscipitur, et gratiae est divinae et voluntatis humanae. Sive igitur initia sive profectus fidelium sive usque in finem perseverantiam cogitemus, nullum genus, nulla species cuiusquam virtutis occurret, quae vel sine dono divinae gratiae vel sine consensu nostrae voluntatis habeatur. Ipsa enim gratia hoc omni genere medendi atque auxiliandi agit, ut in eo, quem vocat, primam sibi receptricem et famulam donorum suorum praeparet voluntatem ..." (PL 51,711 f). Werden auch hier habituelle Gnade und aktuelle Gnade noch nicht unterschieden, so paßt das

Gesagte doch vorzüglich auf die aktuelle Gnade. Erst im MA beginnt eine klarere Scheidung. Gilbert Porreta († 1160) unterscheidet zwischen einem „donum a spiritu et in spiritu" und einem „donum a spiritu, non in spiritu". Vor allem Franziskaner und Augustiner gegen Ende des 13. Jh. entwickeln hier eine genauere Terminologie: Aegidius Romanus spricht von einem supernaturaliter nos movens spiritus, und Richard von Mediavilla und Matthäus von Aquasparta sprechen um 1280 von einer specialis motio Spiritus Sancti, die sie als illuminatio, excitatio, vocatio, directio näher kennzeichnen. Bei Duns Scotus und seinen Nachfolgern wird der gemeinsame Wesenscharakter der heiligmachenden und helfenden Gnade noch mehr herausgestellt und die formale Unterscheidung zwischen habitus und actus weitergeführt. Dionysius Cartusiensis († 1471) spricht bereits von einer actualis quaedam motio Spiritus Sancti (In 2 d 5 q 3). – Obwohl auf dem Konzil von Trient viel von Gnade die Rede war, wurde das Problem von „Gnade und Freiheit" offengelassen. So kam es, daß erst in der Auseinandersetzung zwischen Thomismus und Molinismus die Frage nach der „aktuellen" Gnade eigentlich akut wurde.

4. In der Auseinandersetzung zwischen Thomismus und Molinismus wurde die theologische Bestimmung der aktuellen Gnade dadurch geklärt, daß verschiedene philosophische und religiös existentielle Vorentscheidungen wirksam wurden.

a) Im Thomismus war das Bild von der *Allursächlichkeit Gottes* bestimmend, und die theologische Methode war durch das *metaphysische Denken* des hl. Thomas vorgegeben. Das führte dazu, daß für das Wirken der Gnade schon vor der menschlichen Besinnung, also in der Vorbereitung auf die Gnade, von einer „motio impressa", einem gnadenhaften Einwirken Gottes auf das Denken und das Wollen (motio virtuosa) geredet wurde. Gnade wurde dabei wie eine qualitas fluida, wie fließendes Licht, verstanden. Noch deutlicher wurde die Eigenart dieses Denkens, wenn vom Wirken der Gnade nach der bereits geschehenen Besinnung des Menschen die Rede war. Gnade wird hier zur intentio virtuosa, die sich als „praemotio physica" darstellt, d. h. als eine innere Spannung oder ein innerer Drang, der mit einer gewissen inneren Notwendigkeit zur Auswirkung drängt. Im Hintergrund steht das Verhältnis Schöpfer – Geschöpf und die Allursächlichkeit Gottes des Schöpfers gegenüber jedem Geschöpf. – Ließe sich diese Denkweise im heutigen Verständnis von „Innerlichkeit Gottes" in jedem Geschöpf neu verstehen, so könnte die hier vorgelegte metaphysische Theologie zu einer echten personalistischen Theologie wohl weiterentwickelt werden. Es bleibt freilich offen, ob damit die thomistische Denkweise maßgeblich bleiben müßte oder ob die molinistische Denkweise sachentsprechender erschiene.

b) Anders ist die religiöse Grundkonzeption im MOLINISMUS: Interessiert hier mehr die *erfahrbare Wirklichkeit*, so ist die Grundkonzeption eine *mehr personale.* Vor der eigenen Besinnung läßt sich noch nicht von einer motio durch die Gnade sprechen, sondern vielmehr nur von einer intima assistentia Spiritus Sancti oder einer applicatio et coniunctio virtutis Dei ad animam. – Noch stärker wird die Unterscheidung gegenüber dem Thomismus bei der Frage nach dem eigentlichen Zusammenwirken zwischen Gnade und Freiheit nach der menschlichen Besinnung. Das Wirken der Gnade ist als eine cooperatio simultanea in operatione hominis gekennzeichnet. Im Grunde wird die Gnade nicht als ein eigenes übernatürliches, von Gott geschaffenes Moment in der Seele gesehen, das zum seelischen Akt führt, sondern der vitale seelische Akt selbst, d. h. Verstandes- und Willenstätigkeit vor ihrem bewußten und überlegten Akt, werden als aktuelle Gnade irgendwie verstanden. Hier wäre freilich zu sagen, daß Thomas selbst (S. Th. I II q 110 a 2) die aktuelle Gnade ausdrücklich nicht qualitas, sondern motus quidam animae nennt. Mit motus ist hier freilich nicht ein vitaler Seelenakt, sondern vielmehr ein Leiden verstanden, das die von Gott ausgehende Bewegung im Menschen aufnimmt („Anima hominis movetur a deo ad aliquid cognoscendum vel volendum vel agendum"). – Die im folgenden behandelte Frage nach der Notwendigkeit der Gnade kann diese Aussagen weiter klären.

§ 41 Die Notwendigkeit der Gnade
(Vor der Sünde, nach der Sünde und in der Gnade)

Scheeben VII (1887, 1957) § 292–295. – Pesch V (1897) prop. 7–9. – Lange, Thesis 1–2.

Die Lehre von der Notwendigkeit der Gnade ist das Kernstück der Gnadenlehre, insofern in dieser Lehre der Sinn der Gnade am deutlichsten aufleuchtet. Die christliche *Anthropologie* und ebenso die christliche *Heilslehre* sind die Grundlage dieser kirchlichen und dogmatischen Bestimmungen.

1. Gnade ist notwendig:

a) für den Menschen an sich und daher schon vor dem Sündenfall, weil der Mensch als *gottebenbildliches Geschöpf* seine eigene Selbstverwirklichung und die Erfüllung seiner gottgesetzten Aufgabe in der Welt nicht erreichen kann ohne die Gnade Gottes, ohne die innere Beziehung zu seinem Urbild Gott.

b) für den Menschen in seinem tatsächlichen Zustand der *Sündenverhaftetheit* durch Erbsünde und persönliche Sünde, weil er zum Bösen geneigt ist und seine Freiheit ohne besondere Gnadenhilfe Gottes zum Bösen gebrauchen wird. Die Gnade wird deshalb immer wieder die Folgen der Sünden zu tilgen haben (gratia sanans).

c) weil, wie vor allem durch die Menschwerdung Christi und seine Erlösungstat offenbar geworden ist, der Mensch ein absolut über alles Irdische hinausweisendes Ziel, ein *übernatürliches Ziel* hat, das ewige Heil bei Gott, das er nicht ohne „übernatürliche Gnadenhilfe" erstreben und erreichen kann. Zur Erreichung dieses Zieles ist immer eine die menschliche Natur übersteigende Gnade notwendig (gratia elevans).

d) Weil das letzte Geheimnis des Menschen über alle Natur hinaus in der *Tiefe der Personalität* wurzelt, die allem naturhaften Sein und aller naturhaften Tätigkeit vorgelagert ist, braucht selbst der Mensch in der Gnade noch den Anstoß der göttlichen aktuellen Gnadenhilfe *für* sein Wirken und die Hilfe der göttlich aktuellen Gnade *in* seinem Wirken. Hier wird vor allem der personale Grund der Gnade sichtbar, der nicht die ganze Gnade ist, ohne den jedoch Gnade nicht mehr Gnade wäre. – Erst, wo die drei Gesichtspunkte der Gnade, der personale, der ethische und der geschöpflich-sachliche, zusammen gesehen werden und bewußt bleiben, wird auch die christliche Anthropologie in ihrer Weite und Tiefe richtig gewahrt und die etwas allzu vereinfachende Unterscheidung von Natur und Übernatürlichem (= Göttlichem) vermieden, wie sie sich vor allem im Anschluß an die Auseinandersetzung mit dem Jansenismus entwickelt hat (Gnadenextrinsezismus!).

2. Es ist Lehre der Kirche: *Zu jedem Heilsakt des Menschen ist innerliche, übernatürliche Gnade Gottes unbedingt notwendig.*

In diesem Satz wird die christlich verstandene „Existenz des Menschen" erklärt und theologisch grundgelegt.

Ebenso wie Gnade schlechthin (aus ihrem Begriff nicht nur, sondern auch in der heilsgeschichtlichen Wirklichkeit) an sich unverdienbar ist, ist sie für jedes Heilswerk des Menschen wesenhaft notwendig. Von der Notwendigkeit und Bedeutung der heiligmachenden Gnade oder des Gnadenstandes für das verdienstliche Heilswerk ist unten (§ 43) noch zu sprechen. Hier sei zunächst von der Notwendigkeit der „aktuellen Gnade" die Rede, wobei nicht übersehen werden darf, daß die Offenbarung nicht immer die mehr im theologischen Begriff entwickelte Unterscheidung zwischen aktueller und habitueller Gnade macht.

a) Es ist zunächst leicht verständlich, daß der Mensch in seiner Sündhaftigkeit der heilenden und helfenden Gnade *(gratia sanans et adiuvans)* bedarf, um ein heiles und Gott wohlgefälliges Werk zu vollbringen. Durch die Sünde ist in besonderer Weise das Verhältnis von Wollen und Vollbringen, Wünschen und Können gestört worden. Hier ist die heilende und helfende Gnade erforderlich. So schreibt der Apostel: „Denn was ich tue, weiß ich nicht. Ich tu ja nicht, was ich will, das Gute, sondern vollbringe, was ich verabscheue, das Böse ... Das Wollen des Guten liegt mir nahe, aber nicht das Vollbringen. Ich tue nicht, was ich will, das Gute, sondern was ich nicht will, das Böse... Dann aber handle nicht mehr ich, sondern die Sünde, die in mir wohnt.... Ich unglücklicher Mensch! Wer wird mich erlösen von dem todbringenden Leib? Dank sei Gott durch Jesus Christus unseren Herrn! Somit diene ich dem Geiste nach dem Gesetze Gottes, dem Fleische nach aber dem Gesetz der Sünde. So findet sich nun in denen, die in Christus Jesus sind (und nicht nach dem Fleische leben), nichts Verdammungswürdiges mehr, denn das Gesetz des Geistes, der das Leben gibt in Christus Jesus, hat dich befreit von dem Gesetz der Sünde und des Todes" (Röm 7,15 – 8,2). Die für das Handeln des Menschen zum Heile notwendige Gnade wird hier durch die Aussage „Gesetz Gottes" und „Gesetz des Geistes" zum Ausdruck gebracht, die uns „in Christus Jesus" gegeben sind. Damit ist sowohl der neue Zustand des Christen in Christus, aber auch das aktuelle Wirken Christi in uns ausgesprochen. Die je immer neu wirksame Erlösungsgnade Christi in uns und unserem Werk wird hier gefordert.

b) Viel tiefer führt in das Geheimnis der Gnade und ihrer Notwendigkeit die Lehre ein, daß der Mensch an sich, also auch vor dem Sündenfall, zu einem Heilswerk der aktuellen Gnade bedarf. Sprechen die Stellen der Hl. Schrift, die hierfür angeführt werden, auch nicht immer ausdrücklich vom Menschen ohne Sünde, sondern vielmehr vom geschichtlichen Menschen, der eben auch in der Sünde ist, so weisen sie doch auf Zusammenhänge hin, die vom Menschen als Menschen, nicht von seiner Sündhaftigkeit sprechen. Im Hintergrund steht schon das, was in der Theologie besonders seit dem MA mit dem Hinweis auf das „übernatürliche Ziel", das ewige Heil bei Gott, deutlich gemacht worden ist. Für ein Heilswerk, das den Menschen in einen Zustand bringen soll, wie er für das ewige Heil bei Gott, für die Anschauung Gottes, Voraussetzung ist, braucht der Mensch als Geschöpf und als gottebenbildliches Geschöpf notwendig eine Hilfe *(auxilium et adiutorium)*, die nicht aus seiner Natur kommen kann, sondern ihm von Gott selbst gegeben werden muß, mag man darunter eine vorübergehende (aktuelle) Gnade oder einen, wenn auch verlierbaren Zustand (habituelle Gnade) verstehen. – So schreibt Paulus die Grundlegung seines apostolischen Wirkens der Gnade Gottes zu: „Aus uns selbst, aus eigener Kraft, sind wir nicht fähig, auch nur einen Gedanken zu fassen; unsere Fähigkeit dazu stammt vielmehr von Gott" (2 Kor 3,5). Immer wieder teilt er die entscheidende Wirkung in unserem menschlichen Werk der Gnade Gottes zu: „Nicht das Wollen und nicht das Laufen ist entscheidend, sondern Gottes Erbarmen" (Röm 9,16). „Nicht auf den kommt es an, der pflanzt, noch auf den, der begießt, sondern auf Gott, der das Gedeihen gibt" (1 Kor 3,7). „Werk Gottes sind wir, in Christus Jesus geschaffen zu guten Werken, die Gott im voraus bereitet hat (durch seine Gnade), damit wir in ihnen wandeln" (Eph 2,10). „Gott ist es, der in euch das Wollen und das Vollbringen bewirkt nach seinem Wohlgefallen" (Phil 2, 13). „Darum habe ich das feste Vertrauen, daß der, der das gute Werk in euch angefangen hat, es auch vollenden wird bis zum Tage Christi Jesu" (Phil 1,6). Besonders bedeutsam sind die Worte Christi in seinem *Gleichnis vom Weinstock und den Rebzweigen:* „Ich bin der wahre Weinstock, und mein Vater ist der Weingärtner. Jede Rebe an mir, die keine Frucht bringt, schneidet er ab; jede, die Frucht bringt, reinigt er, damit sie noch mehr Frucht bringe ... Bleibet in mir, dann bleibe ich in euch. Wie die Rebe, wenn sie nicht am Weinstock bleibt, aus sich selbst keine Frucht bringen kann, so auch ihr nicht, wenn ihr nicht in mir bleibt. Ich bin der Weinstock, ihr seid die Reben: Wer in mir bleibt und in wem ich bleibe, der bringt viele Frucht; ohne mich könnt ihr nichts tun" (Jo 15,1–5). Deutlich ist hier die Rede von „Früchten", das sind gute Werke, die ihre Wirklichkeit dem Leben aus Christus und dem Wirken des Vaters verdanken. Habituelle und aktuelle Gnade sind also hier nebeneinander genannt, in jedem Fall aber handelt es sich um innerliche Gnaden. – Die augustinisch-neuplatonische

Scholastik hat die Notwendigkeit der Gnade für den Menschen an sich damit begründet, daß Gott nur gefallen kann, was von ihm selber stammt: Darum muß das gute Werk aus Gottes Gnade stammen. Die mehr aristotelisch denkende Hochscholastik hat für das absolut übernatürliche Ziel des Menschen eine übernatürliche Gnade als notwendiges Mittel für die Heilsakte festgehalten (vgl. S. Th. I II q 109 a 5).

c) Das Geheimnis der Gnade, auch als *heilsgeschichtlich-übernatürliches Existential im Menschen*, wird besonders deutlich, wenn die Notwendigkeit der aktuellen Gnade für das Heilswirken des Menschen auch noch im Gnadenstand selbst aufgezeigt wird. Diese Notwendigkeit wird deutlich in den Schriftworten, die ohne Unterscheidung zwischen aktueller und habitueller Gnade einfach für das menschliche Heilswirken die göttliche Gnade fordern. Dafür seien neben den oben angegebenen Stellen noch genannt: „Der Gott aller Gnade, der euch durch Christus Jesus nach kurzem Leiden zu seiner ewigen Herrlichkeit berufen hat, er wird euch ausrüsten, stärken, kräftigen und festigen" (1 Petr 5,10). Obwohl also die Christen durch Christus schon in der Gnade stehen, wirkt Gott mit, und mag hier das Wirken des Vaters teils als *concursus divinus*, teils als *aktuelle Gnade* verstanden sein, so wird die aktuelle Gnade dazu nicht ausgeschlossen sein können, wie auch aus der Metapher vom Weinstock und den Reben und dem Wirken des Vaters als Weingärtner (Jo 15) zu entnehmen ist. Im Heilswerk geht es eben um ein Verhältnis des persönlichen Menschen zu seinem persönlichen Gott, und das persönliche Verhältnis kommt zum Ausdruck in dem je immer neuen Einwirken Gottes auf den Menschen auch in der aktuellen Gnade.

3. Die verschiedenen Phasen des Einwirkens der aktuellen Gnade sind vor allem durch AUGUSTINUS in seinem Kampf gegen die Pelagianer und Semipelagianer aufgezeigt und in die Gnadenlehre eingeführt worden. Von ihm stammen zwei Unterscheidungen, die für die Entwicklung der Gnadenlehre von großer Bedeutung geworden sind.

a) *Gratia praeveniens (et subsequens)*. Im Anschluß an Ps 58,11: Deus meus, misericordia eius praeveniet me, hat Augustinus die Idee der gratia praeveniens in die Gnadenlehre eingeführt und vor allem gegenüber Julian von Eclanum mehrfach zur Darstellung gebracht. „Ut esses, ut sentires, ut audires, ut consentires, praevenit te misericordia eius" (Sermo 176,5: PL 38,952). „Si non praevenit, ut operetur eam, sed prius existenti voluntati gratia cooperatur, quomodo verum est, Deus in nobis operatur et velle (Phil 2,13) quomodo praeparatur voluntas a domino (Spr 8,35) quomodo caritas ex Deo est (1 Jo 4,7)" (Contra Julianum op. imperf. I 95: PL 45,1112)? „Gratia quippe hominem praevenit, ut diligat Deum, qua dilectione operetur bona (1 Jo 4,19: Nos diligimus, quia prior dilexit nos)" (Contra Jul. op. imperf. I 131: PL 45,1131). *In dieser zuvorkommenden Gnade wirkt also Gott in uns ohne uns.* Das Konzil von Trient hat hinsichtlich des Anfangs der Rechtfertigung demgemäß bestimmt: „Der Anfang der Rechtfertigung muß bei den Erwachsenen von der durch Christus Jesus erworbenen zuvorkommenden Gnade Gottes ausgehen" (D 797 – DS 1525). Von der *nachfolgenden* Gnade spricht erst das Konzil von Trient: *da wirkt die Gnade Gottes mit dem Menschen und der Mensch in der Gnade und mit der Gnade.*

b) *Gratia operans et cooperans.* Für die Bestimmung des Verhältnisses, wie Gnade und menschliche Freiheit zusammenwirken, hat Augustinus vor allem die Unterscheidung zwischen der wirkenden und mitwirkenden Gnade (gratia operans et cooperans) eingeführt: Schon Paulus hat das Problem des Zusammenwirkens von Gnade und Freiheit berührt in seinem berühmten Satz: „Durch die Gnade Gottes bin ich, was ich bin, und seine Gnade gegen mich ist nicht vergeblich gewesen, sondern ich habe mich mehr als die anderen alle bemüht, doch nicht ich, sondern die Gnade Gottes mit mir" (1 Kor 15,10: gratia Dei mecum). Augustinus hat in seinem Werk De gratia et libero arbitrio (I 17,33: PL 44,901) diese beiden Seiten der Gnade vorgestellt mit den Worten: „Quis istam etsi parvam dare coeperat caritatem, nisi ille qui praeparat voluntatem, et cooperando perficit, quod operando incipit? Quoniam ipse ut velimus, operatur incipiens, qui volentibus cooperatur perficiens ... (Phil 1,6). Ut enim velimus sine nobis operatur; cum autem volumus et sic volumus, ut faciamus, nobiscum cooperatur: Tamen sine illo vel operante ut velimus vel cooperante cum volemus, ad bona pietatis opera nihil valemus." Der sog. Indiculus Caelestini (vielleicht von Prosper von Aquitanien zusammengestellt) faßt diese Lehre in die Worte: „Non dubitemus, ab ipsius gratia omnia hominis merita praeveniri, per quem fit, ut aliquid boni et velle incipiamus et facere (Phil 2,13). Quo utique auxilio et munere Dei non aufertur liberum arbitrium, sed liberatur, ut de tenebroso lucidum, de pravo rectum, de languido sanum, de imprudente sit providum. Tanta enim est erga omnes homines bonitas Dei, ut nostra velit esse merita, quae sunt ipsius dona, et pro his, quae largitus est, aeterna praemia sit donaturus" (D 141 – DS 248; vgl. Augustinus, Ep. 194 ad Sixtum 5,19: PL 33,880). Das Konzil von Trient (D 810 – DS 1548–1550) nimmt diese Stelle wieder auf. – Eine Zusammenfassung dieser Lehren bietet das Gebet: „Actiones nostras, quaesumus Domine, aspirando praeveni et adiuvando prosequere, ut cuncta nostra oratio et operatio a te semper incipiat et per te coepta finiatur!"

4. Von Anfang an mußte die Kirche diese grundlegende Lehre über die Notwendigkeit der Gnade für den Heilsakt des Menschen gegenüber *Irrlehren* verteidigen, die aus *naturalistischen* oder *rationalistischen* Gründen zu anderen Auffassungen gekommen waren. So hat Paulus gegenüber dem pharisäischen Judaismus die Notwendigkeit der Gnade aufgewiesen; gegenüber der Gnosis haben die großen Theologen Origenes, Irenäus u. a. die Notwendigkeit des Geistes als des Geistes der Gnade hervorgehoben; gegenüber dem Pelagianismus hat Augustinus diese Lehren verteidigt, und die Synode von Diospolis 415 (Augustinus, De gestis Pel. 14,30: PL 44,337 f), das Konzil von Karthago 418 (D 103 ff – DS 225 ff), der Brief des Zosimus 418 (D 135 – DS 244), das allgemeine Konzil von Ephesus 431 (D 126 f – DS 267 f) sowie vor allem der Indiculus Coelestini (D 135, 141 – DS 244, 248), das 2. Konzil von Orange (D 179, 180 – DS 376, 377) sowie das Konzil von Trient gegenüber den Reformatoren (D 797, 809 – DS 1525, 1545) haben diese Notwendigkeit der Gnade für den Heilsakt des Menschen hervorgehoben.

13. Kapitel

DIE LEISTUNGEN DER MENSCHLICHEN NATUR OHNE DIE GNADE UND MIT DER GNADE (DAS VERDIENST)

Soll das Verhältnis von Gnade und Natur im menschlichen Heilswerk genauer bestimmt werden, so ist es zunächst notwendig, die Fähigkeit der menschlichen Natur auch ohne Gnade deutlicher zu machen. Wie der Pelagianismus der menschlichen Natur allein ohne Gnade alle Leistungen und Möglichkeiten auch zum Heile zuschreibt, so sprechen die Theologen der Reformation der menschlichen Natur auch die natürlichen Möglichkeiten und Leistungen schlechthin ab. Neigt der Pelagianismus zu einer stoischen Lehre, so neigen die Reformationskirchen zu manichäischen Auffassungen vom Menschen. Im Hintergrund stehen die Fragen nach dem Urstand des Menschen, von denen in der Schöpfungslehre gehandelt wurde. Der Mensch ist nicht nur Geschöpf, sondern Gott ebenbildliches Geschöpf, und von Anfang an war seiner Natur eine übernatürliche Wirklichkeit hinzugegeben, die eine iustitia originalis begründete. – Hinter diesen Auseinandersetzungen stehen wiederum die Vorentscheidungen über das Verhältnis von Glauben und Denken oder Erfahrung zueinander.

Drei große Fragen gilt es hier zu klären:

1. Was vermag die menschliche Natur auch nach der Sünde, auch im Sündenzustand noch zu leisten? (§ 42).

2. Zu welchen menschlichen Leistungen der Natur ist Gnade notwendig? (§ 43).

3. Was vermag die menschliche Natur in und mit der Gnade zu leisten? (Frage nach dem Verdienst) (§ 44).

4. Daran sei eine kurze Betrachtung über Wesen und Sinn der sog. „guten Werke" angeschlossen (§ 45).

§ 42 *Was vermag die menschliche Natur nach dem Sündenfall aus sich noch zu leisten?*

Scheeben § 296. – Pesch V, Thesis 10 u. 11. – Lange, Thesis 3 u. 4. – Auer II 7–40.

Wenn *die Natur und das Übernatürliche* nicht zwei selbständige Wirklichkeiten sind, die sich trennen lassen, sondern vielmehr aufeinander hingewiesen sind, das Übernatürliche eine qualitative Bestimmung der Natur bedeutet, so ist die Natur nicht völlig verderbt, sondern nur angeschlagen *(natura vulnerata, sauciata)* und dadurch in besonderer Weise auf die Gnade verwiesen, wie ja auch das Übernatürliche nicht aus sich wirkt, sondern der Mitwirkung der natürlichen Kräfte bedarf, wenn es wirksam sein soll *(gratia supponit naturam)*. Dies war auch die Lehre des hl. AUGUSTINUS; selbst, wenn er schreibt: „natura in deterius commutata ...", fügt er hinzu: „tamen ipse languor, quo bene vivendi quid virtus periit, non est utique natura, sed vitium." – Dasselbe besagt der berühmte Vergleich von Roß und Reiter mit der menschlichen Natur und der Gnade im HYPOGNOSTIKON, wo der Verfasser im Anschluß an die Parabel von dem Mann, der auf dem Weg von Jerusalem nach Jericho unter die Räuber fiel (Lk 10,30–35), schreibt: „Recte namque arbitror comparari liberum arbitrium iumento (Ps 73,23) ... gratiam vero sessori ... Liberum arbitrium, quod vulneratum vivit in homine, gratia Dei apprehenditur de armento et luxuriae saeculi, in quo pastore diabolo vagabatur per incongruas voluptates ... Sicut enim iumentum illud, dum in via dirigitur, sessoris manu regitur, ut iter rectum sive leniter seu cursim secundum sedentis in se voluntatem possit incedere quoadusque ad locum perveniat destinatum: ita et liberum arbitrium, dum in via, id est Christo (Jo 14,6) esse coeperit, gratiae regimine regitur, ut in semitis domini recto corde, sive patientia caritatis sive fervente spiritu ... possit ambulare quoadusque ad promissum regnum coelorum perveniat ... Recte ergo sessor, quem gratiae figuravi, dicit, feci triginta milliaria; ipse enim fecit, qui iumentum facere fecit ... gratia et liberum arbitrium peragit sine dubio iter fidei: liberum arbitrium, dum Dei christianus facit praecepta, sed non ... sine gratia dirigente vel gubernante" (III 11,20: PL 45,1632).

1. Die Kirche hat darum erklärt: *Nicht alle Werke der Sünder und Ungläubigen sind Sünde.*

Damit hat die Kirche schon die Irrlehre des Johannes Hus (D 642 – DS 1216) und ebenso die der Reformatoren (D 817 – DS 1557) zurückgewiesen, die behaupteten, alle Werke, die vor der Rechtfertigung geschähen, seien Sünde. Vor allem hat sie die Lehre des Bajus verworfen: „Omnia opera infidelium sunt peccata et philosophorum virtutes sunt vitia" (D 1025 – DS 1925); ebenso die Lehre des Jansenius: „Necesse est, infidelem in omni opere peccare" (D 1297 f, 1301 – DS 2307 f, 2311). Ebenso wurde die Lehre des Quesnel verworfen, daß das Gebet des Sünders Sünde und seine Straffurcht erneute Sünde sei (D 1395 – DS 2445; D 1409, 1417 – DS 2451–2467). Desgleichen wurden die irrigen Lehren der Pseudosynode von Pistoia verworfen (D 1523 – DS 2623).

Die Kirche beruft sich für diese Aussage vor allem auf *Röm 2, 12–16*, besonders 14 ff: „Wenn nämlich die Heiden, die das Gesetz nicht haben, durch ihre Natur (φύσει = naturaliter) das tun, was das Gesetz verlangt, zeigen sie, daß das Gesetz in ihr Herz geschrieben ist." „Sohn, du hast gesündigt; sündige nicht mehr, sondern flehe um Verzeihung für deine früheren Sünden" (Sir 21,1). „Bekehret euch und tut Buße" (Ez 18,30). – Die berühmten Sätze *Röm 7,14 f.18 f* besagen nicht, daß der Mensch vor der Gnade nur sündigen könne, sie weisen vielmehr darauf hin, daß die volle Erfüllung des Gesetzes nur in der Gnade Christi (vgl. ebd. 8,1) möglich ist. Die Verse sind überdies persönliche Erlebnisaussagen, nicht dogmatische Glaubensaussagen. – Die Väter heben hervor, daß vor Christus schon für die Juden das *Gesetz* und für die Heiden die *Philosophie* ein *Erzieher zu Christus hin* gewesen sei (Justin u. a.). Selbst TERTULLIAN spricht angesichts heidnischer Glaubensformen vom „testimonium animae naturaliter christianae" (Apol. 17,6: CSEL 69/45,27 f). Besonders CHRYSOSTOMUS und HIERONYMUS loben die Tugenden der Heiden. Auch AUGUSTINUS macht Unterscheidungen, die später von großer Wichtigkeit wurden: Sermo 349 zwischen caritas divina, humana licita, humana illicita; Ep. 138 zwischen vitia, virtutes civiles, opera pietatis. Eingehend behandelt Thomas v. A. die natürlich guten Werke (De ver. q 23 a 7 ad 8; De malo q 2 a 5 ad 7; S. Th. I II q 100 a 10; S. Th. II II q 10 a 4).

2. Es ist Lehre der Kirche: *Auch Sünder und Ungläubige können ohne eigene Gnade natürlich gute Werke vollbringen.*

Mit der Zurückweisung des Bajanismus und Jansenismus hat die Kirche diese positiven Aussagen verbunden (die Begründung ist wie oben unter 1).

Die frühaugustinische Richtung der Franziskaner (BONAVENTURA und seine Schule) ebenso wie VASQUEZ und RIPALDA nehmen hier eine allgemein immer angebotene, helfende und heilende Gnade Gottes an, nicht um die Natur geringzuachten, sondern um Gott und seine Liebe in hellerem Licht erscheinen zu lassen. Wenn die Kirche von guten Werken der Sünder und der Ungläubigen „ohne Gnade" spricht, will sie dieses Gnadenangebot Gottes, über das auch die Kirche nicht zu entscheiden hat, nicht leugnen, sondern vielmehr nur die Güte der menschlichen Natur auch noch nach der Sünde, die die Natur „beraubt und verwundet und zum Bösen erniedrigt hat" (Augustinus), festhalten. – Wie BONAVENTURA, der mehr eine Gesinnungsethik vertritt, von der immer angebotenen göttlichen Gnade spricht, so spricht THOMAS, der mehr eine Sachethik vertritt, vom immerwährenden concursus divinus in der Allursächlichkeit Gottes.

Schon die Frühscholastik hat hier Unterscheidungen eingefügt, die für die ganze weitere theologische Entwicklung von Bedeutung geblieben sind: ODO VON OURSCAMP unterschied zwischen opus operatum und intentio operantis; GILBERT PORRETA (von Poitiers) führte die Unterscheidung zwischen bonum de genere bonorum und bonum meritorium ein. – Im einzelnen sei auf folgende Beispiele hingewiesen, die in der Theologie bisher ausdrücklich besprochen worden sind.

a) Es ist Lehre der Kirche: *Der Mensch kann auch ohne Gnade mit natürlicher Erkenntnis sittliche und religiöse Wahrheiten erfassen.*

Gerade gegenüber dem Fideismus hat das 1. Vatikanische Konzil (D 1785 – DS 3004 – NR 27,28) im Anschluß an Weish 13,1 und Röm 1,20 erklärt, daß der Mensch Gott mit natürlichem Denken aus der Schöpfung „erkennen" könne. Der Antimodernisteneid (D 2145 – DS 3538 – NR 61) spricht hier von einem „beweisen", und die Enzyklika „Humani generis" betont, daß diese Erkenntnis „absque divinae ‚revelationis' divinaeque gratiae auxilio" geschehen könne (D 2317 – DS 3890 – NR 72). Ebenso ist im Anschluß an Röm 2,14 f festzuhalten, daß die Heiden, d. h. jene, die nicht in der Erlösung Christi stehen, mit natürlichem Wissen sittliche Ordnungen kennen, die Gott in seiner Offenbarung auch gegeben hat.

Die Aussage des Apostels zu seinem Apostelamt: „Nicht durch unsere eigene Kraft können wir uns etwas ausdenken: Unsere Tüchtigkeit kommt von Gott" (2 Kor 3,5) hat verschiedene Ausdeutungen gefunden. Zunächst schied sich hier schon die *Illuminationslehre* des hl. Augustinus und der Franziskaner von der *aristotelischen Erkenntnislehre* bei Thomas und seiner Schule. – Petrus von Tarantasia u. a. unterschieden zwischen *Urteilsinhalt und Urteilszustimmung:* Der Urteilsinhalt könne durch natürliches Erkennen gewonnen werden. Der Zustimmungsakt verlange jedoch bei höheren sittlichen und zumal religiösen Wahrheiten die Gnadenhilfe Gottes. –

Es wäre heute darüber hinaus wohl zu fragen, *welche sittlichen und religiösen Wahrheiten der Mensch ohne Gnade erkennen könne* und wie sich die Antwort auf diese Frage theologisch begründen lasse. Die Antwort müßte wohl von der Unterscheidung zwischen den sittlich-religiösen Wahrheiten, die für den Menschen „Kulturwerte" darstellen, und den „geoffenbarten Heilswahrheiten" ausgehen. Die sittlich-religiösen Kulturwerte sind als solche durch die menschliche Natur zu erkennen, die Heilswahrheiten der Offenbarung, die die mysteria stricte dicta der Erschaffung der Welt durch Gott, der Erlösung durch Jesus Christus und der Heiligung im Hl. Geist durch seine Kirche zum Inhalt haben, sind nur mit Hilfe der Gnade, vor allem mit Hilfe der Gnade des Glaubens anzunehmen und zu erkennen. – Auf die Frage, *ob der Mensch die für sein subjektives Heil notwendigen Wahrheiten* aus sich mit dem natürlichen Verstand *ohne Gnade erkennen und ihnen zustimmen könne,* ist wohl zu sagen: Aus dem allgemeinen Heilswillen Gottes ist zu erschließen, daß für diese subjektiven Heilswahrheiten der einzelne Mensch wohl die dafür notwendigen Gnaden von Gott erhält, auch wenn er nicht getauft ist und nicht der Kirche angehört und auch nicht dem atl. Gottesvolk oder dem darauf aufbauenden Islam. Die Schwierigkeiten der Antwort liegen vor allem darin, daß die theologisch abstrakte und die geschichtlich konkrete Frage jeweils nicht hinreichend voneinander zu trennen sind.

b) Es ist Lehre der Kirche: *Einzelne natürlich sittlich gute Werke kann der Mensch auch im Zustand der Sünde ohne Gnade mit den natürlichen Kräften seiner Natur vollbringen.*

Auch mit diesem Satz ist deutlich gemacht, daß die menschliche Natur durch die Sünde wohl geschwächt, aber nicht schlechthin vernichtet ist. Sie kann darum auch sittlich gute Werke setzen, wie die zahlreichen Beispiele aus der heidnischen Welt zeigen und wofür die Schrift spricht, vor allem Johannes d. T. und Christus selbst, die immer wieder zur „Bekehrung“ auffordern (Ez 18,30; Zach 1,3; Mt 3,2). Die Verurteilungen des Bajanismus und des Jansenismus sowie die Lehren des Konzils von Trient (vgl. D 817, 1035, 1040, 1399 – DS 1557, 1935, 1940, 2449) gehören als Beweisstellen hierher. Auch die anders klingenden Aussagen des Konzils von Orange (529) sind hierfür kein Gegenbeweis: Sie fragen eben nicht nach der Natur des Menschen, sondern einzig und allein nach der Gnade, und die Werke, von denen hier die Rede ist, sind nicht bloß natürlich-sittliche Werke, sondern religiöse Werke, die zum Heile führen: „Wer sagt, die Gnade Gottes könne auf menschliches Flehen hin verliehen werden, nicht aber die Gnade selbst bewirke es, daß sie von uns erfleht werde ... (dagegen Röm 10,20; Is 65,1) ... Wer dafür eintritt, Gott müsse auf unseren Willen warten, damit wir von Sünde gereinigt werden, nicht aber bekennt, es geschehe in uns durch die Mitteilung und das Wirken des Hl. Geistes, daß wir von Sünde gereinigt werden wollen, der widersteht dem Hl. Geiste selbst ... (Spr 8,35 ... Phil 2,13) ... Wer sagt, wenn wir – ohne Gnade Gottes – glauben, wollen, verlangen, uns abmühen, arbeiten, beten, wachen, uns anstrengen, bitten, suchen, anklopfen: dann werde uns die Barmherzigkeit Gottes verliehen; wer aber nicht bekennt: daß wir glauben, wollen, oder all dies, wie es sich gebührt, zu tun vermögen, geschehe in uns durch die Mitteilung und Eingebung des Hl. Geistes; und wer die Gnadenhilfe der Demut oder dem menschlichen Gehorsam unterordnet, nicht aber bekennt, es sei ein Geschenk der Gnade, daß wir demütig und gehorsam seien, der widerspricht dem Apostel ... (1 Kor 4,7; 15,10)" (D 176–179 – DS 373–376 – NR 696–699). – Auch hier werden nicht die Aussagen der Tradition allein hinreichen, die das Sittliche sehr verschieden zwischen dem rein Natürlichen und dem Übernatürlichen angesiedelt hat, wir werden vielmehr fragen müssen: Was verstehen wir heute unter dem *Sittlichen an sich*, wie weit läßt sich christliche Sittlichkeit in rein metaphysischer Denkweise festlegen, wie weit muß sie in heilsgeschichtlicher Denkweise festgelegt werden? Die Sachfrage selbst, die nicht mehr gegen Pelagius und nicht mehr gegen Jansenius zu entscheiden ist, wird auch hier in abstracto an der Möglichkeit der sittlichen Akte ohne göttliche Gnade festhalten, wird jedoch in concreto die freie Gnadenwahl Gottes entsprechend berücksichtigen.

c) Ein Problem von besonderer Art war die Frage: *Kann der Mensch ohne Gnade Gott über alles lieben?* Scotus (Ox. II 28 n. 796) sagte später: Gott verlangt vom Menschen die ganze Liebe; könnte der Mensch dies nicht aus sich verwirklichen, würde Gott Unmögliches von ihm verlangen. Diese Denkweise bleibt ganz im Abstrakten. Die konkrete heilsgeschichtliche Denkweise der frühen Franziskaner würde sagen, daß Gott ja immer aktuelle Gnade anbietet, so daß die Erfüllung der Forderung einer totalen Gottesliebe nie ohne Gnade geschehen müßte. Die Lösung des Scotus führt in die Schwierigkeit, daß ein einmaliger totaler Akt der Gottesliebe ja auch wiederholt werden könnte und aus der Wiederholung dieser Akte ein Habitus entstünde, von dem zu fragen ist: Ist dies ein natürlicher Habitus und gibt es einen natürlichen Habitus totaler Gottesliebe?

Die thomistische Richtung (Wilhelm von Auxerre und Thomas, III Sent. d 27 q 2 a 4) unterscheiden eine *totalitas viae* von der *totalitas patriae* und lehren: der Mensch ist frei und kann mit der totalitas viae all seine Fähigkeiten auf Gott richten und ihn so über alles lieben; diese Liebe bleibt wegen der Schwäche der menschlichen Natur immer unvollständig. – Andere Theologen (Bonaventura, III Sent. d 27 a 2 q 6) unterscheiden zwischen *verlangender und wohlwollender Liebe* (amor concupiscentiae – amor benevolentiae) und meinen: Der Mensch wird von seiner verlangenden Liebe (selbstsüchtigen Liebe) nie so frei werden, daß er ohne Gnade zu einer freien, wohlwollenden, totalen Liebe zu Gott kommen kann.

Allgemein läßt sich aufgrund der christlichen Anthropologie sagen: Der Mensch kann einzelne Akte der Liebe zu Gott erwecken; der Mensch kann einzelne Sünden, auch schwere Sünden, meiden; der Mensch kann die Versuchung, auch die schwere Versuchung, mit Erfolg im einzelnen Falle bekämpfen und niederhalten; der Mensch kann einzelne Gesetze Gottes, auch ihrem Sinn nach, das eine und das andere Mal erfüllen, und dies alles aus seiner Natur, ohne die Gnade. Doch gerade das Verständnis des konkreten Menschen in seiner Geschichtlichkeit macht hier die Grenze der menschlichen Möglichkeiten klar, von denen wir im folgenden zu sprechen haben.

§ 43 Zu welchen Leistungen der menschlichen Natur ist Gnade notwendig?

Scheeben VI § 298. – Pesch V prop. 12–14. – Auer II 40–58. – Lange, Thesis 5 u. 6.

Die Theologie hat im Laufe der Zeit auf verschiedene menschliche Werke hingewiesen, die notwendig Gnade voraussetzen. Es handelt sich dabei im wesentlichen nicht um einzelne Taten, sondern vielmehr um ein Verhalten, das die menschliche Geschichtlichkeit, wie die Raum- und Zeitgebundenheit des menschlichen Lebens, berücksichtigt: „Posse stare, posse resistere et vincere, posse proficere", sind hier gefragt. Im einzelnen sei auf folgende Aussagen hingewiesen:

1. *Der Mensch kann nicht ohne Gnade Gottes die schweren Versuchungen alle und für immer überwinden und den Teufel besiegen.* Begründung: Der Mensch, der in der Sünde ist, ist noch irgendwie in der Herrchaft des Bösen, hat ihn also noch nicht besiegt, nicht überwunden. Wohl kann er im einzelnen dem Bösen widerstehen *(resistere)*, kann einzelne schwere Versuchungen überwinden, aber er kann sich nicht aus sich selbst von den Fesseln des Bösen befreien und den Satan überwinden *(vincere)*. Darum vermag er auch nicht alle Versuchungen und sie für immer zu überwinden. In dieser geschichtlich-existentiellen Denkweise sind alle Versuchungen mehr als die Summe der einzelnen Versuchungen. Nur mit Hilfe der übernatürlichen Gnade vermag der Mensch sich von den Fesseln des Bösen zu befreien und im Stande der Gnade und mit Hilfe

der aktuellen Gnaden alle einzelnen Versuchungen je für sich zu überwinden (Bonaventura II d 28 a 1 q 2; Thomas II Sent. d 28 q 1 a 2 ad 6).

2. *Der Mensch kann auch im Gnadenstand nicht alle schweren Sünden meiden, wenn ihn nicht die aktuelle Gnade Gottes unterstützt.*

Begründung: Die 6. Vaterunser-Bitte: „Führe uns nicht in Versuchung" (Mt 6,13) und Röm 7,18 f: „Das Wollen des Guten liegt mir nahe, aber nicht das Vollbringen." In dieser Bestimmung wird deutlich, daß auch die heiligmachende Gnade nicht ein Besitz ist, der in der Verfügung des natürlichen Menschen steht wie seine eigene Natur; Gnade ist vielmehr immer wegen ihres personalen Elementes auf den lebendigen Gott bezogen, und die heiligmachende Gnade verlangt darum auch für ihre Wirksamkeit die Unterstützung der je aktuellen neuen Gnade durch Gott. Ein Absehen von dieser Wahrheit würde zu einer Auffassung der heiligmachenden Gnade führen, die ihrerseits wiederum eine pelagianische Grundhaltung im Menschen erzeugen müßte: „Du hast die Gnade und brauchst nur mit ihr mitzuwirken, so kann dir nichts mehr fehlen." In dieser Grundhaltung hätten die christlichen Tugenden des Glaubens, der Hoffnung und der Liebe keinen Platz mehr. Es würde die „Offenheit zu Gott" fehlen, ohne die die Gnade nicht mehr Gnade wäre.

3. *Der Mensch kann auch im Gnadenstand nicht alle läßlichen Sünden und nicht für immer ohne besondere Gnadenhilfe Gottes meiden.*

Begründung: Die Begründung wäre wie im Vorgenannten zu suchen. Um alle läßlichen Sünden auf Lebenszeit zu meiden, wäre ein außerordentliches „Gnadenprivileg" notwendig, wie es die Kirche der allerseligsten Jungfrau Maria zubilligt. – Hier ist nicht nur die personale Seite der Gnade, sondern vor allem auch die Einwirkung der Gnade auf die Personalität des Menschen, auf seine Eigentlichkeit und innere Sammlung hin berücksichtigt ... „... quotidiana praestat ille remedia, quibus nisi freti confisique nitamur, nullatenus humanos vincere poterimus errores" (Innozenz I. an das Konzil von Karthago: Ep. Augustini 181,7) (PL 33,782).

4. *Der Mensch kann auch das Naturgesetz in seiner eigenen Natur nicht in seiner Ganzheit und nicht immer ohne besondere Hilfe Gottes erfüllen.*

Begründung: In dieser Bestimmung drückt sich vor allem aus, daß die menschliche Natur durch die Sünde tatsächlich schwer verletzt ist, so daß sie deshalb in ihrem Wesen verschlimmert wurde (Orange 529). Gewiß ist der Wille des Menschen frei, und erst recht beim begnadeten Menschen; aber die für das Halten aller Naturgesetze notwendige „Wachsamkeit, Opferbereitschaft und Geduld" ist nicht an sich schon Gabe der Natur, auch nicht in der Gnade, sondern verlangt eine je immer neue Anregung durch die aktuelle Gnade Gottes und die besondere Mitwirkung des Menschen mit dieser Gnade. Das Erfassen und Erfüllen des ganzen Naturgesetzes ist eben nicht nur eine physische, sondern zutiefst eine moralisch-existentielle Aufgabe. Ripalda (ähnlich auch Vasquez) spricht der Natur zuviel Fähigkeit zu, wenn er lehrt: „Potestas efficax ad oboedientiam diuturnam totius legis potest convenire naturae lapsae absque gratia supernaturali interna ... non autem regulariter absque gratia externae protectionis" (De ente supernaturali V disp. 114 sect. 19 n. 179).

5. *Der Mensch kann ohne besondere Gnade Gottes nicht alle Gebote Gottes und nicht immer in ihrem intendierten Sinn erfüllen.*

Begründung: Die Theologen haben vor allem zwischen genus vel essentia vel substantia operis und der intentio praecipientis unterschieden. – Die einen vertreten: Die substantia operis könne der Mensch auch ohne Gnade erfüllen, nicht aber die Absicht des Gesetzgebers (so Godino und einige Thomisten und später die Nominalisten). Die Bonaventura-Richtung verlangt wohl richtiger schon für die Erfüllung der substantia operis bei den Werken des Gesetzes Gottes die Gnade Gottes, die bereits in einer fides informis, pietas naturalis und devotio als aktuelle Gnade gesehen werden kann. – Gut ist wohl die Unterscheidung der Olivi-Schule, besonders bei Petrus de Trabibus, der die Gebote also einteilt: die beiden Liebesgebote, die er praecepta implicativa et quoddammodo continentia nennt, kann der Mensch nur mit Hilfe einer besonderen Gnade Gottes erfüllen. Die anderen Gebote, die praecepta explicativa et specificativa genannt werden, könne der Mensch wenigstens ihrer Substanz nach und im einzelnen Fall auch ohne Gnade erfüllen, wenn auch für die dauernde Erfüllung dieser Gebote die besondere Gnade Gottes notwendig ist.

6. *Ohne besondere Gnadenhilfe Gottes kann der Mensch die Absicht des Gesetzgebers (intentio praecipientis) nicht erfüllen, nicht im allgemeinen, wohl aber auch nicht im einzelnen.*

Diese Intention besteht nach Thomas darin, daß das Gebot cum caritate erfüllt werden müsse, wie es aus Liebe gegeben ist. Bonaventura sieht die Absicht des Gebotes Gottes darin, daß der menschliche Wille dem göttlichen Willen angeglichen werde: Also muß hier das Gebot scienter, eligenter, perseveranter erfüllt werden, wenn die Absicht des Gesetzgebers erfüllt werden soll. – Petrus von Tarantasia und viele andere Theologen sehen die Intention des Gesetzes in der consecutio salutis, d. h. darin, daß die Erfüllung des Gesetzes uns zum Heile führe. Dazu ist aber in jedem Fall Gnade, heiligmachende Gnade und aktuelle Gnade, notwendig. – Wird die substantia operis erfüllt, nicht aber die intentio praecipientis, so lehren die meisten Theologen: damit kann der Mensch sich, soweit es an ihm liegt, auf die von Gott frei geschenkte Gnade vorbereiten. (Zur Vorbereitung auf die Gnade vgl. § 12 und 13.)

7. *Den Anfang des Glaubens kann der Mensch nicht aus sich, sondern nur mit Hilfe innerer übernatürlicher Gnade setzen.*

Vor allem in der Auseinandersetzung mit dem Semipelagianismus hat Augustinus diese Lehre eingehend dargestellt. In seiner Schrift De dono perseverantiae (19,48–50: PL 45,1025) führt er bereits einen Traditionsbeweis, indem er auf Cyprian, Ambrosius und Gregor v. Nazianz hinweist und als Beweis für seine Lehre das Gebet der Kirche um die Bekehrung der Ungläubigen aufführt: „Wenn der Glaube lediglich Sache des freien Willens ist und nicht von Gott gegeben wird, warum beten wir dann für diejenigen, die nicht glauben wollen, daß sie glauben?" (De gratia et libero arbitrio 14,29). In seiner Jugendschrift „Über den freien Willen" hatte er selbst eine irrige Lehre vertreten, weshalb er sie in De praedestinatione sanctorum 3,7 (PL 44,964) ausdrücklich widerrief. Das Konzil von Orange (529) faßte die Lehren des Augustinus zusammen in den Worten: „Wer sagt, wie die Vermehrung, so sei auch der Anfang des Glaubens, ja selbst die fromme Glaubensbereitschaft, wodurch wir an den glauben, der den sündigen Menschen rechtfertigt, und wodurch wir zur Wiedergeburt der hl. Taufe gelangen, nicht in uns kraft eines Gnadengeschenks, d. h. durch Eingebung des Hl. Geistes, der unsern Willen vom Unglauben zum Glauben, von der Sündigkeit zur Güte bringt, sondern auf natürliche Weise: der erweist sich als ein Feind der apostolischen Glaubenssätze ... (Phil 1,6; 1,29; Eph

2,8)" (D 178 – DS 375 – NR 698). – Mit diesen Aussagen wird nicht nur, wie bei Augustinus, die Tiefe der Verwundung der menschlichen Natur durch die Ursünde gekennzeichnet, sondern zugleich das ganz andere der übernatürlichen Gnade gegenüber der sündigen Natur hervorgehoben.

8. *Der Mensch, auch der gerechtfertigte, kann ohne besondere Hilfe Gottes nicht in der empfangenen Gerechtigkeit bis ans Ende ausharren.*

Mit dieser Aussage ist die endgültige und aktive Beharrlichkeit (perseverantia finalis et activa) gemeint. „Der in euch das gute Werk begonnen hat, wird es vollenden bis zum Tage Jesu Christi" (Phil 1,6; vgl. 2,13; 1 Petr 5,10). Ausdrücklich hat wiederum Augustinus gegenüber den Semipelagianern diese Lehre in seinem letzten Werk, De dono perseverantiae, verteidigt. Er verweist hierbei vor allem auf das Gebet um die Gnade der Beharrlichkeit, zu dem uns die Schrift auffordert: „Man muß allezeit beten und darf nicht nachlassen" (Lk 18,1). „Betet ohne Unterlaß" (1 Thess 5,17). Augustinus sagt darum: „Hoc Dei donum suppliciter emereri potest" (De dono persev. 6,10: PL 45,999). Mit diesem Gebet muß sich freilich auch die Bereitschaft zum Wirken in der göttlichen Gnade verbinden: „Wachet und betet, damit ihr nicht in Versuchung fallet" (Mt 26,41). (Zur Gnade der Beharrlichkeit vgl. § 9.)

§ 44 *Möglichkeit, Arten und Gegenstände des Verdienstes: Von Gottes gnädiger Vergeltung*

DThC X (1928) 574–785. – LThK 10 (1965) 697–701: Vergeltung; 675–780: Verdienst. – RGG VI (1962) 1266–1270. – Landgraf I/2, 75–110. – Auer II 145–165. – Jedin II² 139–164; 201–268. – W. Dettloff, Die Entwicklung der Akzeptations- und Verdienstlehre von Duns Scotus bis Luther, Münster 1963. – M. Flick-Z. Alszeghy, Il vangelo della gratia, Florenz 1964, 638–683 (Lit.). – ThW IV (1942) 699–736. – W. Pesch, Der Lohngedanke in der Lehre Jesu, München 1952. – BL 1819–1825: Vergeltung. – WbB 705–709: Vergeltung. – O. Modalsli, Das Gericht nach den Werken. Ein Beitrag zu Luthers Lehre vom Gesetz, Göttingen 1963. – Pesch TRLTh 317–326; 771–792. – Pesch, Die Lehre vom Verdienst als Problem für Theologie und Verkündigung, in: Wahrheit u. Verkündigung, München 1967, S. 1865–1908.

Die Lehre vom Verdienst ist von besonderer Bedeutung, weil sie nicht nur in der Offenbarung begründet ist, sondern auch den Kern der katholischen Gnadenlehre im Zusammenwirken von Gott und Mensch, die Möglichkeit und Unverdienbarkeit der Gnade und die Bedeutung des menschlichen Wirkens in der Gnade Gottes zum Ausdruck bringt. Auch hier wird wiederum die Mitte zwischen Pelagianismus und Manichäismus deutlich. Voraussetzung ist zunächst, daß die Gnade wesenhaft und ursprünglich unverdienbar ist (vgl. § 11).

1. Möglichkeit des Verdienstes

Schon im 12. Jh. hat eine theologische Richtung das Verdienst geleugnet. Angeregt vom Kampf des hl. Augustinus gegen Pelagius und im Anschluß an Sätze des hl. Paulus, wie: „Ist es aus Gnade, dann nicht aus Gesetzeswerken" (Röm 11,6); „Die Liebe sucht nicht das Ihrige" (1 Kor 13,5), leugnete vor allem die ABAILARD-Schule den Wert eines jeden guten Werkes. Sein Satz „Quod propter opera nec melior nec peior efficiatur homo" (D 380 – DS 733) wurde ausdrücklich auf Betreiben des Konzils von Sens 1140 verurteilt. In ähnlicher Weise sprachen bald darauf GILBERT PORRETA und seine Schule sich gegen die Möglichkeit des Verdienstes aus; auf dem Konzil von Reims 1148 wurde seine Lehre auf Betreiben des Mönches Gaufrid verurteilt. Im Hintergrund steht ein spiritualistischer Personalismus, der der Wirklichkeit des Menschen nicht gerecht wird.

Schon im 12. Jh. wurden darum drei Grundelemente aufgezeigt, die das Verdienst an sich ermöglichten:

a) Die *sittliche Freiheit,* die den Menschen zum Urheber und Herrn seines Tuns und seiner Tat und irgendwie seines Werkes macht.

b) Das Stehen in der *sozialen Gemeinschaft,* wo Recht und Gerechtigkeit, Auftrag und Lohn verbürgt sind. Nur in einem solchen gesellschaftlichen Verhältnis ist Verdienst möglich.

c) Der *innere Wert der Tat* des einen muß die ungeschuldete Gabe des anderen zum irgendwie geschuldeten Lohn machen. –

In der Anwendung auf das Verdienst vor Gott wurden die drei Elemente genannt:

a) *Gott,* der dem Menschen nicht nur als Schöpfer alles gegeben, sondern auch als Vater und Herr mit ihm den Bund geschlossen hat, in dem er seine Verheißungen grundlegt.

b) *Der freie Wille des Menschen,* der die Tat des Menschen zur menschlichen Tat (actus humanus) macht und den Menschen als echten Partner Gottes erscheinen läßt.

c) *Die Gnade,* in der die rechte Gesinnung des Menschen wie der Wert seiner Tat und seines Werkes grundgelegt ist.

Diese drei Momente, das *personale,* das *sittliche* und das *sachliche* Moment, zusammen begründen das Verdienst.

2. Arten des Verdienstes

Da Gott und Mensch nicht bloß als ebenbürtige Partner, sondern vielmehr als Schöpfer und Geschöpf, als Vater und Kind, als Herr und Knecht einander gegenüberstehen, wurden schon sehr früh im MA wenigstens drei Arten von Verdienst unterschieden:

a) *Das Würdigkeitsverdienst (meritum de condigno)* war gedacht als eigentliches Verdienst auf dem Boden „sachlicher Gerechtigkeit". Die Grundlage dafür bildete nicht so sehr die menschlich-persönliche Tat, sondern vielmehr die Gnade in ihrem vollen Umfang als spezifische Gnade, als menschliche Freiheit, die ebenfalls Gottes Geschenk ist, und alle sachlichen und menschlichen Voraussetzungen des Verdienstes, die ebenfalls Gottes Gaben sind.

b) *Das Billigkeitsverdienst (meritum de congruo),* das in erster Linie darauf aufbaute, daß Gott denen, die mit seiner Gnade mitwirken, den ewigen Lohn verheißen habe. Hier kann nicht mehr, wie im Würdigkeitsverdienst, von einem „sachlichen Anspruch" geredet werden, hier gibt es nur einen „moralischen Anspruch".

c) *Das Verdienst, das selbst ein Gnadengeschenk ist (meritum interpretativum):* Gott vergilt, obwohl alles seine eigene Gabe ist, dem Menschen, als ob er es selbst geleistet hätte. Gott belohnt gewissermaßen sein eigenes Geschenk. Hier gibt es nur noch den Anspruch „der Liebe".

Ist im ersten Verdienst das Schöpfer-Geschöpf-Verhältnis maßgeblich, so im zweiten das Herr-Knecht-Verhältnis und im letzten das Vater-Kind-Verhältnis.

3. Tatsächlichkeit des Verdienstes

Es ist Lehre der Kirche: *Der gerechtfertigte Mensch kann durch seine in der Gnade gewirkten guten Werke bei Gott Vermehrung der Gnade, das ewige Leben und die Vermehrung der Himmelsseligkeit vollgültig verdienen.*

Ausdrücklich ist diese Lehre auf dem Konzil von Trient gegenüber den Reformatoren festgelegt worden (D 809, 842 – DS 1545, 1582). Sie hat in der Schrift ein breites und tiefes Fundament

Der *Lohngedanke* gehört wesentlich zur Offenbarungsreligion, in der der persönliche Gott als Schöpfer dem Menschen als Geschöpf und als ebenbildlichem Geschöpf gegenübersteht, in der die Verheißung Gottes Gehorsam und Tat verlangt, die vom verheißenden Gott nicht ohne Antwort bleiben kann, in der vor der Heiligkeit Gottes der Mensch, der sich in seinen eigenen Handlungen verwirklicht, immer vor Gericht stehen muß. Entscheidend bleibt dabei das rechte Verständnis des umgreifenden *Gott-Mensch-Verhältnisses* anstelle des nur allzumenschlichen *Lohn-Strafe-Verständnisses.* Hatte das JUDENTUM ursprünglich, und besonders durch die Propheten gemahnt, die Oberhoheit Gottes, in der zugleich seine Barmherzigkeit wurzelt, als Grundwahrheit der jüdischen Offenbarungsreligion erfaßt und gelebt, so war nach dem Exil jene pharisäische Engführung der jüdischen Religion durch den spätjüdischen rabbinischen Rationalismus erfolgt, der nicht mehr zuerst auf Gott schaute, sondern vielmehr das Verhältnis der menschlichen Handlungen zu ihrem Lohn und ihrer Strafe, das Verdienst-Lohn-, Schuld-Strafe-Verhältnis in sich betrachtete und diese menschliche Betrachtungsweise auf das Verständnis des eigenen Verhältnisses zu Gott anwendete. Damit war an die Stelle der *göttlichen Forderung* und der göttlichen Verheißung und gnädigen Vergeltung der *Buchstabe des Gesetzes* und an die Stelle der *Barmherzigkeit und* der *Erlösung durch Gott* die *berechenbare und meßbare Vergeltung* als Forderung des Menschen getreten.

Gegen diese ethisch-juristische Engführung hatte JESUS in seinen Gleichnissen und in seiner Lehre vielfach Stellung genommen, ohne jedoch den urjüdischen Vergeltungsgedanken und damit auch den Lohngedanken abzulehnen. Zwölfmal gebraucht Jesus selbst bei den Synoptikern den Ausdruck „Lohn" (μισθός). Vor allem in den Reden über die Frömmigkeitsübungen in der sog. Bergpredigt erscheinen diese Aussagen: „Mein Vater, der ins Verborgene sieht (der dein verborgenes Almosen und Fasten sieht), wird es dir vergelten" (Mt 6,4.18). Ausdrücklich sind die Forderungen eingeleitet mit den Worten: „Habt acht, daß ihr eure Gerechtigkeit nicht vor den Menschen übt" (Mt 6,1). Hier steht auch die Aufforderung: „Sammelt euch Schätze im Himmel, die weder Motte noch Rost vernichten, wo Diebe sie nicht ausgraben und stehlen" (Mt 6,20). Ja, Jesus fordert: „Verkaufe alles, was du hast, und gib den Erlös den Armen", um dann hinzuzufügen: „und du wirst einen Schatz im Himmel haben" (Mk 10,21). Zahlreich sind vor allem die Gleichnisse über das Endgericht, in denen der *Vergeltungsgedanke* und damit auch der *Lohngedanke* maßgeblich ist: Der treue Verwalter wird über die Güter des Herrn gesetzt (Mt 24,47), zum Knecht, der treu die Talente verwaltet hat, sagt der Herr: „Du guter und getreuer Knecht, weil du über weniges getreu gewesen, will ich dich über vieles stellen; gehe ein in die Freude deines Herrn" (Mt 25,21.23). So verheißt Christus auch den Aposteln, daß sie auf 12 Thronen sitzen und über die Stämme Israels richten werden (Mt 19,28; vgl. Apk 2,27; 3,21); daß jeder, der um Jesu willen die Welt verlassen hat, „das Hundertfache erhalten und das ewige Leben erben werde" (Mt 19,29). Entscheidend in der Botschaft Jesu bleibt, daß auch der Lohn immer noch Geschenk der Güte und Liebe Gottes bleibt, nicht geschuldete Gerechtigkeit, wie besonders im Gleichnis von den Arbeitern im Weinberg deutlich wird: „Rufe die Arbeiter und zahle ihnen den Lohn aus", und als alle denselben Lohn bekamen, ob sie nun 12 oder eine Stunde gearbeitet hatten, gab der Hausvater dem Murrenden die Antwort: „Nimm, was dein ist, und geh! Ich will aber dem letzten ebensoviel geben wie dir. Darf ich mit dem Meinigen nicht machen, was ich will? Ist dein Auge neidisch, weil ich gut bin?" (Mt 20,8.14 f). Dennoch zitiert bei Lk Jesus selbst das Sprichwort: „Der Arbeiter ist seines Lohnes wert" (Lk 10,7). „Der Menschensohn wird jedem vergelten nach seinen Werken" (Mt 16,27; Is 62,13).

Paulus endlich, der gegen die „Werkheiligkeit" und Gesetzesfrömmigkeit der Pharisäer im Namen des Glaubens an Christus so heftig gekämpft hat, hebt ebensooft den *Lohngedanken*, sogar in seiner jüdischen Urform hervor. Der Mensch wird aufgefordert, sich anzustrengen, um den Lohn zu empfangen, wie der Läufer in der Rennbahn (1 Kor 9,24) den Siegeskranz erlangt, denn jeder erhält seinen eigenen Lohn nach seiner Leistung (1 Kor 3,8; Röm 2,6). „Wer sparsam sät, wird sparsam ernten. Wer in Segensfülle sät, wird in Segensfülle ernten" (2 Kor 9,6). So erwartet Paulus selbst die „Krone des Lebens", weil er „den guten Kampf gekämpft" (2 Tim 4,8) hat und weil vom Herrn der Lohn als Erbe zu erwarten ist (Kol 3,24).

Vor allem der Verfasser des Hebräerbriefs wird nicht müde, Glaube und Zuversicht und Geduld in den guten Werken in der Bedrängnis dieses Erdenlebens als Voraussetzung für den verheißenen Lohn zu empfehlen (6,12; 10,35; 11,6; 11,26); denn „Gott ist nicht ungerecht, daß er eurer werktätigen Liebe vergäße" (Hebr 6,10). Der Lohn ist eben immer das „Erbe der Verheißung, Geschenk Gottes", weil das Reich Gottes so groß ist, daß es nur noch geschenkt werden kann. Am Ende ist Gott selbst der Lohn: „Siehe, ich komme bald und mit mir mein Lohn, um jedem zu vergelten nach seinen Werken" (Apk 22,12; vgl. 11,18). Der „Sieger" erhält einen Lohn, der immer das irdische Maß weit überschreitet (Apk 2,7: essen vom Baum des Lebens; 2,17: essen vom verborgenen Manna und den weißen Stein mit dem geheimnisvollen Namen erhalten; 2,28: den Morgenstern schauen; 3,12: Er wird eine Säule im Tempel Gottes mit dem Namen Gottes und dem Namen des neuen Jerusalem und dem eigenen neuen Namen werden).

So bleibt der Lohngedanke – und allgemein der Vergeltungsgedanke (der immer wieder in der Zweiseitigkeit von Lohn und Strafe in den Gerichtsgleichnissen erscheint) – bestimmend für die Botschaft Christi, obwohl dieser die Liebe Gottes des Vaters zu seinen Kindern, das Wohlwollen des Herrn für seinen Knecht und die schöpferische Gerechtigkeit Gottes gegenüber seinen Geschöpfen offenbart.

4. Gegenstand des Verdienstes

a) Als *Gegenstand eines Würdigkeitsverdienstes* (meritum de condigno) erscheint in den eben genannten Gleichnissen und Reden Jesu immer wieder *das ewige Leben* als Erfüllung des menschlichen Seins, das „Sein bei Gott", wo Gott selbst der Lohn des Menschen wird. – Gnade ist Verbindung des Menschen mit Gott in statu viae, und zwar im Sein (heiligmachende Gnade) und im Wirken (Tatgnade), und das Ziel dieser Gnade ist die endgültige und unverlierbare Verbindung mit Gott in einer Tiefe und Macht, wie sie für uns Menschen auf Erden nicht mehr begreiflich ist (1 Kor 2,9). – Gleichnisse und Worte der Schrift weisen darauf hin, daß *zwischen Lohn und Leistung auch eine Proportion* besteht: „Jeder wird seinen besonderen Lohn empfangen, je nach seiner Arbeit" (1 Kor 3,8). Vor allem die verschiedenen Belohnungen in den Briefen der Apk (Kap. 2–3) sowie die Seligpreisungen (Mt 5,1–12) weisen auf diese Verschiedenheit und Proportion des Lohnes hin.

Nicht unter das Würdigkeitsverdienst können Werke des Sünders fallen, der zuerst die Bekehrung, die Rechtfertigung empfangen müßte, die immer nur reine Gnade, nicht Verdienst sein kann (vgl. Röm 4,4 f). Ausdrücklich hat dies die Kirche auf dem Konzil von Trient (D 801 – DS 1532) und gegenüber Bajus (D 1012 – DS 1912) festgelegt. Zu diesem Verdienst gehören auch die Würdigkeit der Person und die sachliche Ordnung des Gnadenstandes, die hier fehlen (Thomas, S. Th. I II q 114 a 5). – Ebenso können unter ein Würdigkeitsverdienst nicht die Leistungen oder guten *Werke* fallen, die ein Gerechter *zugunsten eines anderen, zumal eines Sünders,* wirkt. Wie Gott das Gute dem anderen, z. B. den armen Seelen, anrechnet, muß einzig und allein der Barmherzigkeit Gottes überlassen sein (Thomas, S. Th. I II q 114 a 6). – Ebenso kann sich der Gerechte nicht die *gratia perseverantiae* verdienen, wie sich kein Mensch die erste Gnade, den *Anfang des Glaubens* verdienen kann. Auch kann es sich kein Gerechter verdienen, daß er nach einem möglichen Sündenfall die Gnade der Bekehrung erhalte (Thomas, S. Th. I II q 114 a 7).

b) *Gegenstand des Billigkeitsverdienstes* (meritum de congruo): In diesem Zusammenhang ist der aus der Abailard-Schule stammende Satz von großer Bedeutung geworden: *Facienti quod in se est deus non denegat gratiam.* Wird dieser Satz auf den *Sünder* ohne Gnade angewandt, so könnte er nur eine *„negative Vorbereitung* oder Disposition" auf die Gnade bedeuten, d. h. daß der Mensch der Gnade keinen Widerstand entgegensetzt. Für den Molinisten genügt diese Vorbereitung nicht; die Thomisten lassen auch eine negative Vorbereitung gelten, da die Gnade, die Gott schenkt, immer freie Gnade bleibt. Thomas v. A. begnügt sich mit dieser negativen Vorbereitung in ScG III, 149; IV Sent. dist. 17 q 1 a 2 qc 1; De ver. 6,2; 24,15; erst S. Th. I II q 109 a 6 verlangt er eine positive Vorbereitung, zu der aliquod auxilium gratuitum Dei interius animam moventis gefordert wird.

Wird dieser Satz auf den Menschen angewandt, der wenigstens *aktuelle Gnade* empfängt, gilt der Satz als *„positive Vorbereitung* oder Disposition" auf weitere aktuelle Gnade und für den Weg der Rechtfertigung. Der Mensch kann sich durch sein Mitwirken mit aktueller Gnade weitere aktuelle Gnaden mit Billigkeitsverdienst (de congruo) verdienen (vgl. § 13).

Der Gerechtfertigte kann durch sein Wirken *wirksame Gnaden* sich verdienen und nach molinistischer Denkweise irgendwie auch die Gnade der Beharrlichkeit vorbereiten, während nach thomistischer Auffassung die Gnade der Beharrlichkeit reine Gnade bleibt. Eine Vorbereitung auf die Gnade der Beharrlichkeit könnte höchstens meritum interpretativum genannt werden.

Entsprechend der Denkweise des AT lehren manche Theologen, daß der Gerechtfertigte sich auch *irdische Güter* durch sein Werk verdienen kann, wenn sie zu seinem Heile notwendig oder wenigstens dienlich sind.

Manche Theologen (Dominikus Soto, Becanus) lehnen ein meritum de congruo als einen in sich widerspruchsvollen Begriff ab. Doch dabei ist die analoge Sprechweise nicht genügend berücksichtigt. Die mehr *anthropozentrische molinistische Theologie* denkt eben hier mehr an ein eigentliches „Verdienst", während die mehr *theozentrische thomistische Theologie* auch im Verdienst noch eher von Gnade spricht.

5. Bedingungen des Verdienstes

a) *Für das meritum de condigno sind verlangt:*

auf seiten Gottes: Gottes schöpferische Liebe, seine versprechende Liebe und seine vergeltende Liebe;

auf seiten des verdienenden *Menschen: status viae,* der als Zeit der Aussaat in der Schrift erscheint, während zur Zeit der Ernte nichts Neues mehr zu leisten ist (2 Kor 5,10; Gal 6,7–10). Das Konzil von Trient hat diese Lehre ausdrücklich erklärt (D 803, 809 – DS 1535, 1545). Dazu muß der verdienende Mensch im *Stand der Gnade* sein, die allein das menschliche Werk vor Gott verdienstlich und wohlgefällig macht (D 809 – DS 1545). Nur die wesenhaft übernatürliche Gnade gibt dem natürlichen Werk des Menschen jenen Wert, der für die wesenhaft übernatürliche Seligkeit des Menschen von letzter Bedeutung ist (vgl. Jo 15 Parabel vom Weinstock).

auf seiten des Werkes: Das Werk muß *actus humanus* sein, d. h. ein positives Werk des Menschen, nicht nur ein Geschehenlassen, auch wenn echte Geduld positiven Charakter für die Handlung des Menschen haben kann; das Werk muß *actus honestus* sein, d. h. in sich ein gutes Werk; das Werk muß *actus liber* sein, d. h. aus der sittlichen Freiheit des Menschen positiv geboren; das Werk muß *actus supernaturalis* sein, d. h. ein Akt, der in der Gnade geschehen ist und durch die Gnade qualifiziert ist. Fragwürdig oder unwahrscheinlich ist, daß dieses Werk auch actus ordinatus in obsequium dei oder gar übernatürlich motiviertes Werk sein muß, wie aus Mt 25,40 zu ersehen ist: Die zum ewigen Leben bei Gott Gerufenen sind sich nicht bewußt, daß sie Christus gedient haben.

Von tieferer Bedeutung für die christliche Verdienstlehre ist es, zu verstehen, daß christliches Verdienst vor allem im *Zusammenhang mit Jesus Christus* sein muß. Christus und sein Erlösungswerk ist die eigentliche *causa meritoria* aller Gnade und damit die eigentliche Verdienstursache, und somit muß ein wirklich verdienstliches Werk in Christus und mit Christus und durch Christus in der aktuellen Nachfolge Christi geschehen. Das bedeutet gemäß Mt 25,40 wiederum nicht, daß der Mensch bewußt in dieser Haltung steht, es bedeutet nur, daß er faktisch aus dem Geiste wirkt, der der Geist Christi ist.

b) Man kann in der Verdienstlehre *nach thomistischer Weise* vor allem über die schöpferische Liebe Gottes staunen, die uns zuerst alles gegeben (1 Kor 4,7: „Was hast du, das du nicht empfangen hättest?") und uns dann noch dazu gewährt, daß wir mit seinen Gaben etwas verdienen können, damit die Freude über das Beschenktsein nicht durch das Gefühl der Ohnmacht getrübt, sondern durch das Gefühl einer gewissen (Gott ebenbildlichen) Eigenmächtigkeit und freien Selbständigkeit gegenüber dem Geber um so größer und reiner erstrahle. – Man kann *nach molinistischer Weise* mehr Freude haben an dieser gottgeschenkten Eigenmächtigkeit und freien Selbständigkeit im verdienstlichen Werk, auch wenn man sie nur als ein ungeschuldetes Geschenk des Schöpfers Gott begreifen kann. Die Freude, von Gott als Partner, auch im verdienstlichen Werk, geschaffen und begnadigt zu sein, kann reine christliche Freude sein, die dem Wissen um die einmalige und absolute Größe Gottes keinerlei Abbruch tut. Diese Denkweise ist eben mehr personal bestimmt gegenüber der mehr sachlichen Denkweise des Thomismus.

6. Was LUTHER gelehrt hat, ist von der Lehre des MA wie von dem, was das Konzil von Trient gesagt hat, mehr in der theologischen Sprache als in der Sache, mehr in der Problemstellung als in der Antwort verschieden. Luther lehnte jede cooperatio des Menschen bei der Heilsmitteilung durch Gott (wenigstens seit 1518) ab, weil Rechtfertigung nur durch Gott kommen kann, der Glaube aber, der die vergebende Zuwendung Gottes individuell ergreift, unverfügbares Geschenk Gottes ist und das dem Glauben entspringende Werk, ob es nun indikativisch oder imperativisch im Glauben begründet erscheint, als Werk des Menschen immer der göttlichen Vergebung bedarf und nur als ein von Gott angenommenes Werk etwas gilt und so Gottes Werk in uns ist. Hinter diesen Lehren stehen die Aussagen vom *servum arbitrium* und von der *Alleinwirksamkeit Gottes.* Die biblischen Lehren vom Lohn und von der göttlichen Bestrafung werden von der göttlichen Annahme und von der göttlichen Bestrafung her deutlich gemacht und begründet. Das soziale Werk am Nächsten in dieser Welt im Dienste des Gottesreiches hat hohe Bedeutung im christlichen Leben, nur kann

es nicht Geltung beanspruchen vor Gott, weil es vor Gott für den Menschen in nichts einen Anspruch gibt. „Deus vere solus per spiritum suum operatur in nobis tam meritum quam praemium" (WA 18/696,6). „Fides habet suum praemium, opus habet suum praemium, sed tamen inde non sequitur, quod sit meritum" (WA 39 I/306,14). „Ad salutem seu iustificationem nostram necessaria est sola misericordia Dei, quae apprehenditur fide" (WA 39 I/225, 3). – Verwundert fragt Luther daher: „Quid igitur movet Papistas, quod malunt operibus et meritis niti, quam promissione et gratia?" (WA 43/178,34). – Die Antwort müßte lauten: *ein anderes Bild vom Menschen* als erlöstem Kind Gottes und als Bruder Jesu Christi. – Das läßt die lutherische Aussage bestehen, fügt nur das andere hinzu, wie der Apostel in seinen Briefen dem dogmatischen Teil den paränetischen Teil anfügt.

§ 45 *Wesen und Sinn der „guten Werke"*

J. Schmid, Mt (RNT I) 199–205. – F. Mußner, Der Jakobusbrief, Wien 1964, 152–157. – Johannes Fabri (Episcopi Viennensis) Op., Köln 1539 fol. 77–112: De fide et operibus libri tres. – J. Pascher, Inwendiges Leben in der Werkgefahr, München [2]1952; Eichstätt, Staatsbibl. Cod. 150 (Dt. Abhandl. über Glauben u. gute Werke: Ev.). – M. Luther, Sermon von den guten Werken, Wittenberg 1520.

Die Lehre von den guten Werken ist eine *ursprünglich „christliche" Lehre* und kann nur aus der christlichen Wahrheit und der Christusnachfolge verstanden werden. Dennoch wird ihr Sinn erst deutlich, wenn wir sie aus der allgemeinen, auch ethischen Lehre über das Werk in der Hl. Schrift entwickeln.

1. In der Patriarchenzeit ist die große Grundwirklichkeit *Gott* als der Herr der Geschichte und schließlich als *der Schöpfer und Ordner der Welt.* Gott setzt sein Wesen und seine Ordnung in dieser Welt durch, indem er in die Geschichte der Menschen eingreift, *das Gute belohnt* und *das Böse bestraft.* – Erst in der Königszeit tritt eine größere Individualisierung ein, wodurch auch im Leben des Einzelnen der Erfolg als ein Lohn für seine guten Werke erscheinen kann. Damit wird das *Leiden des Gerechten* vor allem seit der Exilszeit zu jenem großen Problem, das der Prediger (Kohelet) und Job behandeln. – Eine gewisse Lösung dieses Problems erscheint seit dem Buch der Weisheit, wo ein *Leben nach dem*

Tode ernst genommen wird, damit die Vergeltung nicht mehr in dieser Welt stattfinden muß. Der *Lohn ist* nicht mehr Erfahrungsfrage, sondern *Sache der Hoffnung und des Glaubens.* – Die hellenistische Zeit führt zu einer gewissen „Säkularisierung", die vor allem darin zum Ausdruck kommt, daß der Wille Gottes in dieser Welt in seinem „verselbständigten Gesetz" greifbar wird. Nicht mehr vor dem lebendigen Gott, sondern vor dem geschriebenen Gesetz verantwortet sich der Fromme und verpflichtet sich durch die Erfüllung des Gesetzes Gott selbst. Gott und Mensch stehen sich gleichsam in „Gesetz" und „gutem Werk" gegenüber. *An die Stelle der religiösen ist eine ethizistische Betrachtungsweise getreten.* Das Entscheidende an dieser spätjüdischen Betrachtungsweise ist, daß sie das Werk fast ganz unter den Gesichtspunkt des „Lohnes" stellt. Die Vergeltungsfrage wird nicht mehr von Gott her, sondern vom Menschen her gesehen.

Reichen die ursprünglichen und teilweise spätjüdischen Lohngedanken auch noch in das NT herein (vgl. oben § 44), so entsteht im *Neuen Bund* doch *etwas ganz Neues,* insofern Christus selbst nicht nur den ursprünglichen Gedanken der „Königsherrschaft Gottes" wieder zur Mitte seiner Predigt gemacht hat, sondern auch in seiner Person alle „Schuld der Menschen" auf sich genommen, die Menschen erlöst und in seinem eigenen Tun die absolute Selbstlosigkeit bis in den Tod für die Vielen aus Liebe gelebt und gewirkt hat. Zwar wird in seiner Verkündigung, wie oben gezeigt, der Lohngedanke seine Bedeutsamkeit weiter bewahren, auch wenn er modifiziert worden ist, das Kernstück der christlichen Ethik jedoch wird nun *nicht mehr Gesetzeserfüllung, sondern „Nachfolge Christi".* Dadurch aber wird das Werk zu etwas Neuem: es wird „das gute Werk".

2. Christus sagt von seinen eigenen Werken, daß sie nicht seine Werke, sondern die Werke des Vaters seien: „Wahrlich ich sage euch, der Sohn kann nichts aus sich selbst tun, kann nur tun, was er den Vater tun sieht. Was dieser tut, das tut gleicherweise auch der Sohn, denn der Vater liebt den Sohn und zeigt ihm alles, was er tut" (Jo 5,19 f). Das sind *die „guten Werke"*, auf die sich Christus selbst beruft, wenn er fragt: „Um welches der Werke willen wollt ihr mich steinigen?" (Jo 10,32). Die Werke, die er vollbringt, sind *„die Werke, die der Vater, der in mir wohnt, vollbringt"* (Jo 14,10). Wie Christus sich auf diese Werke beruft, um seine Gottessohnschaft vor den Juden zu beweisen, so fordert er

auch seine Apostel auf: „Ihr seid das Licht der Welt ... So leuchte denn euer Licht vor den Menschen, damit sie eure guten Werke sehen und euren Vater preisen, der im Himmel ist" (Mt 5,14 ff). – Darauf baut wohl auch auf, daß Christus nur ein einziges Gebot gegeben hat, das große Gebot der Liebe, das sich in Gottes- und Nächstenliebe bis hinein in die Feindesliebe, bis zur eigenen Hingabe äußern soll.

Davon geht die Rede des Apostels PAULUS vom guten Werk (ἔργον ἀγαθόν) aus, von dem er in seinen Briefen siebenmal spricht. Die PASTORALBRIEFE sprechen fünfzehnmal von den schönen, guten Werken (ἔργα καλά). Im JAKOBUSBRIEF wird 2,14–26 allein zwölfmal vom Werk (ἔργον) gesprochen, das Werk aus dem Glauben, „Glaubenswerk" ist, von dem auch Paulus 1 Thess 1,3 und 2 Thess 1,11 spricht. Paulus versteht hierunter vor allem das Werk, das Gott selbst in der Gemeinde wirkt, freilich nicht ohne die Mitwirkung der Gemeinde.

Das Entscheidende in der Lehre vom guten Werk beim Apostel ist wohl vor allem, daß dieses gute Werk 1. eine *Frucht* aus Gottes Gnade ist und 2. aus der Tiefe der Persönlichkeit kommt und darum im Grunde nur *„ein" Werk* ist, auch wenn es sich in vielen Taten entfaltet. Die Christen sind ja „geschaffen in Christus zu guten Werken" (Eph 2,10). So kann der Apostel zu den Philippern sagen: „Darum habe ich das beste Vertrauen, daß der, der das gute Werk in euch angefangen hat, es auch vollenden wird bis zum Tage Christi Jesu" (Phil 1,6). Paulus meint damit in erster Linie nicht nur den Glauben der Philipper, sondern ihren werktätigen Einsatz für das Reich Gottes und die Kirche Christi. Darum fleht er: Gott „befestige eure Herzen ... in jedem guten Werk und Wort" (2 Thess 2,17; vgl. Kol 3,17). „Gott vermag ja jegliche Gnade reichlich auf euch kommen zu lassen, damit ihr ... überreiche Frucht bringet zu jedem guten Werk" (2 Kor 9,8). Im tiefsten sind diese guten Werke oder dieses gute Werk des Menschen *die Frucht des Geistes,* die er einmal zusammenfaßt mit den Worten: „Liebe, Freude, Friede, Geduld, Milde, Güte, Vertrauen, Sanftmut, Enthaltsamkeit" (Gal 6,22) und die er ausdrücklich „den Werken des Fleisches" (Gal 6,19) gegenüberstellt. Alle Werke, die im Jakobusbrief (2,14–26) als Werke des tätigen Glaubens verlangt werden, sind Werke des Alltags im Dienste der Gottesliebe und der einfachen Nächstenliebe.

3. Wenn wir diese Lehre vom „guten Werk" in der Darstellung

der Offenbarung überblicken, müssen wir feststellen, daß es sich in erster Linie um *Werke in der „Nachfolge Christi"* handelt. Die Kirche hat als solche Werke vor allem immer wieder *Gebet, Fasten* und *Almosen* genannt. Diese Werke sollen Ausdruck und Hilfe für das rechte Verhältnis des Menschen zu Gott sein, zu seiner Leiblichkeit und seiner Welt und zum Nächsten. Vergleichbar diesen Werken, die schon aus der prophetischen Verkündigung des AT bekannt und empfohlen sind, sind in der Kirche Christi vor allem die *Ordensgelübde* von Armut, Keuschheit und Gehorsam, die menschlich freie Antwort sind gegen die Versuchung der Welt, deren Grundgehalt der 1. Johannesbrief nennt: „Augenlust, Fleischeslust und Hoffart des Lebens" (1 Jo 2,16). *All diese Werke sind Zeichen und Hilfen der Freiheit von sich selbst und der Freiheit für Gott.* Die Kirche hat darum diese Werke *opera supererogatoria* genannt, weil sie im tiefsten überhaupt nicht mehr mit dem Lohngedanken verbunden sind, sondern einzig und allein in der Nachfolge Christi, im Kreuztragen mit Christus um der Brüder willen, ihren Sinn haben.

Wollte man diese sog. „guten Werke" anthropologisch-psychologisch betrachten, so müßte man sagen: Es sind *nicht zweckgerichtete Werke,* sondern *sie kommen und wachsen aus dem Ursprung der Liebe und der Gnade;* sie sind darum unreflektiert, *unmittelbar* auf Gott und den Nächsten gerichtet; ihre Motivation liegt *im personalen Raum* der sich im Schenken verwirklichenden Freiheit; sie werden durchgetragen *im ethischen* Raum aus der Kraft der Buße und Sühne, der Geduld und der Freude; sie wirken sich aus *im geschichtlichen Raum* dieser Welt bis hinein in die materielle Wirklichkeit. Hier wird für den sittlich-religiösen Raum vor allem die schöpferische Macht der menschlichen Freiheit offenbar. Doch wie der Urgrund all dieser sog. „guten Werke" die Christusmystik ist, so stehen auch all diese guten Werke unter dem Einfluß der göttlichen Gnade, und ohne Gnade ist keines möglich.

4. Von diesem Verständnis der guten Werke aus ist auch das Mißverständnis des späten MA und der Kampf der Reformation gegen dieses Mißverständnis zu verstehen. Hatte der spätmittelalterliche NOMINALISMUS das Verhältnis von Gott und Mensch zu einem partnerschaftlichen Verhältnis gemacht, so führte das zu einer Zerreißung in der praktischen Frömmigkeit: die Gelehrten nahmen einen Willkür-Gott an, der nach seinem freien Willen (mera acceptatio divina) belohnen und bestrafen konnte. Das ein-

fache Volk, das von einem praktischen Vergeltungsgedanken ausging, suchte durch eine extreme Werkheiligkeit, durch Wallfahrten und Ablaßwerke und selbstquälerische Aszese den Willkürgott der gelehrten Theologen zu versöhnen. Hiergegen suchte LUTHER im Namen der evangelischen Lehre Stellung zu nehmen. Ausgehend vom selben Nominalismus der Zeit, kam er jedoch nicht zur wahren Lehre von den guten Werken, sondern zu seiner Lehre von sola fides, sola gratia und solus Christus, die der notwendigen Ausreifung des sittlich-religiösen Menschen zur Fruchtbarkeit in guten Werken abträglich war. – Das *Konzil von Trient* trat dieser Lehre Luthers im Namen des Evangeliums entgegen und bereitete so den Weg für das rechte Verständnis der guten Werke in der Lehre der Kirche. Bei aller Betonung der guten Werke hielt das Konzil daran fest: 1. *daß man sich seiner Werke nie rühmen könne vor Gott* (1 Kor 1,31), sondern nur im Herrn, der die guten Werke wirkt (vgl. Eph 2,10); 2. *daß Gott* im Grunde *nicht unsere Werke, sondern „seine eigenen Geschenke in uns zu Verdiensten werden läßt"* (D 810, 834, 836, 843 – DS 1548, 1574, 1576, 1581, 1583). „Sein (Gottes) Werk sind wir, in Christus Jesus geschaffen zu guten Werken, die Gott im voraus bereitet hat, damit wir in ihnen wandeln" (Eph 2,10).

14. Kapitel

GNADE UND FREIHEIT

Wir haben am Ende des Abschnittes über die Rechtfertigung das Problem *Schuld und Gnade* (§ 15, I 2 c) und am Ende des Abschnittes über die heiligmachende Gnade die Frage *Natur und das Übernatürliche* (§ 36) berührt. So bleibt uns zum Abschluß der ganzen Gnadenlehre noch das dritte Grundproblem, die Frage nach dem Verhältnis von *Gnade und Freiheit* zu erörtern, das zugleich noch die Prädestinationsfrage berührt und so wieder zum Ausgangspunkt unserer Untersuchungen zurückführt.

Wie die Gnadenvorstellung, hat auch die Freiheitsvorstellung im Laufe der Geschichte eine sehr mannigfaltige Ausgestaltung gefunden, und demgemäß ist auch das hier angezeigte Problem auf sehr verschiedene Weise gesehen und beantwortet worden. Ganz allgemein ist die Frage nach Sinn und Möglichkeit der menschlichen Freiheit schon im Spiel in der Auseinandersetzung zwischen

Pelagianismus und Manichäismus oder den reformatorischen Lehren, die die menschliche Natur entweder für ganz gut oder für ganz schlecht erklärten, oder in der Gegenüberstellung von *Ethizismus (Stoa) und Mystizismus (Neuplatonismus)*, nach denen der Mensch entweder alles leisten oder sich alles von Gott schenken lassen muß. Heute begegnet uns das Problem um „Gnade und Freiheit" in etwa in der Auseinandersetzung zwischen *Naturalismus und Supranaturalismus*. Seine spezielle Gestalt hat das Problem jedoch in den Gnadenstreitigkeiten und den daraus erwachsenen Gnadensystemen des 17. Jh. gefunden, von denen hier abschließend (§ 47) die Rede sein soll. Ehe wir diese Lehren behandeln, seien die in diesen theologischen Auseinandersetzungen entwickelten Vorstellungen und Begriffe von einer hinreichenden und einer wirksamen Gnade (gratia sufficiens – gratia efficax: § 46) kurz vorgestellt, da ihre Problematik eine wichtige Voraussetzung für das Verständnis der Gnadenstreitigkeiten ist.

§ 46 Hinreichende und wirksame Gnade (gratia sufficiens – gratia efficax)

Pesch V prop. 18–24 (molin.). – Lange, Thesis 20–21 (molin.). – Del Prado, De gratia et lib. arb., 3 Bde., Freiburg i. Br. 1907 (thom.).

Vielfältig sind die Gesichtspunkte, die zu der Unterscheidung von hinreichender und wirksamer Gnade führen, und ein großer Teil der Gnadenstreitigkeiten hat seinen Grund in der Tatsache, daß die einzelnen Theologen die Lehren ihrer Gegner von ihrer eigenen, andersartigen Gnadenvorstellung her verstanden und damit den Gegner mißverstanden. – Im thomistischen System steht hinter dem Gnadengeschenk noch immer der auch persönlich wirkende Schenker der Gnade, Gott, wogegen im molinistischen System hinter dem freien und überlegten Akt des Menschen (actus deliberatus), in dem die wirksame Gnade am Werk ist, die actus indeliberati Beachtung fordern, die unbewußten, vitalen seelischen Bewegungen, in denen das Gnadenangebot Gottes Wirklichkeit ist, obwohl es noch nicht wirksam geworden ist.

Im thomistischen Denken wird die Bedeutung der äußeren Gnadenangebote in den heilsgeschichtlichen Ereignissen ernster genommen, während im molinistischen Denken auch diese Ereignisse erst durch ihre innerseelischen Auswirkungen als Gnadenangebote deutlich werden können.

Von besonderer Bedeutung für die hier notwendigen Unterscheidungen in der Gnade ist, worauf sich das geistige Interesse des jeweiligen Theologen richtet. Ob er an einer sachlich aussagbaren, intellektuell faßbaren, metaphysischen Wirklichkeit (thomistisch) oder an einem physischen Erlebnis (Augustinismus) oder an einem moralisch bestimmten und deutbaren seelischen Geschehen oder Tun (Molinismus) interessiert ist. – Dementsprechend entsteht auch die Problematik selbst, um die es hier geht, aus verschiedenen theologischen Fragenkomplexen: Einmal wird ausgegangen von der Prädestinationslehre, und es wird gefragt: Wenn Gott will, daß alle Menschen selig werden (1Tim 2,4), und die Offenbarung lehrt, daß es Verdammte gibt, wie ist dann zu verstehen, daß der allgemeine Heilswille Gottes, der sich in einem allgemeinen Gnadenangebot äußern muß, nicht bei allen Menschen zum Ziele kommt? Das andere Mal wird vom Gnadenangebot selbst ausgegangen und gefragt: Wie kommt es, daß die in den unterbewußten und unbewußten seelischen Regungen des Menschen wirklichen Gnaden in einem Menschen in übernatürlich guten Werken zu wirksamen Gnaden werden oder sich als solche erweisen, während sie im anderen Menschen unwirksam bleiben und zu keinem guten Werke führen? Schon die Verschiedenheit dieser Deutungen von Gnaden und Ansatzpunkten des Problems lassen verstehen, warum sich gerade in dieser Frage eine Anzahl eigener „Gnadensysteme" entwickeln konnte, insofern eben einzelne Aspekte einen Akzent erhielten, der ihnen nicht gebührt, oder gar absolut gesetzt wurden, wodurch das Ganze und der Zusammenhang der für das Verständnis dieses Problems notwendigen Momente nicht mehr hinreichend gesehen wurden.

Unabhängig von diesen Gnadensystemen lassen sich jedoch wenigstens vier Sätze aufstellen, die als Lehre der Kirche zu gelten haben und immer in Geltung blieben.

1. *Es gibt eine wirkliche bloß hinreichende Gnade* (vere et pure sufficiens gratia).

Damit ist gesagt, daß von Gott dem Menschen Gnade angeboten wird, die zur Bekehrung und Hervorbringung echter Heilsakte im Menschen genügen könnte und für einzelne Menschen doch nicht dazu genügt, d. h. nicht wirksam wird in guten Werken dieser Menschen. Ausdrücklich mußte dies die Kirche erklären gegenüber den Irrlehren vor allem der Reformatoren und später des Jansenius, wonach Gnade in jedem Fall nur wirksame Gnade ist, wie die

Prädestination notwendig zum Heile führt. Diese Gnade ist *wirklich hinreichend,* weil sie zum Heilsakt führen könnte, und doch *nur hinreichend,* weil sie tatsächlich nicht zum Heilsakt führt. Die Unzulänglichkeit dieser Unterscheidung wurde bald sichtbar, so daß man zwischen einer „unmittelbar hinreichenden" Gnade (proxime sufficiens gratia) und einer nur „entfernt hinreichenden Gnade" (gratia remote sufficiens) unterschied (so Suárez, De gratia IV c 2 n 3, prop. X): Durch erstere vermag der Mensch z. B. einer Versuchung zu widerstehen, durch letztere erhält er nur die Kraft des Gebetes (um göttliche Gnade), um dadurch dann die Gnade zur Überwindung der Versuchung zu erlangen. – Man könnte daneben noch an die besondere Gnade denken, die Versuchung in ihrer Qualität und ihrem besonderen Charakter als Versuchung recht zu erkennen, wodurch gerade das Versuchliche an ihr schon ausgeschaltet würde: Diese Gnade wäre nicht bloß remote sufficiens im molinistischen Sinn, und doch wäre sie auch nicht gratia efficax.

Ausdrücklich verurteilte die Kirche darum die Behauptung jansenistischer Theologen: „Eine nur hinreichende Gnade festzuhalten, ist nicht nur nicht nützlich, sondern vielmehr schädlich, so daß wir mit Recht flehen dürften: Von der gratia sufficiens erlöse uns, o Herr!" (D 1296 – DS 2306). Das Konzil von Trient erklärte: „Wer behauptet, der freie Wille des Menschen trage, wenn er von Gott bewegt und geweckt werde, zu seiner Bereitung und Zurüstung für den Empfang der Rechtfertigungsgnade nichts bei, indem er dem wirkenden und rufenden Gott zustimmt ... an. s." (D 814 – DS 1554 – vgl. NR 741). Das bedeutet, nicht jede Gnade ist wirksame Gnade; es gibt „bloß hinreichende Gnaden".

Als klassische Texte für diese Lehre werden genannt: Das *Lied vom Weinberg,* in dem der Prophet im Auftrag Gottes das Volk Israel anklagt, daß es keine Frucht trage, obwohl Gott für es alles getan habe: „Einen Weinberg hatte mein Freund auf fetter Höhe des Berges; er grub ihn um und entsteinte ihn, mit Edelreben bepflanzte er ihn. In seiner Mitte baute er einen Turm, eine Kelter hieb er auch aus darin und hoffte, daß er nun Trauben trüge; doch nur Herlinge trug er. Darum, Bürger Jerusalems und Männer von Juda, richtet doch zwischen mir und meinem Weinberg! Was bliebe noch zu tun für meinen Weinberg, das ich an ihm nicht getan hätte?" (Is 5,1–4). Hierher gehören auch die *Drohworte Jesu an die Städte Israels:* „Darauf hielt er die Strafrede an die Städte, in denen seine vielen Wunder geschehen waren und die sich doch nicht bekehrt hatten: Wehe dir, Korozaim, wehe dir, Bethsaida!

Denn wären in Tyrus und Sidon die Wunder geschehen, die bei euch geschehen sind, sie hätten schon längst in Sack und Asche Buße getan. Aber ich sage euch, Tyrus und Sidon wird es am Tage des Gerichtes erträglicher ergehen als euch. – Und du, Kapharnaum, wurdest du nicht bis zum Himmel erhoben? Bis in die Hölle wirst du hinunterfahren! Denn wären in Sodoma die Wunder geschehen, die in dir geschahen, es stände noch heute" (Mt 11,20–24). „Jerusalem, Jerusalem, wie oft wollte ich deine Kinder sammeln, wie eine Henne ihre Küchlein unter ihre Flügel sammelt, und ihr habt nicht gewollt" (Mt 23,37). Derselbe Gedanke kommt zum Ausdruck in den Gerichtsgleichnissen von den Talenten, wo der nichtsnutzige Knecht sein einziges Talent vergräbt (Mt 25,24–30); von den bösen Winzern, die nicht nur keinen Ertrag dem Herrn des Weinberges bringen, sondern noch dazu seine Knechte und seinen Sohn töten (Mt 21,33–41); vom Gast beim Hochzeitsmahl, der es nicht der Mühe wert gefunden hat, das hochzeitliche Gewand zu empfangen und zu tragen (Mt 22,11–13); von den ungleichen Brüdern, über die Christus zu den Pharisäern und Sadduzäern sagt: „Wahrlich, ich sage euch, Zöllner und Buhlerinnen kommen vor euch in das Reich Gottes; denn Johannes wies euch den rechten Weg, aber ihr habt ihm nicht geglaubt. Zöllner und Buhlerinnen dagegen haben ihm geglaubt: Ihr habt das gesehen, aber ihr habt euch gleichwohl nicht bekehrt und ihm nicht geglaubt" (Mt 21,31 f). – An all diesen Stellen wird die gratia vere et pure sufficiens deutlich als wirkliches Gnadenangebot, wie es in der Heilsgeschichte für alle Menschen vorliegt. Da das Heilsangebot zur Zeit Jesu in seinen Worten und seinem Werk besonders groß war, kennzeichnet Christus auch die Schuld seiner Zeitgenossen, vor allem der Pharisäer und Schriftgelehrten, als besonders groß (vgl. Jo 15,22–25: „Wäre ich nicht gekommen und hätte ich nicht zu ihnen geredet, so wären sie ohne Sünde. Nun aber haben sie keine Entschuldigung für ihre Sünde!"). Ebenso wirft Stephanus seinen Gegnern vor: „Ihr widersteht immerdar dem Hl. Geist" (Apg 7,51), und Paulus zitiert in seiner Auseinandersetzung mit dem Schicksal seines Volkes das Prophetenwort: „Allzeit strecke ich meine Hände aus nach einem Volke, das störrisch und widerspenstig ist" (Is 65,2: Röm 10,21). Das Gnadenangebot ist real und geschichtlich. Daß dieses Angebot nicht zum Wirken kommt, scheint in diesen Mahnungen (man könnte noch an die Rede über die „Sünde wider den Hl. Geist" erinnern: Mt 12,22–45) im wesentlichen mit dem Versagen der Menschen begründet, die das Gnadenangebot Gottes nicht annehmen, den Ruf nicht beantworten und nicht mitwirken mit der Gnade Gottes.

2. *Es gibt eine wirklich wirksame Gnade* (actu et in se efficax gratia).

Damit soll gesagt sein, daß nicht bei jeder Gnade ein Angebot vorliegen muß, das erst durch Umstände, die noch näher zu bestimmen sind, wirksam würde. Die Schrift kennt auch Aussagen und Ereignisse, in denen deutlich wird, daß es Gnaden gibt, die als solche vom ersten Augenblick an wirksame Gnaden sind. Hier ist vor allem auf die Texte zu verweisen, die wir oben schon für die Wirklichkeit der Prädestination (§ 7) sowie für die Notwendigkeit der Gnade (§ 41) angeführt haben. Es seien nur noch folgende Texte ins Gedächtnis gerufen: „Gott, der in euch das Werk angefangen hat, wird es auch vollenden" (Phil 1,6); „Gott ist es ja, der in euch das Wollen und das Vollbringen bewirkt nach seinem Wohlgefallen" (Phil 2,13); „Nicht das Wollen und nicht das Laufen ist entscheidend, sondern Gottes Erbarmen" (Röm 9,16); „Nicht auf den kommt es an, der pflanzt, noch auf den, der begießt, sondern auf Gott, der das Gedeihen gibt" (1 Kor 3,7); „Sein Werk sind wir, in Christus Jesus geschaffen zu guten Werken, die Gott im voraus bereitet hat, damit wir in ihnen wandeln" (Eph 2,10); „Dem Bache gleicht das Herz des Königs in der Hand des Herrn; zu allem, was ihm wohlgefällt, da leitet er es hin" (Spr 21,1). Ähnlich schreibt später Augustinus (Ench. 98: PL 40,277): „Wer ist so unfromm und töricht zu behaupten, Gott könne den bösen Willen des Menschen, wo immer er und wann und wo er will, nicht zu einem guten Willen machen?" – Vor allem in vielen Orationen der Meßliturgie der Kirche kommt diese Überzeugung zum Ausdruck: „Quae te auctore facienda cognovimus, Domine, te operante impleamus" (fer. 3. p. dom. 2. quadr.).

Diese Texte zeigen, daß die Aussage der meisten Molinisten, wie auch der Würzburger Theologen, die Unterscheidung zwischen gratia sufficiens und gratia efficax betreffe nicht die innere Natur der Gnade, sondern vielmehr nur den äußeren Erfolg, der biblischen Botschaft in ihrem vielfältigen Sinn nicht gerecht werden kann. Wie wir noch zeigen werden, haben die Molinisten bei ihrem Kampf gegen die Thomisten, die eine eigene gratia efficax postulierten (vgl. Billuart, disp. 5 a 2 § 2), auch Lehren vertreten, die sachlich dieser thomistischen Lehre sehr nahe kommen, wenn sie sagten: Gott wisse durch seine scientia media die freien zukünftigen Handlungen des Menschen (futuribilia) mit Sicherheit vorher und gebe demgemäß eben eine gratia sufficiens, mit der dieser Mensch mit Sicherheit mitwirken werde. Was die thomistischen Aussagen ontologisch zum Ausdruck bringen, das löst die molinistische Aussage in einer „Psychologie Gottes" (vgl. Pesch V, prop. XIX). Hinter diesen Auseinandersetzungen steht wiederum die Verschiedenheit der Auffassungen von der aktuellen Gnade (vgl. § 40,4) und von der Freiheit, die ihrerseits durch die Verschiedenheit der Denkschemata bedingt ist. – Das Festhalten an einer wirklichen und in sich wirksamen Gnade ist auch von Bedeutung, wenn die Erstursächlichkeit der Gnade im verdienstlichen Werk festgehalten und richtig verstanden werden soll.

3. Der menschliche Wille bleibt auch unter dem Einfluß der wirksamen Gnade immer frei.

Diese Wahrheit hat die Kirche immer ausdrücklich gegenüber anderslautenden Lehren der Reformatoren dekretiert: „Wer behauptet, der freie Wille des Menschen ... könne, auch wenn er wolle, nicht widersprechen (neque posse dissentire, si velit), sondern verhalte sich wie ein lebloses Ding, ganz untätig und nur empfangend (mere passive), an. s." (D 814 – DS 1554 – vgl. NR 741). Vor allem Jansenius und seinen Anhängern erschien die Gnade als irresistibel, unwiderstehlich. Darum verurteilte Innozenz X. 1653 die Sätze des Jansenius: „Der inneren Gnade wird im Zustand der gefallenen Natur niemals widerstanden"; „Zum Verdienst und Mißverdienst ist im Zustand der gefallenen Natur nicht eine Freiheit von innerem Zwang, sondern nur eine Freiheit von äußerer Nötigung erfordert"; „Es ist semipelagianisch, für die einzelnen Akte eine innere zuvorkommende Gnade für nötig zu halten ...., der der menschliche Wille Widerstand oder Gefolgschaft leisten könne!" (D 1093–1095 – DS 2002–2004 – vgl. NR [791] – [793]).

Die oben (Nr. 1) für die wirkliche und nur hinreichende Gnade angeführten Stellen sind auch hier zu nennen. Die Schrift hebt bald die Macht Gottes, bald die Freiheit des Menschen entsprechend der Intention der jeweiligen Rede hervor: „Heute, wenn ihr seine Stimme hört, verhärtet eure Herzen nicht" (Ps 95,8); „Ihr widersteht immerdar dem Hl. Geist" (Apg 7,51); „Am Anfang schuf der Herr den Menschen und übergab ihn seinem eigenen Willen" (Sir 15,14). Demgemäß sagt Origenes: „Man muß einsehen, daß wir nicht einer Notwendigkeit unterworfen sind, so daß wir auf jede Weise, auch wenn wir nicht wollten, Gutes oder Böses tun müßten" (De princ. praef. V: PG 11,117). Zu Paulus, der vor Damaskus in seiner Bekehrung eine wahrhaft „wirksame Gnade" erfahren hatte, spricht der Herr selbst: „Es ist dir schwer (σκληρόν: nicht „unmöglich"), gegen den Stachel zu löken (auszuschlagen)" (Apg 9,5 in mehreren Hss.). Augustinus, der so sehr für die Gnade gekämpft hat, hebt ebenso immer die Freiheit des Menschen hervor: „In omnibus misericordia eius praevenit nos; consentire autem vocationi Dei vel ab ea dissentire, sicut dixi, propriae voluntatis est" (De spir. et litt. 34,60: PL 44,240). Von ihm stammt auch der für die Erlösungslehre wichtige Satz: „Qui ergo fecit te sine te, non te iustificat sine te; ergo fecit nescientem, iustificat volentem" (Sermo 169, 11, 13 zu Phil 3,3–16: PL 38,923). Augustinus hat vielfach die Wirkung der Gnade und damit sogar ihr inneres Wesen in einer delectatio gesehen; so schreibt er im Anschluß an Röm 7,15 – 8,2 einmal: „Cum ipsa delectatio boni qua etiam non consentit ad malum, non timore poenae sed amore iustitiae – hoc est enim condelectari – nonnisi gratiae deputanda est" (Contra 2. Ep. Pel. I 10,22: PL 44,561). Wenn der spätere Augustinismus die Lehre des Vaters Augustinus im Sinne einer „delectatio victrix" versteht, die die menschliche Freiheit in Frage stellen könnte, ist folgendes zu sagen: Augustinus schreibt selbst einmal: „Quod enim amplius nos delectat, secundum id operemur necesse est" (In Ep. ad Gal. 49: V 22 f: PL 35,2141; Beispiele: caritas – fornicatio). Doch hier ist an eine Lust gedacht, die eben durch unsere geistige Beschäftigung selbst zu mächtig geworden ist, daß wir ihr mit einer gewissen Zwanghaftigkeit folgen. Ausdrücklich lehrt demgegenüber Augustinus: „Nec sic defendamus gratiam, ut liberum arbitrium auferre videamur; rursus, ne liberum sic asseramus arbitrium, ut superba impietate ingrati Dei gratiae iudicemur" (De pec. meritis II 18,28: PL 44,168).

4. Gnade und Freiheit, Gott und Mensch wirken im Heilswerk zusammen.

Das eigentliche Geheimnis, von dem wir hier abschließend zu sprechen haben, wird jedoch erst deutlich, wenn wir nicht mehr die Gnade gegenüber der Freiheit oder die Freiheit gegenüber der Gnade betrachten, sondern vielmehr danach fragen, wie die beiden Wirklichkeiten im Heilswerk des Menschen zusammenwirken. Hier wird deutlich, daß die eigentliche Problematik für unser Denken dadurch entsteht, daß im Grunde inkommensurable Größen in Hinsicht auf ein gemeinsames Geschehen oder Werk zusammengeschaut werden müssen. Gibt es hier auch keine einheitliche Lösung mehr, sondern nur noch verschiedene Schulmeinungen, die wir in § 47 zeigen, so lassen sich doch einige Aussagen machen, die das Unlösbare in seinem Zusammenhang ansprechen und so die Problematik oder Dialektik der Sache aufzeigen.

a) In einer mehr scotistischen Sprechweise läßt sich zunächst sagen: Gott und Mensch, Gnade und Freiheit wirken im Heilswerk des Menschen so zusammen, daß nicht etwa die Handlung oder das Werk zu einem angebbaren Teil von Gott und ebenso zu einem angebbaren Teil vom Menschen gewirkt werden. *Jede Heilshandlung wird vielmehr ganz von Gott und ganz vom Menschen gesetzt,* jedes Heilswerk ist in seinem ganzen Umfang und in seinem ganzen Sein Werk Gottes sowie Werk des Menschen. Nicht im Werk selbst, sondern in den Wirkenden ist also der Unterschied zu suchen: Gott und Mensch aber stehen sich nicht nur als Schöpfer und Geschöpf gegenüber, sondern auch als Partner, weil Gott, als er den Menschen schuf, ihn „zu einem erschaffenen Gott schuf, indem er ihm die Freiheit verlieh, nach seinem eigenen Willen zu wandeln" (Ephraem, De fide I 37). So stehen sich Gott und Mensch sowohl *ontisch in einer absoluten Verschiedenheit* (Schöpfer und Geschöpf), wie auch *formal ebenbürtig* in Hinsicht auf das Handeln (der Mensch als Knecht Gottes und Kind Gottes) gegenüber, und diese Dialektik ist unaufhebbar.

b) Die verschiedenen *Versuche, das Problem „Gnade und Freiheit" zu lösen, haben verschiedene Grundlagen,* die von Anfang an eine endgültige Lösung unmöglich machen. Drei solche Grundlagen seien kurz angesprochen:

(Glauben und Wissen) Einmal findet in all diesen Versuchen eine aus der antiken Philosophie aufbauende Betrachtungsweise neben der biblischen Betrachtungsweise, eine Betrachtungsweise aus dem Erfahrungswissen neben der Betrachtungsweise aus dem Glauben Anwendung, und so wird schon im Ansatz die Einheitlichkeit des Gesichtspunktes und damit der Sache selbst verfehlt. Es ist eben nicht möglich, das Menschsein und das Geschöpfsein des Menschen so zusammenzuschauen, daß das echte Eigensein des Menschen und ebenso sein echtes Abhängigsein von Gott von einem über oder außer diesen beiden Wahrheiten stehenden archimedischen Punkt her erfaßt werden könnten ...

(Immanenz und Transzendenz) Das führt dazu, daß „Gott und Mensch" immer wieder auf einer gemeinsamen Ebene betrachtet werden wie zwei kommensurable Ursachen, die zu einem Werk

zusammenwirken. Die große Theologie hat im Ansatz diese Schwierigkeit zu überwinden versucht, indem sie den göttlichen Faktor durch eine die Transzendenz Gottes ansprechende nähere Bestimmung gegenüber dem menschlichen Faktor abhob, wenn sie Gott als *causa prima* dem Menschen als *causa secunda* gegenüberstellte, wobei dieses „erste und zweite" im Ursachesein nicht etwa eine Angabe über die Reihenfolge, sondern vielmehr eine Angabe über die Ebene des Seins selbst sein wollte. Ebenso kam diese Transzendenz Gottes zum Ausdruck, wenn die Theologie in der Angabe des Zieles menschlichen Wirkens neben das innerweltliche Ziel (finis proximus) jeden menschlichen Wirkens eine auf Gott bezogene Wirklichkeit (Scotus) oder Gott selbst (Thomas) als finis ultimus bezeichnete, was wiederum nicht eine Folgeangabe, sondern vielmehr eine Aussage über das Anderssein des Seins selbst darstellen sollte. Von diesen beiden Punkten her wird eine abstrakte Betrachtungsweise möglich, die Gott ebenso wie den Menschen als „ganze Ursache" des menschlichen Heilswerkes aussagbar macht und dabei den Wesensunterschied zwischen Gott und Mensch festhält. Es ist jedoch nicht zu verkennen, daß in diesen Aussagen eine geglaubte Wirklichkeit angesprochen wird, die nicht mehr erfahrbar ist, sondern nur als „Modellbild" Motiv für unser Handeln sein kann und soll. Doch gerade in der Tatsache, daß unser Handeln je immer neu dieses geglaubte Modellbild zur Realisation in unserem konkreten Leben bringen muß, macht die Problematik dieser „Lösung" deutlich. (Das Denkmodell selber stammt aus der neuplatonischen Philosophie: vgl. Liber de causis oder Στοιχείωσις θεολογική des Proklos.)

(Personale Aktfreiheit und sachliche Wahlfreiheit) Neben dieser theoretischen Schwierigkeit im Freiheitsverständnis steht die Tatsache, daß selbst im natürlichen philosophischen Denken die Freiheit ein außerordentlich vielschichtiges Gebilde ist. Freiheit ist immer zugleich Aktfreiheit und Wahlfreiheit: bloße Aktfreiheit wäre mechanistisch gedachte Willkür, während menschliche Freiheit immer nur als motivierte sittliche Freiheit existiert, also auf Werte und Wirklichkeiten verwiesen ist und nicht bloß Aktivität ohne Ziel und Gegenstand sein kann. Der Mensch kann nicht wollen, ohne *etwas* zu wollen ... Freiheit ist darum immer Freiheit von etwas und Freiheit für etwas. Bloße Wahlfreiheit würde den Kern der Freiheit verfehlen, der in der Liebe grundgelegt ist und eben nicht in der Wahl eines Wertes, sondern in der aktiven Verwirklichung eines Wertes sein Ziel hat. Wir Menschen sind „Person in Welt",

und das Personale ist nicht ohne das Sachliche „sachgemäß" auszusagen, wenn es menschlich bleiben soll. – Diese natürliche Sicht der Freiheit wird in der Offenbarung wesentlich ergänzt durch die Wirklichkeit von „Sünde und Gnade", die nicht nur nachträglich zum menschlichen Willen hinzukommen, sondern ihm vorausgehen und sein innerstes Wesen mitbestimmen muß: Erst so wird die Freiheit im biblischen Sinne sichtbar, die „Freiheit, zu der uns Christus frei gemacht hat" (Jo 8,36), indem er uns von der Sünde erlöst hat, die dem Menschen seine gottebenbildliche Freiheit geraubt hat.

Daneben bleiben nun die verschiedenen Vorstellungsmodelle für das *Geheimnis der Gnade*, von denen wir im Vorausgehenden oft gesprochen haben, Vorstellungsmodelle, die ihrerseits durch die besondere Denkweise der einzelnen Theologen bestimmt sind: Das Denkmodell einer mehr affektiven Gnade in der augustinischen Schule (gratia = caritas = delectatio), das Modell einer mehr intellektualistischen Denkweise in der thomistischen Schule (gratia = habitus supernaturalis entitativus oder lumen divinum bei Bonaventura), oder das Modell der mehr aus der Glaubensexistenz lebenden Gnadenvorstellung in der scotistischen Schule (gratia als übernatürlicher Habitus, der aber nur im Glauben angenommen wird). Daneben bleibt bestehen, daß im Gnadendenken selbst die personale, die sittliche und die sachliche Sicht immer, bei aller wesenhaften Unterschiedenheit, zusammengehören: Gnade ist ebenso die Huld Gottes wie sein Anruf, der meine Antwort fordert, wie sein Geschenk, das mich zu einem neuen Geschöpf macht. – Erst wenn wir das alles im Auge behalten, verstehen wir, daß die Lösung des Problems „Gnade und Freiheit" nicht mehr von einem Generalnenner her erfolgen kann, daß vielmehr nur verschiedene Versuche von einem je neuen Schulansatzpunkt her möglich sind, indem von diesem Ansatzpunkt her alle zur Lösung der Frage notwendigen Teile angesehen, bestimmt und geordnet werden.

§ 47 Der Gnadenstreit des 16. Jahrhunderts und die Gnadensysteme in der katholischen Theologie

LThK 4 (1960) 1002–1007: Gnadenstreit (Lit.). – Ebd. 1007–1010: Gnadensysteme. – Lange 445–454 (Schriften bis 1925).

Im 1. Jahrtausend wurden im griechischen Geistesraum die Offenbarungswahrheiten vom Dreieinigen Gott und vom Gottmenschen Christus erarbeitet und dogmatisiert. Im 2. Jahrtausend fanden im römischen Geistesraum die Offenbarungswahrheiten von der Rechtfertigung des Menschen, die mit Augustinus zuerst im Kampf gegen Pelagius aufgegriffen worden waren, ihre Erhellung und dogmatische Entscheidung. Den Höhepunkt dieser Entwicklung bildet der Gnadenstreit, der sich aus der theologischen Behandlung der Bestimmungen entwickelt hat, die das Konzil von Trient zu diesen Gnadenfragen gegeben hatte.

1. *Der Gnadenstreit* hat im wesentlichen folgenden Verlauf genommen: 1582 griffen Jesuiten (Prudencio de Montemayor u. a. Theologen) die thomistische Lehre von der praedeterminatio physica als mit der Freiheit des Menschen unvereinbare Lehre an, und die spanische Inquisition verbot daraufhin 16 Sätze, die in diesem Streit zur Anzeige gebracht worden waren. 1587 verurteilte demgegenüber die Universität Löwen 31 Sätze des Suárez-Schülers LEONHARD LESSIUS († 1623) über Gnade und Freiheit, die im wesentlichen mit der Lehre Molinas übereinstimmten, dessen Concordia liberi arbitrii cum gratiae donis Weihnachten 1588 erschienen war. Die portugiesische Inquisition glaubte, einige der 1582 verurteilten Sätze und noch andere falsche Lehren in dem Werke Molinas zu finden, und verbot das Werk. MOLINA wies darauf in einer Denkschrift nach, daß diese Sätze sich in seinem Werk nicht fänden, und erhielt 1589 sein Werk frei, dem er diese Denkschrift hinzufügte. – Als im Zuge der Erstellung eines neuen „Index der verbotenen Bücher" 1593 auch die Werke Molinas (seine Concordia und sein Kommentar zur Prima des hl. Thomas) untersucht wurden, fürchtete Molina Schwierigkeiten von den Salmanticenser-Professoren Dominicus Báñez OP und Francisco Zumel OdeM und reichte darum vorbeugend beim spanischen Großinquisitor eine Anzeige gegen Báñez und Zumel wegen Verdachtes des Luthertums ein; er fügte 1594 eine Anzahl von Sätzen bei, die ihm häretisch erschienen. Indes hatte Henríquez SJ in Salamanca die Zensurierung des Werkes seines Ordensgenossen Molina gefordert. Als 1594 der Streit in die Öffentlichkeit getragen wurde, zog Rom auf Ersuchen mehrerer Bischöfe den Streit an sich und forderte, alle Anklagen vor den Inquisitionsgerichten nach Rom zu senden. 1595 erschien eine Verteidigungsschrift der Dominikaner; die Jesuiten reichten 7 Verteidigungsschriften ein, und 1597 wurden die Akten nach Rom gebracht. – Papst Clemens VIII. berief daraufhin 1597 eine Kommission von 2 Kardinälen, 3 Bischöfen und 5 Theologen, um die

Werke Molinas prüfen zu lassen. 1598 schlug die Kommission vor, die Werke Molinas zu verbieten und 61 Sätze daraus zu zensurieren. Da inzwischen neues Material nach Rom gekommen war, befahl der Papst eine weitere Untersuchung, die jedoch wieder mit der Aufforderung zur Zensurierung endete. Vier Disputationen der beiden Orden vor dem Kommissionsvorsitzenden, die auf Bitten der Jesuiten 1600 stattgefunden hatten, führten zu keinem Ergebnis. Der Papst forderte nun eine kürzere Fassung für eine Verurteilung, die 20 Sätze betreffen sollte. In 15 Sitzungen wurden diese Sätze wiederum zwischen Dominikaner- und Jesuitentheologen vor der Kommission durchdisputiert, und die Kommission fertigte nach weiteren längeren Beratungen eine Schlußredaktion für ein Verurteilungsdekret, das sie am 5. 12. 1601 dem Papst überreichte. – Da beschloß Clemens VIII., sich selbst Einblick in die Frage zu verschaffen, und berief unter seinem Vorsitz eine neue Kommission von 2 Kardinälen – zu denen im Laufe der Verhandlungen weitere 13 Kardinäle kamen –, 5 Bischöfen und 7 Theologen. Die streitenden Parteien waren durch die Ordensgeneräle und je einen Ordenstheologen vertreten. Für die Dominikaner disputierten Diego Àlvarez (Disputatio 1 und 26) und Tomás de Lemos (Disputatio 2–25; 27–47), für die Jesuiten Gregor von Valencia (1–9), Pedro de Arrubal (Disputatio 10–19), Fernado de la Bastida (Disputatio 20–47). Im Auftrag des Papstes wurde die Gnadenlehre Molinas vor allem mit der Gnadenlehre des hl. Augustinus verglichen, und der Reihe nach wurden seine Lehren über die Freiheit, seine Reuelehre, die Lehre von der Übernatürlichkeit der Heilsakte und die Lehre von der scientia media und vom rechten Gebrauch der Gnadenmittel untersucht (Disputatio 1–38). Alle Voten fielen gegen Molina aus. Da starb im März 1605 Clemens VIII., ehe er zu einer Gewissensklarheit und zu einer Entscheidung gekommen war. Paul V., der schon als Kardinal (Camillo Borghese) den Disputationen beigewohnt hatte, griff die Disputationen wieder auf und ließ nunmehr die Lehre der Dominikaner (Báñez) untersuchen, vor allem ihre Lehre von der gratia ex se efficax (Disputatio 39–47). Das Urteil fiel zugunsten der Dominikaner aus. Damit war in 85 Sitzungen und 47 Disputationen der Streit zu einem gewissen Ende geführt. Der Papst forderte nun 1606 von jedem der Konsultoren erst gesondert ein Votum, dann ein gemeinsames Votum von allen. Die Mehrheit verlangte eine Verurteilung von 42 Sätzen des Molina durch den Papst. Nur der Karmelit Bovius war von Anfang an gegen jede Verurteilung. Da der Papst sich nicht für die Mehrheit entscheiden konnte, berief er 1607 die neun Kardinäle der Inquisition, die zum größten Teil an den vorausgehenden Disputationen nicht teilgenommen hatten. Von ihnen entschieden sich 4 für die Dominikaner, 2 für Molina (Bellarmin und Duperron), und 3 waren unentschieden und wünschten die Untersuchung weiterzuführen oder beide Systeme freizugeben. Da entschied der Papst: Die Lehre der Dominikaner sei von der Lehre Calvins, die Lehre der Jesuiten vom Pelagianismus verschieden. Eine Entscheidung könne vertagt werden, bis die Sache in der theologischen Erkenntnis geklärt sei. Er löste die Kommission auf und verbot jeder der beiden Parteien, die andere Partei zu zensurieren (D 1090 – DS 1097). Mit diesem Urteil waren faktisch, wenn auch nicht bewußt und beabsichtigt, zwei große Entscheidungen für die Theologie gefallen: Einmal war die Methode, die Wahrheit einer Lehre durch bloßen Vergleich mit einer Lehre aus früherer Zeit (Augustinus oder Pelagius hier) festzustellen, fallengelassen worden: Die Einsichten und damit die Lehren über eine Sache wachsen ja mit der Zeit, und die Richtigkeit einer Lehre läßt sich nicht durch bloßen Vergleich mit einem früheren Stadium dieser Lehre beurteilen. – Zum anderen war in dieser zentralen Frage christlichen Glaubens- und Selbstverständnisses offenbar geworden, daß unsere menschliche Einsicht in das Glaubensgeheimnis stets Stückwerk bleibt und darum verschiedene, einander sehr widersprechende Systeme gültig sein können, solange nicht eines dieser Systeme in sich selbst eindeutig als häretisch erkannt werden kann. – Eine Besinnung auf diesen tiefgreifenden Gnadenstreit und seine theologisch großartige Lösung könnte Mahnung und Hilfe sein für manche Streitfragen, vielleicht auch in unserer Zeit.

2. *(Die Gnadensysteme)* Nach dieser providentiellen Lösung des Gnadenstreites konnte sich eine Anzahl von „Gnadensystemen" in der Kirche bilden, die den verschiedenen Typen menschlichen Geistes und menschlicher Frömmigkeit Rechnung tragen und gerade in ihrer Vielfalt und menschlichen Beschränktheit für das praktische Leben so bedeutungsvoll und segensreich geworden sind.

a) Der THOMISMUS, begründet von DOMINIKUS BANEZ († 1604) und vertreten vor allem von den Dominikanertheologen, hat zur Grundlage im Geiste des MA ein großes theozentrisches Weltbild und baut sein System als einheitliches, mehr metaphysisches Gebilde auf: Gott, die Erstursache allen Seins und aller Bewegung, setzt seinen konkreten Heilswillen durch wirksame Gnaden in dieser

Welt durch. Wenn er diesen wirksamen Gnaden eine physische Wirksamkeit (motio physica) zuschreibt, ist dieses „Physische" reichlich metaphysisch verstanden, so daß darum auch die Freiheit des Menschen in diesem Wirken voll gewahrt bleibt, weil eben Gott den Willen so bewegt, daß der Mensch diese Bewegung als seiner Natur gemäß und damit als frei von innerer necessitas und äußerer coactio erlebt. So bewirkt die wirksame Gnade aus sich und innerlich die freie Zustimmung des Menschen. Die mehr im heilsgeschichtlichen Raum stehende gratia sufficiens kann darum nur durch eine eigene gratia efficax im konkreten geschichtlichen Raum des Menschen wirksam werden. Grundlage für die Zuteilung der wirksamen Gnade sind die ewigen Willensdekrete (ein scotistisches Element in dieser Lehre), durch die die Unfehlbarkeit der Gnadenwirkungen garantiert ist. Das Verständnis der gratia sufficiens und die Deutung der menschlichen Freiheit bereiten in diesem System dem konkret-geschichtlich denkenden modernen Menschen Schwierigkeiten.

b) Der Molinismus, begründet von Ludwig Molina († 1600) und vertreten vor allem von den Jesuitentheologen, geht im Geiste des Humanismus mehr vom Menschen und seiner Verantwortung und Freiheit in dieser Welt aus und lehrt, daß die von Gottes Heilswirken angebotene hinreichende Gnade erst und immer durch das Mitwirken des Menschen zur wirksamen Gnade wird. Der vom Ordensgeneral Claudius Aquaviva († 1613) als Ordensdoktrin vorgeschriebene „Kongruismus" sichert das Mitwirken des Menschen mit dieser gratia sufficiens dadurch, daß er lehrt: Gott sehe durch eine scientia media (zwischen der scientia visionis, mit der Gott alles real Wirkliche, und der scientia purae intelligentiae, mit der Gott alles an sich Mögliche weiß) die wirklich freien Entscheidungen des Menschen (futuribilia) voraus und biete demgemäß hinreichend Gnade an, mit der eben dieser geschichtlich bestimmte Mensch mit Sicherheit mitwirken wird. Das Zusammenwirken von Gott und Mensch erscheint hier nicht so sehr in einer metaphysischen Betrachtung der menschlichen Natur als vielmehr in der konkreten Betrachtung des freien Menschen vor dem freien Angebot der Gnade Gottes. – Dieses mehr geschichtlich und personal konkrete Denken kann freilich die Oberhoheit Gottes, seine Allursächlichkeit und die Sicherheit in der Erfüllung seines Heilswillens schwerer begründen. Doch stellt es die Freiheit des Menschen wie auch die Freiheit Gottes in einer Weise dar, die dem modernen Menschen angepaßter erscheint.

c) Der Augustinismus, begründet durch Kardinal Heinrich Noris († 1704) und den Theologen Laurentius Berti († 1766), lehrt wie der Thomismus eine eigene, aus sich wirksame gratia efficax, die er jedoch nicht wie der Thomismus metaphysisch, sondern vielmehr im Geiste Augustins als eine delectatio victrix, also mehr affektiv-psychologisch versteht. – Die Schwäche dieses Systems liegt wohl darin, daß eigentlich die menschliche Natur zu sehr im psychologischen Spiel zwischen gratia und concupiscentia als guter und böser Lust stehen bleibt und weder eine metaphysische (wie im Thomismus) noch eine personale (wie im Molinismus) Konzeption der menschlichen Natur an sich (natura pura) erkennbar wird. Dadurch erscheint das ganze System im Hinblick auf die Frage nach der Unfehlbarkeit des Erfolges und der Sicherung des göttlichen Vorherwissens nicht so gut durchdacht.

d) Der Synkretismus, begründet vor allem durch Honoré Tournely († 1729) und Alfons von Ligouri († 1787), ist mehr ein praktisches System, das aus den genannten Systemen übernimmt, was ihm wertvoll erscheint. Für die leichteren guten Werke, besonders für das Gebet, lehrt der Synkretismus eine gratia ab extrinseco efficax wie der Kongruismus; für die Verrichtung schwerer guter Werke verlangt er eine gratia ab intrinseco efficax wie der Thomismus oder Augustinismus. Diese wirksame Gnade ist jedoch im Sinne des Augustinismus nur moralisch wirksam. Diejenigen, welche die von außen kommende wirksame Gnade gebrauchen, erlangen die aus sich wirksame Gnade, wenn sie sich des Gebetes bedienen, dem die Erhörung zugesichert ist. Diese Zwischenschaltung des Gebetes hat in der Lehre des hl. Augustinus eine starke Grundlage und ist als vermittelnde Lösung zwischen Thomismus und Molinismus theologisch bedeutsam. Die Schwäche des Systems besteht vor allem im Mangel an systematischem und metaphysischem Denken. Von diesen beiden Denkweisen her aber wird eine abstrakte Betrachtungsweise erst möglich, die Gott ebenso wie den Menschen als „ganze Ursache" des menschlichen Heilswerkes aussagbar macht und dabei den Wesensunterschied zwischen Gott und Mensch festhält.

NACHWORT

Die Gnadenlehre versucht, die allgemeine Heilslehre in der Heilsgeschichte des einzelnen Menschen transparent zu machen, indem sie anhand der Offenbarungsaussagen und mit Hilfe der bisherigen Geschichte dieses theologischen Traktates aussagbar macht, wie der Einzelne, von Gottes Huld getragen, durch Gottes Gnadenwirken und Gnadengeschenke geführt und geformt ist und was der Einzelne als Geschöpf Gottes und als Partner Gottes zu dieser seiner in Gottes Händen ruhenden Heilsgeschichte beitragen kann. Der Traktat hat in uns sein Ziel in dem Maße erreicht, als er uns befähigt und mit seiner theologischen Beweisführung und Erhellung der Sache selbst überzeugt, daß ein wirkliches, gläubiges Verständnis unserer geschichtlichen Existenz und unseres irdischen Lebensweges alles in unserem Leben als Zeichen und Geschenk der ewigen Huld Gottes erfassen, aufnehmen und beantworten muß. Dieses gläubige Welt- und Selbstverständnis freilich ist uns nur möglich durch eine je immer neue Überwindung des säkularisierten Geistes unserer aufgeklärten und technischen Zeit, der uns zur Selbstgenügsamkeit, Selbstsucht und Selbstherrlichkeit verleiten möchte, wie das Einleitungskapitel gezeigt hat. Diese Geisteshaltungen widersprechen dem Geist des Zöllners (Lk 18,13), dem Geist des Kindseins vor Gott, wie ihn Christus von uns verlangt (Mt 18,3 f), dem Geist des Geschöpfes, das weiß, daß es alles, was es ist und was es hat, von Gott empfangen hat (1 Kor 4,7). Nur soweit, als uns unsere geistige Beschäftigung mit diesem Traktat der Theologie zu immer tieferem Dank gegen Gott, zu immer größerer Freude an Gott und zu immer innigerer Liebe zu Gott führt, haben wir ihn verstanden. Immer wird gelten, was das synkretistische Gnadensystem in der Frage nach dem Zusammenwirken von Gnade und Freiheit fordert: daß wir diesen Traktat mehr durchbeten als durchdenken müssen, wenn wir ihn verstehen wollen. Die sieben Wege, die RUDOLF VON BIBERACH OFM um 1300 in seinem Traktat De septem itineribus aeternitatis empfiehlt, um in das Geheimnis Christi vorzudringen, gelten auch hier. Sie heißen: 1. aeternorum recta intentio; 2. aeternorum studiosa meditatio; 3. aeternorum limpida contemplatio; 4. aeternorum caritativa affectio; 5. aeternorum occulta revelatio; 6. aeternorum experimentalis praegustatio; 7. aeternorum meritoria operatio: Natura rationalis ad hoc facta est, ut operationes proprias operetur et per hoc gratia mediante finem suum ultimum consequatur (vgl. Opera omnia des hl. Bonaventura, ed. von A. L. Peltier, Paris 1866, VIII 393–482).

Wir haben den Gnadentraktat begonnen mit dem Bekenntnis des hl. Paulus, daß das „Evangelium der Gnade" zu verkündigen seine eigentliche apostolische Lebensaufgabe sei. Wir können den Traktat schließen mit dem Gnadenwunsch des Apostels an die Gemeinde von Ephesus, in dem er einen Abriß seiner Gnadenvorstellung bietet: „Darum beuge ich meine Knie vor dem Vater unseres Herrn Jesus Christus, nach dem jede Vaterschaft im Himmel und auf Erden benannt wird. Er möge euch nach dem Reichtum seiner Herrlichkeit verleihen, daß ihr durch seinen Geist dem inneren Menschen nach mächtig erstarket, daß Christus durch den Glauben in euren Herzen wohne und daß ihr in der Liebe (des Geistes) festgewurzelt und festgegründet seiet! Dann werdet ihr mit allen Heiligen zu ermessen vermögen, welches die Breite und die Länge, die Höhe und die Tiefe (eurer Berufung) ist! Ihr werdet die Liebe Christi erkennen, die alles Begreifen übersteigt! Möchtet ihr mit der ganzen Fülle Gottes erfüllt werden! – Ihm aber, der vermöge der Kraft (der Gnade), die in uns wirksam ist, mehr, ja über die Maßen mehr, als wir erbitten und ersinnen können, zu bewirken vermag, Ihm sei die Ehre in der Kirche und in Christus durch alle Geschlechter von Ewigkeit zu Ewigkeit! Amen!" (Eph 3,14–21: Ep. dom. 16. p. Pent.).

PERSONENVERZEICHNIS

(ausgenommen biblische Namen; beigefügt Begriffe, die im Inhaltsverzeichnis nicht erscheinen)

Abailard, P. 81, 126
Abailardschule 31, 177, 227, 232
actio – operatio – factio 171
Aegidius Rom. 87, 181 f, 190, 208
Aelred v. Rieval 115, 118
Agricola 197
Alanus v. Lille 81
Albert d. Gr. 149 f, 167, 182, 189
Alexander v. Hales 31, 39, 81, 167, 193, 197
Alfaro, J. P. 35, 170, 189
Alfons v. Lig. 254
Alger v. Cluny 31
Alltagschristen 52
Alszeghy, Z. 226
Âlvarez, D. 64, 251
Ambrosius 66, 114, 131, 225
analogia fidei 38
Anders, G. 18
Andreas de Vega 33
Angela v. Foligno 107
Angelus Silesius 107
Anselm v. Cant. 31, 91, 192
Anselm v. Laon 81
Antimodernisteneid 219
Anwesenheit Gottes 165
Apostaten 52
Apostolische Väter 27
Aquaviva, Cl. 253
Aristoteles 35, 115, 118, 161 f, 168
Aristotelismus 28, 32 f, 39, 154, 157, 186, 213, 219
Arnauld, Ant. 203
Arrubal, Pedro de 251
Athanasius 27, 131
Auer, J. 11, 21, 35, 42, 56, 77, 88, 119, 140, 142, 144, 149, 152, 155, 166, 169, 174, 177, 179, 182, 216, 222, 226
Augustinus 21, 29 f, 31, 36, 39 f, 48, 55, 59, 61, 66, 68 f, 75 f, 99, 114, 117, 121, 123, 138, 186, 195 ff, 198 f, 202, 207, 213 ff, 216, 218 f, 225 ff, 244, 246, 250 ff
Augustinismus 33, 154, 179 f, 186, 212 f, 241, 246, 249, 254
Avicenna 157

Bahr, H. 138
Bajus, M. 34, 48, 190, 202, 217, 231
Bajanismus 218, 220
Balthasar, H. U. v. 35, 40, 54, 142 f, 146, 189
Báñez, Dom. 33, 250 ff
Barth, H. 67
Barth, K. 35, 45, 59, 63
Basilius 28, 129
Becanus, M. 233
Becker, J. 132
Begegnung 158
Bekehrung 77 ff
Bekehrungsargument 157
Bellarmin, R. 252
Benda, Cl. 18
Benedikt v. Nursia 129
Berbuir, E. 35
Bernhard v. Cl. 31, 124, 126, 129, 192
Bernhard v. Wag. 192
Bernhart, J. 182, 184
Berti, L. 254
Biel, G. 180
Billuart, Ch.-R. 244
Bläser 49
Blinzler, J. 108

Böhner, Ph. 32
Bollnow, O. F. 160
Bonaventura 87, 122 f, 134, 140, 145, 167 f, 169, 171, 173, 178 f, 180, 182, 189 ff, 218, 221, 223, 225, 249
Bonaventuraschule 32, 81, 153, 218, 224
Bovius, J.-A. 251
Brautmystik 108
Brox, N. 132
Brunner, E. 53, 58 f, 62 f
Buber, M. 67
Bullinger, H. 62
Bultmann, R. 105
Bundestheologie 112
Bußinstitut 80
Bußwerke 83

Caelestius, Presb. 196 f
Caesarius v. Arles 198
Cajetan, Th. 34
Calvin, J. 33, 63, 99, 178, 202, 252
Calvinismus 201
Cassian, J. 129, 198 f
Certo, G. M. 132
Charisma 54 f
Chené, J. 56
Christomonismus 45
Christus anziehen 105
Christusmystik 104, 106
Chrysostomus, J. 156, 218
Cicero 118, 130
Claudel, P. 50
Colombo, G. 185
Combes, A. 136
conatus 89
concursus 51
Confessio Helv. 62
Congar, Y.-M. 108
Congregatio de auxiliis 33, 88
conservatio 51
Contarini, Gasp. 100
Cyprian 66, 113, 225

Darlap, A. 49
Daujat, J. 36
Del Prado, M. 34, 240
Deneffe, A. 185
Denifle, H. 120
desiderium supernaturale 34, 192
Dessauer, Fr. 18
Dettloff, W. 21, 225
Diadochos v. Phot. 28
Didymus d. Bl. 28
Dienst Gottes 114
Dionysius Areopagita 28, 126, 154, 159, 186
Dionysius Carth. 208
Dirks, W. 189 f
Dortrechter Artikel 48
Dummermuth, A. M. 34
Duns Scotus, J. 32, 81, 153 f, 168 f, 171, 208, 221, 248
Duperron, J.-D. 252
Durandus v. S. P. 87
Duvergier, J.-A. 203

Eadmer 156
Eckhart, Meister 107, 192
École française 34
Egenter, R. 115, 137
Einwohnung 108
engelgleiches Leben 115
Ephräm d. Syr. 247
Erbe 107
Erwählung 43 f
Eucharistia 75
Eustachius v. A. 119, 158
Eutyches 28
Evagrius Pont. 28
Existenzmetaphysik 157
Extrinsezismus 39, 210

Fabri, J. Ep. 235
Facienti quod in se est 81, 87 f, 232
Fastidius 197
Faustus v. Reji 30, 198 f
Fideismus 219

Firmung 76
Flick, M. 226
Florus Diac. 48
Fortschritt 55
Frank, S. 108
Fransen, P. 35
Franz v. Sal. 34, 60, 70
Franz v. Vit. 33
Franziskanerschule 32, 146, 153 f, 175, 179 ff, 193, 219
Franziskus v. A. 32, 154
Fraterherren 118
Freiheit 104, 108
Freyer, H. 18
Fürbitten, allg. 49
Fuerst, A. 160
Fulgentius v. R. 84, 198

Garrigou-Lagrange, R. 35
Gaufrid v. Cl. 227
Gaufrid v. P. 157
Gauthier, R. P. 120
Gegenwärtigkeit Gottes 109
Gennadius v. M. 30, 198
Gerechtigkeit 101; doppelte G.: 93, 99, 147
Gerson, J. 136
Gertrud v. H. u. G. d. Gr. 192
Gertz, B. 142
Geschöpf 72
Gilbert Porr. 81, 218, 227
Gilbertschule 177, 208, 227
Glaube 82 f, 85 f
Glaubensgewißheit 66
Gnadenschemata 38
Gnadensysteme 37
Gnilka, J. 61
Gnostizismus 27, 162, 215
Godino, P. de 224
Gogol, N. 53
Gottesbild im Menschen 100
Gottesbrautschaft 112
Gottesfreundschaft 118
Gottesfurcht 83
Gotteskindschaft 104, 106
Gottesliebe in uns 110
Gottestempel 111
Gottschalk v. O. 31, 47
Graber, R. 133
Grabmann, M. 160
Graf, Th. 169
Granderath, Th. 34, 119
Gratia supponit naturam 189
Gregor v. Naz. 28, 117, 225
Gregor v. Nyssa 28, 63
Gregor v. Val. 251
Gregorius Pal. 28 f, 151
Grosche, R. 97
Groß, J. 21
Guardini, R. 35, 67, 137, 142 f, 166
gubernatio 51
Gummersbach, J. 65
Gutwenger, E. 189

habitus 168
Hadrumetum monast. 198
Hagenbühle, O. 76
Harent, S. 48 f
Harnack, A. v. 21, 63
Haspecker, J. 132
Hauck, A. 202
Heidegger, M. 138
Heilige 52
Heilsgeschichte 50
Heilswille, allg. 41
Heinrich v. Friemar d. J. 192
Heinrich v. Gent 146
Hellenismus 155
Henríquez, H. 250
Hermann, R. 93
Hesychasmus 28
Heute 69
Hieronymus 114, 131, 177, 218
Hildebrand, D. v. 104, 138
Hilton, W. 192
Hinkmar v. Reims 31
Hönigswald, R. 166
Hoffnung 82
Holl, K. 83
Honorius, Imp. 29, 197
Hugo v. St. V. 126, 156

Humani generis, Enz. 219
Hus, J. 217
Hypognostikon 30, 193, 200, 216 f

Ignatius Mart. 127
Indiculus Coel. 30, 214 f
Indikativ – Imperativ 105
Innerlichkeit Gottes 152, 188, 208
insecuritas 66
Irenäus 27, 215
Isidor v. Sev. 30 f
Iwand, H. 83, 144

Jakob v. Jüt. 136
Jansenius, C. d. Ält. 202
Jansenius, C. d. J. 34, 40, 48, 203, 217, 221, 241, 245
Jansenismus 218, 220, 272
Jaspers, K. 18
Jedin, H. 11, 93, 97, 226
Jocham, Magn. 187
Joest, W. 93
Johannes Bass. 32
Johannes Dam. 28
Johannes v. Kreuz 34, 119, 192
Johannes v. Pecham 182
Johannes v. Rochelle 31, 167
Johannes a S. Th. 64
Jovinian 177
Julian v. Ecl. 30, 197, 213
Jungfräulichkeit 108, 113

Kaiser, A. 200
Kant, I. 18 f, 132
Karbach, M. 42
Karrer, O. 93, 192
Katechumenat 80
Kerstens, F. 120
Kierkegaard, S. 137 f
Kind Gottes 72
Kirchgässner, A. 93
Kirschkamp, J. 140
Klemens v. Alex. 27, 108, 117, 131, 134, 156
Knecht Gottes 72
Kongruismus 254
Konzilien
  Ephesus 197, 215
  Konstantinopel III 63
  Lat. IV 142
  Orange II 30, 66, 74, 197 ff, 215, 220, 224 f
  Trient 33 f, 36, 39 f, 48 f, 66, 75, 78, 82, 84 ff, 91, 94, 99 ff, 118 f, 147, 168, 178, 197 f, 201, 207 f, 214 f, 220, 228, 231, 233, 239, 242, 245, 250
  Vat. I 85, 219
  s. Synoden
Kraus, H. 132
Kühn, U. 189
Kümmel, W. 119
Küng, H. 35, 93
Kuhn, J. 34
Kyrill v. Alex. 28

La Bastida, F. de 251
Lais, H. 189
Landgraf, A. 11, 21, 77, 144, 152, 155, 166, 182, 226
Lange, H. 11, 77, 88, 204, 209, 216, 222, 240, 249
Lataille, M. de 118
Leben 160 ff
Lemmers, B. M. 189
Lemos, T. de 251
Lessius, L. 60, 250
Letter, P. de 185
Liber de causis 248
Liebe – anfangende 83
– ekstatische 126
– naturhafte 126
Liener, J. 18
Lignée, H. 108
Lohngedanke 54, 229
Lortzing, J. 200
Lotz, J. 137
Lubac, H. de 21, 35, 185, 189
Lucidus, Presb. 30, 47

Luther, M. 32 f, 66, 83, 86, 95 f, 99, 147 f, 178, 182, 200 ff, 234 f, 239

Makarius 131
Malevez, S. 189
Mandouze, A. 21
Mani 29
Manichäismus 29, 239
Marcel, G. 128
Marius Merc. 197
Marquard von Lindau 127, 166
Martin, B. 132
Materialismus 203,
Matthäus v. Aquasp. 33, 191, 208
Maximus Conf. 28
Mechthild v. H. 192
Messalianer 28
Methodius v. O. 113
Meyer, H. 160
Minges, Parth. 75
Modalsli, O. 226
modus recipientis 54
Molina, L. 33, 60, 250 f, 253
Molinismus 33 f, 39, 42, 64, 208 f, 232 ff, 240 f, 244, 253 f
Molinos, M. 178
Moltmann, J. 128
Morphy, J. 93
Mounier, E. 67
Mühlen, H. 108, 115
Müller, J. T. 48
Müller, M. 67
Mußner, Fr. 112, 160, 235
Mysterientheologie 35, 188
Mystik 28, 34, 156, 192

Nachfolge Christi 104, 106, 194
Nacht, myst. 145
natura pura 34
Naturbegriff 187
Neopositivismus 203
Nestorius 28
Neuplatonismus 28, 154, 161, 186, 193, 240
Nietzsche, Fr. 139
Nikolas, J. H. 21, 108, 138
Nilus 115, 132
Nominalismus 32, 75, 87, 154, 157, 180, 224, 238
Noris, H. 254

Oberman, H. A. 81, 117
Odo v. Ourscamp 218
Odo Rigaldi 167, 182
Olivi, P. J. 146, 150, 173
Olivischule 224
Ordensregeln 114
Origenes 27, 63, 131, 156, 215, 245

Päpste
- Bonifaz II. 30
- Clemens VIII. 250 f
- Clemens XI. 203
- Coelestin I. 198
- Damasus I. 114
- Gregor d. Gr. 30, 131
- Gregor XIII. 202
- Innozenz I. 197, 223
- Innozenz X. 203, 245
- Klemens I. (v. Rom) 27
- Paul V. 251
- Pius V. 202
- Zosimus 29, 197, 215

Pantheismus 38, 165
Paeslack, M. 115
Pascal, Bl. 41, 203
Paschasius Radbertus 156
Pascher, J. 235
Pelagius 29 f, 39, 77, 195 ff, 221, 227, 250, 252
Pelagianismus 29, 74, 94, 195, 197, 215 f, 223, 239, 252
Pesch, Chr. 12, 60, 64, 204, 209, 216, 222, 240, 245
Pesch, O. H. 12, 81, 93, 97, 100, 144, 182, 226
Pesch, W. 226
Petavius, D. 34, 111

Petrus v. Blois 115
– v. Falgario 119, 158
– Lombardus 31, 111, 122, 156, 177
– de Palude 32
– de Tarantasia 219, 225
– de Trabibus 150, 173, 183, 224
Philipp d. K. 39, 81, 167, 179, 189
Philips, G. 35
Pieper, J. 132
Pietismus 201
Pindar 104, 138
Plato 27, 83, 117, 162
Platonismus 154, 165
Pneuma 155 f
Pole, Card., R. 100
Porphyrius 121, 161
Port Royal (monast.) 203
potentia oboedientialis 34, 189, 193
Praedestinatianismus 30, 47, 61
Praedestination 31, 41
praedestinatio gemina 31
Praedestinatus 30, 197
praeparatio 88
Praepositinus 157
Probst, F. 187
Proklus 28, 161, 193, 248
Prosper v. A. 49, 63, 66, 75, 197 f, 207, 214
Prudencio de Montemayor 250
Przywara, E. 38, 124, 142
Pythagoräer 185

Quesnel, P. 34, 48, 203, 217
Quietismus 178

Rad, G. v. 59
Rahner, H. 104, 107
Rahner, K. 35, 93, 138, 149, 179, 185, 188 ff
Rationalismus 203
Ratschow, C. H. 56
Ratzinger, J. 189
Reformation 94
Reformatoren 77, 82, 216 f, 228, 239, 241, 245
Régnon, Th. de 34
Reitzenstein, R. 121
Rhabanus Maurus 31, 112
Richard Fishacre 11, 156
– von Mediavilla 33, 140, 179, 208
– von St. Viktor 69, 192
Ripalda, J. M. de 40, 187, 202, 218, 224
Rito, H. 21
Robert Holcot 32
Rondet, H. 21, 35
Rossi, J. B. 189
Rudolf v. Biberach 192, 255 f
Rulman Merswin 118
Ruysbroek, J. 119, 192

Salmanticenser 64, 250
Samuel Tajus 31
San Felice 100
Sartre, J.-P. 139
Schätzler, C. v. 34, 187
Schauf, H. 108
Scheeben, M. J. 12, 34, 40, 91, 115, 119, 187, 189, 204, 209, 216, 222
Schell, H. 133
Schlier, H. 132, 137
Schmaus, M. 189
Schmid, F. 49
Schmid, J. 235
Schneemann, G. 34
Schoonhoven, E. J. 185
Schuhmacher, H. 160
Schultze, F. 155
Scotismus 147, 169, 249
Scotus Eriugena, J. 28, 186
Seeberg, R. 83
Seidensticker, Ph. 160
Seinsmetaphysik 157
Semipelagianismus 74, 195, 198 f, 225
Seneca 106

Seripando, G. 33, 100, 147, 173
Seuse, H. 192
Severus, E. v. 54
Soiron, Th. 119
Soto, Dom. 233
Speyer, A. v. 120
Spiritualität 70
Stakemeier, A. 144
Stakemeier, E. 144
Stegmüller, Fr. 21, 189
Steinbüchel, Th. 137
Steinmann, A. 121
Stephan Langton 112
Stephan v. Varnesia 88 f
Stoa 155, 162, 185, 240
Stoeckle, B. 190
Strauß, D. Fr. 152
Stufler, J. 35
Suárez, Fr. 59, 118, 242
Sünde(n) 94
— -vergebung 96
— -verständnis 97
Synkretismus 254
Synode von
Diospolis 215
Karthago 29, 197, 215
Mainz 31
Pistoia 217
Quierzy 31, 48
Reims 227
Thessalonike 28
Toucy 31
Valence 31, 48
s. Konzilien

Taufe 76, 83 f, 99, 103
Tauler, J. 107, 120, 166, 192
Terrien, J. B. 140
Teresa v. A. 34, 192
Tertullian 27, 218
Thalhammer, D. 137
Theodor Stud. 115
Theopanismus 38, 45, 165
Thomas v. A. 32, 36, 59, 64, 75, 87, 100, 121, 126, 129, 133, 140, 145 f, 153, 157, 167 f, 171, 176, 179 f, 186 f, 188 ff, 193, 208 f, 213, 218, 221, 223, 225, 232, 248
Thomas v. Kempen 118
Thomismus 32 ff, 39, 42, 59, 64, 87, 143, 153 f, 208 f, 224, 232 ff, 240 f, 244, 249 f, 252 ff
Tilmann, Fr. 119
Torrance, T. E. 21
Tournely, H. 254
transzendieren nach innen 165 f

Übernatur 34, 40, 89
Universalität der Sünde und der Erlösung 44

Vaihinger, H. 68
Valjavec, Fr. 18
Vasquez, G. 59, 118, 218, 224
Veni Sancte (Creator) Spiritus 111, 174
Verähnlichung mit Gott 117
Verdienstargument 157
Vergeltung 226 ff
Vergottung 27 f, 117
Verstockung 61
via purgativa — illuminativa — unitiva 159
Viktoriner 31
Vinzenz v. Lerin 198
Vitalis v. Four 81
Vocatio gentium 207
Volk, H. 35, 169
Vorbereitung — positiv — negativ 87
Vorherbestimmung 56
Vorsehung 50

Walter, E. 119
Walter v. Chatton 147
Warnach, V. 70, 104, 119
Weber, A. 120
Werkheiligkeit 73
Wilhelm v. Auvergne 197
— v. Auxerre 188, 221

– v. Ockham 32, 87, 151
– von Rubio 32
– St. Thierry 69, 156
– Ware 32, 146, 153, 158, 193
Wirceburgensis Theol. 244
Wodtke, Fr. 185
Wust, P. 66, 137 f
Zölibat 114
Zumel, Fr. 250
Zwingli, H. 47, 62, 201